叢書・ウニベルシタス　1095

神性と経験

ディンカ人の宗教

ゴドフリー・リーンハート
出口顯 監訳
坂井信三・佐々木重洋 訳

法政大学出版局

Godfrey Lienhardt
DIVINITY AND EXPERIENCE
The Religion of the Dinka
1961

監訳者まえがき

1　用語解説

本書には、部族（tribe）、下位部族（sub-tribe）、クラン（clan）、下位クラン（sub-clan）、リネージ（lineage）という、地域的政治集団と親族集団についての用語が頻出する。本書が書かれた当時、イギリスの社会人類学、とりわけオックスフォード大学では、ヌアー（ヌエル）社会の調査で政治と親族という主題に先鞭をつけたエヴァンズ＝プリチャードが主任教授だったこともあり(1)、これらの言葉は知っていて当然であったため、説明がほとんどなされていない。しかしこれらは、本書の理解に不可欠である。リーンハート自身は、本書の後に出版した『社会人類学』という概説書で、以下のようにまとめている。

部族とは、民族、国家等比較的大きく、ゆるく組織された文化的民族的集団の、大きな政治的一区分を指している。多くの部族は、さらに小さい、多かれ少なかれ自律的な政治的区分に分かれている。部族やその区分とは、祖先の系譜の異なる人々の集団からなり、共通の領土を占有している、政治的共同体である。クランとそのリネージは、共通の祖先をもつと考えている人々から成る出自集団で、個々の成員はしばしば地域的に広く分散している(2)。

リーンハートが主に調査した西ディンカには、レク（Rek）、アビエム（Abiem）、パリエット（Paliet）、マルワル（Malwal）、パリョウピニィ（Palyoupiny）の部族集合体（tribal groupings）がある。ディンカ全体では二五の部族集合体がある。レクには二七の部族が、アビエムには一〇の部族、マルワルには六の部族がある。部族集合体ごとに定住地と雨季・乾季の牧草地が定まっているのに対して、部族の領地は変わらず地続きではない。ある部族の複数の定住地や牧草地の間には別の部族の定住地が嵌入していることがあるからである。

本書一六頁の地図では、本文中に言及されているすべての部族の位置関係がわかりにくい。より詳細な理解のために、国連の南スーダンの民族分布図、およびそれをもとに作成した、近年のディンカとヌアーの部族分布についての次頁の図を参照されたい（Distribution of Ethnic Groups in Southern Sudan OCHA）(3)。ディンカでは、リーンハートが下位部族と呼ぶ区分が、最大規模の自律的な政治区分である。リーンハートが下位部族を政治的単位として重視するのは、牛の放牧キャンプで若者たちが集まるのも、年齢が同じくらいの若者が集団をなす年齢組が組織されるのも、下位部族単位であり、部族単位ではないからである。区分の大小にかかわらず、部族とは地域的にまとまった集団であるが、ディンカたちが政治組織として結束する地域共同体の上限は下位部族である。

一方、ある特定の祖先から系譜をたどり結ばれる関係を出自（descent）という。出自が重要になるのは、ある祖先が創設者となった親族集団のメンバーになれるかどうかを決める基準になるからである。ディンカやヌアーのように、ある男性から、男性のみを介して系譜的関係をたどる場合を父系出自（patrilineal descent）という。父系出自が親族集団の成員権を決定する。メンバー相互で父系出自の系譜的関係がはっきりと知られていて、親族集団が一つのまとまりとなって財産を管理し、共同で祭祀や儀礼を行う場合

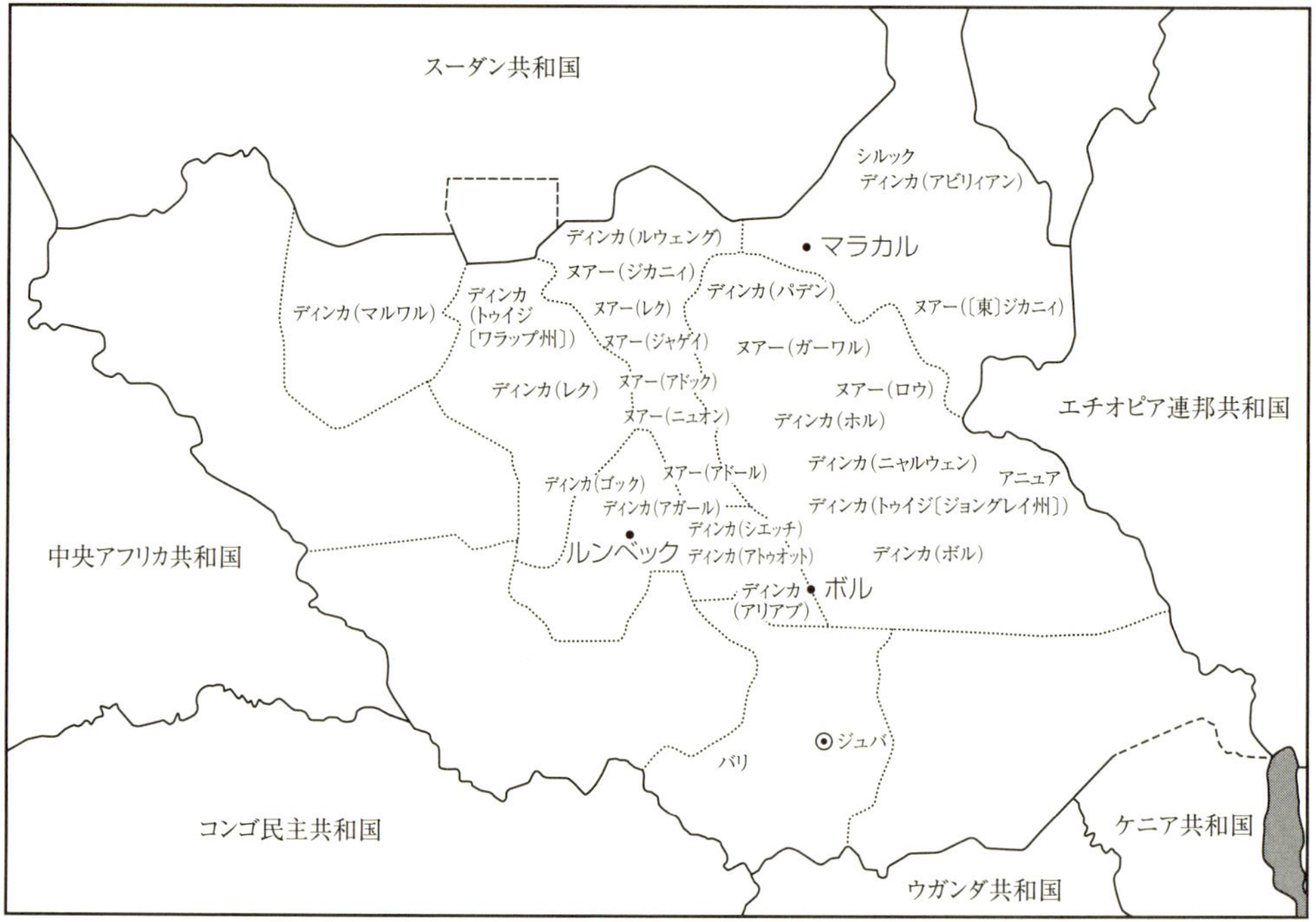

出典：注3の国連地図をもとに作成.
注：破線は2009年現在の州の境界. 注3の国連地図ではトゥイジはトゥイッチ, マルワルはマルアルとの表記だが, 本図では本文での表記にあわせた.

南スーダン共和国のディンカとヌアーの部族分布図（2009年現在）

をリネージという。リネージでは、メンバー間で、例えば父から息子へ財産が相続されたり司祭などの役職が継承されていく。

父系出自の系譜（といっても文字に書かれているわけではなく口承であるが）をさらにさかのぼり、多数のリネージを分枝として持つ親族集団をクランという。生きているクランのメンバーと氏族を創設した始祖との系譜関係や、同じクランだが異なるリネージのメンバー間の系譜的関係は、同一リネージのメンバー間ほどはっきりせず、集団というよりカテゴリーである場合もあるが、ディンカのように、政治的にクランが重要である社会では、クランの生きているメンバーは系譜的つながりをある程度はっきりと知っていると主張する。

クランの分枝がリネージ、あるいはリネージが集合したものがクランとはどういうことか、これだけではわかりにくいかもしれない。リネージとクランの関係を図を使って説明しよう。以下は、ロジャー・キージングのモデルに基づく。(4)

架空の町があり、町は複数の地区に分かれ、地区は複数の近隣区域、近隣区域は複数の街（ストリート）に、さらに分かれていくとする。特定の街にある家と土地は同姓の人々が住んで所有している（図I、II）。図IIIにあるように、エルム街は全員サム・スミスの子孫である。

しかしエルム街があるウェストレイク近隣区域には、ほかにもスミス系統の人たちが住む街がある。スプリング街にはジョー・スミスの子孫たちが、センター街にはエド・スミスの子孫たちが住む。出自集団としてのエルム街、スプリング街、センター街のスミスは普段は別々に行動し、祖先を祀る教会での祭祀も別々に行っているが、系譜をさらにさかのぼるなら、ジョージ・スミスにたどりつくことがわかる（図III）。ウェストレイク近隣区域のスミス系統の人々は全員がジョージ・スミスの子孫であり、互いの系譜

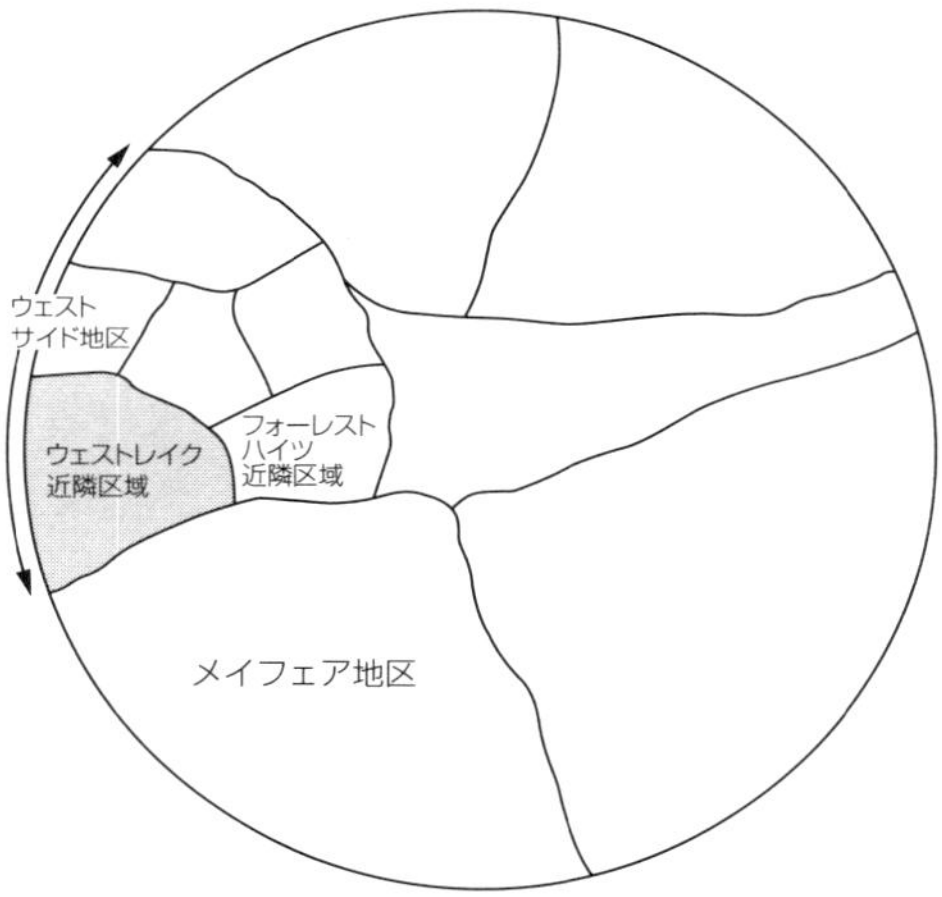

出典：R・M・キージング『親族集団と社会構造』小川正恭ほか訳，未來社，1982年，55頁の図をもとに作成．

図Ⅰ　わが「父系出自」町の諸地区，およびウェストサイド地区の諸近隣区域

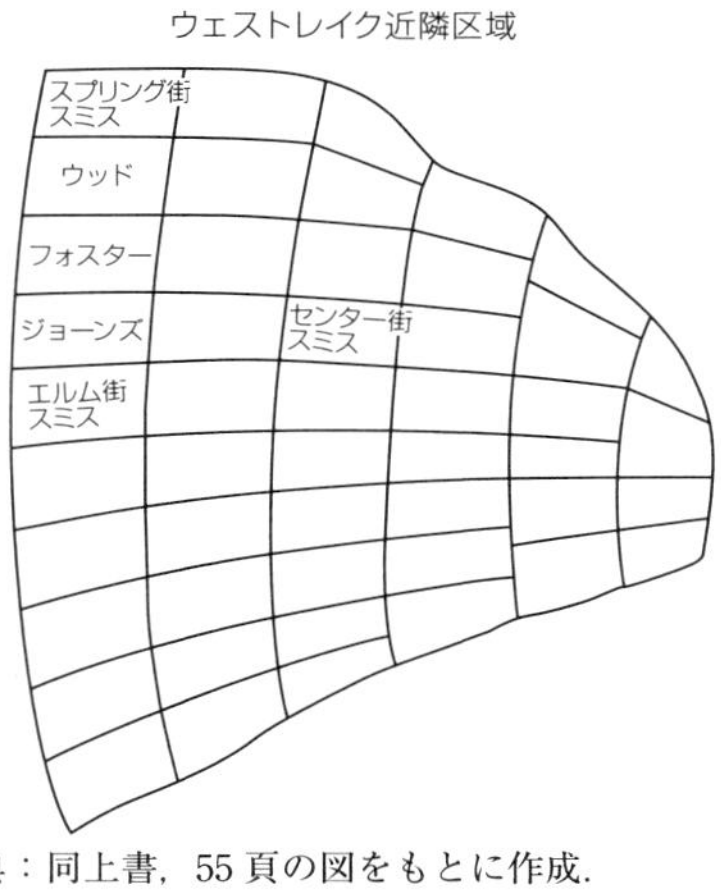

出典：同上書，55頁の図をもとに作成．

図Ⅱ　ウェストレイク近隣区域の地縁集団

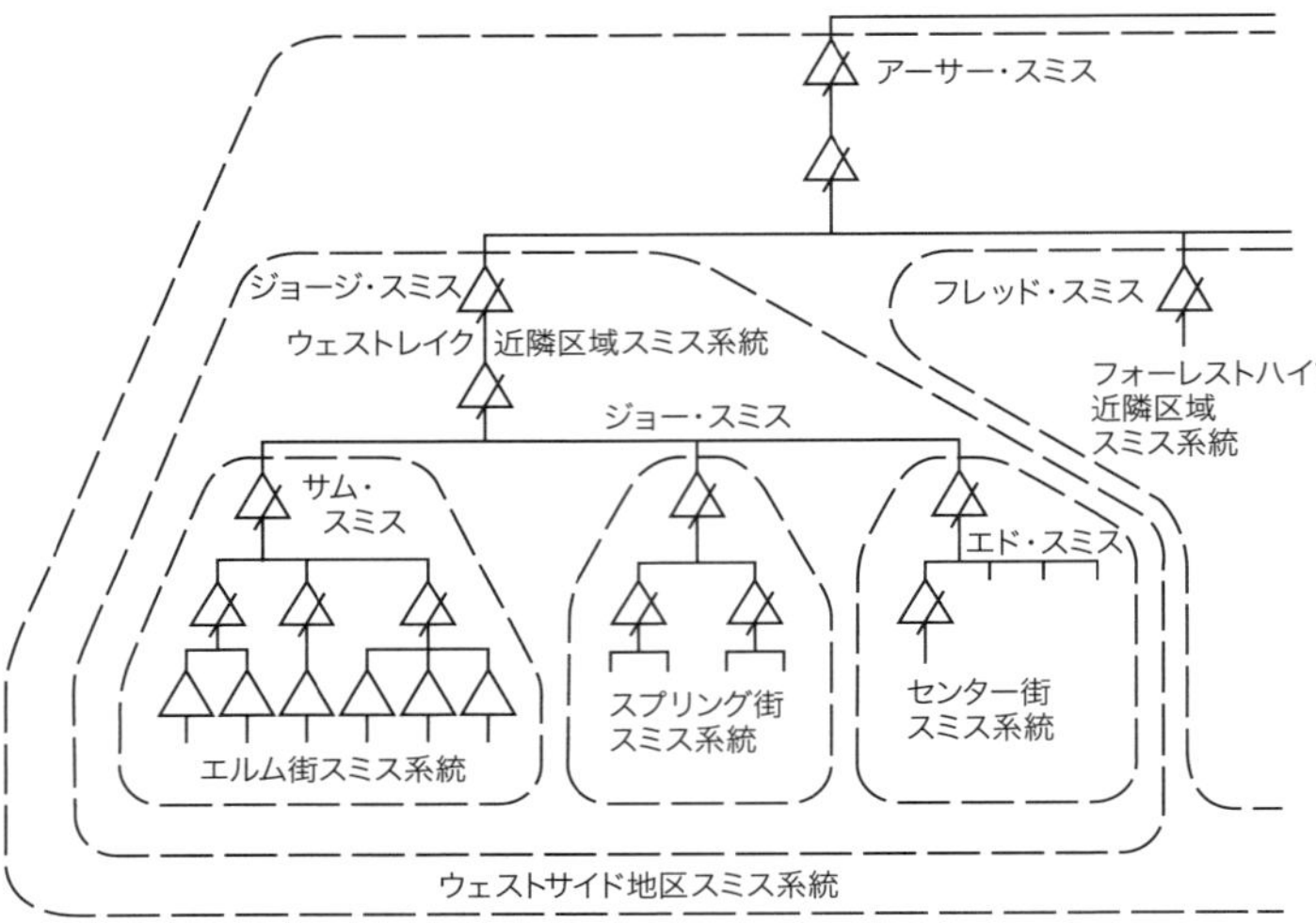

出典：前掲キージング，59 頁の図をもとに作成.

図Ⅲ　スミス・リネージの系譜

関係の知識もはっきりしている。彼らも街単位ほどではないにせよ、年に一度集まって集会や祭式を行うことがある。あるいは近隣区域のジョーンズ系統の人間に誰かがけがを負わせた場合、近隣区域のスミスとしてまとまって賠償に臨むということもある。同じスミスの姓を名乗る者同士での結婚は禁止されている。

街レベルのスミス系統が出自集団として行動している場合、それらをリネージと呼ぶ。しかし街レベルを含む近隣区域レベルのスミスも集団としてまとまって行動しており、これらもリネージと呼ぶことができる。普段はサム／ジョー／エドのレベルで別々に分かれている人たちが、ジョージのレベルで一つにまとまる。こうした、分裂と統合を繰り返すという特徴を分節的という。

このような系譜的関係はさらにフォーレストハイツ近隣区域にも広げていくことができるが、地域が広がるにつれ、同じスミスとはいえ、系譜関係が明確ではなくなり集団として行動することもない場合、出自集団というより単に出自カテゴリーとしかいえなくなる。それをクランという。町全体のスミス系統は、クランにあたる。

ところで近隣区域にはスミス以外にもジョーンズやブラウンなどの系統が存在する。しかし仮にスミス系統が近隣区域では草分けの系統であり、数も圧倒的に多い場合、彼らがこの地域での優越リネージであるという。優越リネージはしばしばその地域の代表となり、そこは優越リネージの土地とみなされる。

リーンハートは、ディンカがその系譜的関係を認識している最大規模のリネージを下位クランと呼ぶと述べている。勢力の大きい下位クランでは系譜を七から一一世代までさかのぼることができる[5]。しかし下位クランを越えると、系譜の知識ははっきりせず、同一のクランに属するが下位クランが異なるメンバー同士では系譜関係がはっきりせず、クランの始祖の名前もわからないこともある。

どの部族にも複数のクランが存在し、多くのクランは複数の部族の土地に分布しているが、クランは大別して二つのカテゴリーに分かれる。簎猎の長のクランと平民クランもしくは戦士クランである。簎猎の長は、下位部族のなかで年齢組を開始することができる。簎猎《やす》の長《おさ》の下位クランあるいは下位のリネージが、下位部族と深く結びつき、同一視されることが多い。しかし、父系出自集団のある分節（例えばエド・スミスを直接の祖先とするリネージ）が別の分節（ジョー・スミスのリネージ）と反目してよその地へ移住して分裂すると、リネージと結びつく下位部族やさらにその下の区分も分裂していくことがある。またクランやリネージの人口の増減などの問題も絡んで、下位部族の核となる父系出自集団が、もともとその下位部族と深く結びついた下位クランやリネージとは別の集団になるということがディンカでは少なくなく、下位クランが異なる複数のリネージ同士の複雑に絡まった結びつきがそこではみられる[6]。

部族と父系出自集団を論じたリーンハートの論文はかなりわかりにくい。それは単に彼の文体のせいだけでなく、エヴァンズ＝プリチャードのヌアーについてのモデルを参照点として、ヌアーとディンカの違いを浮き彫りにしようとしているためと思われる。興味のある方はエヴァンズ＝プリチャードの研究を繙いていただければと思うが、両者の違いを簡単にまとめると以下のようになる。

ヌアーもディンカも定住するムラと牛の放牧のためのキャンプ間を行き来する移牧生活を営んでいる。しかしヌアーが雨季に定住するムラと乾季に水と牧草を求めて移動するキャンプという二通りの分布形態であるのに対し、ディンカは穀物の播種と収穫の時期にムラに定住した後、雨季にもキャンプを構えて牛を放牧するという三パターンである。

ヌアーの部族では、優越的な草分けの貴族のクランの周りにディンカなどの外部の者たちの小さなリネージが附属するという格好になる。地域共同体は分節出自集団と同一視され、政治関係は、親族関係、特に父系的関係によって表現される。

ディンカでは、地域的政治集団の中心となる出自集団は、ヌアーのように強力なものが一つあるというのではなく、複数が、現在占有している領土のもともとの所有者であると等しく主張する。地域集団内の関係は、女性を介した婚姻によって結びつく出自集団同士の関係として表現され、籥褙の長のリネージは、戦士のリネージの母方オジ（mother's brother）もしくは母方祖父（maternal grandfather）といわれる。[7] この母方オジとの関係や女性が始祖となって出自集団が形成された場合があることも踏まえて、本書でリーンハートは、父系（patrilineal）という語を使わず、男系（agnatic）という語を用いている。『社会人類学』では父系（patrilineal）、母系（matrilineal）の説明があり、父系を母系との対比で使っている。[8] しかし、親族を重要な社会的範疇として位置づける方法の一つに以下のようなものがあると述べている。

かつてローマ人がおこない、今でもヌーア族や他の人々がおこなっているもので、父系祖先共有（アグナティック）の関係と、祖先共有（コグナティック）の関係の区別である。祖先共有の親族とは、ある個人に対し、父方でも母方でも出自による関係によって結びつく人々であり、父系祖先共有の親族とは、ある個人に対し、おそらく過去何世紀も以前のひとりの共通男性祖先から父系のみをたどる出自によって結びつく人々である。(9)

かつて親族関係の概説書や大学の講義では、agnatic と patrilineal は同義と教えられることが多かったが、リーンハートは明らかに両者を使い分けていて、本書では意識して agnatic を使っている。本文で述べられているように、母方オジである簎猎の長はアグナティックな親族ではないが、コグナティックな親族として重要な存在である。アグナティックを父系と訳すと、matrilineal と対比される patrilineal と見分けがつかなくなり、コグナティックとの対概念であることがわからなくなってしまうので、本訳書では、agnatic を父系ではなく男系と訳すことにする。

なおリーンハートのこの用語の使用は、メインの『古代法（*Ancient Law*）』やフュステル・ド・クーランジュの『古代都市』を踏まえているようである。『古代都市』にもアグナチオとコグナチオ（自然血族）の対比がある。アグナチオは生物学的父子関係に限定されるわけではなく、養子でも男系親族集団の正式なメンバーになることができる。男性祖先に対する祭祀が親族集団の重要な役割なので、

真の意味の男系親は出生によってみとめられるものではなく、祭祀にもとづくものであるから、たとえ実の息子でも、離籍によって生家の祭祀からはなれたものは、もはや父の男系親ではない。これに反して、

他家にうまれたものでも、養子となれば、すなわちその家の祭祀にくわえられれば、養父とその全家族との男系親となる。[10]

つまり、男系の親族組織（agnate）では、ジェニター（genitor 生みの父）とペイター（pater 社会的父）を区別しており、リーンハートはディンカも古代ローマ同様だと言っているのである。

ディンカ人は、何らかの理由で夫としての完全な役割を果たせないときには、生まれる子どもを必ず自分のものという条件で、親族の一人に妻と寝ることを委せる。彼はペイターでその親族はジェニターである。また、未亡人がじぶんの恋人をえらぶことをゆるされることもめずらしくない。つまり、もともとの結婚に際して、その女性に牛を贈った贈り主の男性がいるわけだが、新らしい交わりの結果から生まれたすべての子どもは、その人の法的な子であることが、はっきり認められる場合にそのようなことがおこなわれるのである。「父（ペイター）とは、母と結婚したことを示すことのできる人物である」というローマ法の格律は今日多くの社会に当てはまる。[11]

リーンハートが男系（agnatic）を使うのは、コグナティック（cognatic）と対概念であることに加えて、男系がペイターやジェニターの区別、祭祀権が集団としてのまとまりやメンバーシップを決めることなどを想起させる概念であるからだろう。

2　訳語について

原著で、リーンハートは、ディンカの神や精霊について、西洋人の読者がキリスト教的観念をただちに当てはめて捉えるおそれを極力回避しようとして、通常のGodやspiritsなどの訳語を使わず、Power(s)やDivinityやdivinitiesという語を使用している。Powersは「力」と訳したが、一般的な力（と表現されるもの）と区別するため、〈力〉と表記した。大文字のDivinityは神性、divinitiesは神霊と訳した。Divinityは「神格」と訳すこともできるがあらゆる格付けや格式を超越したのがDivinity（*Nhialic*）なので、「神性」と訳すことにした。小文字のdivinitiesも、そこに格式が明確に定まっているとはいえず、またdivinityで表されるものは、文化人類学でいう精霊に近いことを考慮して、「神霊」と訳した。神霊をリーンハートは、クラン神霊（clan divinity）と自由神霊（free divinity）に分けている。神霊の名前にも、Powersの場合同様〈　〉を付し、〈キリン〉というように表記した。神霊である〈キリン〉の物質的顕現である動物のキリンはそのemblemであるが、この語には「象徴物」という訳語を充てた。一般的には、emblemは「標章」や「象徴」と訳すこともできる。しかし、本書で具体的にあげられている事例はいずれも実在する動植物や人工物であり、その物質的な現れとしてのニュアンスを少しでも伝えるために「象徴物」という訳語を用いることにした。

Master of fishing spearsは、これまで漁槍首長と訳されることが多かったが、本書では簎《や》矠《す》の長《おさ》と訳した。水中の魚介を刺す漁具である日本の「やす」は柄の尖端が数本に分かれとがっているが、考古学的に「やす」という場合先端が分かれているもののみをいうわけではなく、また「やす」を表す漢字である「簎」と「矠」は、尖端の分かれを意味しているとは限らないため、二つの漢字を組み合わせ「やす」と表記することにした。二つを組み合わせたほうが、そのアルカイックな司祭職という雰囲気を伝えられると思ったからである。原著では、fishing spear の語を繰り返すときに、省略してただ spear と書いているところがたくさんあり、日本語訳でもその場合いちいち「簎猎」とせずに「槍」と訳している。Master は政治的な首長とはいえないが、地域集団のリーダーであるので「長《おさ》」とした。

簎猎の長のクラン神霊 *Ring* をリーンハートは Flesh と訳しているが、この語には〈鮮肉〉という訳語を充てた。日本語文献ではこれまで「肉」と表記されてきたが、「肉」は食用の「肉」を連想させるため、聞き慣れない言葉ではあるが「鮮肉」(「新鮮な肉」——『広辞苑』による)を採用した。*Ring* の象徴物である生け贄が屠られた直後その肉(*ring*)がまだぴくぴくと動く生々しさがより伝わるのは「鮮肉」のほうだと考えたからである。

以下、英語のアルファベット順に訳語について述べていく。

第四章には affective という語が出てくるが、これには「情動」という訳語を充てた。そこでは、病人が〈力〉との関係のなかで置かれている情動的精神病的状態が表現されており、西洋医学でいうところの affective の意味が付されていると解釈した。同じく affective experience には情動的経験という語を充てた。

agent は作用者と訳した。リーンハートが影響を受けているコリングウッドの自伝の訳では、「行為者」という訳語が充てられているが、リーンハートは神霊も agent と言っている。身体を持たない存在が行為者というのは奇妙な感じが拭えず、さりとて「主体」とすると、subject と区別がつかず、誤解を生むことにもなりかねないので、「作用者」とした。

beer はヒエを醱酵させて醸造する酒であるが、本書ではこれを「ビール」と訳した。ビールといっても、私たちになじみのある麦芽とホップを原材料とした飲料のことではない。「地酒」も訳語の候補にのぼったが、これも日本酒を強く連想させるきらいがある。ヒエを醗酵させて作る酒は泡立っているということもあり、ビールという訳語もあながち見当外れではないと考えてこの言葉を充てることにした。

箝稓の長の力を表す語でもあり、熱いものや辛いものが与える刺激を指すケッチ(*kec*)にリーンハートは biting という語を充てているが、本書では文脈に応じて「しびれる」とか「ピリッとする」などと使い分けている。

ceremony は、文化人類学では「儀式」と訳されるが、ceremony の場は祭宴となり祝祭的雰囲気を持つことから、祭式と訳した。

control は第七章のタイトルにあるように操作と訳したが、文脈上「制御」とした箇所もある。

本書には数多くの歌が引用されているが、一見すると何の変哲もない歌にもリーンハートは song ではなく hymn という語を使っている。ディンカがそれらの歌の背後に神性や神霊の存在を感じているがゆえにこの語を使っていると思われるため、hymn は「讃歌」と訳した。また invocation には「祈願」、prayer には「祈禱」の語を充てた。invocation(祈願)は、神性を召喚しその加護を願う「能動的発話行為」、prayer(祈禱)は、神性への厳粛で謙虚な祈りの「言葉」と理解していただければよいと思う。内容に即して、リーンハートは invocation と prayer を使い分けているようだが、その区分は必ずしも厳密(能動的な祈りと謙虚な祈りとして)とは限らないようにもみえる。

ディンカ語の *pwou* をリーンハートはディンカ語の辞書を編集したネーベル神父に従って heart と訳しているが、ネーベルは辞書で心臓、胸、精神、意図と訳している。ディンカでは、頭が思考と、*pwou* が感情と関係づけられる傾向にあるとリーンハートは述べており(Godfrey Lienhardt, "Self: Public, Private: Some African Representations," in *JASO* 11(2), 1980 : 76)、その場合 *pwou* を心と訳すと無意味な表現になる。

だからといって臓器としての心臓そのものを意味するのでもない。しいて言えば、日本語で「苦しい胸の内を明かす」というときの「胸」に近いと思われるが、heartには「心」という訳語を充てた。しかし「胸」や「心臓」が含意されていることに留意いただきたい。

本書のキーワードでもあるimageについては、名詞の場合には「イメージ」、動詞の場合には「喚起させる」と訳した。名詞の場合にはリーンハートは本書刊行の後「概念（concept）」とほぼ同義だと言っているが、本書ではそのように明確に説明されていないので、「イメージ」のままにした。一方動詞の場合「イメージ化させる」とすると、「視覚的に想像させる」と誤解されやすいので「喚起させる」としたが、第六章のように「イメージ化させる」とした箇所もある。それ以外は、主語に応じて「喚起する」や「喚起させる」というように訳し分けている。

イメージとの区別が紛らわしい語であるimageryには文脈に応じて比喩表現、想像的表現などという語を充てた。

エヴァンズ＝プリチャードのいわゆる「ヌアー三部作(12)」の訳語で問題にもなったoxには「去勢牛」、bullには「雄牛」という、去勢のあるなしがわかる訳語を採用した。ディンカの宗教的思考において、雄牛の生殖能力の有無は決して無視できない要素だからである。また動物については最近の傾向とは異なるが漢字表記とした（ヒツジではなく羊のように）。その他植物名も原則漢字表記である。

passionesは「パッシオネス」とカタカナ表記し、文脈に応じて（受動的）受苦あるいは人間的受苦などの語を補った。キリスト教神学の用語で単数形のpassioはイエスの受難を、複数形のpassionesは、聖人や殉教者の苦しみや苦難を指すのに使われる。しかしここでリーンハートが問題にしているのはディンカ人全般であることから、「パッシオネス」とカタカナ表記することにした。「パッシオネス」で強調されるのは、受動性である。この語と対になるactionは「行為」と訳したが、「行為」には能動性あるいは再帰的他動詞性が含意されていることに留意いただきたい。

ディンカ語のセック（*thek*）にリーンハートはrespectを充てている。神性や神霊、象徴物に対する場合は崇敬、人間の年長者に対するときには尊敬や敬意などと訳している場合もある。しかし、リーンハートによれば、この語にはavoidanceという含意もある。この場合には「忌避」という訳語を充てて訳し分けているが、この「忌避」には、例えばディンカが「ハタネズミをセックする」という場合のように、対象をただ忌み嫌ったり避けたりするということだけでなく、対象に敬意を払うがゆえに避けるという意味で用いられている場合もあることに留意されたい。

shrineは「祠」と訳したが、ハウエルの寄稿箇所に関してのみ「祭壇」と訳した。ピラミッド状の盛り土の「祠」は、ユダヤ教の祭壇と形の上でもちろん異なるが、それが「祭壇」の役割を果たしていることにハウエルの記述が注意を向けているように思えたからである。このハウエルによる補遺で言及されているルアク・デンは、「このあたりでは珍しく精巧につくられた」ものであり、アイウェル・ロンガールの「ピラミッド」に類する巨大な建造物である（次頁の写真参照）。つまり、通常の「祠」とは明らかに異なっている。単なる「塚」でもない。「祭壇」という訳語には、こうした点を強調するための意図も込められている。

Iとweの訳についても述べておきたい。著者が自らのことを述べるときは英語ではI（私）、フランス語ではnous（we われわれ）を使うのが一般的だが、リーンハートはIだけでなくweも使用している。直訳すれば「われわれはこれまで……について述べてきた」という表現が随所に見られ、これらは「本書では……について述べてきた」と訳すのが日本語では自然かもしれない。しかし、ディンカには西欧的な

ングンデンの村とピラミッド

象牙に囲まれたピラミッド

出典：Charles Gabriel Seligman and Brenda Z. Seligman, *Pagan Tribes of the Nilotic Sudan*, London : G. Routledge & Sons, 1932, Plate XXI.

「精神」がないという第四章での議論や、第六章以下の再帰的な能動性の議論を考慮して、Iとweをそのまま「私は」、「われわれは」と直訳して残すことにした。「われわれは」を使うときリーンハートは、報告している著者(author)とは彼とディンカであることを示しているようにみえる一方、読者に対してディンカを外部から距離を置いて見つめるのではなく、そこに参入してその世界の一部になるのを求めているようにみえる(この点については「解説」を参照されたい)。

その他の訳語については以下のとおりである。

Anuak「アニュア人」、cult「祭祀」、diviner「卜占師」、incest「インセスト」、leader「指導者」、medicine man「呪医」、millet「稗」、Nuer「ヌアー人」、prophet「預言者」、rainmaker「雨乞い師」、sign「しるし」、sorcery「邪術」、witch「妖術師」、witchcraft「妖術」。

雨が降る時期、乾燥する時期については「雨期」、「乾期」とするのが今日では普通だが、リーンハートがrainy seasonとdry seasonと表記していることを尊重して「雨季」、「乾季」とした。

また本書の内容に関わる重要な動植物には学名が付記されている場合がある。翻訳では、それが学名であることを明示するため、日本語で(学名:○○)というように補っている。

本文中の括弧( )[ ]は、原著者によるものである。ただし( )[ ]の使い分けには特に意味はないように思われる。〔 〕は訳者による注である。

最後に目次における見出しの題名(「ディンカの思考における牛(Cattle in Dinka Thought)」)と、本文中の題名(原書一〇頁、本訳書一九頁「ディンカの経験における牛(Cattle in Dinka Experience)」)が異なっている。これは原文どおりの表記であることをお断りしておく。一九八八年にペーパーバック版が出版された時、初版にある一部のミスは修正されたが(本翻訳でもそれを活かした)、この見出し題名のずれは修正されていなかった。どちらがリーンハートのもともとの意図だったのかは彼が故人となった今はもはや確かめようがないため、あえてそのままの形で残しておいた。

3　写真について

本訳書の底本は一九六一年初版だが、一九八八年のペーパーバック版同様、写真は版権の都合上掲載できなかった。現在、オックスフォード大学ピット＝リヴァーズ民族学博物館には、リーンハートがスーダン調査の時撮影した写真のコレクション（Pitt-Rivers Museum, Oxford, Sothern Sudan Collection Project）が所蔵されていて、ウェブ上で閲覧可能である[13]。

原著に収録されている写真に相当するものの番号を記しておく。コレクションのなかに見つからない写真もあるが、その場合は類似した写真番号を記しておく。

口絵写真——類似したものとして、2005.51.310.1。

写真Ⅰ　少年が踊り始める——該当する写真はないが、類似したものとしては2005.51.308.1。男の腕の広げ方が牛の角を模していて、同様の格好で踊る少年たちの写真Ⅰに似ている。

写真Ⅱ　レクディンカ——未婚の男女：2005.51.457.1。

写真Ⅲ　女たちの踊り——同じ場面の写真として：2005.51.175, 2005.51.198, 2005.51.199（Rek Dinka's Women's Dance)。

写真Ⅳａ　献酒——2005.51.475.1。

写真Ⅳｂ　山羊に日よけをする——これに該当する写真はコレクションのなかにはない。

写真Ⅴａ　祈願——2005.51.459（cf. 2005.51.136.1)。

写真Ⅴb　供犠——2005.51.460.1（cf. 2005.51.174. 2005.51.168.1）。
写真Ⅵ　簎猎の長の祠と簎猎——2005.51.435。

（出口　顯）

注

（1）Ｅ・Ｅ・エヴァンズ＝プリチャード『ヌアー族——ナイル系一民族の生業形態と政治制度の調査記録』向井元子訳、平凡社ライブラリー（平凡社）、一九九七年。

（2）ゴドフリー・リーンハート『社会人類学』増田義郎・長島信弘訳、岩波書店、一九六七年、八〇頁。訳語は一部変えてある。

（3）国連難民高等弁務官事務所の以下のサイトを参照のこと。http://www.refworld.org/pdfid/4bea5d622.pdf（最終閲覧日二〇一八年十一月二十日）。

（4）ロジャー・キージング『親族集団と社会構造』小川正恭・笠原政治・河合利光訳、未來社、一九八二年、五四—五五頁。

（5）Godfrey Lienhardt, "The Western Dinka," in Middleton, John and David Tait (eds.), *Tribes without Rulers*, Routledge and Kegan Paul, 1958, pp. 105-106.

（6）Ibid., p. 128.

（7）Ibid., pp. 132-133.

（8）Ibid., p. 135.

（9）同右、一五六頁。

（10）フュステル・ド・クーランジュ『古代都市』田辺貞之助訳、白水社、一九六一年、一〇〇頁。

(11) Lienhardt, op. cit., p. 137.

(12) 『ヌアー族――ナイル系一民族の生業形態と政治制度の調査記録』向井元子訳、岩波書店、一九七八年（平凡社ライブラリー、一九九七年）、『ヌアー族の宗教』向井元子訳、岩波書店、一九八二年（上下巻、平凡社ライブラリー、一九九五年）、『ヌアー族の親族と結婚』長島信弘・向井元子訳、岩波書店、一九八五年。

(13) 以下のサイトを参照のこと。http://southernsudan.prm.ox.ac.uk/search/photographer/lienhardt/index.html（最終閲覧日二〇一八年十一月二十日）。

はじめに

本書は、一九四七年から一九五〇年にかけてディンカ人のもとで行った、二年間にわたる調査に基づくものである。ケンブリッジ大学で私が所属していた学寮ダウニングカレッジ（Downing College）の寛大な寄付によって、調査のために不可欠な準備が可能になったが、調査自体は完全にスーダン政府の財政的な支援によっており、本書の出版もその支援によるものである。スーダン政府ほど、利害を超えた研究のために満足のいく状況を提供してくれた政府がほかにあろうとは思えない。また恩恵を受けたすべての人にここで謝辞を述べることは不可能である。故クアニャン・アゴス首長と故マモン・フセイン・エル・シェリフ博士をはじめ、幾人かの方には謝辞があまりに遅きに失してしまった。

当時の内務長官であったジェームズ・ロバートソン卿は私の研究を励まし、個人的にも大変親切にしてくださった。私を温かくもてなしてくださった多くの官僚のうちでもそのご家庭を最も頻繁に訪れさせていただいた方々にしか謝辞を捧げることができない。バハル・アル・ガザル地方の知事であるT・R・H・オーウェン氏とその夫人。B・A・ルイス夫妻。P・P・ハウエル博士夫妻。ゴグリアルのJ・M・ハンター氏とR・H・ボイル氏。トンジのJ・H・T・ウィルソン夫妻。ルンベックのキース・ウイリアムズ夫妻。アウェイルのデヴィッド・ファイフ氏とゴードン・ヒクソン氏。私はまたディンカの多くの行政官たちによるそのほとんどが未刊行の書類からも、多大なる恩恵を受けてきた。

ヴェローナ修道会の神父、特にワウとクワジョックの宣教師の方たちには負うところが多い。ディンカの言語と思想についてのネーベル神父の研究がなければ、私自身の研究ははるかに困難なものになっていただろう。この本のなかで彼に数多く言及していることが、彼の権威とヴェローナ信徒団への感謝のしるしとして受け入れてもらえることを願っている。

多くの友人たちがさまざまな段階で草稿を読んでくださった。J・G・ペリスティアニー博士、J・H・M・ビーティー博士、D・F・ポコック博士は一貫して私を大いに助けてくださった。いずれもオックスフォードの社会人類学研究所の同僚である。さらに思索を深める機会を与えてくださったバグダッドの芸術・科学カレッジのA・G・オコナー前教授。弟のピーター・リーンハート。そして細部にわたるコメントが厳しくも有益であったI・タグロク・デーヴィス氏。

最後の謝辞はほかならぬディンカの人たちと、彼らとの間でこの研究を可能にしてくださったエヴァンズ゠プリチャード教授に捧げるものである。ディンカの人たちは私を手厚くもてなし、友情を示してくれた。また彼ら自身だけが真の専門家である自分たちの知識を分け与えてくれた。私はゴグリアル評議会の面々や、ベンジャミン・ラン・ジュク首長、レハン一家、アキレ・デン・アゴウ、アコル・モーケッチ首長、ギール・キロ首長、アムブローズ・ウォル、フレディアノ・ドォール・ユオット、サミュエル・アガニィ・クアニンらとその家族、その他の多くの方たちのことを考えている――*koc kok kajuec*。

私がエヴァンズ゠プリチャード教授のナイロート研究に、とりわけヌアーの宗教についての彼の業績に恩恵を受けていることはきわめて明白だろう。しかし個人的に彼に負うことのほうが大であり、その指導と友情に感謝を込めて、本書を彼に捧げる。

一九六一年、オックスフォードにて　　G・L

神性と経験——ディンカ人の宗教　目次

第2部

E・E・エヴァンズ＝プリチャードに

序論

(1) ディンカの概観

ディンカは、全体で九〇万人ほどの民族集団であり[1]、地図(図1)にみられるようにきわめて広い範囲の地域にまたがって居住している。ただ、彼らの文化的、言語的な同一性には著しいものがあり、もちろん方言や慣習、社会構造などの面で地域ごとに変差はみられるが、本書において彼らを全体として一つの民族集団として扱ってもそれほど差し支えはないと思われる。ただし本書は、そのなかでもスーダンのバハル・アル・ガザル州に居住する西ディンカの人々、とりわけレク(Rek)部族集団を中心に扱っている。私が最初にディンカ語を学んだのは、この人たちからであった。

ディンカの地は、スーダン南部〔現南スーダン共和国〕、中央ナイル川流域の湿地帯に巨大な弧を描くように広がっている。このあたりは開けたサバンナないしサバンナ林がみられる平地であり、ナイル川

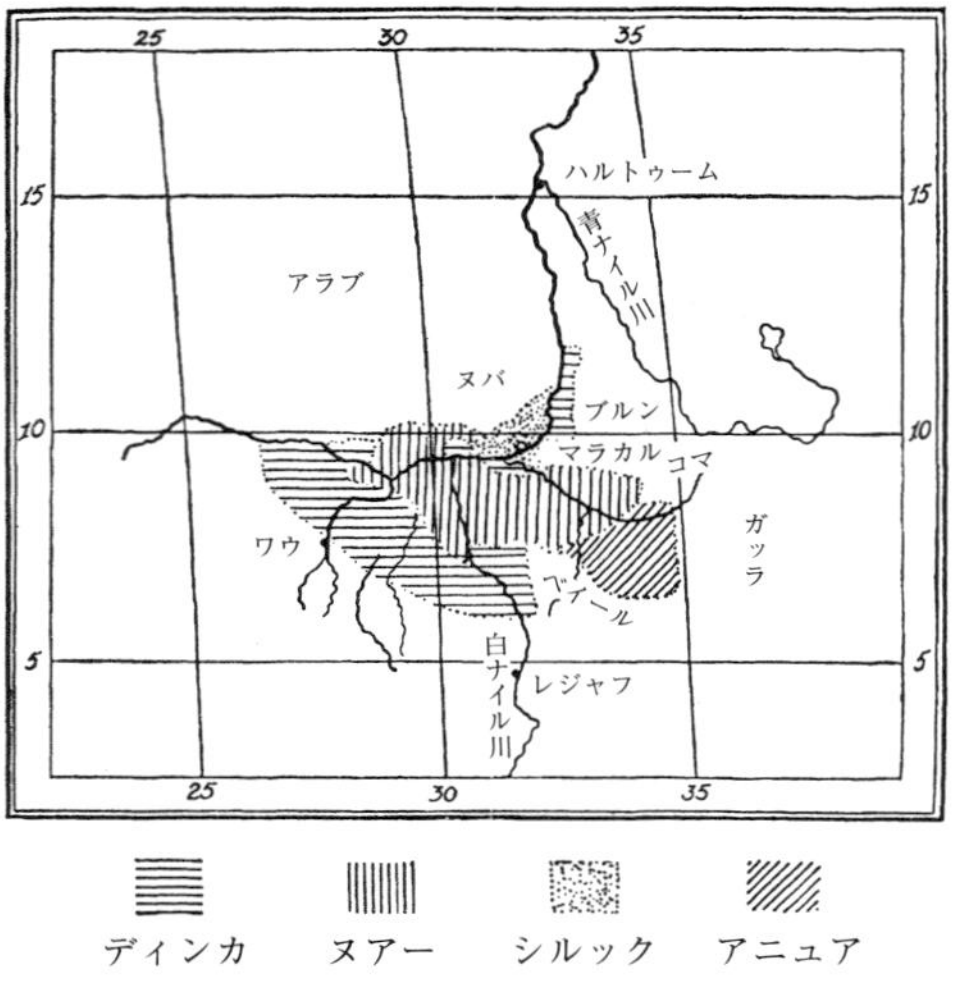

図1　ディンカと近隣諸民族

の中央流域に流れ込む無数の河川や小川があちこちを横断している。毎年、一定の期間、大雨と河川の氾濫によってこのあたりの多くの土地が、住むこともできなければ、横断することもできない状態になる。この時期は、氾濫した河川より高い場所にある土地にしか家屋を建てたり畑を作ったりすることができないが、こうした場所相互の行き来は難しくなる。

　ディンカの地は自然資源に乏しく、彼らの物質文化は簡素である。石はあまりなく、自然の鉄は地域の周縁地でしか採れない。ともかく、ディンカは相応の規模で製鉄を行っているとはいえない[2]。今日、外国製の鉄の鍬刃や槍の穂先は、アラブ人とギリシア人の商人から購入されている。西ディンカの人々は、かつては、こうした必需品を南のほうの製鉄を行うルオの人々から入手しており、ある時期には動物の角や骨、木で作った武器や掘り棒を用いていたと言っている。ただし、私はディンカが居住する地域で、これらの材料で作られた槍の穂先や鍬を見たことがない(3)。金属が手に入らなかったことは、彼らの農耕や漁労活動をさらに困難にしたであろうし、おそらくそれゆえ、かつてディンカは、現在よりもいっそう牛に物質的に依存していたのではないだろうか。

今日、外国から輸入された金属は個人の装飾品や道具類、武器などに広く用いられており、生活必需品となっている。しかし、かつてその価値は、現在よりもはるかに高かったに違いない。ディンカにおける司祭、「簎《や》措《す》の長《おさ》」は、その称号を古くて神聖視された槍から得るのだが、これらの槍に付与された価値を理解する上でこの点は重要であろう。これらの槍は、このあたりに鉄が入ってきた時期よりもはるか以前から存在する金属製の槍だといわれているのである。

外国から輸入された金属やビーズ類を除くと、ディンカの物質文化において人間の一生よりも長きにわたって重要とされるものは何もない。したがって、ある世代の仕事が次の世代の仕事を軽減させたり、次の世代の生活基盤をつくり上げたりすることはない。次の世代は、同じ簡素な技術方法を用いて、同じごく限られた自然資源を活用しながら、一見すると変わりようがない文化的環境を再度つくり上げなければならない。この文化的環境は、近代に入って外部との接触が盛んになるまでは変わることがなかったのである。世代を超えて相続されるような富は唯一、家畜だけである。この富を安全に受け継いでいくためには、疫病や天候の厳しい季節など、牧畜につきものの艱難辛苦を乗り越えなければならないが、これらはどの家族にとっても世代を超えてついてまわるものである。ディンカは平等主義であるが、これは彼らの生業が基本的に不安定であることと関係している。この不安定さは、彼らが過酷な自然環境にさらされており、それらから身を守るような技術と物質文化をわずかしか持ちあわせていないことに由来するが、この点は彼らの宗教における諸特徴とも関連している。さらに、歴史上の発展に関する伝承がなく、富の蓄積や経済上の発展、文化的所有物の移り変わりなどの形跡が一切みられないため、唯一の重要な神話上の出来事、簎猎の長たちの登場とその宗教的権威の確立が、ひときわ目をひくことになる。

ディンカの生活で必要とされるものは、草と泥、木などに野生動物や家畜から得られるさまざまな素材を加えて作られている。本書におさめられている写真のいくつかをご覧いただければおわかりのように、典型的な、中年くらいの男性の屋敷地は、たいてい草でふいた円錐状の屋根を持つ、編み枝で作った上に泥を塗りたくった円筒形の小屋が二つ三つと、これらと同じ材料で作られた同じような形の牛小屋一つからなっている。妻たちはそれぞれに小屋を持っており、それらの小屋は火を焚くための泥製の低い風よけと、調理用の壺を置くための泥製の支えを備えている。さまざまな棒や稗の茎などでしつらえた遮蔽物が、この女性の暖炉（*mac thok*）を日差しと雨から守るとともに、日常的な台所用品などを犬や子どもたちによるいたずらから遠ざける役割を果たしている。ここで、妻は子どもたちを養い、一夫多妻の家のなかで順番に夫の食事を用意するのである。一方、牛小屋のなかではゴル（*gol*）という牛糞を燃やした火が焚かれ、屋敷地の男たちはその周囲に集まる。

ディンカの子どもたちは、まずこれら二つの焚き火、つまり女性の焚き火と男性の焚き火の傍らで、ディンカの社会組織に関するさまざまな原則を、実践をとおして初めて学ぶことになる。妻とその子どもたちが囲むいくつかの焚き火と、男性たちと畜牛が屋敷地の中心で囲む焚き火の関係は、異なるいくつものリネージ（「調理用の焚き火」とも呼ばれる）がディンカの下位クラン、すなわちゴルとか畜牛の焚き火の分節を形成しているさまを簡潔に示すものとなっている。

このような家で使われている道具について、手短に述べておこう。まず、粘土で作られた壺があり、それらは調理、水の運搬、ビールの醸造などに用いられる。また、さまざまな形と大きさの瓢箪容器があり、それらは稗で作る粥を供するのに用いられたり、油やバターを保管したり、搾乳やミルクを飲むのに用いられることもある。穀物を保管するための編み籠と、穀物をふるいにかける際に使う、草を編んで作られたお盆もある。いずれも枝を編んで作られた、漁用の罠、籠、そしておそらく長旅のときに赤ん坊を運ぶためのゆりかごがある。川の水位が低くなったときに魚を掬うために使う簡単なつくりの網もある。牛皮や猟獣の皮でできた就寝用の敷物、ディンカの人々が外遊時に雨と強い日差しをよけるため、身体ごとくるまるようにして使う、葦で編んだ大きなござがある。畜牛をつないでおく杭、ベル、草を編んで作られたロープ、去勢牛用の首輪、毛皮をひも状にして編んで作られたロープもある。鍬と簡単なつくりの手斧、自然の枝の分かれ目をうまく利用して作られた枕や腰かけ、アムバッチ（植物でクサネムの一種）で作られ、中をくり抜かれた防御用の杖がある。この杖は、財布や小物入れとして使われることもある。このほかに、世帯の構成員たちのこまごまとした手回り品、既婚女性が持つ山羊か羊の皮でできたスカート、男性が漁労や狩猟に用いる槍、そして今日では交易をとおして手に入れたさまざまな品もある。それぞれの屋敷には、木の幹をくりぬいて地面に据えつけた臼《うす》があり、人々は長い杵《きね》を使って穀物を砕いてひく。この長い杵は、後で詳述するように、彼らの神話のなかで重要なものとして登場する。家族によっては、簡素なつくりのカヌーを所有しているところもある。それぞれの集落には踊りに用いられる太鼓がいくつかある。それらは集落の誰が使ってもよく、多かれ少なかれ公共の財産のように扱われているものの、それらを製作したか入手した特定の家族の占有品となっている。

普段の基本食は、稗の練り粥にさまざまなソースやミルクを添えたものであり、もし手に入るようなら、これに焼いたり煮たりした肉や魚が加わることもある。牛由来の産物は、それ自体では栄養的には不完全ではあるものの、とりわけ重要なものである。サワーミルクと凝乳はきわめて頻繁に食されており、特に青少年たちが放牧キャンプにいるとき、これらをよく食する。煮立てたバターは食用になるほか、軟膏としても用いられる。牛が死んだり供犠に用いられた際には、その肉は食用となり、その皮はロープや就寝用の敷物、盾などの素材となる。ディンカの人々によれば、その尿はミルク容器を殺菌し、ミルクを凝固させるといい、その乾燥した糞は人間と家畜にとって虫除けの煙を焚くための燃料となる。糞を燃やした後の灰は身体に塗りたくられるが、それは装飾のためと、日中の蠅、夜間の蚊から身を守るためである。このように灰で身体を覆うことは、熱心に家畜の番にいそしんでいるということを示すものであり、これによってその人物がディンカだと知れるのである。一部の地域では、牛の糞が畑の堆肥としても使われている(4)。このあたりで農耕に最も適した場所であっても、漁労と農耕と牧畜を組みあわせた生業形態以外の選択肢がありうるのかどうかは疑わしい。しかし、何はともあれ、ディンカがみせる牧畜への執着は、彼らの放牧活動が有する実用的な価値だけで説明できるものではないようだ。

このあたりでは、季節の周期によって土地と天候の条件が変化するため、家畜の移牧は避けがたいものとなっている。ディンカは毎年、すでに手短に紹介したような屋敷地と川辺の牧草地との間を行き来しなければならないが、こうした川辺の牧草地では雨季の洪水のために常設の建物を建てることができない。

一年は、雨季と乾季に分かれている。三月から四月にかけて、その年の最初の雨が降り始め、五月までには雨が常時、頻繁に降るようになり、耕作地を軟らかくする。そうすると、多くのディンカは屋敷地で畑を耕し、種をまく。牛たちは、日中は家の近くで放牧され、夜間はそれぞれの屋敷地の近くかそのなかで、群れごとに一頭ずつ杭につながれる。七月になると、より大量の雨がいっそう頻繁に降るようになり、このあたりの低地の多くが水浸しになり、河川の水かさは増して水が川岸をあふれ出るようになり、より低い位置にある土地や川の合流地点などを洪水に巻き込む。そうなると、作物の世話をする老人たちと女性たちを残して、いくつかの親戚関係にある家族の青年たちが家畜を屋敷地から連れ出し、サバンナ林のなかに放牧キャンプを造営する。この領地が、彼らの定住集落からほど近い場所にあり、牧夫の青年たちが家からあまり離れなくてもすむ場合もある。しかし、アウェイル地方（Aweil District）のディンカの多くは、家から行くのに一日から二日ほどかかるくらい離れたところにある、ロルとバハル・アル・アラブの間に広がる森林地帯まで移動する。この区域は、乾季に飲料水を確保するのが難しいため、定住はできない。

雨季が深まって大地のぬかるみがさらに増すと、それぞれの下位部族集団の牧夫たちは、彼らの縄張りのなかにあるいくつかの中心地に集結するようになる。これは、季節が厳しさを増すにつれて、放牧や移動の自由がきかなくなるからである。ここでは、より大きなキャンプが形成され、頑丈な杭の上にマッシュルームのような形をした避難所が建てられて、夜間には男性たちと若い家畜がそこで過ごす。日中は、彼らはそれぞれに、最良の牧草を求めて近辺のあちこちに散るのである。

雨季は、十月ごろに終わる。そのころまでに、畑の収穫を手伝うために家に戻る牧夫もおり、また雨が降らなくなって道の状態も良くなると、雨季のキャンプは解散となり、みなそれぞれ自分の家に帰っていく。家に帰ると、畜牛たちは、収穫でより分けられた稗の草や茎の部分を食べる。人々は、次の耕作に向けて除草したりと準備を始める。乾季が進んで洪水がおさまると、漁労活動が可能になる。この秋の時期は、祭式が最も盛んに行われる時でもあり、大量のビールが醸造され、多くの供犠がなされ、少年たちは成人儀礼を受けて大人になるのである。

一月までには、場所によってはそれより早いところもあるが、屋敷地近辺の草が完全になくなる一方、川岸の牧草地では氾濫していた水が引く。人々は大きな河川のある場所に向かって移動し始め、そこで避難所や風よけを建てて乾季の間を過ごし、やがてまた雨が降る季節になると、耕作のために屋敷地に戻るのである。部族集団はそれぞれに乾季の時に使用する牧草地を持っており、そこでは下位部族集団がそれぞれ慣習的に定まった縄張りを保有している。もっとも、こうしたキャンプでは、別々の下位部族集団を構成している個人や家族があちこちで入り交じって活動していることも確かである。

ここまで述べてきたように、季節の周期は大枠としては規則正しいといえるものの、もちろん、年や場所によってそれにはかなりの変差がある。最初に雨が降り出すのはいつか、誰にもわからないし、天候は気まぐれである。また、収穫に打撃を与える日照り――ディンカ語で言うヤック（*yak*）――もあるかもしれない。ヤックとは、雨が必要とされているのに雨が降らない時期のことであるが、それは実際に起こりうる。それは、普段とは違って長引いている乾季の終わりごろや、雨がなかなか降り始めないとき、あるいは雨が降り始めて間もない時期に起こりうる。これが生じると、放牧にも困難が生じる。雨が十分に降らなければ、長い根を持ち、土地の深いところから水を吸い上げることができるような草しか生育しないためである。ディンカの地において、このタイプの典型はアワール草（*awar* 学名：*Vetiveria nigritata*）という草で、強烈な日照りでも枯れないような生命力を持っているようであり、ディンカの神話やシンボリズムにおいて重要な意味づけが与えられている。

一年を通じてみたとき、ディンカの定住集落にその全員が揃う機会が播種の時節と収穫の時節の二度しかないという事実を考慮すれば、彼らの政治的集団が屋敷地や村落、集落（*baai*）ではなく、放牧集団や放牧キャンプ（*wut*）になぞらえられて語られているということは理解できる。

放牧集団の最小単位は、一人の男性と彼の子どもたち、および彼らの牛からなっている。こうした集団が、親族関係や友人関係、近隣関係などに基づいていくつか集まり、小さい放牧キャンプを形成する。これらの放牧キャンプは、雨季の始まりとともにサバンナ林のなかに造営される。この放牧キャンプがいくつか寄り集まって、私が下位部族集団と呼んだものを構成するが、これらはそれぞれに固有の名前を持ち、個々の構成員の寿命を超えてずっと存続する。放牧キャンプから発展した下位部族集団がいくつか集まると、部族集団を形成するようになる。この部族集団の大きさはまちまちであり、一〇〇〇人に満たないものから二万五〇〇〇人に及ぶくらいのものまである。全体としてみた場合、最大の部族集団が最も多くの下位部族集団を擁している。例えば、レク・ディンカのアプック・パトゥアン（Apuk Patuan）部族集団は、八つもの下位部族集団を擁しており、それはもともと九つあったとされるが、他の部族集団はだいたい三から四の下位部族集団しか擁していない。

それぞれの部族集団は、地図（図2）にみるように、地域ごとにまとまったいくつかの集団を形成している。これら部族集団のまとまりは、特に政治的に組織されたものというわけではないが、共同して行動するためにはより小さいまとまりのほうが大きなまとまりよりも都合がよい。それぞれの部族集団は、その名前と、方言や文化上の特色によって、かろうじて見分けがつく程度である。もっとも実際には、方言は部族集団が接する境界地域では重なりあっているし、例えば男子割礼のような目立った文化的習慣でさえ、巨大なレク部族集団を超えて広がっている。レク部族集団の領域の西側ではディンカ人たちは割礼を受けているが、レク部族集団の領域の東側では人々は割礼習慣を軽蔑している。

ディンカのクランは、二つのカテゴリーからなっている。一つはバニィ（*bany*）、もしくは司祭のクランであり、その役割を象徴するのは聖なる簎矠である。もう一つはキッチ（*kic*）、つまり平民や戦士

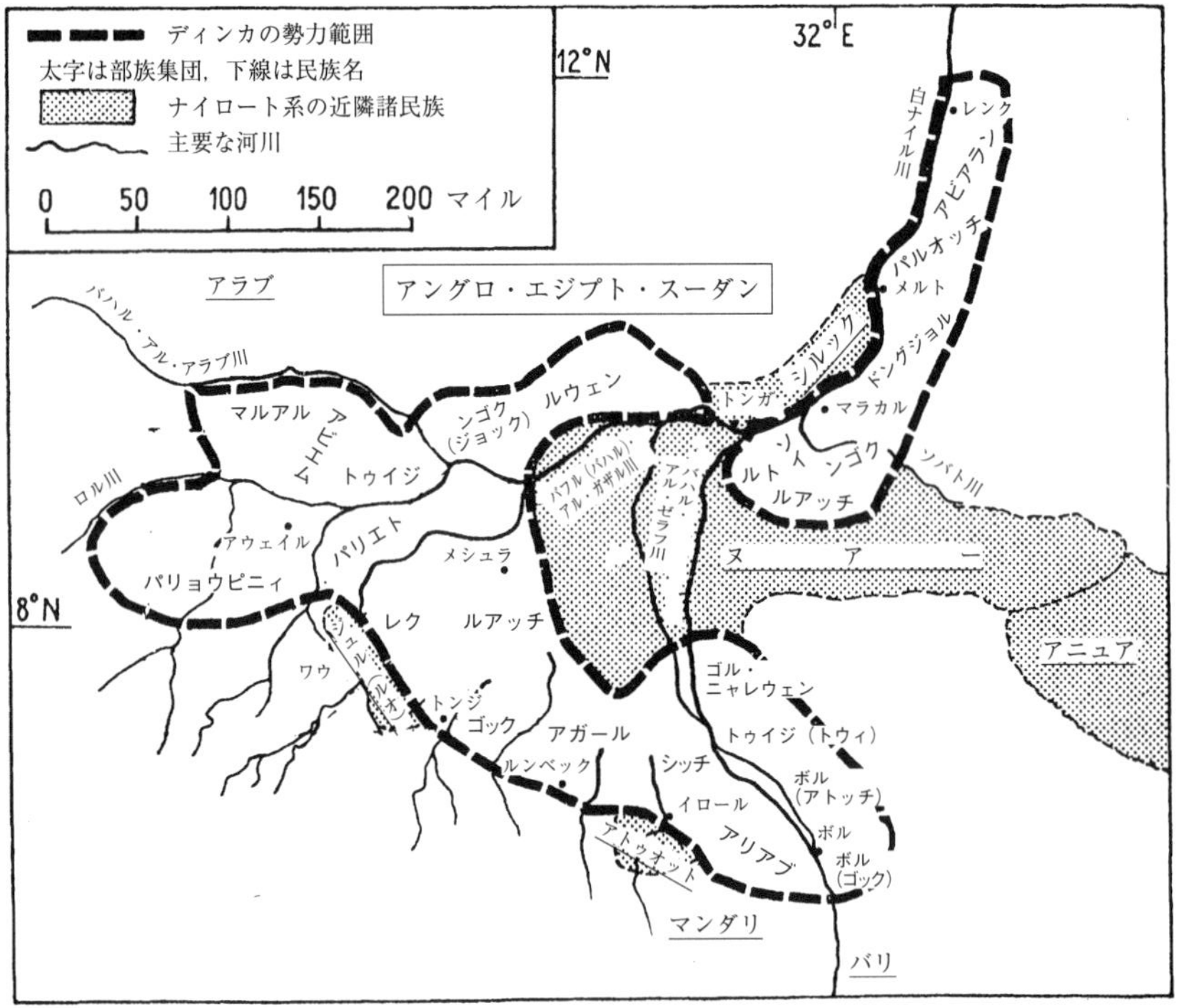

図２　ディンカの部族集団

のクランである。ディンカのクランは無数にあるが、それぞれ最大のクランがそれぞれの部族集団を代表するものとなっている。ディンカ人は、ディンカが居住する地域全体のなかで、自分のクランの仲間たちが一体どれほどいるのかということを知らない。その規模が大きい場合、自身が属する部族集団のなかにおいても、おそらくそれはわからないことだろう。

実際にお互いに協力しあっている複数の出自集団は、自分たちが同一人物を祖先とする男系の子孫同士であることを知っていて、実際に交流がある人々からなっており、彼らは私が「下位クラン（subclans）」と呼んだ集団を形成する。部族集団のなかの下位クランは、二から三の異なる家族からなっているような、最も小規模な放牧キャンプのなかのそれぞれの家族のようなものとして理解できる。家族と下位クランはともにゴル、つまり焚火（前出）であり、放牧キャンプと部族集団はウト（*wut*）、つまり放牧キャンプあるいは放牧グループである。下位クランはさらに、始祖の異なる複数の妻の名前にちなんだ名称をそれぞれに持つリネージに分かれる。

部族集団とはこうした下位クランの連合体であり、結婚を通じて下位クランのどれか一つに結びついた個人や家族がそこに加わるのである。これらの下位クランは、もともと一緒に暮らしており、一つの部族集団に成長したものと考えられている。それぞれの部族集団には、それぞれに異なる簎猎の長あるいは司祭のクランが存在し、それぞれの部族集団を代表するものとなっている。それぞれの部族集団の全体は、特定の下位クラン、それもほぼ決まって、その部族の土地を「持つ」といわれる簎猎の長の下位クランと同一視されている。それぞれの下位部族集団は、簎猎の長の中核リネージを一つずつ擁しており、それらは最も重要な簎猎の長を輩出する。ディンカの政治理論においては、それぞれの下位部族集団は、戦士の下位クランの中核リネージも擁していて、それらは戦争の指導者を輩出する。それは、箍稭の長の中核リネージが祭司を輩出するのとちょうど同じようなものである。部族集団間で戦闘が生じた際には、複数の箍稭の長と戦争の指導者のなかから、部族集団全体の箍稭の長と戦争の指導者がそれぞれ一名出現する(5)。

このように、理論上は、戦争の指導者と祭司による二重統治制が下位部族集団と部族集団にそれぞれ及んでいるということになる。部族集団の中核下位クランと下位部族集団の中核となるリネージは、ともにしばしば、「キャンプの中心の人々」と言及される。それは、彼らが最初に放牧キャンプを造営し、その中心地を占めているためだとも、彼らが下位部族集団や部族集団における「(分類上の)母方のオジたち」であり、部族集団のなかで最も多くの数の女性を他の出自集団に送り出している出自集団であるためだともされる。戦士と祭司による二重統治制は、この女性を介した親族関係に似ているが、この関係は、特別な相互寛容と友情に支えられたものの一つである。理念上は、下位部族集団における戦争の指導者たちと司祭たちはお互いに甥と母方オジのような関係にあり、これが、女性たちを通じて関係づけられ、それぞれの政治集団にとって異なった相補的な機能で結びつけられた二つの出自集団の間に強力な中核を生みだすのである。

もっとも、ディンカの政治についてこのように論じてみせたところで、ディンカの政治実践を十分に描写できているわけではない。それでも、ディンカの宗教的経験に関連する政治的諸側面について詳細に分析するというよりも、宗教的経験の構造を記述することを目的とした本書にとっては、相応の基礎情報は提供できたであろう。

(2) ディンカの経験における牛

動物の供犠は、ディンカの宗教的行為のなかでも中心となるものである。そして、彼らにとって牛は申し分のない犠牲獣である。それゆえ、続く各章に移る前に、ディンカの人々の、家畜に対する関心のありようを十分に理解しておかなければならない。大部分が牧畜民であるような人々にとって、牛が経済的に重要であるという点については、容易に読者の同意が得られるであろう。それゆえ、ここではその点についてはごく簡単にふれる程度にとどめたい。後述するように、血の供犠における犠牲獣として牛がふさわしいのは、より広い意味でのその社会的な重要性によるのである。

ディンカには、牛に言及した数多くの語彙があるが、特にそのなかでも、牛の色とその濃淡に言及した単語が豊富であり、このような色とその濃淡は、ほとんど無数に近い色の混合と模様の組み合わせからなっている。このような語彙を生みだし、発達させた関心、あるいは執着は、本質的に実用的なそれではない。というのも、ある動物における色の配置が、食材として、あるいはその他の物理的な用途の素材としての有用性と特に関係するわけではないし、豊かな隠喩に満ちた牛関連語彙は基本的に去勢牛に関わるものであるが、去勢牛は実利的側面ではほとんど重要でないからである。

これらの語彙に関する情報は、これまでにもボル・ディンカ（Bor Dinka）について書いたセリグマン教授夫妻や[6]、ゴック・ディンカ（Gok Dinka）から用語リストを集め、ヌアーの同義語とともにまとめたエヴァンズ＝プリチャード教授によって報告されている[7]。P・A・ネーベル神父も、西ディンカにおける牛の色名をいくつかおさめたリストを報告している[8]。これらの泰斗のうち前二者は、牛の色の組み合わせと、それらの色が喚起する自然環境と社会環境の諸特徴との間にみられる、複雑な隠喩的関係の事例を提供してくれている。これらの隠喩は、ディンカの思考がどの程度、そしてどのように牛に向けられているか、そしてそれぞれの色の組み合わせが、いかにしてさまざまな経験の総体の中心を形成し、一つの意識された統覚作用を他のさまざまな統覚作用に結びつけているかということを示している。(9)

牛は、それぞれに性別や成熟度を示す接頭辞か接尾辞によって表された用語と、その独特の色の配列状態を示す用語とのさまざまな組み合わせによって表現されている。雄の牛と去勢牛はマ（*ma*）という接頭辞を持つが、完全体の個体と去勢された個体を区別する必要がある場合には、前者には「完全体の雄」を意味するソン（*thon*）という接尾辞がつき、後者には去勢されていることを意味するブウォッチ（*bwoc*）という接尾辞がつく。さらに、短い角を持った雄はアチョート（*acoot*）という語でまた区別されている。若い雌牛には「若い雌」のニャ（*nya*）という接頭辞がつく一方、乳牛にはア（*a*）という接頭辞がつく。雄の仔牛には、それぞれの名前に加えて、子どもを意味するメス（*meth*）から派生したマン（*manh*）という接頭辞がつく。

一般に、「雄牛」ないし「去勢牛」につく接頭辞と男性の個人名につくそれとの間、および「雌牛」につく接頭辞と女性の個人名につくそれとの間には、それぞれ対応関係がある。したがって、「雄牛」を指す接頭辞マを持つ個人名は男性の名前、「雌牛」を指す接頭辞アを持つ個人名は女性の名前ということになる。もちろん、個人名が牛の名前となんら関係ない場合もあるが、本書で後に登場してくるさまざまな人々の個人名の多くと、牛の名前のすべては、このようにして構成されているといって差し支えないだろう。

一例として、マ・クエイ（*ma kuei*）という組み合わせ——体が黒くて頭部に白い模様があるような個体――を持つ獣の場合をみてみよう。この語の組み合わせの基本となるのはクエイ（*kuei*）という語であるが、この語は同じように黒い体と白い模様を特徴とする鳥、ミサゴを指している。この色の組み合わせを持った雄牛はマ・クエイ（ン）・ソン（*ma kuei(n) thon*）である。去勢牛ならマ・クエイ（ン）・ブウォッチ（*ma kuei(n) bwoc*）か、ただマ・クエイとなる。若い雄牛はマン・マ・クエイ（*manh ma kuei*）だし、若い雌牛あるいは仔牛の雌はニャ（ン）・クエイ（*nya(n) kuei*）である。乳牛はクエイ（*kuei*）である。短い角を持った雄牛はマ・クエイ（ン）・アチョート（*ma kuei(n) acoot*）であり、このほかにも、角の形や成長段階に応じたさまざまな語が存在する。

色の組み合わせに言及したこれらの語は、自然界とディンカの文化のなかで同じような色の組み合わせを持つ何か別の事物も意味している場合が多い。ディンカの人々は牛に関する基本的な色彩語彙を、その着想を得たものと外見上で関連づけて把握している。したがって、先にあげた事例のように、クエイ色の牛とクエイ、つまりミサゴが意識的に関連づけられるのである。

ディンカの色彩語彙はほぼ、無数にある牛の色のいずれかである。それゆえ、例えば新しく輸入された布やビーズの特有の色や模様は、それらに最もよく似ていると思われる牛の色の組み合わせで言及される。例えば、黒と白のまだら模様の布はアラス（ン）・マ・クアッチ（*alath(-nh) ma kuac*）であるが、マ・クアッチ（*ma kuac*）はまだら模様を持つ雄牛ないし去勢牛を指す語であり、この語自体は外観的には豹、つまりクアッチ（*kuac*）のまだら模様と関連づけられている。縞模様の布はアラス（ン）・マ・ニャン（*alath(-nh) ma nyang*）であるが、マ・ニャンはすじ模様の雄牛のことであり、それはニャン、つまりナイルワニのすじ模様と関連づけられたものである。私の考えでは、西ディンカの色彩語彙のうち、牛の色の組み合わせと関係する語でないものは、緑色を指すとともに植物の生々しさや新鮮さを意味するトッチ（*toc*）と、赤色を指すとともに生肉の赤さを意味するティアス（*thith*）くらいしかない。これらの色は、牛にはみられないものである。[10] アゲール（*agher*）、つまり白色は、明るい白い光も指すが、これは白い牛を指すヨル（*yor*）ないしヤル（*yar*）と関連づけられているのかもしれない。黒、そして煤を指すチョル（*col*）は、黒い雄牛を指すマ・チャル（*ma car*）とは関係ないようだが、黒い乳牛や若い雌牛を指すア・チョル、ニャン・チョルにはそれぞれ入っている。

牛の色の組み合わせの呼び名に関する語彙は、それぞれに昔から決まっており、ディンカが子どものころから学んでいくような色および光と影——おそらく彼らは、自身が言及している対象がどのようなものか、実際には見たことはないが——の組み合わせに関わる語からなっている。したがって、その斑点の大きさや分布のしかたが豹のそれに似ているようなまだら模様のパターンはすべてマ・クアッチ（*ma kuac*）と呼ばれるのであるが、この場合やそのほかの多くの場合、子どもは牛のマ・クアッチ模様はさんざん目にしていても、その模様の名前のもとである豹（クアッチ）のほうはまだ見たことがないのである。つまり、ディンカは子どものころから、彼らが最も関心を寄せる対象である牛を通じてまず、自然界のさまざまな模様と組み合わせを認識していくといえる。

このように、自らを取り巻いている色や光と影に関するディンカの人々の知覚は、彼らの牛における色の組み合わせに関する認識と複雑に絡み合ったものとなっている。牛の色彩語彙がなければ、彼らは色、明るさや暗さに関する視覚上の経験について、何も言うことはできなくなるだろう。多くの牛を喪失し、牛への物質的依存を弱めた他のナイロート系の民族の場合でも、私が今ここでディンカの事例について記述しているのと同じように、[11] 牛の色に根ざした色彩語彙を持ち続け、これらの牛の色彩名に基づいた詩的なイメージを発達させている。

男子が成人に達したとき、彼らはそれまでの個人名に加えて、去勢牛の色彩名も持つようになり、親しい友人や同じ年齢組に属する友人たちからは、成人儀礼の際に新たに持つようになった去勢牛名で呼ばれるようになる。青年は、このようにして、特定の色を持った去勢牛と同一視されるようになり、彼らはそれを少女たちに誇示する。青年は、歌で去勢牛をたたえ、その外見に言及する新しい方法を考え出すことと、その色の去勢牛にぴったりとくるような比喩表現を持つ歌を紡ぎだすことにたいそう喜びを見いだしている。伝統的な牛の色彩名をもとにしつつ、新しい表現を生み出す能力は、男性にとって知性の証しと考えられている。この方面の才能が他人よりも恵まれている人物がいることも確かだが、すべてのディンカ人は、詩的な才能と独創性を発揮しようと試みることができる。

こうした想像的表現の展開例を、自己顕示用の黒い去勢牛を持つ男性の名前の事例でみてみよう。歌において、あるいは他人から呼びかけられる際、彼は黒い去勢牛（マ・チャル *ma car*）を指す基本名だけでは満足せず、もう一つかそれ以上多くの名前とともに呼ばれたがるものである。このとき、それらの名前はすべて、彼の去勢牛の、暗さとか、その他の諸々の事柄との関連においてみてとれるような黒さと関係していなければならない。そうすると彼は、ティム・アティエプ（*tim atiep*）、つまり「木の陰」とか、コル・アチョム（*kor acom*）、つまりカタツムリを探す黒いトキにちなんだ「カタツムリ探し」、はたまたブン・アニェール（*bun anyeer*）、つまり暗い色をしたバッファローが休息している森の暗さを示唆する「バッファローの茂み」、アキウ・ヤク・ソック（*akiu yak thok*）、つまり小さい黒い鳥がその時期に独特の鳴き方で鳴くことにちなんだ「春季の日照りに鳴く」、アレック・ルク（*arek luk*）、つまり土砂降りをもたらし、会合（*luk*）を開いていたディンカの人々を避難所に追いやる暗い雲にちなんだ「会合潰し」などの名前で、周囲から認知されるようになるかもしれない。

以下は、このような隠喩的な牛の名の例のごく一部である。これらから彼らの想像的関心の範囲と方向性がわかるであろう。

白い去勢牛マビオル（*mabior*）の場合――「女たちの雄牛（*muor diar*）」、なぜなら、女たちは白い西欧の塩を手に入れることを切望しているものだから。マトールディット（*matoordit*）、アトール（*atoor*）という名前の魚が持つ、明るい色の鱗にちなんだもの。「月は放牧キャンプを明るくする（*dhol pei wut*）」、「乳牛は月を待ち焦がれる（*atik ghok pei*）」、キャンプにいる白い雄牛は月になぞらえられる。実際、暗い夜に白い獣は明らかに目立つ。「象の牙（*tung akoon*）」など。

赤茶色の去勢牛マルアル（*malual*）の場合――「日中、休息している獲物（*col lai piny*）」、この色を持つアンテロープにちなんだものである。「（アリ塚の近辺で）茂みをガサガサゆらす（*ayek but*）」、このあたりでは同じような色とみられているライオンにちなんでいる。もっともこの語は、黄褐色の獣を指す基本的な語から派生した隠喩的な名前も示している。「水たまりを好む（*anhiar kol*）」、この色を持つカバにちなんだものである。「水たまりのなかに寝そべる（*atoc kol*）」、これもカバにちなんだもの。「女性の腕をきしませるもの（*ke dhiau tik kok*）」、女性たちが穀物をすりつぶすときのことで、つまり、赤っぽい色のビールを醸造することにちなんでいる。

灰色の去勢牛マロウ（*malou*）（ロウ *lou* とはノガンのことである）の場合――「大きな猟獣（*landit*）」、この色を持つ象にちなんだもの。「木々を破壊する（*abeng tim*）」、これも象にちなんでいる。「放牧地に敬意をはらう者（*athek luak*）」、人々を放牧地のなかまでは追ってこない象にちなんだものである。「外国人に殺される獲物（*lan a jur nok*）」、これも象にちなんだもので、「灰色のヤツの足跡（*duopelou*）」

も同様である。

マジョック（*majok*）という模様の黒白の去勢牛の場合──「創造主のしるし（*bung aciek*）」、神性と白と黒の連関に基づいたもので、これは後述する。ウェル・ジョック（*wel jok*）、兄が他のものと引き換えに、まずこの色あいの雄牛を要求するというディンカの習慣にちなんだ「ジョックの交換」。黒い部分との対比で白い部分の白さを強調した「ジョックの象牙製腕飾り（*jok apyok*）」。この鳥の黒白模様にちなんだ「神聖なトキ（*arumjok*）」。この色あいの牛は最も価値の高い牛の一つであり、婚資として支払われる牛としても非常に人気があるが、持ち主は手放したくないことからつけられた「結婚を台無しにする者（*arec ruai*）」。乾燥させるために地面に広げられた粉の、地面の暗褐色に対する白さに由来する「粉（*abik*）」など。

マケル（*maker*）という模様の黒白の去勢牛の場合──「兵隊アリ（*ajing* または *majing*）」、この黒いアリが白い破片や穀物、アリの卵や白アリを運んでいるその隊列にちなんだものである。豹のことに言及している「茂みで」。ヌアーが最も食することを避け、このパターンの色の濃淡を持つ大トカゲ（*agany*）にちなんだ「ヌアーのトーテム（*yanh Nuer*）」。暗い夜空に輝く明るい星にちなんだ「星の去勢牛（*makuel*）」。この色あいを持ち、頭部が白い雄牛は、ミサゴとマクエイ（*makuei*）という色あいに近いことから「ケル・ミサゴ」（*kerkuei*）と呼ばれ、非常に称賛される。小雨が人体に斑点を残すことに言及した「霧雨がもたらすもの（*a bei nyir*）」など。

マニャン（*manyang* ナイルワニ）模様を持ったぶちの去勢牛の場合──その縞模様にちなんだ「マングース（*agor*）」。川のなかからディンカを脅かすナイルワニにちなんだ「獲物の魚を台無しにする者（*arec mai*）」。これもナイルワニにちなんだ「カヌーの襲撃者（*ayup riai*）」。犬のぶち模様にちなんだ「野良犬ナイルワニ（*magol-nyang*）」。これはおそらくナイルワニの口を開けさせた犬の物語に関係しているのではないだろうか。

マリス（*malith*）（リス *lith* は、ウタオオタカのことである）色、灰色の去勢牛の場合——畑を荒らすヒヒにちなんだ「耕作を台無しにする者（*athol dom*）」。ちなみに、ヒヒはこの色をしているとされる。ウタオオタカの習性にちなんだ「鶏を狙う者（*kor ajith*）」。これもオオタカにちなんだ「鳥の王様（*beny diet*）」。ウタオオタカが、それまで捕食していた小鳥の群れに逆襲されるさまに言及した「小鳥の木（*matiem diet*）」など。

こうした名前は無数にあってほとんど尽きることがないが、これらすべてが、個々の牛に言及したり、それぞれを見分ける上で役に立つというわけではない。これらの事例は、色彩と色の濃淡に関するディンカの知覚というものが、自然界を対象とした色彩と色の濃淡に関する知覚と、牛を対象とした色彩と色の濃淡に関する知覚を相互に依存させあいながら形成されているということを示している。また、このような名前が無数に存在するのは、彼らが色彩と色の濃淡における類似性を知覚することを通して、自分たちの牛を自然環境と社会環境における諸特徴と結びつけようと思慮深く努力しているということである。こうした隠喩の数々において、ディンカのさまざまな幅広い経験が、牛という中心的主題に関連づけられる。そして、これらの隠喩的な結びつきは、後述するように、ディンカの宗教的思考と実践を理解する上で重要な、色彩の象徴論の基盤ともなっているのである。

実利的な価値と審美的な価値は、時として拮抗しあうものである。牛の色のなかには、ほかにも増して好まれるものがいくつかある。とりわけ、ディンカ語でマジョックおよびマリアル（*marial*）と呼ばれる、大柄なまだら模様のそれは望ましいとされている。この色を持つ雄の仔牛が生まれたとき、その仔牛の持ち主の友人たちは、持ち主のビーズを引きちぎってあたりに放り投げるといわれるが、それは持ち主の喜びがとても大きいものであり、それに比べればそれ以外の顕示行為など取るに足らないものであるということを示さなければならないからである。仔牛の持ち主は、彼の牛の美しさによって十分にハンサムな人物となったわけである。しかし、ディンカは、たくさんの乳を出す牛を母親に持つ雄の仔牛が、たくさんの乳を出す牛を生みだすであろうということを知っている。それゆえ、特別な価値づけを与えられた色あいの雄の仔牛が、たくさん乳を出す牛から生まれた場合、ディンカの人々はその牛を去勢すべきかどうか、後述するように自己顕示用に用いるべきか、あるいは繁殖用に種牛として残すべきか、決めかねるという。そうした牛は、自己顕示用に取っておかれることが多いようだ。その母牛はいずれまた、そこまでは素晴らしい色あいを持たないかもしれないが、優秀な種牛を生んでくれるに違いないと考えられるようである。私の経験では、最も価値があるとされている色あいの牛で、去勢されていないものをあまり見たことがない。多数の去勢牛がただ顕示目的で飼われているが、このように去勢牛が高い比率で飼われていることは不経済であり、また牧草地の合理的な保全を妨げているとの議論が政府でなされることがある。しかし、ディンカの人々にとっては、家畜から得られる想像力に訴えかけるような満足は、物理的な利益に劣らず重要なのである。彼らが正しくも主張するように、どのような場合であれ家畜はみな利用されているし、また、家畜が自然に死んだ場合でも供犠された場合（特に雄牛や去勢された雄牛の場合にそれが該当する）でも、その肉は食されるのである。

男性の、隠喩に満ちた去勢牛名はその人物の外見上の特徴に直接言及したものではない。ただし、これは特に西欧人に与えられた去勢牛名の場合にそうであるが、その人物の外見上で目立った特徴が取り上げられて、去勢牛をめぐる知覚のなかに組み入れられることもある。歌においては、同一人物に複数のこうした隠喩に満ちた去勢牛名が与えられるが、それらはおそらく、彼が新たに所有することになった去勢牛の色と模様の組み合わせにちなんだものである。これは、その人物を称賛するためになされている。ディンカの人々の自意識と、共同体における立ち位置は、このように牛と密接に結びついた形で構築されていくのである。

牛と男たちは慣用語句を共有しており、それらによってそれぞれに強く結びついている。ディンカの男たちは、こうした慣用語句によって一つのモデルをつくり、それに基づいて彼らの生と牛の生を重ね合わせて捉えている。男たちは牛の真似をする。若い男が、踊りの際のポーズとして、あるいは自分の家畜の群れとともに一人でいるときに面白がって、自分の頭の上で両腕を曲げている光景は、西ディンカの地でよくみられる特徴的なものである。実際、牧童はきわめて長い期間を一人で過ごすものであり、その間、仲間としては牛しかいないため、自分たちのことを家畜群と同一視して捉えるようになることは、十分に理解できよう。腕を曲げるのは、「ハンサムであること（*dheng*）」の形の一つであり、ディンカが考える優美な身体表現なのである。このようなポーズは、図版Ⅰにみることができる。男性の腕の曲がりは、自己顕示用の去勢牛の湾曲した角と関連づけられている。また、男性が踊りの際のジェスチャーとして、周囲からの賞賛を受けるためにそれぞれ取り入れようとする動きの一部は、自己顕示用の去勢牛の、人工的に変形され手入れされた角の形状を真似て、左手、または両手を下げてカーブをつくることなのである。このようなジェスチャーを含む踊りは、ガール（*gar*）またはアガール（*agar*）として知られており、東部および中央、時として極西部のレク・ディンカの間でみられる。[12] これらは、明らかに雌牛とともに走る去勢牛を主題としたものである。自己顕示用の去勢牛は、キャンプにおける戦士に相当する。家畜群の中心であり、父親ともいうべき存在の完全体の雄牛は、一族の父親や年長者と関連づけられている。飾り立てられ、ベルが吊り下げられるのは自己顕示用の去勢牛であり、完全体の雄牛ではない。それらは、完全体の雄牛が父親であり主人であるような家畜群のなかで、まだつがいになっていない、若い成長途上にある世代を表している。ガールという踊りにおいては、男性は女性のパートナーをエスコートしたり誘導しながら前に後ろに移動し、女性の前でステップを踏み、大声をあげる。若い男性たちはこの踊りにおいて、自分たちのことを去勢牛とみなし、女性たちを雌牛とみなしている。男性たちがステップを踏み、大声をあげるのは、雄牛と雌牛が出す音や活力に満ちたその動きを形にしたものである。男性たちが去勢牛の真似をする際、「エーイ、エーイ」と繰り返し叫ぶのは、牛が立てる実際の音を再現するためではなく、足取りも力強く首を振りながら動く牛たちの動きを表現しようとするためである。

去勢牛と自己の同一視は、言語上の運用事例ですでにみたとおりであるが、こうして慣習的かつ公に認知されている身体所作において示される。連れて歩くような自己顕示用の去勢牛を持たない若者は、時として去勢牛用のベルを持ち歩き、歌いながらそのベルを鳴らし、あたかもそこに去勢牛がいるかのようにふるまうことがある。男性たちは、戦いや狩りで槍を投じるとき、あるいは踊りや婚姻の祭式の際に去勢牛名（*myoc*）を叫び、去勢牛名を通じて自分と去勢牛を同一視する。また、夜間、雨のときに男性たちが去勢牛名を叫んでいるのを聞くこともある。求婚のための自己顕示や行進において、村やキャンプの若者たちが彼らの飾り立てられた去勢牛を引いて歌いながら、搾乳中の女性の周りを練り歩くとき、女性の関心は男性に対するのと同様、彼の去勢牛に対しても向けられる。男性と去勢牛の両方が、全体として女性の気をひくかどうかが重要であり、ある者が私に言うには、ごく普通の去勢牛を持つハンサムな男性よりも、素晴らしい去勢牛を持つどちらかといえば不細工な男性のほうが女性に好まれるそうである。飾り立てられた去勢牛、ビーズ類、その他の衣類や装飾品、歌の能力などのすべてがその男性がどういう人物かを物語るのであり、彼はそれらすべてをもって、適齢期の女性の結婚相手としての自分を売り込もうとするのである。

以下に紹介するのはそうした歌の一部である。この歌は、ある若い男性が自分の去勢牛と歩いたり、牛の世話をしたりしているときに歌うために作ったものであるが、隠喩的な去勢牛名がどのように歌い込まれているかを示している。歌自体は、言葉をリズムとトーンに巧みに合わせる才に秀でたことでよく知られている若者の先導で数名の若者たちが集まった際に歌を作るということを歌ったものである。その若者は、自身の骨折りに対する見返りを期待するだろう。西欧人の目からすれば、歌の主題には何の脈絡もないようにみえるが、それらにはさまざまな背景が歌い込まれている。

私は「燃える草の拒絶者」デン（Deng）に呼びかける(13)
「歌を作る者は来たか?」
そして私たちは小屋に行く（歌を作るために）
「豹の唸り声」(14) マジョック（Majok）の娘であるアデン（Adeng）の小屋に
私は「まだらの背中」(15) クオット（Kuot）に呼びかける
「歌を作る者は来たか?」
アンゲッチ（Anguec）、私の父の妻、私はこれ以上何も言うことはない……(16)
歌を作る者は人々を混乱させ、その歌の節はねじまがる

だが、歌がねじまがった状態で始まると
それを聴いている誰かがそれを真っ直ぐにするだろう
マジャック（*Majak*）という去勢牛が、私の父が買ったベルをチリンと鳴らす
パグオル・クランの娘、アダウの鐘と一緒に(17)
私の父は町から八つの鐘を持ってきた
太いマジャックの首にかけるために
太った去勢牛は寝そべるときに杭にぶつかる
大きなマジャック、おまえは盗まれてここへ来たわけじゃない(18)
私の祖父は戦士だった、長を知らなかった
そして簎稭の長を知らなかった
そして棍棒を探してそれで簎稭の長を殴って殺した
それで彼の父親のクラン神霊を呼んだ(19)
私は（歌を作るときに）五人の賢人に助けられる
私は母方オジの家族三人に助けられる
そしてグオット「川での泳ぎ」と呼ばれるパゴン（Pagong）クランの息子(20)
そしてこの集まりのことを聞いたジョック・リアル
もし彼が近くにいたのを私が知っていたなら、私は一人の少年を送って
彼を連れてきたのに……(21)
私たちはマジャックのことを歌うだろう、そしてマジャックの母親は(22)

年老いてぎこちなく歩くだろう……

これは歌のほんの一部にすぎないが——去勢牛の歌はとても長く、繰り返しが多い——、男たちの人生と牛の一生がいかに密接に結びついているか、いま一度示すには十分である。多くの歌においては、その歌の作曲過程における特有の諸背景を知って初めて、どの部分が男性を称賛しており、どの部分が去勢牛を称賛しているのかがわかる。

ディンカの牛は、ほかのさまざまな面においても、全体として人間の社会生活を構成する一部分となっている。ディンカの子どもが生まれたときに与えられるごく一般的な名前は、牛の基本的な色と模様の組み合わせの名前であり、しばしばそれらは、過去に子どもの誕生を願って供犠されたそれぞれ特定の牛にちなんだものとなっている。このような名づけは、犠牲となった獣への償いとみなされていることがある。

青年が成人儀礼の時に持つようになる去勢牛名は、彼が誕生した時につけられた名前と一致してはならない。例えば、マジョックという名前の男性は、マジョック模様の去勢牛を顕示用の歌の題材にしてはならない。それをしたところで、彼の社会的名声が向上することはない。なぜなら、子どもの時から知られている名前に、なんら新たに男らしさを示すような名前がつけ加わらないからである。また、男は自身の色名と同じ名前を持つ去勢牛の肉を食べてはならないとされる。この禁忌は必ずしも常に厳密に守られているというわけではないが、それでも、その去勢牛と彼との間の親密な関係を示している。ディンカの人たちは、私の去勢牛名のもとになっているマリアル色模様の事物を周囲に認めると、頻繁に私に指さして教えてくれた。このような事物の光景は去勢牛を思い出させ、去勢牛はそれとセットになっている求愛やその他個人の顕示行為を思い出させるのである。自分の去勢牛の色模様と類似するこれらの事物を見てあれこれ考えることは、ハンサムで将来性のある、そして女性と一緒にうまくやっていく自分のことを考える、楽しいことなのである。

自己顕示の場面では、男性たちは言語上、去勢牛と同一視されるが、それらは基本的に美的な関心によっている。しかし、戦いの場面や、女性との関係においては、男性たちは雄牛ないし子を生ませる者、あるいは戦士と考えられるのであり、各々が究極的には家畜群における中心的存在であり、すべての源泉であり、指導者である。ディンカが完全体の獣を供犠するときの様子からもうかがい知ることができるが、ディンカにとって雄牛は男らしさの象徴であり、多くの歌のなかでディンカの戦士たちは自身を雄牛の強さ、攻撃性、性的能力などになぞらえる。

もしわれわれがいなくなったら、放牧キャンプ（家畜群）に雄牛はいなくなる
大きなキャンプのパゴン下位部族集団は来なかった
もしわれわれがいなくなったら、放牧キャンプ（家畜群）に雄牛はいなくなる
われわれが来るとき、放牧キャンプの雄牛は来る……(23)

というのが典型的な戦闘歌である。また、踊りの際の歌には次のようなものもある。

長い角を持つ雌牛すべてをものにしたマヨム（*mayom*）模様の雄牛テセル
私は結婚を恐れはしない、私は牛を持っているから……

雌牛をものにした雄牛たる男性がこのような歌を歌うとき、彼は村一番の魅力的な女性をものにしたことを自慢するとともに、彼が今やその女性の親族から結婚を迫られるか、あるいは襲われそうになっているのを恐れてはいないと言っているのである。

ディンカの基本的な社会集団に関する用語——放牧キャンプ、セクション、下位部族集団あるいは部族集団を指すウト（*wut*）、男系出自集団を指すゴル（*gol*）——は、いずれも男性の集団とならんで牛の集団のことも指す。もちろんディンカは、より大きな集団に関しては、男性の集団である部族集団あるいは下位部族集団のことである「人間のキャンプ（*wun koc*）」と、放牧をともにする人々の集まりである「牛のキャンプ（*wun ghok*）」を区別することもあるが、一般的な用法においては、ウトという語は男性と牛の両方を指すのに使われるのである。実際、牛は人々の集団を結びつけ、それらを維持している。それが放牧キャンプであれ、世代を超えて放牧を共有しているとみなされる出自集団であれ、人々の関心は放牧という営為において一致している。供犠は、それが苦痛を和らげるためであれ、繁栄を願うものであれ、男性と牛、それも集団全体のためになされる。箝措の長たちは夜ごとに祈ることを求められるが、それは彼らが祈禱によって繁殖と牛を守る能力があるとみなされているためであり、その能力のために彼らは重要視されているのである。

ディンカは時として、牛が自身の守護者である人間の意思を理解しているかのように牛に接していることがある。牛たちはしばしば、特に供犠の前になされる祈願の際に、名前で呼ばれる。私は、牛たちのなかには、ほかの牛たちよりも賢くて人間に応答できるものがいること、（おそらく想像によるものではあろうが）大胆で喧嘩っ早いが愚かで意固地な短い角を持つ牛よりも、長い角を持つ牛のほうが自分に何が求められているかをよく理解していることなどを、語りとして聞いたことがある。放牧や、牛を呼ぶときに用いられる語彙は非常に多い。

ただし、彼らは牛に対して、西欧人が自分のペットに対してヒトとしての知性と愛情をもって接するような、そのような関係を持とうとしているわけではない。牛と男性たちの精神的な親近性や相互依存は、むしろ人間が牛の特徴を模倣することによってもたらされている。そしてこのことは、さまざまな場面において牛が人間の最もふさわしい身代わりであるとみなされていることを考えればよくわかる。

社会のなかで、牛はその特有の性質に応じた権利を与えられており、ディンカの人々は、ただその肉を食べるためだけに牛を屠殺するような近隣の非ディンカ系の諸民族に対して嫌悪感を抱いている。ディンカも供犠された牛を食べはするが、彼らはただ獣を殺してその肉に食欲を抱くことは恥ずかしいと思うだろう。彼らは「牛は理由もなく殺されることはない（*Ghok aciye nok epath*）」と言う。「牛喰い」という表現は、そう呼びかけられた人がディンカであることをほとんど否定されるような侮辱である。なぜならこの表現は、その人物が牛の持つ非実利的な価値を理解していないということを意味しており、そうした価値を正しく理解しているのがディンカというものであり、同じく牛を非常に重視する、例えばヌアーだからである。しかるべき理由もなく、祭式も伴わずに殺害された獣（飢餓状態の際に生命を維持するための場合を除いて、単なる肉に対する欲求は正当な理由にはならない）は、不当に殺戮された人間と同じく、殺害した相手にとりつく（*cyen*）であろう。私は、このような殺され方をした牛の「亡霊」は殺した相手を咎めるために彼のもとに戻ってくるのだとよく聞かされた。ディンカは、実際にはこうした信仰を真に受けた行動を常にとっているわけではないが、それでも牛を殺すときには、それが重要で欠かせない目的のためになされるのだということを、よく牛に伝えている。さらに、殺したことに対する獣への償いとして、その獣にちなんだ名前を次に生まれてくる子どもにつける。このやり方は、亡くなった者の名前を生者につけることによって、亡くなった者の名前を永続させようとする、ディンカ特有の考え方による記憶の保存のしかたなのである。ディンカの人々は、植民地政府に罰金として取り上げられた牛の群れでは、異なる家族の牛たちが一緒くたにされるに違いないが、それは間違っていると不満を述べる。なぜなら、牛はそれぞれに「固有の名前を持っている」――人間の集団との関係においてて所属先や集団をそれぞれに持つ――のだし、また植民地政府が勝手に認定しているほどには数多くの「牛の群れ」はいないからだという。

ある家畜の群れのなかで、牛たちが単に同じようないくつもの構成単位のように扱われるべきではないというような考え方は、ディンカにおいては個々の牛がそれぞれに人間との固有の関係を人間に想起させる存在であり、それぞれの牛が生まれた時からいかに用心深く見守られ、親しみをこめて認知されてきているかということに思い至らない限り、理解できないであろう。ディンカの人々は、牛を一頭一頭思い出して、名前を呼びながら、自分の放牧の規模をうかがい知るのであり、そこに何頭の牛がいるかという言い方をすることも、個々の牛を名前で呼ぶことなくただ頭数を数えることも嫌う。幾頭もの牛が譲渡されることが原則として合意されているような取引においてさえ、交渉がうまくまとまるまでは頭数自体に言及するのは避けられることがよくあり、それゆえ言い値は、例えば結婚の際には、「鳩の群れのような多数の牛」となったりするのである。より穏当な数の牛の譲渡が決まっている場合でも、交渉は個々の牛についてなされるのであり、そこでは、それぞれの牛がそれぞれの長所に応じて相手方に受け入れられるか拒否されるかが決まる。婚資をめぐる交渉が決裂したディンカは、悪意のある誰かが彼の牛の数を「数えた」せいだと文句を言うのが普通である。牛の頭数を数えようと試みることは、その者が邪視の持ち主であるということを示唆することになるのである。「人が持っている牛や子どもの数を尋ねたりはしないものだ」と、私はよく言われたものである。西欧人との議論において、自身がどれだけの牛を保有しているかを明らかにすることに気乗りしないのは予想できるが、ディンカの人々は彼らの間でも自分たちの牛や子どもの数を数えることを嫌がる。なぜなら、彼らにとってそれらは確かに富には違いないが、つくられて「所有される」ものではなく、人間がその世話をするために与えられるものだからである。

牛も、子どもたちも、神性およびクラン神霊からの贈り物であって、それらは究極的には、常に神性、クラン神霊、そしてそのクラン神霊が守護者となっている男系出自集団全体の所有物なのである。したがって、牛とその所有者の関係、子どもたちとその父親のいかなる関係も、世代を超えて受け継がれている人間の集団および家畜と神性との間の関係の、一時的な表れにすぎない。それゆえ、男性にとって自身の子どもや牛の数を数えることとは、彼をそのときの「所有物」とともに、究極的には彼が一体化しなければならない集団全体から観念的に切り離すことなのである。牛に対するディンカの態度においてみられるこのような特徴は、彼らが牛を神性やその他の〈力〉に捧げる理由を理解する上で重要である。そこには、ディンカたちは、神性などが牛を「所有する」超越的な特権を持っていると考えていることが看取されるからである。

牛が人間だけでなく、人間関係をも表しているということをよく示している例は、おそらく、犠牲獣が屠殺されたときの供犠用の肉の分配のしかたにみることができよう。あるディンカの首長は、ある時「人々は一つになる。雄牛が一つになるように」と言った。供犠された肉が、公に定められたやり方でどのように分配されるのかを検討すれば、その説明ができそうである。肉は、次頁の図のように分配される。獣が供犠された場合、そのほとんどは、性別と年齢別に応じて共同体全体に残される分を除いて、

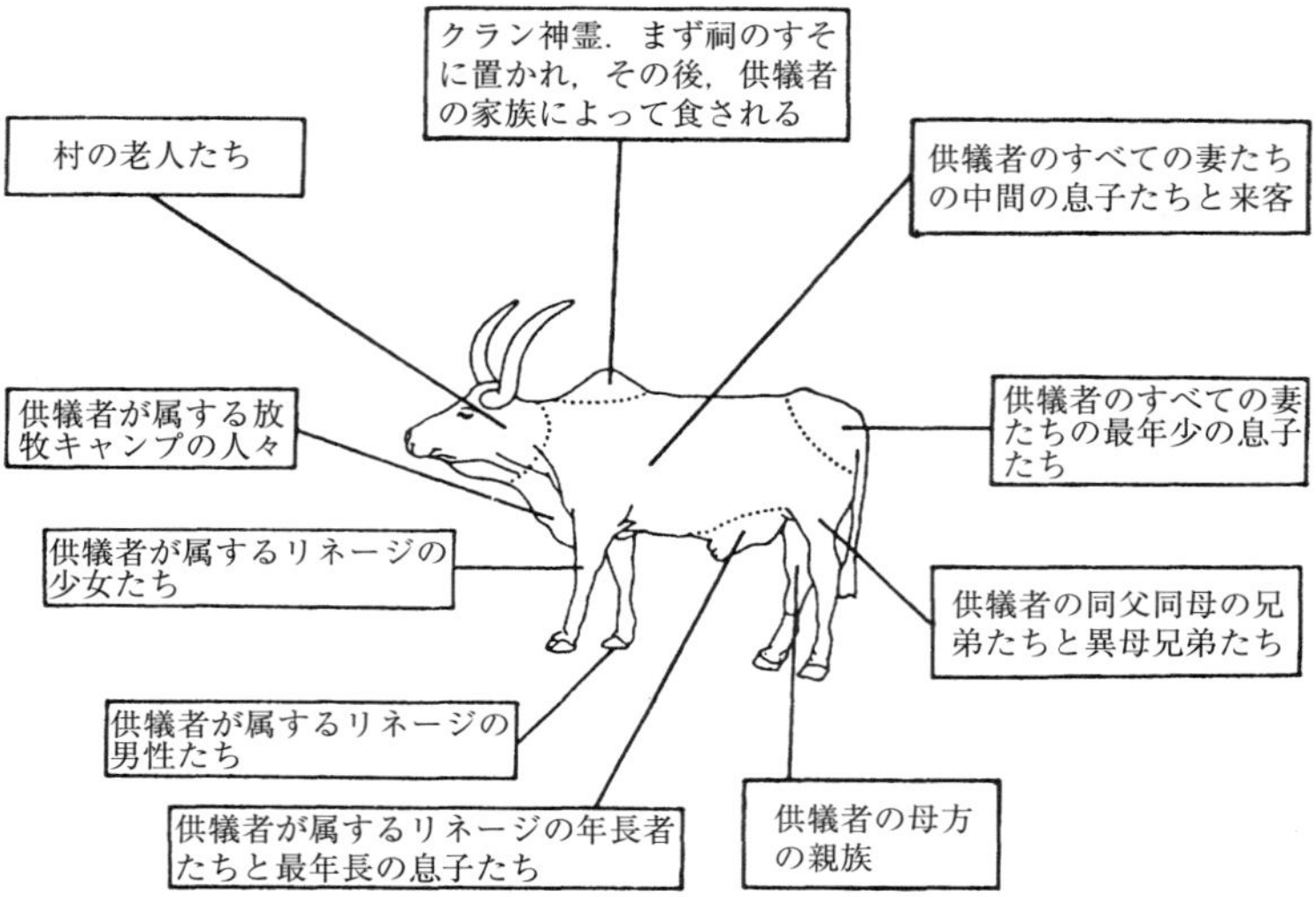

図３　犠牲獣の分配

注：重要な臓器の分配については本文中で述べられているので留意すること．

親族体系に属する各集団に分配される。
あらゆる雄牛も去勢牛も、最終的には供犠される運命にあるため、それぞれの個体は、潜在的には供犠を行う集団の秩序づけられた社会関係を示している。その成員たちは、それぞれの犠牲獣においてまさに「一つになる」のであり、また彼らの関係のあり方はその肉の分配に表されるのである。肉の分配の際、クラン神霊にも慣習的な分け前があり、それは時に祠のそばに置かれる。それぞれの獣は、供犠に立ち会っている人々の共同体を体現しているといえるが、そこで彼らが供犠獣の肉を食べることは、人類学の著書において使用されてきた用語でいうところの共食や、「神秘的」聖餐とは異なる。[24] 供犠獣において最も高潔な部位とされるのは右側の後肢部分であるが、この部分は、供犠を行う集団の分類上やその他の母方オジたちに分配される。このことは、すでに述べたような母方の親族との関係における結びつきの重要性をいくぶんなりとも物語っているといえるだろう。この結びつきの重要性は、後述するように、供犠の場面においてさらなる意味を帯びることになる。

人間と牛は互いに身代わりになる存在であり、言語の上で、あるいはこれまでに述べてきたようなさまざまな側面において象徴的につながっているが、ディンカにおける法的手続きの場面において、より実践的なあり方で関連づけられている。それぞれ異なる男系出自集団に属する成員たち同士のあらゆる重要な関係、あるいは集団におけるあらゆる重要な獲得物は、牛に関する用語で表明されなくてはならない。相手側の感情を害した側の集団が感情を害された側に牛を譲渡することで異なる人間集団の間の争いが調停されるように、人間と神聖な存在との関係は、奉納や供犠という形での牛の譲渡によって調整されるのである。

時には、羊や山羊、その他の生物や産物などがこうしたやりとりの際に牛の代わりに用いられることがあるが、それは「人は牛を弄んだりはしない」ためであり、牛はあくまでも重要な案件のためにとっておかれるのである。ということは、これらは牛の単なる代用物にすぎないことがわかる。それは、供犠する必要はあるものの、牛の代わりに劣った生き物を供犠しても差し支えないような、たいしたことのない危機の場合に顕著にみてとれる。ディンカ社会には——人間と動物を含めた社会全体においてということだが——ヒエラルキー化された価値づけがみられる。すなわち、その頂点に人間がおり、その次が牛、その次が羊と山羊、といった具合である。きわめて劣った価値づけが与えられているのは、鶏、そして魚や穀物、カヌー、タバコなどの産品である。牛が人間の身代わりになるように、羊や山羊は時に牛の身代わりとなり、鶏が羊や山羊の身代わりとなったりするのである。ただし、優れた生き物と劣った生き物との間にみられる差異は、その順列が高ければ高いほど大きくなる。

ディンカの地であればどこでも、男性は結婚のために、あるいは殺人や姦通に対する償いのために必要な牛の頭数を述べることができるだろう。高くつく代償としては婚資、そして人を殺めた際の罰金があげられるが、それらの場合、理念上は常に雌牛または雌の仔牛と、去勢牛のどちらもが支払われるものとされている。完全体の雄牛は譲渡されることはないが、それは、これらの雄牛が持ち主の人間の男らしい多産性や生殖力ときわめて密接な形で結びついているためである。これらよりも比較的些細な傷害や侮辱などの場合においても、償いの内容の多寡にはさまざまな幅がある。ただし、要求する側の言い分の妥当性を保証するような合法的な仕組みはほとんどないため、賠償の支払いの際には、懸案となっている事項に応じて定められた賠償内容というものはなく、交渉の席についている集団同士のそれまでの関係の結び方が賠償内容を決定する。それゆえ、それぞれの譲渡の事例は、公正な調停に関する合意をモノの形で示すという独自の長所をそれぞれに持っているわけである。羊や山羊は、このようなやりとりの場で、人間と同等の身代わりとはみなされない。牛だけが唯一、個人や集団にとって失われた人物の価値を穴埋めできるのである。ディンカが語るところでは、かつて苦難の時代に、婚資として羊や山羊、あるいはさらにもっと劣った産物しか支払えない時があったが、それは大いなる貧しさと惨めさを示すものであり、当時の彼らがいかに落ちぶれていたかがわかるという。

供犠を除くと、人間の代用となるものが必要とされる特に重要な機会は、殺人に対する賠償と結婚の際の支払いである。その際、殺された人物、あるいは嫁ぐ花嫁の穴埋めとして、成員を失ったリネージのために手渡される牛は繁殖することが期待される。そうすれば、牛が子孫を増やしていくことで、リネージの成員が一人失われることによって途絶えた分の、人間の世代を超えた再生産が穴埋めされる。殺人に対する結婚の際に花嫁を差し出すかわりに受け取った牛は、花嫁の兄弟の妻たちに与えられる。

賠償として受け取った牛は、死んだ人間が属するリネージに新しい成員をもたらすことになる女性の獲得準備に充てられ、彼を失うことによって生じた損失を穴埋めする。ディンカの人々はみな、自分たちの系譜において世代を継続していくことに深い関心を抱いている。社会の継続――正式な出自集団と、それがその一部を形成する政治的集団の継続――は、彼らのような伝統社会の場合、牛なしでは確実なものとなりえない。それらがなければ、公式な立証も父性の確証もできず、ペイター〔法的父〕の承認と確定は、ディンカのリネージ・システム、つまり、社会秩序を支える重要なものの一つなのである。数多くの牛を持つ富裕な男性は、後世にその名声が広く伝わるであろうし、彼の牛が多産であれば、彼もまた数多くの子どもに恵まれることが期待できる。ディンカは、子どもを持たずに死ぬことを非常に恐れている。というのも、子孫の存在によって、彼らの名――彼らにとってはこの世で唯一不滅不朽のもの――が生き続けることが保証されるからである。牛は子孫を合法的に持つための手段であるため、理論上は、すでに自身の家族を養っている男性よりも、まだ子どものいない男性を殺したときのほうが、より多くの賠償を求められる。

放牧集団のなかで何がしかの権利を持つということは、出自集団のなかで権利を持つということであり、それをとおして、その出自集団が属している政治集団のなかで権利を持つということである。そのような権利を一切持たないか、あるいはそれをうまく主張できないということは、ディンカ社会における主要な構造のなかに居場所がないということを意味する。(25) 歌のなかに頻繁に込められる不満の主題が、自分の権利だとみなしていた牛がそうではないと否定され、自分より年上の親族が二番目の妻を娶るまで最初の結婚を遅らされた若者といった内容になるのは、こうした理由によるのである。しばしばこの話題には、ディンカ社会から追い出されて、ずっとよそ者たちと暮らし、働き続けることへの恐れが伴っている。他の何ものよりも自分たちの社会が優れていると信じて疑わないディンカにとって、社会から引き離されることは絶望以外の何ものでもなく、それは自殺の兆しより多少はましというくらいの脅威なのである。

このように、牛は人間の人格と密接に結びついている。ディンカの男性は、牛なしでは完全なディンカ人とはいえない。時として、牛は人命よりも高い価値を与えられているといえるかもしれない。なぜなら、人間は、牛を獲得したり守ったりするために、命を落としたり他人を殺めたりするからである。人間と牛の間には深い愛着がありつつも、その底には相応の敵対心があるという物語が存在するが、これは、人間が牛から得られる満足感というものは、あまりにも高い代償を払ってやっと得られるものなのだということを示唆しているようにみえる。次のような逸話があることは注目に値する。バッファローと雌牛が、自分たちの母親を殺した人間に復讐することを誓いあった。バッファローは、森で人間を殺すことで母の死への復讐を果たすと言った。雌牛は、人間の家で暮らすことを選んだ。そうすれば、男たちは雌牛をめぐって殺し合いをするだろうから、というものである。

このように、ディンカにとって牛が持つ観念上、そして想像上の意義は、牛の実利的重要性をさらに補完するものとなっている。牛とは、男たちが自らをそれらと同一視し、あれこれと思いを馳せ、様式化した動作でそれらの真似をし、さまざまな社会状況において人間の生命と置き換えられることができるとみなしている、そんな価値ある存在なのである。これらのことを念頭に置いておくと、後の章で述べることになる供犠において、牛が犠牲となって死ぬということがどういうことなのか、おわかりいただけることと思う。

注

（1）この数字は以下による。*The Equatorial Nile Project, and Its Effects in the Anglo-Egyptian Sudan*, Vol. i, *Report of the Jonglei Investigation Team*, p. 213.

（2）C. G. and B. Z. Seligman, *Pagan Tribes of the Nilotic Sudan*, 1932, p. 138 によれば、シッチ・ディンカには「製鉄を行うクラン」が存在したというが、その名前からすると、彼らの祖先はディンカではないように私には思える。

（3）しかしながら、これらはヌアーの間では使用されており、角と黒壇製の槍は E. E. Evans-Pritchard, *The Nuer*, 1940, p. 115 に描写されている〔E・E・エヴァンズ゠プリチャード『ヌアー族』向井元子訳、平凡社ライブラリー（平凡社）、一九九七年、一六三頁、図13〕。

（4）このことは、J. M. Stubbs and C. G. T. Morison, “The Western Dinka, Their Land and Agriculture” において詳細に記述されている。*S. N. & R.*, Vol. xxi, part 2, 1938 を参照のこと。

（5）ここでは、その細部についてはごく簡潔にしか述べることができない。詳細は、*Tribes without Rulers*, ed. David Tait and J. Middleton, 1958 に収録されている私の別稿、“The Western Dinka” を参照されたい。

（6）*Pagan Tribes of the Nilotic Sudan*, 1932, pp. 169–170. この情報は、ショウ助祭長から得た。

（7）E. E. Evans-Pritchard, Imagery in Ngok Dinka Cattle Names, *Bulletin of the School of Oriental Studies*, vol. vii, part 3, 1934.

（8）P. A. Nebel, *Dinka Dictionary*, Verona, 1948, p. 51.

（9）エヴァンズ゠プリチャード教授は、こうした色に関する名称とその隠喩に対する社会学的に幅広い関心に初めて言及しており、次のように述べている。「……現時点では、ナイロートにおける牛の名称についてはほとんど知られていない。それらは、経済的関係の技法としての言葉を描写し、どのように象徴が色彩に関連づけられ、それらの配置が形成されたのかを示していて、社会学的な関心をおおいに引くものである」。Op. cit., 1934, p. 628.

（10）ただし、シス（*thith*）は赤味の強い褐色の牛――「非常に赤茶色い去勢牛（*malual thith*）」――を指す語として用いられるかもしれない。

(11) 例えば、今では牛をほとんど持っていないアニュアも、牛の色彩名に基づいた隠喩名を今でも使い続けている。
(12) アガール・ディンカは、レクに舞踊をもたらしたといわれることがあるが、彼らの特徴的な跳躍舞踊はこれとは少々異なっている。ただ、やはり両手を掲げて、去勢牛がその角を振り回すのを模倣する所作はみられる。
(13) 「燃える草の拒絶者」とはキリンのことである。キリンは葉を食べ、マレクという配色の牛と同じ色をしている。「燃える草の拒絶者」は隠喩的な名称である。ディンカの地では、乾期に放牧地の枯れ草類が焼き払われる。
(14) マ・クアッチ（豹）の配色の去勢牛のことである。
(15) マジョックの配色を持つ去勢牛のことである。
(16) この意味するところは、歌を作る者がやって来たこと、歌を歌う者は自分の父の妻が彼らに食べ物を持って来たので満足しているということである。
(17) 異母姉妹を称賛している。
(18) この意味するところは、この去勢牛が家系の人々と親密な関係のなかで飼育されてきたのであり、決してよそ者ではないということである。
(19) この意味するところは、彼は非常に大胆不敵だったので、自分のクランの神霊が、理論上はそれよりも重要な簎猎の長の神霊（トーテム的な精霊）から自分を守ってくれると信じていたということである。
(20) この男の去勢牛もマジャックの配色であり、ジャック、つまりペリカンにちなんでいた。したがって、「川で泳ぐ」ということである。
(21) つまり彼は偶然ではなく、招待されてやって来たのであろうということである。
(22) 彼は、去勢牛の母牛を称賛している。
(23) これは、パゴン・クランのリネージの一つが、牛の群れの中心にいる雄牛のごとく、自分たちのことを観念上そして政治上、放牧キャンプないし下位部族集団の中心であるとみなしているということを意味している。
(24) ここでは、例えば W. Robertson Smith, *The Religion of the Semites*, 3rd edn., with notes by Stanley A. Cook, 1927, p. 439〔W・R・スミス『セム族の宗教　後編』永橋卓介訳、岩波文庫（岩波書店）、一九四三年、七四頁〕において述べられているのとは違って、犠牲獣の肉を神霊と共有することで崇高な存在が人間と交流するというような理論は、明示的に存在していない。例外は、後述する〈鮮肉〉の神霊に対する供犠の場合だけである。

(25) ディンカのなかには、牛を失い、もっぱら漁で生計を立てている集団も多少は存在するが、こうした人々はここではそれほど重要ではない。

第1部

第一章　天地《あめつち》の分かれ

1

ディンカは、自分たちが認識しているただ一つの世界（彼らは、異なった成り立ちの「あの世」の類いを夢想したりはしないのだ）において、ジョック（*jok*）と総称されるさまざまな「精霊」と遭遇していると主張する。本章の記述において、私はそれらを〈力（Powers）〉と呼ぶことにする。これらの〈力〉は、人間やその他の地上の生き物よりも上級の存在とみなされており、人間の行動を規制しているような時間と空間の範疇を超越して作用する。ただし、これらの〈力〉はそれら固有の「精霊の世界」を形づくっているというように想像されているわけではなく、超人的な力として人間の生活に介入し、人間に良くも悪くも影響を及ぼすという。ジョックは、身の回りの出来事を解釈する際に登場する。したがって、ディンカが世界を「人間の世界」と「〈力〉の世界」に大きく分けて捉えるのは、身の回りに起きるさまざまな出来事を二種類に分けて捉える考え方によっているといえる。ディンカの思考において、人間および人間と地上の自然界を共有しているものは、諸々の〈力〉とは対照的な存在と考えられている。それらの〈力〉は、また別の性質を示しているとされる。ディンカの宗教的観念と実践は、人間が経験するただ一つの世界における、このような二つの異なる種類の存在間の関係を規定し、それらを統制するものである。人間が経験するこのただ一つの世界は、これらの存在の共通の住処なのである。

私は、人間とこのような〈力〉の間の相違を説明するために、存在や出来事に「自然」と「超自然」の区別を用いることは有益ではないと考えた。なぜなら、このように区別してしまうと、自然の秩序や法則について、ディンカの思考とはきわめて異なった捉え方をすることになるからである[1]。例えば、ディンカが稲妻を特定の超人間的〈力〉によってもたらされたものとみなしていると記述すれば、それは彼らの考え方を曲解し、超自然的〈力〉に言及する際の彼我の相違をいたずらに強調することになってしまうだろう。稲妻の威力は、われわれにとってもディンカにとっても、等しく超人的である。ただし、その解釈のしかたには大きな違いがある。ディンカの宗教的思考と行動が、われわれが呼ぶところの「自然」に関する彼らの経験といかにさまざまな形で結びついているのか、また、その固有の環境下で人間の裁量が及ぶ範囲がどれほどであり、またそれらがいかに制限されているのかを示すことが、この後の私の課題の一つとなる。

ディンカの宗教について尋ねる者が、まず最初に、しかも最も頻繁に耳にする語といえばニアリッチ（*nhialic*）である。文字どおりには、この語は「上」や「上のほう」を意味するニアル（*nhial*）の所格であり、ニアリッチはわれわれが「空」について話をする際、さまざまな文脈で用いられる語である。したがって、ニアリッチの意味の一部は、「空」とか「上方に」といった語で示される。

しかし、さらにニアリッチは「創造主（*aciek*）」や「私の父（*wa*）」も意味し、またそのように言及されるし、これに対して祈禱や供犠が捧げられる。したがって、これは男性的で人格的な意味合いを持つ一方、日常的なさまざまな目的においても言及されるので、この語を「神（God）」と解釈するのは妥当かもしれない。それでも、われわれにとっての「神」と彼らのニアリッチはその内容が異なっており、こうしたわかりやすい解釈を行うことで得られる利点よりも、そうすることによって生じる不利益のほうが結局は大きいと私は考えた。ニアリッチにまつわるディンカの言明を解釈する際に「神」という語を用いることは、われわれにとっては形而上の、そして意味論上の問題を生じさせてしまう。しかし、ディンカの人々と彼らの言語においてはそのようなことはない。ニアリッチを「神」と解釈することがどの程度に差し支えないかという問題については、ディンカの宗教に関する私の説明がすべて終わった後で、おそらく神学者たちが判断してくれるだろう。

確かに、ニアリッチ・アチエック（*nhialic aciek*）やニアリッチ・ワ（*nhialic wa*）をそれぞれ「創造者たる神」、「（私の）父なる神」と訳すことは容易であろう。この場合におけるニアリッチと「神」が持つそれぞれの属性が、例えば（ある種の）まとまり、力、正義、「高さ」など他の数多くの内容と同じようにきわめて類似しているためである。しかしながら、後述する数多くの「精霊」がみな、ディンカ語でニアリッチといわれるとき、それは、英語でいうところのそれらが「すべて神」であるという意味ではない。ニアリッチという語は、無数のディンカ語と結びつきながら、さまざまな意味を持ちうるわけであるが、われわれの言う「神」はそのようなことはない。ニアリッチは、あるときは一つの存在として、人格をそなえた一人の崇高な存在の場合もあるが、またあるときはさまざまな存在の多様な活動を総括する存在と活動の「一種」とされる。ひるがえって、われわれの普段の言葉のなかで、「神」

がそのような拡大した意味を帯びることはない。

　そこで、ここではニアリッチに、定冠詞も不定冠詞もつけずに大文字を用いた〈神性（*Divinity*）〉という訳語を充てることにしたい。「神性」は、ニアリッチ同様、何らかの存在、そうした存在の本性や実在性、質などを幅広く指すのに用いられる。この語は、ニアリッチという語と同様に、それが用いられる文脈に応じて、実体的な意味にも質的な意味にも、あるいは個別的にも一般的にもなりうる[2]。あまり気のきいたやり方ではないかもしれないが、われわれがディンカの用語から、漠然とした——ただ、誰にとっても明確なのであるが——われわれ自身の概念に関心を移すのを避ける一助にもなるだろう。

　ディンカが最も重要とみなしている〈力〉は、集合的にイェース（*yeeth*）（単数形はヤス *yath*）と呼ばれる単語で、それは後でわかるように単数形と複数形を持つ。それらは、目に見えるものとされている。一方、ニアリッチ、つまり神性には複数形は存在しない。これは単数形だけでなく複数形も内包している。後述するように、イェースと呼ばれるあらゆる存在は、ある意味では神性と同一視して差し支えないところがあるため、ここではそれらのことを、大文字を使わない表記で神霊（*divinities*）と言及するのがよいのではないかと考えた。

　これらの神霊には、わかりやすく説明しようとするなら二種類あるといえる。ディンカは両者をどちらもヤスという語で言及しているが、ここでは両者を分けて説明することにしたい。一つは、ディンカの出自集団の守護霊あるいはジニであり、これらは人類学の文献に出てくる「トーテム」に類似する側面がある。ここでは、これらのことをクラン神霊（*clan divinities*）と呼ぶことにする。これらは、不変的にというわけではないが、ほぼ常に、実体——動物やその他の種——を伴った形で表される。私は、それらの形を象徴物（*emblems*）と呼ぶ[3]。したがって、例えば〈ライオン〉をクラン神霊として持つクランは、さまざまなやり方で、その神霊の象徴物たるライオンを崇敬するであろう。

これらとは別に、出自集団と特別な関係を持っていないイェース、つまり神霊がいる。これらの神霊はまず個人と関係を持ち、その人を通してその家族と関係を持ち、そうした家族はその神霊に対して、クランがクラン神霊に向けるのと同じような態度をとるようになる。これらの神霊のことを、私は自由神霊（*free divinities*）と呼ぶことにする。また、これらの神霊を、ディンカ名に従ってそれぞれ〈デン（Deng）〉とか、〈ガラン（Garang）〉、〈マチャールディット（Macardit）〉、その他の名前で後に言及することにしたい。

神性と神霊はいずれも、ディンカにおいて超人的な作用者を最も幅広く指すジョック、すなわち〈力〉に属するものである。ジョックは、ニアリッチやヤス、つまり神性や神霊よりも、その意味が明確に限定されていない。名詞としてのジョックは、何か特定の超人的〈力〉を指すこともありうる。したがって、それぞれに個性を持ったこの種の〈力〉が複数存在すると考えられるときには、複数形のジャーク（*jaak*）が用いられる。しかしながら、ジョックはヤス同様、何か特定の〈力〉というよりは、超人的力の種類や質を示すような性質上の意味も持っている。したがって、ディンカが西欧人の発明の才の驚くべき実例を目にしたとき、彼らは、「西欧人は超人的〈力〉だ（*turuk ee jok*）」と言ったりする。これが意味するところは、ただ、西欧人の力がそれくらいの質ないし程度を持っている、ということである。彼らはこれを複数形で、「西欧人たちは超人的〈力〉だ（*turuk aa jaak*）」とは述べない。なぜなら、西欧人は明らかにただの人間だからである。また、動物が予期せぬ行動をとったとき、ディンカは「これは〈力〉だ（*ee jok*）」とか、「これは神性だ（*ee nhialic*）」と言ったりする。その意味するところは、動物自体が一つの〈力〉だったり、神性と同一だということではなく、そのふるまいが〈力〉なり神性

の顕現だということである。(4)

もし「定義」を尋ねられたら、ディンカは、神性と神霊はジョック、つまり単数あるいは複数の〈力〉のことであると答えるであろうが、彼らは通常、クラン神霊と自由神霊を、その他の〈力〉とは区別している。その他の〈力〉は、イェース（*yeeth*）と呼ばれるもので、人々への影響力は小さめであり、ディンカの定義によれば「人々に関わる〈力〉」とされる。これらとの関係は、しばしば親族用語になぞらえて表現される。すなわち、神性と自由神霊が人々の「父親たち」と呼ばれるのに対して、クラン神霊は「祖父たち」ないし出自集団の祖先たちと呼ばれる。こうした関係が表明されたクラン神霊の象徴物は、「父方イトコ（paternal cousins）」とか、クランの成員の異母兄弟と呼ばれるのである。

ディンカは、人間が実在するすべての〈力〉に遭遇したとは思っておらず、こうした〈力〉は理論的には無数にあるとみなしている。それらのなかには、病気の原因として知られているものもあるし、特徴と個性をさまざまな程度に備えたもののいくつかは、特定の場所、特に小川や森と関連づけて認知されている。それらの場所で、彼らはその姿を時折、人前に現すのであるが、ディンカの民話にはこのような、「森の〈力〉」や「小川の〈力〉」として描写される、しばしば名前を持たない〈力〉たちがたくさん登場する。それは、ちょうどわれわれのおとぎ話に、妖精が数多く登場するのによく似ている。

これらの〈力〉に対して、神霊たちは個々にその姿が思い描かれ、その重要度もはるかに高い。神霊たちは人々の前に、そして人々のなかに、より普通に、しかもそれぞれしかるべき目的とともに顕現する。後述するように、それらはそれぞれ、固有の色や自然界の種と関連づけられた性格を付与されている。

そしてディンカの宗教とは、人間と人間が遭遇する超人的〈力〉との間の関係であり、根源的に分かれている二つの世界の間の関係だといえる。これからみていくように、それは神学的というよりは現象学的なものであり、超人的な〈力〉の活動のしるし（signs）の背景にある〈力〉の本性についての教義というよりは、それらのしるしをめぐる解釈なのである。

2

われわれは、ディンカが知らないような事実に関する知識に依拠して、空とは究極的には一つの自然現象にすぎないとみなすが、もちろんディンカはそのようなことはしない。彼らにとって空は、宇宙のなかで地球から遠く離れた場所に固定されて存在しており、理論上は、人間が遠くまで行けばそれに届くことも触ることもできる。神性は「上のほうに」いるので、空高く上がった者は神性に近づくことになる。飛行機は空に触ることができるのかどうか、そして飛行機から神性を見ることができるのかと、私は尋ねられたことがある。これは、ディンカが神性を「物理的な」空とは区別して捉えているということを明確に示している。なぜなら、空自体は、明らかに地上から見ることができるからである。地上の存在が神性に接近しうる方法は、高いところに行ったり、浮遊したり、盛り土や「ピラミッド」を築くことなどである。高徳な人物が空に昇っていったという話は数多く聞かれるし、空中浮遊もまた、ディンカが夢のなかで見るものである。空中浮遊の夢は、神性との間に特別な関係を確立したと主張する人たちによって言及されることがある。これとは反対に、神性は地上と接触するために落ちたり、何かを落としたり、何かを下に投げつけたりするのである。このような接触は、雨、稲妻、ほうき星、隕石などにおいて、また、さまざまな自由神霊が「落ちて」人間に憑依することなどにおいてもなされる。これらはすべて、神性の顕現なのである。

このように、空が明確に固定された領域ないし場所とみなされているのにもかかわらず、ディンカは地上について知っているイメージをもとに、「上空の大地」のような類いのものを厳密に思い描いているわけではない。彼らは時に、星は空で放牧している人たちの焚き火だと言うかもしれない。また、雨は神性の稗を鳥がつついたときに穀物が落ちてきたものなのだと言われるのを、私は聞いたことがある。もっとも、これらは想像の高揚によるものであるとはっきり意識されており、それらを真に受ける者は子どもっぽいとみなされる。

論理的には、そしてディンカにとって歴史的には、人間の神性との関係は、地上と空がかつては一緒であったが、後にこれらが二つに分かれ、現在の世界が誕生したという物語とともに始まる。西ディンカの人々はみな、こうした原初の状況についての神話の同じようなバージョンを知っているが、それは、彼らにとって現在の人間の生活条件に関して何らかの表明をしたり、あるいは究極的な説明を与えるものとなっている。

神話によれば、もともと神性（と空）と人間（と地上）は互いにごく近いところにいた。(5) 空は地上のすぐ上にあったのである。両者は一本の縄でつながっており、その縄は地上からみて平行に延びており、それは人間が手を広げた少し上の、すぐ手の届くところまで来ていた。この縄をつたって、人間はいつでも神性のところまでよじ登ることができた。その当時は、死というものはなかった。神性は、最初の男と女に、一日に一粒の稗を恵み、彼らはそれに満足していた。彼らは、それ以上に作物を育てたり、挽いたりすることを禁じられていた。ここでの神性は、父親や創造主としての性質を備えた個人として登場しており、概念上は、目で見える空とは異なる存在である。この文脈では、われわれは、神性のことを「彼」という人称代名詞で呼んでよいだろう。

地上で最初に暮らしていた人間は、しばしばガラン（Garang）とアブック（Abuk）という名前で呼ばれている。彼らは、ごく小規模に耕作をしたり穀物を搗《つ》いたりする際、鍬や杵が神性を直撃しないように注意しなければならなかった。ところがある日、女性のほうが、「彼女が欲深かったために」（この文脈においては、ディンカは女性の「強欲」を大目にみているようだが）許されていた分よりも多くの稗を植えようと（または搗こうと）した。そのため、彼女は現在のディンカが使っている、長い柄を持つ鍬（または杵）の一つを手に取った。穀物を搗こうとして、あるいは耕作をしようとしてそれを振り上げたところ、それが神性に当たってしまった。腹を立てた神性は、現在のように地上から遠く離れたところに引っ込んでしまい、アトッチ(6)（*atoc*）という青い小鳥（空の色）を遣わして、それまで人間が空と神性に接することができるように与えていた縄を切断させた。この時以来、大地は駄目になり、人間は必要な食料を得るために働かなくてはならず、常に飢えるようになってしまったという。人間は、もはや自由に神性のところに行くことはできず、病気や死に悩まされるようになったが、これらは、彼らがこうして突如、神性から切り離されたためなのである。

この神話はレク・ディンカから採録されたものだが、その西方約三二〇キロに居住するアガール・ディンカの間でもこの話は知られている。私はそこで、これとは別の神話も耳にした。それは、話の細部は非常に異なっているものの、先に紹介した神話の中心的なテーマをほのめかしているように思わせるものである。

この二番目のバージョンによれば、原初の時代、大地はすでに創られていたが、光がなかったので、それは「現れる」ことができなかった(7)。この暗闇のなかで、神性は人間と、アルウ・パベック（Aruu Pabek）(8)という人物を創りだした。神性は、アルウをディンカの言い回しで「柵、または塀の隙間」と呼ばれるものへと押し出し、次いでそこから引き戻した。ここでその意味するところは、神性が男を外に出させ、その後、強制的に連れ戻したということである。アルウは縄を綯《な》い、神性は彼に、暗闇のなかに自分がいることがわかるように目を与えた。アルウは縄を使って獲物の動物を捕らえ、その前脚部分を神性の妻に差し出した。神性の妻は、アルウに何か見返りを与えてはどうかと提案した。そこで、神性がアルウに何が欲しいか尋ねると、アルウは「お父さん、もし周囲を見通せるように小さな裂け目があれば、それこそが私が欲しいものです」と答えた。神性はこの要求を断り、そのかわりに槍を与えたが、アルウはそれを断った。今度は斧を与えたところ、それは受け取った。以下、テキストを引用する。

祖父のアルウ・パベックは斧を手に取り、大地にぶつけてこう言った。「なぜ、お前は明るくならないんだ」(9)。すると、大地の半分は上に行き、半分は下に行って、地上は明るくなった。これをみた神性がアルウに、「なぜ、そんなことをするのか。私はお前にごく小さなものを与えてやっただけなのに、なぜこんなことをするのだ。お前はもう囚人だ」と言った。そして、神性はアルウを地上に押し出し、そこに閉じ込めてしまった。そして、神性は人々が歩けるように一本の道を与え、そのなかに葦の茂み（魚を捕まえることができるような柵の形態をしている）(10)を据え付けた。それで、人間がこの道に沿って歩いてくると、神性は人間の頭を箝措で叩いて「できるものならそこから出てきてみろ！」と言い、そこで人間を待ち構えて殺した(11)。

人々は、アルウ・パベックのところにやって来て、「人間はもう終わりだ。どうすればいいだろうか」

と尋ねた。祖先は、「まあ心配するなって。みていてくれ」と答えた。彼は頭の上に石を載せ、神性が簎稓を手にして待っている場所まで行った。神性は簎稓でアルウの頭を叩いたが、頭に載せてあった石が、槍の狙いを狂わせ、その先端部を曲げてしまった。神性は、「簎稓をまっすぐにしなくてはならなくなった」と言った。そして、祖先の首をつかんでこう言った。「まったく、お前は何て奴なんだ」。

シッチ・ディンカ (Cic Dinka) の間では、神性と人間の分離を説明する物語が、また別の形で存在している。それによると、かつて空には壁があってそれが人間を閉じ込めていたが、人間が壁の一部を食べたために、人間は神性によって下のほうに押しやられた、ということになっている。もともと大地と空が一緒であったという概念は、必然的に人間と神性との関係に言及するものでもあるが、私の経験ではこれはすべてのディンカの間でみられる。ただし、私の知り合いはみな、空の分離の物語の最初に紹介したバージョンに精通しており、そこでは縄が切断されて両者が分かれたとされている。

これらの神話は、ある部分では、物理的な真実を説明しているといえる。大地と空は、われわれが知っている全体的な世界のなかの一部を明らかに構成しているし、そうした世界のなかで、大地の上の人々は、空からは分かれている。しかし、神話はまた、物質的な宇宙の原初の状態も示している。それは、現在知られている宇宙の状態とそれほど違わないが、神話はその時の状態を道徳上の状態として表象している。最初の男女は、安全であったし、物質的にも気楽に過ごせていた。死というものは、まだ知られていなかった。「神性は人間と一緒におり、それは人間たちにとって好ましいことであった[12]」。完全な統合は安心安全をもたらしていたが、この安心安全は神性の近くにいることを前提としており、それは人間にとっては面倒なことでもあり、また神性にしかと従属することでもあった。人間は、神性が人間を閉じ込めていた状態から脱出して初めて、現在のような神性との関係性を獲得することができたのである。私は実際に聞いたことはないが、ネーベル神父が収集し、ペーター・シュミットの著書のなかで公表した神話において、この点はきわめて明確にされている。(13)

創造主は、東方のタマリンドの木の下に――大きな川の岸にと言う者もいるが――人間をこしらえた。彼らの名前はそれぞれ、アブックとガランといった。創造主は彼らを、粘土を使ってとても小さく――人間の腕の半分くらいの長さに――こしらえて、壺のなかに寝かせてその上に覆いをした。彼が覆いを取ると、二人は完全体となって十分に成長しており、立ちあがった。朝になり、ガランは大きくなって槍(ペニス)を持つようになり、アブックの胸は大きく膨らみ、彼らは結婚した。二人は子どもをもうけた。創造主は、二人に「お前たちの子どもは死ぬだろうが、一五日も経てば戻ってくるだろう」と言った。ガランはそれに同意せず、「もし人間が生き返ってきたら、数が多くなりすぎるでしょう。彼らは一体どこに家を建てるのですか。土地は足りなくなってしまうでしょう」と言った。

ここでは、大人の男性を示すものである槍が、ペニスと同等とされている。創造主によって幽閉されていた人間がそこから脱出することと、人間が大人になることの間につながりがあるのは明白である。このつながりは、後述するように、人間が神性から分離することと、結婚時に人々が親から分離することの間にみられる類似性をめぐる議論において重要である。また、神性が人間を死なせないつもりであったこと、他の神話で、この世界に死がもたらされたのは人間のふるまいのせいであるとされているのと同様、人間は神性に異議を唱えたために、ある意味では自ら死を選んだということが示唆されている。

このように、人間はもともと神性と近しかったために閉じ込められ、抑制されていた存在として示されている。人間は毎日、許された分量の穀物しか食べることができず、慎重に動くようにしなければならなかった（この注意深い動きは、ディンカが物語を語っているときに時として演じられる。これは、彼らが公の場で敬意を払わなければならないような場面でみせる、物静かで慎み深い挙動にも気持ちの上で通じるものがある）。また、人間は柵ないし壁、あるいは壺の内側に封じ込められており、そこからは、たまにしか出ることができなかった。アガールのバージョンでは、人間はしっかりと目で「視《み》る」ことができなかった。[14] 人間は、「出てくる」までは、あるいは神性から分離するまでは、自由に行動できなかったのである。しかしながら、その自由は、人間がそれまで知らなかった労苦や苦難、死と一緒にもたらされた。人間が神性と一緒に暮らしていた時は、人間は自由を欲していた。そして、人間は自由にはなった。しかし、苦難や死を受け入れざるをえなくなったという点では、依然として神性から完全に自立してはいないのである。

こうした神話は、人間と神性の間の、結合しあいながらも敵対する関係を示している。このつかず離れずの関係は緊張感を伴っており、後述するように、これを規則あるものにし、そして維持することが宗教儀礼の機能の一つなのである。また、人間と神性の分離が、もともとそうなるはずだったわけではなく、偶然もたらされたというように表現されていることも留意されるべきであろう。物語は、現在知られているような世界の状態では始まらず、元来は人間と神性が一緒であったということになっている（あるいはそのように創作されている）。現在の大地と空の様子をただ観察しても、そのような根拠はまったく見当たらない。もっとも、おそらく、夜間には両者は日中よりは互いに融合しあっているだろうから、事情は少し違うかもしれない。
ディンカの人々は、このような分離によって自分たちが不幸（死と病気）にさいなまれるようになったため、かつては一つであった世界の部分部分を結びつけようとする。例えば、以下の歌はこうした願いを表している。

……よそ者たちはマスケット銃を携えてやって来た
飛行機が飛び、邪悪な者たちがそれに続いた
神性は笑い、傷つけたか？[15] ああ、大地の蟻（人間）
神性は笑う、〈創造主〉よ、ああ！[16]
〈デン〉はアトリの縄を持ってくる[17]
それで私たちは境界地で会うだろう
私たちと月、神性
アトリの縄をくれ
私たちが境界地で月に会えるように……。

また、結婚の計画が台無しになった若者がその不平を歌うとき、彼は大地と空の分離を自分の災難に関連づける。
小鳥のアトッチ・マヨル（*atoc mayol*）は本当に縄を切った

小鳥のアトッチ・マヨルは縄を正すことに厳格だった[18]
大地は一日で崩壊した
ああ、ああ、ああ……

祈願や供犠においては、神性、自由神霊、クラン神霊は時として人間のそばに来るように依頼される一方、時として人間から遠く離れたところにとどまって人間の邪魔をしないように依頼される。別の機会にネーベル神父によって採集されたある讃歌は、やや異なるバージョンではあるが、近さと遠さとの間のパラドックス、つまり統合と分離、そして上方と下方との間のパラドックスについて触れている。

偉大な〈デン〉は近くにいる、「遠く」にいると言う者もいる
おお、神性よ
創造主は近くにいる、「彼はまだ私たちのところまで来ていない」と言う者もいる
聞こえないのか、おお、神性よ
雨の黒い雄牛は月の牛舎から解き放たれた[19]
聞こえないのか、おお、神性よ

歌い手が「……者もいる」と歌うのは、神性は遠くにいるが、近くに来て人間を助けるべきなのだということを主張したいためなのだと説明されていた[20]。神性の「近しさ」を問う別の讃歌には、以下のようなくだりがある。

私は白いものに祈る[21]
神性は近くにいないのだろうか
わが父は私たちに生をくれなかったのだろうか
〈アブック〉の息子〈デン〉[22]は生のために祈る
牛の生、人間の生のために[23]。

これらの讃歌は、神性の最も重要で最も頻繁に言及される特質を示している。すなわち、それは創造性と父性である。ディンカが神性に対して、災難の時にはそばにいてくれるように、平穏時には離れてくれるように依頼するとき、ディンカは創造主、そして父のような存在としての神性に依頼しているのであり、すでに引用した神話上の出来事によって人間が分離されたのはこうした特性を備えた〈力〉からなのである。

ディンカにおいては、「創造する」という動詞と「父親になる」という動詞は相互に置換不可能ではあるが、創造という概念と父性という概念の間には重要な結びつきがみられる。神性は、世界の始まりに人間を創り（*cak*）、神性が創った人間は父親になり、子どもを持つ（*dhieth*）。神性は、人間の「父親となった」り、人間を「生んだ」わけではないため、この表現を、神性による人間の創造を指すのに用いたり、父親と母親が子どもを「創造した」と言ったりするのは、ディンカの言語学的用法としては誤りであろう。それでもなお、これらの概念にはつながりがある。ディエス（*dhieth*）という語は、「父親になる」と「出産する」のいずれをも意味するため、子を産むことにまつわる男性の行動と女性の行動は、言葉の上では区別されない。男性は、性交のとき何が起きているかを説明するように求められた場合、しぐさでそれを表現して、「それで、これが父親になること（*dhieth*）と呼ばれ、神性は女性のお腹のなかにゆっくりと子どもを創る（*cak*）だろう」とつけ加える。かくして、神性は人間の形成において創造的な役割を持っており、人間に子どもができないときには神性に言及しながら説明がなされる。すなわち、ある女性が、父親になることが可能であることがわかっている男性と性交したのにもかかわらず、子どもができなかった場合、神性がその女性に子どもを授けることを「拒否した」のだとよく言われる。そして、供犠の際、簎猎の長ないし預言者は、神性に対してその女性が子どもを持つことを許すように要請するのが普通である。男性は、それゆえ、神性の創造的な操作と連携して父親になるのであり、それはディンカの讃歌のなかで表現されているように、真正にして究極の

雌牛たちの夫（男）
女たちの夫……

なのである。「創造主」と「父親」いう観念は、神性がその「子ども」たる人間たちの活動的な生命の源と考えられている限りにおいて、相互に融合しあっているのである。

人間の創造に関するディンカの物語は、人間の神性からの分離に比べると短く、より原因論的にみえる。ある者は面白おかしく、神性が鼻をかんで人間が誕生したと聞いたことがあると述べた。鼻孔の一つから出た鼻汁が背の高いディンカ人になり、もう片方の鼻孔から出た鼻汁は、今でもディンカの地でたまにみかける小人になったのだという。一般的には、人間が壺やおもちゃを泥から形づくっているように、神性が泥から人間を形づくったという話がよく聞かれるが、ここではチュエチ（*cuec*）という語

が壺の成形と人間の成形のどちらにも用いられている。すでに紹介したが、大地と天空の分離にまつわる神話の一つは、ディンカは神性がもともとガランとアブックという男女のペアを創造し、そこからすべての人間が生まれていったという考え方を持っているということを示している。この話のバージョンのいくつかによれば、アブックは黒い息子と「赤い」息子をもうけたが、ここから彼らが知っている限りのすべての肌の色の人間が生まれたということである。場合によっては、さらに人間は天空で創造され、その後に川のなかに入れられ、そこから登場してきたとか、神性はまず最初に川のなかで人間を創造したとかいうものもある。これは、奇形児を川に遺棄する、あるいは川に「戻す」というディンカの習慣と結びついている。なぜなら、このような怪物は、完全体としては創造されていないと考えられているからである。このような子どもはアチエック（*aciek*）と呼ばれるが、この語はおそらくチャック（*cak*）、つまり創造するという動詞と関連がある。この動詞は、創造主としての神性だけでなく、神聖な創造力と強く結びついているとされる預言者や、歌を作る者たちにも適用される。奇形や怪物性は、何かが欠けているということで、その不完全性が、部分的にしか成し遂げられなかった創造的仕事と結びつけられているようだ。したがって、それらの子どもを川、つまり一部のディンカによれば創造行為がなされる場に戻すという行為は、本質的に適切なことといえるのである。また、別の話によれば、人間はタマリンドの木の下で創造されたという。この場合でも、創造行為そのものについては詳しく語られない。創造の話は、それに続く分離の話ほどには、人間にとって重要ではないようにみえる。なぜなら、分離において、神性は人間に対する意思や意向を持った存在、あるいは人物、父親として立ち現れてくるからである。創造行為は、しばしば神性の手仕事として語られる。ディンカの創造主と最初の籍猎の長であるロンガール（Longar）にまつわる神話のあるバージョンは以下のようなものである。

(24) (25) (26)

偉大なるロンガールは、人間が創造された時、いちばん初めに創造された……彼はこの世の始まりの時、最初に創造されたものだった。彼は神性の手から出てきた。彼は生命の頭（源）だった……。

これが意味するところについては、後で検討することにしたい。ただ、ディンカが神性というものを鼻や手を持つ「存在」と考えている、とみなしてはならない。神性の手に言及するのは、ちょうどわれわれが「神の手」と表現するのと同じように隠喩的なものだからである。女性が壺を、子どもたちが泥でおもちゃの雄牛を形づくるように、神性が人間を形づくった、と彼らが言うとき、それは人間が自らの手を使って作るものすべてがディンカ社会と関係し、これに属しているのと同様、人間は神性と関係し、神性に従属しているということを意味する。すでにみてきたように、人間は自分自身の生と意志を主張したがゆえに、その結果として自身を創造者と対立させることになったのである。

チャック、つまり創造するという動詞を人間の活動のなかで使いうるのは、想像や思考の産物を生みだす場合に限られている。具体的には、歌、預言、事物や子どもの名前をつけるときなどにおいてである。(27) 歌を作る者や預言者もまた、アチエック、つまり「創造者」なのである。物質的なものを作るのに長けた人物は、「創造者」ではなく、職人（*atet*）である。創造者たる神性は、人間を情欲や悪意などを持ちやすいように仕立てたともいわれる。

神性はまた、父親として、人間の父親が子どもに対してそうするように、人々を見守り、育てあげる（*muk*）ことが求められている。ディンカは、自分たちは父親の「言葉」——それは決意や意図のことである——に従わなければならないのと同じように、神性の意図に従わなくてはならないと語る。一例をあげると、ある父親は、私が知っている彼の息子の結婚を認めるよりも、息子が投獄されることを容認した。その息子は、一人の少女と結婚したくてずっと彼女を追い続けており、その少女の父親も、若者の真剣な意志と熱意に打たれて、数頭の牛を受け取ることに合意していたであろう。その息子と話すなかで、私は、彼の父親が彼にとってはそれほどたいした出費でもないのにもかかわらず、援助を拒否したことについて、どちらかといえば批判的な意見を述べた。しかし、息子は「どうして？ あなたのお父さんは神性みたいなものだろう。お父さんはあなたを育てて、見守ってきてくれたんじゃないのか。お父さんがあなたを傷つけたり助けたりするとしても、それが彼の務めというものだろう。どうしてあなたはそれに対して怒らなければならないんだい」と答えたのである。

アナロジーに基づいたこのディンカの議論のあり方は、子孫と出自集団にとって「父たち」の関係にある祖先とクラン神霊のほうが、思考においては実際の父親よりも密接に神性と同化されるという事実に対応している。そして、人間の父親の権威は、祖先とクランの神霊たちが持つ超越的な父性と結びついている。今述べた事例において息子は、少なくとも原則として、〈父〉という存在——すべての父親——の権威を承認しているのだが、その権威は父親たちを神性に関連づける。この一種の観念連合と父性の立場は人々に受け継がれ、神性によって表される超越的な父性は、実際の人間の父親の立場と権威をよりいっそう強力なものにする。したがって、神性は創造性一般を喚起させるのと同様に、父性一般を喚起させるのである。

ディンカにおける神性／人間、父親／子どものアナロジーは、これにとどまるものではない。息子と父親の関係は、ディンカが理想論として語る愛情に満ちた親子関係とは裏腹に、一方では服従、恭順、忍従の関係であり、他方では問答無用の権力関係である。これに対して、息子たちのほうも常に父親と争っており、自分たちの要求をつきつけることに躊躇はしない。息子と父親の意向が対立するのは、おそらく息子が結婚したいと願い、それに対して父親がそれを認めず、息子を自分の家屋内にとどめて監視指導し続けようとしたときであろう。そのような父親に対して息子たちは、究極的には、あきらめて従うか、家を出て仕事を探す以外に選択肢はほとんどないのだが、おおいに満足した素ぶりはみせようとしない。そして、牛にまつわる歌で非常によく聞かれるのが、父親ないし守護者が、自分たちが結婚したかったときにそれを認めなかったために、自分たちが歳をとりすぎてしまったことを遠回しに非難する内容のものである。

ここでも、神性／人間、父／子のアナロジーは強調されている。どちらも、存在の根源とその支援に付随する関係である。しかしながら、父親、あるいは神性による支援は、同時に服従を要求するものでもあり、子どもにとっては、うんざりするような依存のしかたが求められる。この状況は、人間がもともと神性の近くにいて受動的であった時には安全であったが、自由を得る代償としてその安全を失ったという神話にみられる。これは、今日のディンカの数多くの家庭でみられるものである。父親たちは息子たちを従属した状態のままにとどめようとするし、子どもたちのほうは相応の年齢になると、自分たち自身の家庭を持ち、自分たち自身の出自の系統を開始させるために、父親からうまく独立できるか不安になるものである。自分自身のリネージを持ったり、それを望むとき、人は「誰某の息子」というよりは、「誰某の父親」として周囲に認知される日が来ることを望んでいる。その人物は別れを望んでいるわけであるが、神話においてそうであるように、それは結合をまぬがれることができない別れなのである。

子どもたちは、それぞれの両親、特に父親に対して責務を負わなければならないが、それは自身が誕生したというまさにその事実に基づくものである。この責務はしばしば強調され、自分を生んだ両親の意向を無視するような「薄情な」子どもたちはおおいに非難される。世話することも含めて育て上げること、食事を与えること、守ってやること、教示すること――これらはすべてディンカ語のムック（*muk*）という語に含まれる。これは、従属の第二の根拠となる。第三の根拠は婚資であり、結婚によって、子どもとしての親に対する従属は終わりを告げる。ただし、彼は、宗教上は父親に従属したままであり、それは神性、クラン神霊、一連の祖先たちとのつながりと同じように継続する。このように、息子と父親の間には従属関係、結合の関係、対立関係が存在し、それらは人間と神性、つまり人間にとって共通の父との関係になぞらえられるのである。

神性との対立という主題は後で詳しく述べることになるであろうが、これは、バハル・アル・ガザル州のトンジ（Tonj）において政府が記録したある奇妙な記録のなかに、極端な形で出てくる。それは以下のようなものだ。ミルクをたくさん飲んで立派な体格をし、その強さを誇示するために喧嘩したくてうずうずしていたある下位部族集団の若者たちが、ある時、彼らにとって強敵はもう神性だけだと考えた。そこで、彼らは雨（*deng*）――その報告では「神の象徴」と描写されている――を襲撃した（どのようにやったのかは記録されていないが）。実際のところ、それは自由神霊〈デン〉のことを言いたかったのであろう。一人の男を除いて全員が殺害され、報告によればその男は大腿部に穴をあけた状態でその場に残されていたという。その穴は、訪れたディンカたちが棒を通せるほどだったという。まだ存命だったある年長者の父親は、彼が子どものころ、大腿部に穴をあけた神性への反抗者を見たことがあるといわれていた。

父親と息子、神性と人間の間でみられる、互いに結びつき合いながらも敵対しているような関係は、弱い立場にあるほうの当事者によって、その利益にかなうように調整されなければならない。どの年齢の男性であっても、自分の父親と激しく仲違いすることは最も好ましくないことの一つとされているが、他方、子どもが成長したとき、父親が支配的なままでは子どもの合法的な自由は得られない。息子が父親の気を損ねた場合、あるいは人間が神性もしくは神霊の一つの機嫌を損ねた場合、息子なり人間はその父親や神性をなだめ、ご機嫌をとろうとしなければならない。すでにその二行を引用したその讃歌〔六四頁〕に、これらのことはみてとることができる。

あなた（神性）は家屋を守る
私は雌牛であなたの歓心を買おうか
神性よ、父よ、あなたは家庭を守る
雌牛たちの夫、
女たちの夫、
家庭を守るのはあなただ。

ここでは、神性は明らかに家屋の長として描写されている。ちょうど家屋の長である夫や父親が、夜間の危険にそなえて戸をふさいでいる（*gar-gar ghot thok*）ように。この防衛的な行為に対して隠喩的に用いられる「戸を閉ざす」と、「戸を閉ざし、守る（存在としての）神性」は、家庭と子どもたちの世話をする父親を表している。この歌を歌ってくれたレク・ディンカのアワン（パジョック、またはコン・ピオス）部族集団の老人は、この歌は激しい雷雨のとき、みんなが怖がっているときに歌われるものであり、それは神性のご機嫌をとるためだと語った。「父親や兄と口論したときには」と彼は言い、「相手の心から怒りを洗い流す（*bi ye wac puou*）ことを何かするものだ」と続けた。

ここでは、ディンカと神性との関係をディンカにおける父親と息子の関係に一部なぞらえて、ただ西欧的な心理学の解釈を当てはめたわけではない。これは、ディンカの宗教的思考の文脈において、自然と立ち現れてくるものなのである。歌のなかで不平が遠回しに父親に対して向けられるように、あるいは楽しげな称賛（*lec nhom*「頭を称賛する」）に交じって不平が歌われるように、神性や神霊たちに捧げられる讃歌には、不安にさいなまれる子どもが抱く不平が含まれているのである。以下は、そのような讃歌の一部である。

私は実に惨めな状態のままだ
神性よ、助けておくれ！
あなたはこの土地の蟻を（助けることを）拒むのか[28]
私たちのそばにクラン神霊〈デン〉がいるとき[29]
私たちの家は「嘘と混乱」と呼ばれる[30]。
おお、神性よ、これはどうしたことなのか
ああ、私はあなたの子どもなのに。

こうした不平の調子、つまり黙って従わざるをえないが、怒りに満ちた告発の要素を含んだそれは、ディンカの祈りや讃歌にみられる一般的な特徴である[31]。とりわけ、神霊たちはなぜ彼らの「子どもたち」をかくもひどく取り扱うのか、祈禱や供犠の際になぜ応えてくれないのか、苦難を好んで与えるのか、尋ねられる。「私はあなたの子どもである」ということは、あらゆる種類の優越者に対して自身の要求を主張することである。支配的権威に従属するようなあらゆる関係が形づくられており、父親—息子の関係はその基盤の上に成り立っているのである。

ディンカではある家庭で父親が亡くなったとき、最年長の息子がその家庭の長の地位を引き継ぎ、ほかのメンバーとの関係における父親の社会的な立場を受け継ぐ。実生活においても、父親は、ほかの子どもたちと比較すると長男と最も関係が緊密であり、最年少の息子は母親との関係が緊密である。それだけではなく、最年長の息子はたいてい、最初に結婚して自分の家を持つようになり、父親の支配を脱して独立する最初の人物となる。これと同様に、ディンカは時として、彼らにとって最初の篤猎の長であり、文化英雄であるロンガールのことを、神性の「長男」だと語る。ロンガールは、ほかの誰よりも何がしかの「父親の」性質を備えており、それゆえに人間と神性が出会うことになったのである。さらに、後で示す神話のなかにみられるように、彼は神性とある意味では対立する一方、またある意味では結びついてもいる。彼は神（the divine）に対して人間を代表する一方、神と人間との間を仲介するのである。ディンカの篤猎の長たちや預言者たちによるこの仲介は、最年長の息子のうちにある息子と父親という二重の役割の結合に類似していることによって、可能となっている。そしてこれは、ディンカの社会構造にとって、超越的な父性が神性にあるとみなすことに伴う最も重要なことの一つである。

神性の姿を見たことがあると主張する者もいる。二人の若者が、それぞれ別の機会に、彼らの母親が神性（ニアリッチ）を見たことがあると私に語った。彼らは、これらの特別な啓示（神性の顕現）は、彼らに特別な重要性を授けるものだとして自慢していた。それは、ここでの記述において頻出するであろうが、ディンカは何であれ崇高な出来事が見えたということを非常に重要視する傾向があるからである。

神性は、あるときは白い頭部と赤と青の色が混じった身体を持つ老人の姿で現れ、またあるときは青緑（空の色）の身体を持ち、白い頭部をした巨大な老人の姿で現れたという。神性の姿について聞いたことがあるという人たちは、おおむね、神性が印象的な色が混じった身体であり、ただし高齢と威厳のしるしである白い頭部を持つという点については同意しているようであった。白色は光の色であり、縁起の良い色である。そして、白色の去勢牛や、白色が際立った模様をした去勢牛は、神性に対する供犠用として特にふさわしいとされる。ルンベック（Rumbek）のスーダン政府の記録によれば、アガール・ディンカにおいて重要な地位にある司祭と預言者であるゴル・マイェン（Gol Mayen）の去勢牛名はアテナクエイ（*atenakuei*）であるという報告があるが[32]、それは「黒い身体に白い頭部をつけること」を意味し、白い頭部が「叡知や神的なものを意味している」と説明されている。

神性の属性として最もよく言及されるのが創造性と父性だとすると、それに続くのは正義（前に紹介した讃歌においては不満が表明されてはいたが）である。神性は、正しさと誤りを最終的に示す存在とされ、そうすることによって人間に正義の裁定をくだす。神性は、残酷さ、嘘をつくこと、欺くこと、その他不正なることすべてを憎んでおり、ディンカによれば、いくら人間が隠そうとしても、神性がそれらを暴きだすという。先に引用した讃歌の歌詞に[33]、「われわれの家は『嘘と混乱』と呼ばれる」とあるが、嘘（*lueth*）、誤解、疑い、敵意、そしてそれらについて回る悪意などは[34]、人間の生活におけるさまざまな出来事に神性がとりわけ介入し真実を示してそれらを正さなければならないということを示すために、言及されるのである。ウェト・ニアリッチ（*wet nhialic*）、つまり神性の「言葉」とは真実であり、本当に、そして絶対にそうであるもののことである。ディンカは、人間はしかるべき状況においては、現在、過去、未来を問わず物事の本性を他人に示そうとして、このまったく客観的な「言葉」を話すものと考えている。チト・ニアリッチ（*cit nhialic*）、つまり「神性のように」とか「神性のごとく」とは、自分の言ったことが真実であることを保証するためによく用いられる表現である。また、他人が嘘をついていたり、自分を欺こうとしているのではないかと疑いつつも、それに対してどうこうできないとき、ディンカ人は「神性が見ているぞ」と言ったりするだろう。後で紹介する祈願のいくつかにおいても、たとえ自分は正しいと感じている場合であっても、神性が正誤に関する最終判定をくだすと考えられていることがわかるであろう。かくて、神性は真実の守護者なのである。そして、人間が誤ったり失敗したりする際、実際のところはどうなのかということを教えてくれる存在である。ディンカの人々は、罪人が調子よくやっていても気にはしない。なぜなら、神性が最終的には正義の裁定をくだすということを確信しているからである。誰もが苦難や不幸に見舞われるし、家族や牛が死んだり病気になったりするので、神性の正義に言及しようとする者にとっては証拠に事欠くことはない。自分と他人のどちらが正しいかを、神性に判定してもらうよう依頼するのは、何かよっぽど深刻な場合である。自分が悪いのを知っていて、神性に訴えることに伴う危険を冒すのは愚かな者だけであり、証人として神性に依頼することは、それを行う人物が正しいという第一印象を与えるからだ。

ディンカはしばしば、事故や偶然の一致を、人間にわかるように示された、神性による正誤の判断行動であると解釈する。このような議論が妥当である場合もありうるということを示すのに、二つの事例をあげれば十分であろう。ある若者が、自分のビーズを盗んだとして、分類上の姉妹の息子を告発した。被疑者はそれを否定した。そして、告発者がそれはやめてくれと止めたのにもかかわらず（自分のビーズを単に失うという以上の厄介な結果を恐れて）、被疑者は自分が盗んでいないことを証明するべく神性に呼びかけることを主張し、ディンカが誓約の一種として行っているように、金属を舌でなめてみせた。

数時間もしないうちに、被疑者はひどい鼻血に見舞われ、それは止まらなかった。結局、彼はビーズを盗んだことを認めたのである。また別の時、われわれが滞在していた村で、少年と男性の間で言い争いが生じた。少年は、金属製ののみを保有していた——それはディンカの村ではあまりみかけない道具である——が、男性はそれがもともと自分のものであると主張したのである。男性は、現物に残された具体的な証拠からその主張を裏づけることができなかったし、また彼の主張を支持するような目撃者もいなかった。一方、少年は、そののみを長い間保有していたと主張した。彼らのどちらが正しいのか、明確にすることは不可能にみえたが、人々の多くは少年が嘘をついているとみなす傾向にあった。自分ののみが盗まれたのだと主張していた男性は、神性がこれをみて、どちらが正しいか判定するだろうと述べて出ていった。ほどなくして、少年の鍵がかかっていた木の箱から煙が出たため、開けてみると彼の毛布、衣類その他の所持品がくすぶっていた（火の粉が箱の隙間からおそらく出ていた）。少年は、のみが自分のものだと主張し続けたが、他人の目には、この出来事は少年が嘘をついていることを示していると映ったようだった。しかしながら、ほかのディンカ人は神性が少年の嘘を暴くために介入したことをはっきりと確信し、このような神性による真偽の裁決に対する満足を隠そうとはしなかった。

このような事例はほかにもいくらでもあげられるだろう。いったん人間が案件を神性にゆだねた場合、敵対する者に降りかかるあらゆる不幸は、神性による行為の結果と解釈される。宗教上の名声が高ければ高いほど——箝措の長や預言者などがそうだが——、人々はその人物に敵対しないように注意深くなるし、宗教上の名声が高い者ほど、このような出来事の偶然の一致が、常に、そして驚くほど「言葉どおりに」（ディンカが言うように）起こるのである。有名な預言者であるアリアンディット（Arianhdit）は、彼の気分を害した人たちを、そのような人たちに見立てた麦わらを破壊するだけで殺すことができるといわれていたし、篩稽の長たちは、彼らをちょっとでも侮辱した人たちにどのような不幸が降りかかるか示すことができるといわれていた。

そういうわけで、普段とは異なるような出来事は、何らかの神的な行為のしるしとみなされるのである。また、生き物のなかで、その種にしてはちょっと異なるふるまいをみせるものや、その種の本来の性質を超越しているようにみえるものは、特に神性と結びつけて考えられる。この点では、ディンカが実際のところよりも迷信的であると示唆することは容易ではあろう。しかし、これはディンカの宗教的思考における非常に特徴的な点であるので、事例を一つか二つ紹介しておく必要がある。

例えば、セリグマン夫妻は次のように述べている。[35]

……たとえそれがちょっと普通とは違うだけであっても、宗教上重要とみなされ、供犠の契機とならないような偶発や出来事はない。私たちからみたところ、ディンカの見解は旧約聖書の詩篇一一八篇二三節、「これは主のなせることで私たちの目には驚異にみえる」に要約されるようだ。彼らのそうした行動の具体例を一つ、紹介しよう。これは、H・リー・ウィルソン牧師から聞いたもので、自分の庭でただならぬ大きさのカボチャが育っていることに気づいた、あるシッチ・ディンカの話である。そのカボチャは切られなかった。反対に、持ち主は「ジョック・アチ・ロイン（精霊が降りてきた）」と言いながら、一頭の山羊を供犠する準備を始めた……。[36]

彼らは、後に以下のようにコメントしている。

こうしたディンカの宗教上の態度は、トンジ近辺で初めて飛行機が現れた際の彼らの行動に、より明確にみてとれる。リチャーズ氏がわれわれに知らせてくれたところによれば、五〇頭ほどの雄牛が屠られ、一人の老人は数年前に殺人を犯したことを告白した。

以下の事例は、ロニー・アケルの中央レク（アプック・パトゥアン）の村で、作物が数インチの高さぐらいになった春のある日、黒い山羊が出現したことがあったのだが、それを見た時の人々の行動と、その山羊の扱われ方に関するものである。私は、創造主か預言者（*aciek*）、あるいは創造主の山羊（*nyong aciek*）が村にやって来たと聞かされ、ある箝猎の長の屋敷地を訪問するべく向かった。その偉い長老の屋敷地に、例の黒い山羊がいるのである。ほぼ女性と少女で構成された小規模な集会が始まっており、彼女らは女性の踊りを踊り、女性の祝福のしるしとなるような、甲高い声を震わせていた。家屋の中央には、穀粉や穀物を入れた椀がいくつも置かれ、ビールを醸造するために少量の発芽した穀物が仕込まれていた。「預言者」は、専用に与えられた小屋のなかにいた。私はそこで、年配の女性のグループと一人か二人の男性に囲まれているそれを見た。それは黒い雄の山羊で、指輪や腕輪を大量に束ねたものをひもで通して首につけており、その傍らには、腕輪やさまざまな指輪（それらには政府の首長が身に着ける印つきの指輪も一つないし二つ含まれていた）を満載した瓢箪と、少額の硬貨が数枚置かれていた。これらは、その恩恵を期待する者たちから「預言者」に捧げられた供物であった。こうした贈り物は人間の預言者たちにも贈られる。次章でみるように、自由神霊の預言者たちはそれらを大量に身に着ける。

その山羊は、人間と同じように自分専用の就寝用の毛皮を持ち、また人間と同じように使うためといわれていたが、専用の木製の枕を持っていた。もっとも、私が訪れた時は、その山羊はその毛皮の上に立って、脅える様子もなく群衆を眺めていたのだが。次々と訪問者が到着し、みなそれぞれに小屋の入口で跪き、その山羊に向けて両手をディンカ風に敬意を表するように差し出し、ベニィ（*beny*）、「長よ」とつぶやいていた。それは祝祭的な出来事であった[37]。居合わせた人々は、私が同じようにしてみせた挨拶に対して山羊が、われわれの間でよく訓練された犬がそうするがごとく、その足の一つを持ち上げてみせたことに対して私が驚いたのを見て笑った。ディンカの人々は、この山羊は草を好まず、「人間のように」、お粥やビール、穀粉やミルクなどを食して生きているのだと語った。実際のところ、この山羊が特別な食べ物を要求することはなかったのだが。その山羊は、男性たちがやってみてもミルクを飲むことはなく、年老いた女性からしかミルクを飲まなかった。また、手に取って地面から適当な高さまで持ち上げた状態で与えられなければ、ご馳走を食べることをしばしば拒否した。

私はその「預言者」に贈り物をするようにいわれ、腕輪を一つと、ひと握りの砂糖を捧げた。山羊は、砂糖が地面に置いてあるときは食べなかったが、私が手にのせて鼻の下まで持っていくとそれを食べ、その足で私の手を適当な高さまで下げた。ディンカの人々は、「預言者」は私の小屋を訪ねたがっていると言った。後でその山羊は私の小屋にやって来て、お茶を一皿と小さいディンカのタバコを一つ受け取っていった。

山羊は、休息のために自分の小屋に戻った。翌日、女性たちは山羊に敬意を表して別の小規模な集会を開いた（写真Ⅲ参照）。男性が二、三人、その集会に観客として参加した。女性たちは、数多ある歌のなかでも特に、女性たちと女性たちの生産物、そして菜園の収穫物の支援者である女性の自由神霊〈アブック〉に対する懇願の讃歌を歌っていた。

私は去年、ビールを味わうことがなかった
もし、母なる〈アブック〉がそう言われるのなら（そういうことだと）
私はビールの大きな壺を見つけるだろう。
おお、〈アブック〉よ！
ゴマを穀物と混ぜたまえ
ゴマをビールと豆と混ぜたまえ。

山羊と羊は、男性よりも、それらの番をする女性にしっかりと同一視されるということがここで想起されるだろう。

山羊はというと、首に縄をつけた状態で、自分に敬意を表するために催されている祝祭を目にするべく小屋から出されたが、その祝祭には背を向け、男性が手にしている縄をぐいっと引っ張って菜園のほうに走っていき、草を食み始めた。人々は、山羊のこの行動に狼狽しつつこれを面白がり、女性たちは「預言者」は機嫌が良くない、それをなだめるために若い雌牛を捧げるとしばし歌った。これはほぼ間違いなく、そうした姿勢を示しただけであったろう。というのも、ディンカの間では若い雌牛はそう簡単に処分されることはないからだ。人々は出て行き、少数の山羊の群れがつながれている耕作地にその山羊を連れ戻した。「創造主山羊」が群れに近づくと、山羊たちは怯えて自分たちがつながれている縄を激しく押したり引っ張ったりした。その山羊は、多くの山羊が追われたときにそうするのとは違い、他の山羊たちに加わることなく、そのまま歩き続けた。私と一緒に旅していた一人のディンカは私にこう言った。「これはまさしく創造主山羊ですよ！　こんなふうにふるまう山羊をあなたは見たことがありますか」

その山羊は連れ戻され、それが小屋にいる間は女性による祝祭と踊りが続けられた。そして、その山羊が自分に敬意を表して催されている祝祭にまったく関心を示さないので、それは別の村に行きたがっているのだということになった。老女たちの小さな一団が組織された。そのうちの四人は、洗浄され油を注いで聖別化された就寝用の毛皮を手にし、一人は腕輪とさまざまな種類の輪が入れられた瓢箪を手にし、また別の一人は穀粉を入れた瓢箪を手にしていた。彼らは行列をつくり、太陽光から山羊を守るための就寝用の毛皮をかかえ、数マイル離れた隣の村に向かって出発した。その村で、新たな接待者に山羊を手渡そうというのである。毛皮（*geng biok*）で太陽光から保護するということは、その対象が太陽光に直接あたらないようにするに値する存在とみなされ、敬われているということである。これは、世界を「毛皮で保護している」神性の、その保護行動に関するディンカのイメージでもある。日差しは強烈になることがあり、ディンカの人々は、旅人がたやすくこれに痛めつけられるとみなしているのである。

この黒い山羊は、何年もの間、こうしてこのあたりを旅しているのだといわれていた。毎年、レク・ディンカの地域の端から別のところへ、時として西トゥイジ・ディンカのところまで訪れて回っていたという。この山羊は、子どものころから誰に命じられるわけでもなく流浪の旅に出ていたが、奇跡的なことに、ハイエナやその他の野生獣に襲われることもなかったといわれていた。普通なら、これらの野生獣は迷子を見逃しはしない。そして、この山羊を饗応した村々が良い収穫に恵まれたので、この山羊は「創造主山羊」（おそらく、「創造主の山羊」と訳してもよいだろう）であるとみなされるようになった。なぜなら、一頭の山羊に、このように山羊としての生の通常を超越させることができるのは、神性だけだからである。アチエック（*aciek*）が、預言者と同じように、怪物や怪物じみた出生を意味するということがここで想起されるだろう。この奇妙な動物をアチエックと呼ぶとき、それが預言者に対して適用される場合であっても、怪物に対して適用される場合であっても、ディンカはこの語に込めている奇妙さと特異性の混淆を示していたのだ。その内在するものがその種としては明らかに異なっているという点において、それは、ディンカが彼らの世界において別種の存在と理解しているもの、つまり神性になぞらえられるのである。神性、そして自由神霊の人間の預言者たちと同じように、この山羊は、どこに行っても恩恵を施して回るのであり、それは、どの部族集団やどの出自集団に帰属するかに関係なくそうなのである。

神性と特別に近い存在とみなされるような事物や存在（*kene nhialic*「神性の」）には、その独特な特徴によって人々の想像力を刺激するものがある。墓地や祠の上に勝手に育つ植物は、神性の行動と関連づけられる。アキエルまたはアチエル（*akier* または *acier* 未同定）という木は、雨期に葉を落とし、他の木々とは違って乾期に葉をつけるが、ティム・ニアリッチ（*tim nhialic*）、つまり神性の木とみなされている。後述する宗教儀礼において重要な役割を演じるインデラブ（inderab）の木（アコッチ、学名：*Cordia Rothii*）もまた神性の木である。なぜならこの木は水を蓄えることができ、乾期の終わりごろに他の木々が休眠状態になっているときにも活き活きとしているからである。この木はまた、乾期の終わりに最初に葉を出すとも、簎猎の長の屋敷地に自然に生えてくるともいわれている。とても大きくて樹齢の高い木はすべて神性と関連づけられ、人々はその枝を気安く折ったり、傷つけたりしてはならない。動物では、最も大きい象とキリンがラン・ニアリッチ（*lan nhialic*）、つまり神性の動物として語られる。器物に関しても、神性や神霊と関連づけられるのは、たいてい非常に大きいものである。昔あった神聖な鐇䥃についで説明するとき、ディンカは槍に取りつけられた金属製の先端部がいかに長かったかを強調する。私は、約一メートルもの長さの先端部を持った聖なる鐇䥃を見たことがある。それは、失われてしまった聖なる槍の代用として現在しばしば用いられている現代の鐇䥃に比べてはるかに長い[38]。

ここまでの記述の多くは、神性のことを、人間の個性をいくぶんなりとも備えた単一の存在として示してきた。もちろん、後の章でより詳しくみるように、これでニアリッチという語の意味をすべて語り尽くせたわけではない。しかし、私がここで述べておかなければならないのは、神性が時として人間に類似した姿で出現すると想像されていたり、彼の「身体」の部位に対する言及があったり、人々が彼に普遍的な父性のようなものを見いだしたりしているのにもかかわらず、ディンカの神性に関する理解というのは、いくつもの重要な点において、神人同形論とは逆のものだということである。実際、その判断、ふるまい方、力などの点で人間とは対照的であるというのが、ニアリッチ（神性）に関して最も頻繁に耳にした内容なのである。

ここで、神性が人間から別れた神話に対するディンカ人たちの態度は興味深い。これらの神話についてコメントした者たちは、最初の人間が置かれている苦境に対する共感を示す一方で、神性が離れてその恩恵を失ったことについて、最初の人間にさほど過失はないということに注意を促した。鍬ないし杵で神性を直撃したイメージは笑い話になることもあり、この神話は、あまりにも子どもっぽい話なのでその出来事の結末を説明するまでもないとして、おおらかに扱われているかのようである。しかし、神性が人間から分離する物語の要点が、人間のふるまいにおける道徳的な判断を改善するようにと示唆するものではないということは明らかである。それは、今日のディンカに知られている全般的な状況を表している。人間は今——最初の男性と女性がその後そうなったように——、活動的で自己主張が強く、好奇心旺盛で利欲心に溢れている。同時に、人間は苦難や死、無能、無知、貧しさなどに悩まされる。人生というものは不確かである。人間の見積もりはしばしば誤っており、人間は、自身の行動の結果が、予期したりそれが正しいと考えた内容と大きく異なるということを、常に経験から学ばなければならない。人間側の基準からすれば、どちらかといえば取るに足らないような違反によって神性が人間から離れたことは、ディンカの生において生じる出来事を究極的に操作しているとされる〈力〉の行動と、人間の公正な判断が対照的だということを示しているのである。ディンカが、不運を何らかの違反と関連づけていることは事実である。しかし、その違反の程度がどれくらいのものであるかということは、その見返りとしての結果を実際に経験するまではわからない。[39]ディンカにとって、道徳上の秩序とはしばしば人間には捉えられない、人間の行為ではどうにも変えようのない原則からなっている。経験や伝統は、それらのある部分を明るみにする。それは、便宜上、われわれが自然の秩序を所与のものとみなすのとまったく同じように所与のものである。それゆえ、神性が人間から離れる神話は、存在に関する諸事実を反映している。ディンカは、自分たちが操作できる範囲をはるかに超えた世界に住んでいるのであり、そこでは、諸々の出来事は人間のごく正当な期待と相反する。時に親切な父親である神性は、同時に自然の理不尽な脅威的力において顕現する神性でもあり、それゆえ合理的で思慮深いと同時に非合理的な属性を備えているのである。

ニアリッチの概念は、ディンカの社会的世界および自然的世界の経験をともに反映している。それゆえに、神性の行為は、人間同士の争議を判断する際には特にそうであるが、道徳上の原則に基づいた、ある程度は予測可能なものであるといわれる。同時に、それにもかかわらず、ニアリッチは予測できないことを意味する用語でもある。事故、幸運、災難、勝利、希望、あるいは失望などを説明するものとしてニアリッチという語がつぶやかれるとき、それは人生における不確かさや好機に対する一種の適応を表しているのであり、究極的に慈悲深き人格〈神〉の意志に服従するような敬虔な願望というよりは、経験において実在する両義性についての承認の表れなのである。私が注意を促しておきたいこうした態度は、以下の讃歌においてよく表されている。

乾季の春雨、棍棒で蟻たちの頭を叩く(40)
そうしたら蟻たちが言う、父が見たぞ(41)
蟻たちは父が人々を助けるかどうか知らない
蟻たちは父が人々を痛めつけるかどうか知らない。

もし、なぜこのようなことが起きるのか、あるいは起こったのかと問われれば、ディンカ人はそのうちに必ずニアリッチに言及するであろう。要するにそれは、それ以上の質問は無意味だということである。しかしながら、このように出来事の原因について次から次へと人為的な質問を受けなくとも、自分たちが意図しなかったような状況を受け入れざるをえないとき、そしてそこでは思考と経験において明らかな対立や両義性が生じたとき、おのずと神性がまず言及される。この、経験におけるパラドックスや矛盾に際して神性の概念が呼び起こされるということ――これは大地と天空の分かれという大きな主題に関係しているのだが――については、後の章でさらに考察することにする。まず、神性と神霊たちが社会的および物理的環境に関する知識に根拠づけられているような、別のあり方の数々について記述しなければならない。

注

（1）例えば、E. Durkheim, *The Elementary Forms of the Religious Life* (translated by J. W. Swain), 1915, pp. 26ff. を参照〔E・デュルケーム『宗教生活の基本形態』上、山崎亮訳、ちくま学芸文庫（筑摩書房）、二〇一四年、六〇頁以下〕。

（2）私は神性について、三人称としては一貫して中性代名詞で言及したほうがよかったのかもしれない。しかしながら、いくつかの文脈においては明らかにそのほうが適切だと思われたため、必要に応じて、神性のことを「それ」とか「彼」と言及することにした。

（3）これは、『宗教生活の基本形態』におけるデュルケームのそれに近い。ただし、彼にとっては、「トーテミックな」種はクランの象徴物でもある。

（4）ジョックという言葉がどのように使われるのかということについては、以下の些細な逸話からおわかりいただけるであろう。私は一度、子どもたちを喜ばせるために、小さな機械仕掛けの人形をディンカの地に持ち込んだことがある。それは最初、長老たちを狼狽させた。長老たちは、自分たちは森のなかでそれに遭遇したことがあり、それが確かに〈力〉であるとみなして、それがもたらしうる害悪から自分たちを守るよう、供犠を行ったと語ったのである。人形が動く仕組みを理解した者は、それで他人を驚かせて面白がった。しまいには、人形の動きが単なる機械仕掛けによるものであるということをみなが理解したのである。

（5）私は、縄は大地からみて平行に延びていると教わった。ただし、ディンカ人のなかには、それが大地に対して垂直にぶら下がっていると想像する者もいる（同類のヌアーのように）。

（6）Fr. P. A. Nebel, *Dinka Dictionary with Abridged Grammar*, 1936 によれば、それは「スズメの一種」であるという。私は、この鳥はセイキチョウではないかと思う。

（7）ディンカ語のピニイ・アチ・バク（*piny aci bak*）は、文字どおりには「世界が分割された」ということであるが、「明るくなる」という意味を持っている。ここでは、大地（*piny*）が創造されたのにもかかわらず、これが暗がりのなかにあり空からはっきりと分かれて認識されていないということである。

（8）これは、アガール・ディンカのあるクランの創始者の名前である。アルウは、ルウ（*ruu*）、つまり夜明けと関連している。このように、説話は全体としてみれば、最初の夜明けにまつわるものである。

（9）この一文は、大地（*piny*）と一緒に用いられることで夜明けの到来（*bak piny*）を意味するバク（*bak*）、つまり分割するということとバク（*bak*）ないしアバク（*abak*）、つまり何かの分裂を関連づける役割を果たしている。

（10）第五章で記述するが、この逸話は、最初の簎猎の長に関する神話の一つのバージョンとともに登場する。

（11）ここでの心像は、第五章の二六三頁において記述している漁にまつわるそれである。

（12）P・A・ネーベル神父によって採集され、P・W・シュミットによって一九四九年に公刊されたP. W. Schmidt, *Der Ursprung der Gottesidee*, vol. viii, p. 132からの引用。

（13）Op. cit., p131.

（14）見るということ、性的活動、神性による人間の制御は、アガール・ディンカのあるクランの創始者を神性がどのように取り扱ったかを物語る説話においても、相互に関連づけられている。それは、ルンベックで保管されているファイルのなかにある、読み書きのできる一人のディンカ人が書いた文書に詳述されている。物語によれば、クランの始祖であるパディエウ・マトール（Padhieu Mator）は、すべての生き物たちの頭目として神性に創造されたという。その当時は、生き物たちはみな、霧に覆われたとても寒い土地で暮らしていた。神性が生き物たちの様子を見にきた時、パディエウは生き物たちを隠した。そこで、神性は彼の目を一つと睾丸（それゆえ、彼の名前はマトールである）を一つ取り外し、右足を漁槍とともに地面に据え付けた。この段階では、この物語は、二七一頁から二七四頁にかけて述べている、レク・ディンカの間で伝承されているパデェオウ（Padheou）・クランの始祖にまつわる逸話と明らかに同一である。

（15）上方からやって来る飛行機は神性と関連づけられており、しかも災いをもたらすものとされている。ここでは、歌い手は神性がそうでないように求めている。神性が嘲笑するという点については、例えば旧約聖書を参照されたい。「天にお座りの彼は笑うだろう、主は彼らを嘲笑するであろう」。

（16）デンとは、第二章の一三七―一四五頁で論じる自由神霊のことである。縄とは、先に詳述した天空と大地をつないでいる縄のことである。

（17）このイメージは、屋敷地が隣接しており、その住人がお互いに助け合っているというものである。

(18)「正しく」切断するという点については、何も説明が得られなかった。

(19) このイメージは、月の明かりに雲がかかるというものである。

(20) P・W・シュミットの一九四九年の前掲書において、ネーベル神父は、これを信者と懐疑論者との間の対話であると説明している。

(21) ディンカ語でマブヨル（*mabyor*）、文字どおりには「白い去勢牛」のことである。ここでは、ニアリッチ、つまり神性のことを意味しているという。ネーベル神父が採集したバージョンでは、かわりにここは「白い去勢牛を殺せ、そうすれば神は近くにいらっしゃるだろう」という一文になっている（P. W. Schmidt, op. cit., 1949, p. 143）。

(22) これらは自由神霊のことであり、第二章で記述したい。

(23) ディンカ語で「生命」はウェイ（*wei*）だが、この語は「呼吸する」という意味も持っている。この点については、後で詳しく記述する（第五章三〇六―三〇八頁）。

(24) ディンカの人々にとって、西欧人はジュル・スィス（*jur thith*）、「赤いよそ者」である。

(25) あらためて、人間と神性がもとは近しかったということが前提とされている。

(26) 現在は、とりわけアガール・ディンカの間でこのように伝わっている。ヌアーの間でも同様である。

(27) ネーベル神父は、一九三六年の前掲書において、それぞれ異なる語として紹介している。「チャック（*cäk*）――創造することを意味する動詞」および、「チャック（*cäk*）――名づけること、教育すること、正すことを意味する動詞」。彼は、後者の例として「父親が子どもに名前をつける（*wun aci mahnde cak*）」という一文をあげている。このきわめて類似した二つのディンカ語に共通する意味内容を満足いくように割り当てることは、ほぼ不可能であろう。ただ、その用法は非常に似通っており、Fr. Kiggen's *Nuer Dictionary*（1948）によれば、ヌアー語でもそのようである。息子の名前をつけるのは父親の特権であり、確かに、例えば父親が息子をマジョックと名づけるとき、父親は息子をマジョック以外の何者でもない人物にするのである。

(28) 宗教的な文脈においては、ディンカの人々は自分たちのことを、神性の目からみれば「蟻」のようだと語ることがよくある。彼らは、神性の目には自分たちがそのように映っていると考えているのである。

(29) ディンカ語で〈デン〉・ヤス（DENG *yath*）であり、第二章で論じるクラン神霊の一つである。
(30) 人々がお互いを欺き、信頼しあっていないので、すべてが悪い方向に向かっているということを意味している。
(31) 神性が人間を見棄てたということを示唆する二つの歌が、以下に掲載されている。P. W. Schmidt, op. cit., 1949, p. 149. もっとも、全体としては、そこに収録されている歌には、ディンカの人々による前向きな信心が表明されている。
(32) この名前の由来となっている去勢牛の配色はマクエイといい、身体は黒色で頭部に白い模様があるというものである。この去勢牛の配色はミサゴ（*kuei*）に由来しているが、ミサゴは威厳のある鳥として尊重されている。
(33) 七一頁。
(34) ディンカ語では、アリアブ（*aliab*）という単語がこれらすべての意味を持っている。私の経験では、ディンカの人々が最も頻繁に口にし、非難するのは悪徳である。
(35) C. G. and B. Z. Seligman, *Pagan Tribes*, 1932, p. 178.
(36) この人物は、瓢簞を崇敬するクランに属していたようである。
(37) 山羊が、人々にとっては驚異をもたらす面白いものとみなされていたという点は重要かもしれない。ディンカは、それを「畏怖」することはなかった。
(38) ゴル・ディンカのグワラ集団のクラン神霊とされている神聖な槍は、「リルピォウ（*Lirpiou* 冷静な心）」と呼ばれているが、私の知る限りにおいて、その大きさは際立っている。それは取っ手のついた、象を狩るための槍のようであるが、全長が一九四センチ、周囲が一九センチあり、刃渡りが五〇センチを超えた幅広い格好の刃を備えている。東トゥイジ・ディンカの間では、クラン神霊として非常に大きな太鼓がいくつかあるが、私はその一つを見たことがある。それは全長が約四・六メートルもあり、通常のディンカの太鼓とはまるで異なっていた。三八九頁を参照のこと。
(39) この事例のいくつかについては後述する。
(40) 歌は、ネーベル神父によって採集されたものを、P・W・シュミットが一九四九年の前掲書に引用しているものである。P. W. Schmidt, op. cit., 1949, p. 161. ドイツ語の訳は以下のようになっている。

春の雨が人々の頭を棍棒で叩いた。
そして人々は言う。だから父は知っていたのだ。
そして人々は知らない、彼が〔優しく〕クランを訪問するかどうかを。
そして人々は知らない、彼がクランを繁栄させるかどうかを。

この一行目は、春の嵐のなかで、人間が稲妻、つまり「〈デン〉の棍棒」に打たれるという考えである。〈デン〉は、第二章において記述するとおり、雨〔*deng*〕と稲妻に関連づけられる自由神霊である。

（41）「それは神性のなせる業だ」という意味の慣用句である。これは、「神ぞ知る……！」という表現によく似ている。

第二章　神的なるものの唯一性と多数性（1）——自由神霊

1

ディンカ人たちはみな、神性は一つである（*nhialic ee tok*）と主張する。この主張が意味するところは、彼らのニアリッチが、異なる人々がそれぞれに異なる名前で呼んでいる神性、例えばヌアーの「クウォス」、ムスリムの「アラー」、キリスト教徒の「神」などと同じようなものだということである。とはいえ、ニアリッチは、相互にかなり異なる数多くの概念を包括する語でもある。諸々の〈力〉、なかでも宗教上最も重要なものは私が自由神霊とクラン神霊と呼んだ〈力〉たちである。ディンカの人々はそれのことを「それは神性だ（*ee nhialic*）」としか言わないのだが、これらの〈力〉はそれぞれまったく異なっている。神性をめぐるこの単一性と多数性は、ディンカの言語と生活の文脈においては何ら問題とはならないが、ディンカの人々の言明を英語に翻訳しようとすると、論理的にも意味論的にも、どうしても問題が生じてしまう。

ディンカの地の西部で、最も重要かつ活動的とみなされている自由神霊は〈デン〉、〈ガラン〉、〈マチャールディット〉、そして〈アブック〉である。デン、ガラン、マチャールは男性の個人名として一般的であるし、アブックはおそらく、女性の個人名としては最もありふれている。そこで、ここでは自由神霊の名前を、人間の個人名と区別するために、〈 〉をつけて表記することにする〔原文では、「大文字で表記する」となっている〕。アガール・ディンカとシッチ・ディンカの間では、〈ロイ〉と呼ばれる自由神霊も重要とされているが、一九五〇年までの私の滞在期間中、この自由神霊に関する知識は、それより西のほうには広まっていなかった。[1] このほかにも、ディンカが居住する地域の別の場所では、西部では知られていないか、あるいは、もはや活発には活動していないと思われているためにその名前以外はまったく忘れ去られているような自由神霊がいくつかあった。[2]

〈マチャールディット〉、時に〈チョルウィッチ〉とも呼ばれる自由神霊はおそらく例外として、ディンカが知る固有名とは無関係に存在する自由神霊はいないと考えられている。つまり、普遍的な存在であって、異なる人々によってさまざまな名前で知られている神性とは違って、自由神霊はその固有名が知られているところでのみ、そして人間の生活におけるさまざまな影響が彼らによるものと考えられているところでのみ、活発に活動するのである。

自由神霊は、病気を引き起こしたり、人間に憑依してその人物に自分の名前と要求をしゃべらせたり、夢のなかで話しかけてきたりするとされている。厳密にいえば、自由神霊は現れるわけではない。彼らは、それぞれに色などにまつわる観念の連合体を伴ってはいるものの、それら自体には姿かたちがないためである。これらの自由神霊について記述する前に、私はディンカにならって、自由神霊をそれらがもたらす作用によって説明することにする。まず、自由神霊の一つが人間に憑依するという、典型的な事例の一つから始めたい。

この憑依の対象となったのはアジャックという若者で、箝猎の長の若いほうの息子であった。彼は幼少時より家を出て町に行き、そこで仕事を転々としていたが、このことは彼の父を苦悩させ、息子と父の関係に亀裂を生んでいた。息子はそれでもなお、父親のことを賞賛しており、またよく話題にしていた。そして、彼が家を遠く離れ、私と一緒にいる時に、そして父と和解する前にその老いた父が亡くなると、彼はひどく苦悩した。一家は兄の手にゆだねられたが、この若者は兄が無能だと考えており、いずれすぐに一家がバラバラになってしまうのではないかと不安に思っていた。折にふれて、彼の不安を増大させるような知らせが家から届いたが、彼は家に戻って自分に何ができるか考えるよりは、働いて、あちこち行って金を儲けることを優先していた。憑依の際には、彼はビールを飲んで涙もろくなっていた。

アジャックは常々、神性が彼と特別な関係を築いたということを誇りにしており、そのことをそれとなくほのめかしていた。彼は、自身が睾丸を持たずに生まれてきたため、父親は慣習に従って、彼を川に流そうとしたのだと、母親に教わってきた。しかし、母親やその他の人々が、白い羊を一頭、神性に供犠してこの子が正常になるように祈りを捧げたため、父親は思いとどまった。この供犠の後、一つ目の睾丸が現れ、次いで二つ目の睾丸も現れたという。アジャックは彼の母親同様、これを神性による特別な介入と解釈し、彼の人生において後に苦難が訪れても、こうした介入によって神性が彼を助けてくれるものと信じていた。彼は時たま、自分の天賦の才として、洞察力にすぐれ、千里眼の能力を備えていること、また彼の態度や祈禱次第で、他人の人生に良い意味でも悪い意味でも強く影響を及ぼすことができるということをほのめかしていた。彼は快活で愛想のよい好人物であったが、一方で非常に興奮しやすく、躁鬱の傾向もあったといわなければならない。

ある晩遅く、アジャックが「体内に創造主（あるいは預言者）を持った（*lo guop aciek*）」、「体内に幽霊を持った（*lo guop atiep*）」との告知がなされた。これらは、われわれが「憑依された」という言い方をするような場合に用いられる慣用的な表現である。ここで記述する憑依は、人間が諸々の〈力〉ときわめて密接な個人的接触を持ったと考えられる際にみせる特徴的な行動である。自由神霊あるいはクラン神霊は、人間を捕らえる（*dom*）のだとか、その体内で「目覚める（*pac*）」のだとか、陽炎が揺らめくように現れてくるのだとかいわれている。

アジャックは小屋の外をぐるぐると走り回り、深く息をついたり、あえいだりうなったりした。彼は、自分が呼ばれても気づかないようだった。こうした一種の激発の前には、独りで座り、歌を歌ったり、自分自身に向かって何やらつぶやいたりして過ごすひと時があるということであった。これはしばしば、もうすぐ憑依が始まる兆候となる。彼がどのような歌を歌っていたのか、誰も知らなかった。それは、神性のための讃歌（*diet rok nhialic*）だろうということだった。後に私が聞くことができた歌には、「空と大地の〈力〉（たち）（*jong nhial ku jong piny*）」という表現が含まれていたが、通常は二分されて考えられている二つの〈力〉（たち）（*jak*）のことを耳にしたのは、滞在中、この時だけであった。[3] アジャックは二〇分ほど走り回っていたが、明らかに見物人には気づいていないようだった。疲れてくるにつれて、彼の動きは次第にぎこちなく、精力を欠いたものになっていき、その呼吸は深く、速くなっていった。彼はまっすぐに前を向いているようにみえたものの、進む先に特に気をつけなくても、道にある木の茂みや切り株をよけて進んでいた。突然、彼の足は止まり、彼はよろめいて手足を投げ出していきなり倒れ、その場所で手足を激しく動かしながらもがいた。

彼は、しばらくそこに横たわっていた。興奮した激しい動きは時折止まるようになり、その間、彼は誰にもわからないような歌を口ずさむのだった。このころには、村から数名の見物人がやって来て、彼を取り囲んだ。そのなかには、微笑みながら見つめている者もいた。こうした状況は、すべてのディンカ人にとってなじみのあるものだ。ごく小さい子どもでさえ、この種の憑依の真似ごとはしっかりとできる。もっとも、私は子どもたちは憑依されないと考えている。見物人の一人は「これは彼の故郷にいる〈力（*jok*）〉だ」と言い、別の一人は「彼は体のなかに幽霊（*atiep*「影」あるいは人間の幽霊）を持っている」と言った。それから、箍稭の長の下級クラスの者がやって来て、手足をばたつかせているアジャックに向かって語りかけ、彼を困らせているものが何であろうとも、名前を名乗り、何を要求しているのか話すように求めた。この時、彼は憑依の主として可能性のありそうなものの名前をあげながら語りかけた。「汝、〈力〉よ（*yin jok*）」、「汝、神霊よ（*yin yath*）」、「汝、幽霊よ（*yin atiep*）」。しかし、相変わらず手足をばたつかせているアジャックからは、何の返事もなかった。そこで箍稭の長は、アジャックを苦しめている力が何をしたがっているのか、尋ね始めた。「〈力〉よ、なぜあなたは故郷から遠く離れているこの男を捕らえるのか。なぜ牛もいる彼の故郷で彼を捕らえないのか。ここで彼に何ができる？　彼はよその土地を旅しており、しかも西欧人と一緒にいる。なぜあなたは政府で働いている男を捕らえるのだ(4)」。

アジャックは、何やら意味不明なことをブツブツとつぶやいた。見物人たちは、彼の口から何かが話され、憑依したものの名前とその目的が明らかになることを期待していた。彼らによれば、そうすることでそれは彼の身体を離れるという。私が、「それ」とは何かと尋ねると、さまざまな答えが返ってきた。彼の〈クラン〉神霊（*yath*）、彼の父親の幽霊、自由神霊〈デン〉、「単なる〈力〉（*jok epath*）」などである。それ自身が名乗らないというのに、どうすればその正体がわかるというのだろうか。このころまでには、アジャックはおとなしくなり、周囲の様子にも気がついているようだった。それまでアジャックの身体のなかにいる〈力〉に向かって話しかけていた簎猎の長は、今や穏やかな口調で一人の男性としての彼を諭し始めた。なぜこのようなことが起きたのだね。お前は何か悪さをしたことを隠しているのかい。それとも、何かやるべきことをやり損なったのかね。なぜお前は故郷から遠く離れているときに、このようにふるまうのかね。ここでは、お前の仔牛を差し出すこともできないし、それでお前を苦しめている〈力〉を呼び出したり、その〈力〉に仔牛を奉げたり、供犠することもできないのだよ。

疲れ果て、呆然自失状態にあるようにみえたアジャックは、返事をしなかった。彼は立ち上がり、何も言わずに寝床に就いた。この時までには、彼は蚊帳を注意深く整えるような平静さを示すようになっていた。翌朝、彼は昨日起こったことを覚えていないふりをしていた。あるいは、本当に忘れていた。彼は、ここで記述したような出来事が実際に起きたということについては腹を立てながら否定したが、後になって、以前に一度、彼が故郷を離れている時に、父親の幽霊が彼を捕らえ、火に放り込んだことがあると語った。彼はよく父親を夢で見ており、老いたる父親の死と、その時にそこに自分が居合わせなかったことに対する罪悪感を持っていた。

数カ月後、彼は再び憑依された。それに先立って、ちょっと歌を口ずさんだ後、彼はそのあたりを走り出した。ここには、牛をつなぐ杭——棒——があちこちにあり、もしかすると彼がその上に倒れかねなかったため、私は、彼が杭の上に倒れないようにしたほうがよいと思った。彼は、以前と同じようにのたうちまわり、時に少しおとなしくなったり、歌を口ずさんだりして動きを止めるのだった。

やって来た見物人たちは、彼が走り回るのを妨げることには即座に反対した。私は見物人たちに、彼が倒れて杭に突き刺さってしまわないか尋ねた。彼らは、もし〈力〉が彼を殺したければ彼は死ぬだろうし、そうでなければ彼は大丈夫だよと言った。私は、彼が走り回るのをやめさせても、〈力〉が彼にそれ以上深刻な怪我を負わせようとしているのかどうかということは誰にもわからないのではないかと尋ねた。彼らは笑って、そうかもしれないねと答えた。

前と同じように、一人の老人が憑依の主に尋ね始めた。「故郷から遠く離れているこの男を捕らえるのは誰なのですか。あなたが神霊（*yath*）なのであれば、何をしてほしいのか言ってください」。老人は、アジャックのクラン神霊の名前を尋ね、これが、自身に注目してほしがっている〈力〉なのかどうかを確かめるために、その名前のもとに質問を続けた。アジャックは、依然としてうめいたり、歌を口ずさんだりしていた。老人は、「あなたは神霊〈デン〉か？」と尋ねた。ディンカのクランには、その特別なクラン神霊として、自由神霊〈デン〉を持つところもある。そこで私は、アジャックを悩ませているのは〈デン〉であるはずがない、私の知る限り、彼のクランは〈デン〉を持っていないはずだがと、尋ねた。その問いに対しては、ディンカはみな〈デン〉に憑依されているか憑依されるものだし、みんな〈デン〉を崇敬（*mac*）しているのだという答えが、すぐに返ってきた。ついで、アジャックを悩ましているのは自由神霊〈ガラン〉なのかとの問いかけがなされた。アジャックはやはり返答しなかったが、いっそう気が和らぎ、落ち着いた感じになり、ある讃歌を歌い始めた。その歌は、〈デン〉に言及しているということ以外、私にはよくわからなかった。それから、彼はきわめて冷静になり、自分に問いかけている男に対して、自分の声で二言三言答えた。彼は、自分は誰も殺してはいないと言い、彼を苦しめているものは故郷とは関係ない――つまり、彼は故郷のことについては何ら意識していない――と言った。それから、彼はまた憑依状態となった。

見物人の一人は、アジャックに憑依しているのは彼のクラン神霊ではないだろうと言った。もしそうであれば、それはアジャックの口をとおして正体を名乗り、何を求めているのか明らかにし、去っていくだろうというわけだ。なぜなら、「クラン神霊というものは礼儀をわきまえている（思いやりがある）」からだという。しかしながら、老人は再びクラン神霊に呼びかけ、アジャックの身体に向かって、アジャックの故郷では人々が仔牛をあなたに捧げるであろう、アジャックはそれに参加するべく、すぐに帰郷するだろうと、語りかけた。アジャックは、いっそうおとなしくなった。私はアジャックの名を呼んで話しかけた。すると誰かが言った。「アジャックに話しかけても無駄だよ。それはアジャックじゃない」。

彼は、上体を起こしてしばらくしてから、頭が混乱している（*ci nhom liab*）と言った。見物人の誰かが、瓢箪に水を入れて持ってきた。老人は、それに少し唾を吐きかけ、アジャックの頭にも少し唾を吐きかけた。瓢箪から水が彼の両手、両足、胸、背に注がれ、ただ「汝、〈力〉よ（*yin jok*）」と呼びかけられ、その男から静かに立ち去るように、そして、その男が故郷を離れて旅しているときにその男を苦しめないようにと依頼された。人々はアジャックの背を手で軽くたたき、彼が息を吐き出せるように彼の両手をつかんで頭の上に持ち上げた。アジャックは立ち上がり、それから寝床に就いた。翌日、またしても彼は自身に起こった出来事に懐疑的であった。しかし、前の時は気分がまったくすぐれなかった——彼の身体は「重かった（*thiek guop*）」——が、今は身体が軽くなった、あるいは良くなったと言った。

三度目の、そして最後の憑依については、私は詳しく観察することができなかった。夜半、彼は森のほうへ走り出したが、暗闇と洪水のために彼を探しだすことはできなかった。どこか遠くで彼が歌っているのが聞こえるだけであった。たまたま、ナイルワニがうようよしている川に向かっていた彼に追いついて、家に帰るように諭した者がいた。森で彼を探すのを人々があきらめる前に、彼は自分の寝床で気持ちよく眠っているところを発見されたのであった。

今回は、このように明らかに危険な事態があったため、何かが彼を殺そうとしているということに誰もが同意し、では、一体それは何なのかということについて議論がかわされた。とうとうアジャックも自分が危険であったということを認め、これは彼の兄が結婚の際に〈デン〉に捧げられた雌牛（*weng atiem deng*）とともに出ていったからだと思うと語った。何人かはこれに同意しなかった。彼らが指摘するところによれば、何らかの〈力〉がアジャックが故郷を離れている時に彼に危害を加えようとしたのだろうが、〈デン〉であればむしろ彼を故郷で病気にしたはずだ、確かに〈デン〉は人々を森に誘導するかもしれないが、とのことだった。憑依の原因は、彼の父親の幽霊でもクラン神霊でもないだろう、なぜなら、これらは尋ねられれば自分の要求を明らかにするはずだし、そもそもこれらは異郷にいる者を悩ますようなことはしないはずだから、との意見もあった。憑依の原因は単に森の〈力〉（*jong roor epath*）によるものか、そうでなければ自由神霊〈マチャールディット〉（あるいは〈チョルウィッチ〉）によるものに違いなかった。これらは人間を荒野や旅先で簡単に、しかもさしたる意味や理由もなく殺害するだろうからだ。

解決策は講じようがなかった。だが、彼はその後、憑依されることはなかった。翌年、アジャックは私に、昨年は苦しみ、混乱していたと語った。しかし、その後帰郷し、神性、自身のクラン神霊、父親の幽霊に対する供犠に参加し、それからは状態も良くなり、穏やかに過ごせているとのことだった。

この事例は、数ある〈力〉のうちのどれがこのような作用を及ぼしているのかということを明らかにしていく、ディンカに典型的な診断の試みを示している。それは、こうした作用についての慣習的な説明である。また、被害者とその家族を取り巻く状況がよく知られていないような、故郷を遠く離れた場所で憑依（あるいは病気）が起こった場合、その不明性が増すということも示唆している。憑依は期待されたり、切望されたりすることもある。供犠の際には、男も女も一時的な憑依状態となるが、誰もそれをあまり気にしない。しかし、独りぼっちの者がひどく憑依された場合、その原因はよくわからないということになる。先の事例において一貫していた話題は、アジャックは故郷と彼の家族から離れているので、彼が悩まされるはずはないというものだった。なぜなら、彼も彼の親族も、憑依の原因となっている〈力〉を満足させたり、その怒りを和らげたりすることができないからだ。

〈マチャールディット〉（文字どおりには、「偉大な黒い者」を意味する）だけが、故郷を離れている人物を殺害しようとするかもしれないという話は、ディンカが野生（*roor*）と屋敷地（*bai*）、「荒地と種の蒔かれた畑」をはっきりと区別して考えているということを示している。人が住んでいない森は、生産的な側面がまるでなく、災難を引き起こす、有害でたいていの場合は正体不明な反社会的〈力〉の棲み処なのである。人間の秩序や理性の及ばない野生の自由奔放な生活と、人間と家畜が送っている秩序立っていて理にかなった社会生活とを区別する考え方は、〈力〉の区分のあり方にも表れている。すなわち、非理性的なものと理性的なもの、無目的なものと目的をしっかりと持っているもの、人間の社会生活とともにあるものと野生動物や棘のようにただ人間に危害を加えるもの、などである。後述するように、〈マチャールディット〉はこれらの双方に関わっている。その他の自由神霊、クラン神霊、神性は、ディンカの宗教において人々が最も関心を寄せる対象であるが、これらは野生の〈力〉というよりは、屋敷地、そして社会的存在としての人間に関わる〈力〉なのである。

ここで記述した事例においては、状況に対する解釈というものが、個人ごとにまちまちであるということが示されている。見物人たちはそれぞれに、自身の知識と経験に基づいて問題の原因を推測している。アジャックには近親者が周囲にいなかったので、彼の憑依に深く関わっている者はいなかった。もしアジャックが故郷にいて、自分の兄が〈デン〉に捧げられた雌牛を連れて立ち去ってしまったので自分は〈デン〉に捕らえられたのだというようなことを示唆した場合、それは自分の兄の行動に対するはるかに効果的な抗議になっていたであろう。彼の近親者はみな、罪に対する負い目を感じただろうし、アジャックの身に起こったことは、到来しうるあらゆる脅威とともに、全員にとっての危険と思われたであろう。アジャックの憑依は、彼の近親者全員に、自分たちがその報いを受けなくてはならないような罪を犯したということを想起させたに違いない。

憑依状態の間、アジャックは間違いなく、そうではないときの人格を完全には持ち合わせていなかった。われわれは、このような状態を、人格が通常の状態でなくなり、知識や自己統制が一時的に欠けている状態とみなしがちである。ディンカの人々はこの状態を前向きに受け入れており、憑依された人物の身体に彼自身の人格とは別の何かが宿っているのだと述べる。その人物の身体は、別の種の存在の宿主、依り代になるのだという。憑依ないし病気に関するこの解釈を受け入れるなら、その原因を診断して突き止めようとする試みは理にかなっている。それは、肉体の病気の明らかな外因を、内科医が探るのと同じようなものである。

この事例においてそうだったように、特に専門的でもない、どちらかといえば手軽な診断が試みられることもあり、何にせよ問題が解決されればそれでよい。しかしながら、より深刻な事例においては、こうした状況を診断する専門家が呼ばれることになる。このような専門家は、程度の差こそあれ、通常のディンカ人よりも病気や憑依の原因について深い知識を持っていると考えられている。彼らを通じて、自由神霊に関するディンカの人々の信心が裏づけられ、その知識が広められているところがある。そこで、このような専門家についてまず概観する。その後で、こうした専門家たちの手助けを借りて、ディンカの人々は自由神霊が要求している内容についてどのように語るのか説明したい。

ディンカ社会において、「宗教的」専門家（私はここではこの語を広義の意味で用いることにする）の範疇はいくつかあるが、それらのなかにはその境界が曖昧なものもある。簎猎の長の身分をめぐる永続的な世襲制については、後の章で述べることにする。ここでは、そうした司祭職とは異なり、必ずしもその能力が世襲されるわけではない、占い師や卜占師、預言者などについて取り上げる。

まず、数多の呪術の使い手たちについてであるが、その力は、彼らが購入したり譲り受けたりして所持している呪物の包みのなかに宿っている。ただし、彼らについては周縁的存在として、ごく簡単にふれるだけで十分であろう。このような呪物を所持している者は、ラン・（ロ）・ワル（*ran* (*lo*) *wal*）、「薬を持つ人」と呼ばれる。ワルは草本や植物一般を指す語であり、そこから薬を意味するが、薬には薬草と呪薬がある。迷信が個人によってさまざまにありうるように、ワルも無数にあるかもしれないが、西ディンカでは、このような呪薬のなかでも最も有名なのはマスィアン・ゴック（*mathiang gok*）と称するものであった。ただし、このマスィアン・ゴックは、呪医が所持している効き目のある薬の典型なので、これについて説明すれば、呪薬とはどのようなものかおわかりいただけると思う。すでに述べたように、こうした呪薬は、宗教上さほど重要だとはみなされていない。ディンカ人たち自身、これらの大地由来の薬とその所持者たちが有する特徴と能力が、司祭者や預言者たちのそれらとはその役割においてまったく異なるものであるということをただちに指摘する。[5]「その役割において」と述べたが、それはこうした薬は誰でも所持できるし、使用できるからである。薬はそれぞれの個人的要望に応じて力を発揮する。司祭者や預言者も、ほかの人と同様に薬を手に入れることもある。ただし、実際にはそういうことはあまりなさそうだと私は思う。もっとも、彼らは薬を見下すふりをしているものの、実は薬のことを恐れている。

呪術性を備えたほかの薬と同様、マスィアン・ゴックは〈力〉一般、つまりジョックに分類される。それは、物質的な呪物の包みのなかにあり、包みごと購入される。その作用は精神的な性質のもので、〈力〉が呪物の包みに満ちて、そこから抜け出したりして標的となる人物の意識や運命に作用するのである。マスィアン・ゴックは、「黒い〈力〉（*jong col*）」とか「大地の力（*jong piny*）」などと呼ばれるが、それは、この薬やその他の同類の薬を諸々の高位の〈力〉、すなわち神霊と区別するためである。

私は、マスィアン・ゴックの包みがどのような物質で構成されているのか知らない。私が見たものは、樹種の不明な木片と、何らかのひからびた根の部分で構成されていたが、何らかの根は常に入れられているように思う。おそらく、これによって薬と大地の関連が強化されているのであろう。より高位の〈力〉、神霊に関係するさまざまな物質には、地下からもたらされるものは一つもないように思う。マスィアン・ゴックという名称に関して、ディンカからは語源に関する一致した情報は得られない。マスィアンという語は明らかに「こげ茶」を意味するが、ファーガソン大佐によって示唆されたように、男性の名前にも使われる。[6]同じように、ゴックも、男性の名前や部族の住む領域の名前となることがある。ディンカのある者は、その名前は「茶色の鳩」を指すのだと教えてくれた。なぜなら、薬の本当の名前はマスィアン・グック（*mathiang guk*）に違いなく、グックは鳩のことだからということであった。ただ、私は、これはその場での思いつきで出てきた語源の一つにすぎないと思う。というのも、ディンカ語では形容詞は名詞の後に来るものなので、「茶色の鳩」は、正確にはグック・マスィアン（*guk mathiang*）になるはずだからだ。

マスィアン・ゴックが作用するとされる状況と、その作用のしかたについては、ディンカの人々によって一致した説明が与えられている。その主たる機能というのは、薬の所持者が、自身がその人物によって不当な扱いを受けていると考えている相手に作用するというもので、特に負債としての牛の支払いを強いるという。その働き方というのは次のようなものである。ある人物に敵がいたり、あるいは、本来はその人物が所有する権利を持つものを取り上げている恨めしい相手がいるとする。この人物は、自分を個人的に助けてくれる〈力〉の援助なしでは、自分の権利を主張する勇気が持てない。おそらく、神性に祈願しても聞いてもらえないだろう。そこで、彼はマスィアン・ゴックを購入する。通常、彼はよその土地に旅したり、南のほうのディンカではない人々が暮らす場所に行ってそれを買う。周囲の人々は、彼がなぜ旅に出たのか怪しむだろうが、それはよくわからない。普通、ディンカはマスィアン・ゴックを所持していると公には認めないし、そんなことを軽々しくは言わない。それは、一つには政府が、薬を所持していたことが判明した者に対して重い罰金を科しているからかもしれない。しかし、秘密を伴った取引である以上、理由はそれだけではないだろう。純粋に個人の目的のために、非道徳的な薬を操作するような行為に対して、ディンカの人々は寛容な態度をみせるものの、実際にはそれを善いこととは思っていない。どの集団に属するディンカ人も、マスィアン・ゴックが外部から導入されたものであるということを確信している。その薬は、アガール・ディンカからもたらされたものだが、もとは南方のディンカではない人々（「ジュルの」ベリとソフィ）から来たのだとか、ヌアーからもたらされたのだとか言う者もいた。ヌアーもその薬のことを知っているが、薬はディンカに由来するとしている。

さて、その人物は帰宅し、木の根の包みを牛小屋のどこかに隠す。彼は、ときどきそれに向かって語りかけ、自分の要求を話して聞かせる。ちょっとしたお供えもする。すると、それは供犠を要求してくる。供犠は密かに行われたり、これもやはり公には認められていないような、〈力〉に対する別の供犠と一緒に行われる。これらへの返礼として、マスィアン・ゴックはその場を出て、牛を支払おうとしない人物を追うのである。ディンカの話では、マスィアン・ゴックは標的が独りで歩いているときにやって来て彼に話しかけ、負債をちゃんと払わないと、お前かお前の家族を傷つけるぞと言って脅すという。それは実際に、敵の喉や頭部、腹部などを腫れ上がらせて殺すという。マスィアン・ゴックに怯えた者は、たいてい負債を支払う。ただし、他人が使ったマスィアン・ゴックに不当に痛めつけられたと感じた者は、その相手が誰であるか確信した場合、暴力をもって報復するだろう。

ただ、私は気づいたのだが、ディンカは、マスィアン・ゴックの助力を得て望んでいたことをなしえた者が数年後、今度は彼自身が重い病気にかかるという事態に至らない限り、その人物がマスィアン・ゴックを所持していたり使用しているということを、本当に確かだと認めようとはしない。病人は、かつて自分がマスィアン・ゴックを購入したこと、しかし長い間、これに対して適切な捧げ物や供犠を与えなかったことを告白するか、卜占師が彼の病気ないし死の原因として、このことを公にする。そうすると、その人物がマスィアン・ゴックを所持していたということがみなに知られ、〈力〉に対して供犠がなされ、その怠慢な持ち主に対する〈力〉の怒りの念をそらそうとする。もちろん、このころまでには、そもそもマスィアン・ゴックが購入されたきっかけとなった争いや憎しみは、どうでもよいものになっている。もっとも、ディンカは、何者かの意図とは無関係に、より高位の〈力〉による介入を受けて苦しむ人々に比べると、薬の所持者とその犠牲者に対してはあまり同情的ではない。というのは、高位の〈力〉による介入は、個人的な利益のためになされるものではないからである。

誰でも、ラン・ワル（*ran* (*lo*) *wal*)、つまり薬の保持者になりうる。しかし、とりわけ「呪医」とは、薬の売買への関与が疑われている人物のことである。こうした人物は、薬を所持していることを認めようとしないものの、薬の性質や、薬をどこで入手できるかといったことを知っている。危険で恐ろしいとはいえ、薬の包みが最も低級の〈力〉であるといわれるのと同じように、呪医は、〈力〉に関する知識とその操作に通じた専門家のなかで最も低級な存在である。私が思うに、ラン・ワルはたいていの場合、ディンカの地における来訪者であり、おそらく旅回りのヌアー人かディンカ人である。こうした人たちは、さまざまな根や護符などを売りつけるだろうが、それは、ディンカの村にいる普通の住民にはできないことである。もし、共同体のなかで薬を売ったり、薬を所持していることを認めたら、その人物もまた、近所の人たちの病気を引き起こしているのではないかと疑われるに違いないからだ。ラン・ワルとアペス（*apeth*)、つまり邪視の持ち主との間に明確な境界線は引きにくい。なぜなら、その正当化の理由づけについてどのように考慮されようとも、両者ともに自身の利益のために他人を傷つけるからである。

マスィアン・ゴックのような「薬」は、特定の根の包みに内在し、その根とともに持ち運びができ、その根に宿っているかのようにみなされているが、その物質的な棲み処にとどまっているわけではない。その効力——その〈力〉——の影響は、そこから出ていって、人間の身体上の健康だけでなく、精神や心にも働きかける。したがって、こうした低級な〈力〉でさえ、それらが関係する物質を超越したものとなっているのである。呪物の包みを用いることは、例えば単なる「感染呪術」ではない。それらは人に、あるいはこう言ってもいいかもしれないが、人の良心に「話しかける」。もちろん、それが、私たちの言う「良心」の働きのようなものなのかどうかという点には注意が必要である。それらの〈力〉は、必ずしも視覚的に思い描かれるわけではない。マスィアン・ゴックは、卜占師に依頼されると、牛小屋の壁から話しかけてくること、時には小さい茶色の犬の姿で人前に現れることもあるということを聞いたことがある。手渡しされる限りにおいては、それはその物質的な土台であり依り代である植物の根の包みとして認知されているが、〈力〉として機能しているときには、それは植物の根の包みとして他人の前に現れることはないようである。観念上は、このような低級な〈力〉の場合であっても、活動する本体はそれが内在しているとされる特定の物質的な形態から分離できると考えられているのである。そして、諸々の〈力〉と象徴物の関係とはそういうものである。ディンカの間では、単なる物質的なモノそれ自体ではなく、それらに関連している形のない、非物質的な、目に見えない何かが宗教的な重要性の核となっているのである。

　こうした、ただ呪物の包みを所持しているだけの人たちよりも、いくぶん尊敬されているのはティエット（*tyet*）（複数形ティート *tiit*）と呼ばれる専門家階級で、これは神秘的な知識や力に通じていることで知られている、多様な人々からなっている。まず、これらのなかで最も低位の一つであり、アチョール（*accor*）とも呼ばれる人々について、手短に記そう。アチョールという語は、占うことを意味する語チャル（*car*）という語と関連があるが、私は盲目を意味する語、チョール（*coor*）とも結びついていると思う。盲目の人は、しばしば特別な洞察力を持っていると考えられている。高名なティエットがアチョールと呼ばれることはないが、尊重されるアチョールのなかにはティエットとして言及される者もいる。卜占師としてあまり知られていない者と高名な者との立ち位置上の関係は、ちょうどわれわれの社会における無名の易者と有名な千里眼を持つ人との関係に似ている。

われわれが全員、母村を遠く離れていた時、自分たちの家族に何が起こっているのか心配になった私の仲間たちが、ちょうど村にやって来たばかりの、旅回りのティエット、つまり卜占師に相談すると告げてきた。その男は、講習会のようなことを行った。彼は、占いをするのに一〇ピアストル（二シリングほど）を要求した。彼はまず、自分の目の前の地面に、ある輪——彼の話では、それは宣教師からの贈り物だという——を置いた。われわれは彼の周りに座った。少しの間、深く精神の集中を行うと、彼は自分と輪の間の地面に残る跡をたどり始めた。猟師が猟獣の臭跡を追うかのごとく、彼はときどき動きを止めて考え込み、よくあるような村のうわさ話のなかから、自分が感づくことのできた話題について語るのであった。依頼者たちのために彼は、依頼者たちの親族が軽い病気にかかって治ったこと、最終的には調停された牛をめぐるいくつかの訴訟、そのほか、故郷を離れているディンカ人なら誰もが悩まされそうな事柄について言及した。彼が、自分の推測が正しい道筋にあるときには依頼者たちがとりわけ高い関心を寄せるということを手がかりにしていたのは、明らかであった。そして、彼は推量するところを思い切って言い、依頼者たちが望む方向性について確信できるまで、その思うところを一般的かつ曖昧な形で今一度、述べていくようであった。私は、自分が占ってもらったとき、実際にはありえない事柄に関わる示唆に対して関心を示し、わざと彼を間違うように導いてみた。それは例えば、私の父が四人の妻を持っているとか、実際には存在しない腹違いの姉妹のことを心配しているなどであるが、彼は、これらの事柄について私を元気づけてくれたのであった。そこで起きていたことを知ったとき、ディンカ人はその卜占師が彼らのことで言明した内容に対する信用を失い、詐欺のティート、卜占師や「本物のティートでない」連中がとにかくたくさんいる、とこぼすのだった。しかし、一人の間違った卜占師に当たったからといって、その種の能力全般に対して懐疑的になることはなく、その人物が持っているると主張する洞察力を本当に持っているト占師はほかにたくさんいると考えるのである。トゥイジ・ディンカから得られた以下のテキストは、この事柄に関するディンカの考えと、ト占師に対して彼らがみせる両義的な態度を多少とも示しているといえるだろう。

ある若者が重い病気で、父親はト占師を呼んだが、そのト占師は嘘をついて、神性（ニアリッチ）が大きな太った去勢牛を要求していると言った。父親は「よし、わかった」と言って、牛の群れのなかから一頭の去勢牛を連れてきて屠った。しかし、若者は相変わらず死にそうなままだった。

一頭のライオンがよく屋敷地にやって来て、この病人が独りになったときに食べてしまおうと、近くの隠れ場所からその男を見ていた。病人の父親は、歩き続けて（なぜなら、彼は親類や友達から供犠に用いる家畜をもらおうと探し回っていたからだ）とうとう、くたびれ果ててしまった。ところで、ライオンは、何がこの男を苦しめているのか、知っていたのだ。

ある日、ある男が蜂蜜を採るために森に行った。彼は木の下で火を焚いて（蜂を燻り出すために）、もっと薪を取るために木に登った。ライオンは、人間が斧を使って木に足場を作る音を聞いた。男は、ライオンがやって来るのに気づき、火を放置して、木に登って茂みのなかに座った。

二頭のライオンが木の下で会い、挨拶を交わした後、お互いの出来事について尋ねあった。マンガール・ディット（Mangar Dit）というライオンは、「私は二人の人間を食べたよ。一人は細かったが、もう一人は太っていたよ」と言った。もう一頭のほうのライオンは、「その二人は君を呼ぶために君の家からやって来たんだよ。君のお父さんとお母さんが、『もしあなたがマンガール・ディットに会って、それが人をすでに食べていたら、妹が生理になったので、人間のプディング(7)を持ってきて彼女に食べさせてやるようにと伝えてほしい』と言っていたからね」と言った。

マンガール・ディットは、「そうか。私はここの村で病人を一人見つけたんだ。でも、朝から晩まで、彼の周りにはいつもたくさんの人が寝ているので、まだ捕まえられないんだ。それと、君には教えるんだけど、その病人を苦しめている〈力〉は全然たいした〈力〉ではなくて、ただの小者なんだ」と言った。もう一頭は、「それはどんな〈力〉だい?」と尋ねた。マンガール・ディットは、「それは、村の水たまりにいるちっぽけな〈力〉さ。もし、小さなマンゴック(模様)の去勢牛を連れてきて、水たまりのなかで供犠すれば、その病人はすぐに良くなるよ」と言った。それから、二頭のライオンは各々の槍を手にすると、自分たちの放牧キャンプに帰っていった。木のなかに潜んでいた男は、これらの会話をすべて聞いていた。

男は病人の家に行き、「みんな、私にマンゴック模様の去勢牛を連れてきてくれ。私にできることがあるかもしれないから」と言った。病人の父親は、小さい去勢牛を連れてきた。その去勢牛は、病人とともに水たまりのほうへ連れていかれた。去勢牛に祈りが捧げられ、病人は憑依状態となった。それから、彼らは去勢牛を屠った。

病人はすぐに起き上がって、犠牲獣の肉を食べた。翌朝、彼は放牧キャンプに出かけたが、周囲の人々はその回復に驚くばかりであった。

ところで、木によじ登ったこの男は、その身体のなかに何の〈力〉も持っていなかった(卜占師ではなかった)。回復した若者の関係者は、お礼にと雌の仔牛を贈ろうとしたが、男はそれを拒んで言った。「山羊一頭で十分ですよ」。

二流のト占師たちは、ヌアーのようにイガイを用いたり、あるいは、穀物をばら撒いてその落ちた量を見て解釈したりして占うかもしれない。自分が持つ洞察力を示すために、あたかも舞台装置のように何かを砂の上に描くというやり方は、より一般的にみられるものである。彼らの名声は、基本的には、依頼者たちがそのとおりだと認め、納得できるような何かを運よく当てられるかどうかという点にかかっている。しかし、先に紹介した逸話にみられるように、彼らの立場というのは決して安泰ではない。彼らはティート[8]、つまりト占者たちと呼ばれながらも、詐欺を働くかもしれないと考えられているからである。

ト占者のなかでもより上級なのは、自身の体内に重要な〈力〉、自由神霊を持つと考えられている者である。それは、さまざまなやり方でもたらされる。例えば、ある人物が病気になり、別のト占師が彼に、お前はかくかくしかじかの〈力〉に憑依されたのだと教えたりする。その〈力〉は、そうして彼の神霊になるのである。その〈力〉は彼に関与するようになり、彼はそれに対して供犠を行う。彼は病気から回復すると、自身がこの〈力〉に霊感を授けられたと理解し、その〈力〉に由来する洞察力をもって、他人の病気や不幸を診断することができるという評判を手に入れるのである。その病気が特定の〈力〉によるものだということがわかった人の多くは、それらの〈力〉に供犠を捧げ、普段どおりの生活に戻るだけで満足する。しかし、ごく少数の者は（そして、私がみたところでは、神経をとがらせて実にうまくやっているのはごく少数であるといわなければならない）ト占者として活動するようになる。こうした人たちは、ほかのディンカ人と同じように畑を耕したり牛を世話したりし続けるが、病気や不幸の原因を診断するために呼ばれるようになる。神霊は、そのト占者の子どもたちに受け継がれることはない。いったん神霊がある者を捕らえたら、その人物はト占の技術をさらに学ぶため、練達のト占師に師事することだろう。

彼らのなかのごく一部は、妖術の疑いに関する相談にも応じ、被害者の体内から、妖術師アペース（*apeth*）に打ち込まれたという木の破片や砂を取り出してみせる。このような人たちは、妖術を使う人々ではないかと疑われる傾向がやはりある。さて、さらに上級の存在とみなされているのは、後述するような、霊感を持つとされる人々のなかでも高位の範疇に属し、しばしばラン・ニアリッチ、つまり「神性の人」とか、アチエック、つまり預言者ないし「創造主」などと同格とされる者である。これらの範疇はそれぞれに重なりあっている部分もあるが、高名な「神性の人」あるいは預言者を、単にティエット、つまりただの卜占師と呼ぶのは失礼にあたるだろう。

一流の卜占師がどのように仕事をするかということについては、ディンカの間で一致した説明が得られる。まず、卜占師は病人の家に招かれ、そこでは病人の近親者たちが病人を囲んで座っている。彼らは、地面の上に槍や現金を置いているが、それは治療に対する頭金のようなものであり、治療がうまくいったら、おそらくは仔牛のような、さらなる謝礼を支払う用意があることを示している。病人の近親者たちは、卜占師に、どの神霊が関与しているのか尋ね、卜占師はそれに答える。以前に述べた自由神霊たち、すなわち〈ガラン〉、〈デン〉、〈マチャールディット〉、または〈チョルウィッチ〉などは、レク地域では最も一般的で、よく知られている。西トゥイジ地域では、別の神霊たち、例えば〈アテム〉、〈アイウェル・ヤス〉、〈ビアル・ヤス〉などもいる。西トゥイジ・ディンカの間でも、レク・ディンカの間でも、神霊による憑依がレクよりもトゥイジの間でより一般的であると考えられていること、レク地域で知られている神霊のいくつかは北側と東側の、コルドファンの方向からトゥイジによってもたらされたといわれていることは興味深い。そこは、十九世紀に偉大なアラブの預言者、マフディーとの接触があった場所である。これは重要な事柄であるので、後にあらためて話題にすることにしたい。

　卜占師が神霊の名前を告げた際には、人々はその神霊に歌いかけるのを彼が望むかどうか尋ねる。このとき、卜占師は彼らにそうするよう要請するのが普通だとされており、人々は讃歌を歌い始め、いくつかの歌のなかでその神霊に言及する。歌がひとしきり歌われると、卜占師は身を震わせ始め、また胸と背中に痛みを感じ始めるようにみえる。それから卜占師は身体を揺らし、身震いし、奇妙な金切り声を出し（憑依された人間が発するそれである）、大きく息を吸ったり吐いたりし始める。ディンカの語るところによれば、これは神霊が卜占師の体内で「起き上がり」、「覚醒し」、あるいは彼の身体を「暖め」始めたのだという。それから卜占師は次第に神霊に「捕らえられ」、異言で話し出す。彼は、つぶやいたりうなったりしたことを、ところどころ明瞭なディンカ語を交えながら翻訳して伝える。やがて、自身の神霊の導きを得ながら、卜占師は依頼された案件の原因について伝える。最も一般的で、人々から期待されている診断は、病人かその父親、母親、祖父が何か悪いことをしたのを隠しているというものか、神霊に捧げられた雌牛を軽率に処分してしまったというものである。私は実際の治療を見てはいないものの、聞いたことがある事例では、結婚適齢期の娘の麻痺を治療するために呼ばれた卜占師が病気の原因は彼女の祖父であると診断した。彼女の祖父は昔、腕輪を奪うために敵の腕を切り落としたことがあり、死んだその敵の幽霊（*atiep*）を立腹させたのだということだった。この場合、幽霊は償いの供犠をしてもらうことで納得するのだという。私は供犠が行われる前にその娘を見たことがあるが、おそらく眠り病に悩まされているのだと思った。彼女は立つことができず、常に呆然自失といった状態であった。供犠が行われてから数週間後、治りようがないようにみえたその娘が、杖の助けを借りながらだが、元気に歩いていた。私がこれを述べたのは、治療がはっきりと有効な場合もあることを示唆するためだが、それでもディンカは供犠に効果がないということを受け入れる用意はできている。彼らは、神性が治癒を拒否するということにはただ従うし、あるいは、問題の本当の原因が卜占師によって診断されなかったと考えるだけなのである。

卜占師は、治療のために供犠か、後で供犠するために家畜を捧げるように提案する。そして、自ら家畜を屠ることもあるし、その家畜を屋敷地の長老や指示した人物にゆだねて去ることもある。簎猎の長は、苦難を受けている者のために、卜占師が指示したことを遂行するよう依頼されることがあり、彼は自身の祈禱にそれらを加え、神性と彼のクラン神霊、卜占師たちのクラン神霊に向けて祈禱を行うのである。神性、その案件に最も関与している出自集団のクラン神霊たち、卜占師が指示した自由神霊やその他の〈力〉に対して祈禱が捧げられる。これらの活動に関する詳細な記述は、後で行うことにしたい。

すでに述べたように、卜占師の評判はさまざまである。一方で、たいして重要とみなされていないような、詐欺を働き、妖術や、場合によっては邪術を用いていると多くの人に疑われている者たちがいる。中級クラスの者たちはある程度は尊敬され、一定の名声を獲得しており、ディンカはしばしばこうした者たちをアラブや西欧の医者にたとえる。アラビア語を少し知っている人のなかには、これらの者たちと、呪的な木の根を用いる連中とあまり違いのないような低級の卜占師を区別するために、後者のことを大雑把に「呪術師」と訳せるクジュール（*kujur*）――スーダンで日常的に話されるアラビア語だが、おそらく、もともとはヌバ語ではないか――、前者のことをザーラ（*zara*）[9]、つまり卜占師あるいは真実を語る者というように呼び分ける者もいる。より誉れの高いティエットは、明らかにこれらとは別格の存在とされる。彼らは、われわれがここで「預言者」と呼ぶラン・ニアリッチ、すなわち神性の男や、アチエック、すなわち「創造主」などである[10]。

並外れて高い名声を持つ預言者は、ディンカの暮らす地域においてそう多くはいないし、それはこれまでもそうであった。私が最もよく知っている地域においては、広く名前が知られていた者はわずか二人しかいなかった。その一人、チェル・ディットは、本書を書いている時点でまだ存命中のようだった。もう一人のアリアンディットは、一九二二年に政府が派遣した偵察隊と衝突し、長期間にわたって追放された後、一九四八年ごろに死亡していた。私は、アリアンディットには生前に会いそこね、チェル・ディットは私の訪問を受けたがらなかったため、無理に訪問しないほうがよいと考えた。しかし、この二人はいずれも宗教的指導者の典型である。ディンカが考えるこうした宗教的指導者には、異民族における預言者、とりわけヌアーの有名なングンデン（デン・クール）や、ディンカの間で伝わっている、マフディーのように霊感を授けられたアラブ人で、人々を率いて英国に立ち向かったような者も含まれている。

ディンカの偉大な「神霊の男」は、自分の体内で二つの「事物」——二つの原理——を統合させているといわれる。このような人たちは、クランのほかの誰よりも、クラン神霊から霊感を授かっている。本当に偉大な預言者というのは世襲の簎猎の長か、もしくは簎猎の長のクランの成員であるといわれている。簎猎の長のクラン神霊は、ほかのどのクランの神霊よりも強力だとされている。彼らが強力な力を持つという根拠の一つは、そのクラン神霊の強さにある。もう一つは、彼らはそれに加えて、神性の地上における依り代であり、代理であるということにある。それゆえ、彼らは普通の卜占師とは違って、簎猎ディンカの祭祀集団にとってなくてはならない存在であるだけでなく、特別な霊感によって、通常の簎猎の長には不可能な力も発揮できるのである。その才は、普通の卜占師がよくやるような憑依の状態においてよりも、直接、事態における真実を洞察してみせることや、単なる言葉や動作だけで他人を救ったり傷つけたりする能力においておのずと明らかになると考えられている。これらの人たちは、真の預言者として一般に認知されている。これに対して、多くの卜占師は、相談する人からは預言者だとみなされるかもしれないが、その場合でも失敗や間違いを犯しうる預言者にすぎないのである。さらに、ディンカの人々は、偉大な「神霊の男」たちとは本質的には平和をもたらす人であると考えている。それでも、外部の状況に強いられ、共通の敵に対して人々をまとめる役割を果たさざるをえない場合もある。

セリグマン教授夫妻は、アリアブ・ディンカのところで、運よくこのようなタイプの人物に会っていた。私は、西ディンカの預言者について断片的に情報を集めることはできたものの、彼らには会っていない。そこで、それらについて記す前に、セリグマン教授夫妻の記述をここに引用してみよう。彼らは以下のように書いている。

　バンという村に住んでいるワルは、アリアブ人の重要人物（彼はバーン、この場合は村長とみなされていた）であるが、彼に憑依しているのは祖先ではなく、デンである。ワルが精霊に憑依されるようになったのは一九〇七年のことだが、一九一〇年には、彼は仲間の部族集団を超えて大きな影響力を行使するようになっており、バリやヌアーも彼に相談事を持ちかけ、その指示に真剣に耳を傾けていた。私たちがワルを訪問したのは一九一〇年のことだったが、当時、彼は五〇歳くらいで、外見上こそ特に目立つ特徴はなかったものの、どれだけの人混みのなかにいようとも、誰も彼に触れようとせず、遠巻きにしていたのでそれとわかった。私たちは、まだ日が高くなる前、午前中にバン村に着いたが、ワルは私たちを自分の小屋の外で迎えてくれた。しかし、すぐに彼はそこで話をすることを難儀にし始め、自分はここ数年、太陽の光の下にいたことがないのだと言った。実際、精霊に憑依されるようになってから、彼は、日中は小屋を出たことがないとのことだった。それでも、私たちの会話が終わり、自分の小屋に戻るまで、彼はひとしきり日光を浴びた。彼に話しかける前に、私たちは小屋を三周、歩いて回るように言われた。彼によれば、これは彼に会いに来た者がみなやることになっているのだという。タバコを受け取ると、彼はその臭いを嗅ぎ、それで自分が座っている地面の上に何本か線を描いた。何人かのキロ人が、もしマドウィッチ(11)みたいな石がもう一つ降ってきたら、それはデンと呼ばれることになるだろう、なぜならデンの精霊はバン村でワルのところに来たからね、と言った。ワルは、自分が政府に従っているということを特にわかってもらいたかったようで、自分の精霊は「赤く」(西欧人と同様に)、ハルトゥームから来たのだと語った。黒人たちはみな、ハルトゥームは白人の故郷だと考えているのである。彼は、おそらく血を流すようなことには反対だったのであろう、後に、それほど重要ではない騒ぎの際に関係者を非難したことがあった。二頭の山羊が屠られ、そのうちの一頭の肉は食べられ、もう一頭はブッシュに捨てられるというのがその償いの儀式の中心をなしていたのだが、血はあまり流されなかった。ワルは、自身の精霊の見立てによれば、これは古い習慣ではなく、新しい供犠の形態だと主張し、人々はその言を受け入れた。しかし、この儀式が、よく知られているディンカのやり方に多少なりとも類似しているということは明らかであった。

ワルはすぐに評判を集めた。彼が口論するとその相手が病気になったが、その病人の友人がワルを讃える歌を歌ったところ、病人は回復したという逸話が広まった。パレックの首長であるアゴットがワルを訪ねたとき、ワルはアゴットに、なぜあなたの民は弓と槍を持って争っているのかと尋ねた。アゴットには心当たりがなかったし、喧嘩が起きるということなど想定していなかったが、その帰り道、ワルが言ったとおり、人々が闘っているのを見たのであった。また、ワルはほうき星の出現を予知したこともあったといわれていた。[12]

ここで紹介した内容は、他のディンカの人たちが預言者について語る内容とも実によく整合している。この報告では、ワルの持つ神霊が自由神霊〈デン〉であるとみなされているということは明らかである。後述するように、〈デン〉はその全体性において神性と最も密接に関係する自由神霊である。西ディンカの預言者であるアリアンディットとチェル・ディットに憑依した神霊については、このようにすんなりとは同定できない。たいていのディンカ人は、これらの者が単に神性（ニアリッチ）に憑依されていると考えるだけである。ただし、神性はこれらの者と築く関係のなかで、それぞれに特別で別々の異なった名前で認知される。私がこの二名に関して集めることができた情報は、以下のようなものである。

アリアンディット（偉大なアリアス）は、個人名をボル・ヨルといい、パリアス（Pariath）の箝掛の長のクランの男性であり、そのクランは気性の荒いアビエム・ディンカの部族集団のなかでも重要視されていた。そのクランの神霊の一つは〈デン〉であり（これは自由神霊でもあるということに留意された い）、それは〈デン・ピオル（Deng Piol）〉、つまり「〈デン〉の雲」という独特の姿をしている。クラン神霊としてはもう一つ、〈カバ〉もあるが、こちらの重要性はやや低い。クラン神霊としての〈デン〉は、憑依した人間に雨との特別な関係を授け、それらの人間に雨乞いをする資格を与える神霊の一つである。

一九一四〜一九一八年の戦争の終わりごろ、ボル・ヨルは神性に憑依されたと周囲に告げ、その神性をアリアンディットと名づけたようであった。[13] 彼は、その憑依した主の名前で知られるようになり、そのうち彼自身がアリアンディットになった。また彼は、彼のクラン神霊〈デン・ピオル〉からも特別な霊感を授かっているとみなされた。そして、ディンカが考える、神性、自由神霊、クラン神霊の全体のまとまりのなかで、アリアンディットという名前はボル・ヨルの身体のなかに特別にいる神性の名前であり、彼のなかで特別に活動的である〈デン・ピオル〉という名前のクラン神霊の名前でもあるようであった(14)。

アリアンディットが「カリスマ的な」人物であったことは疑いなく、彼が反乱の主導者となるのではないかとの恐れを抱いていた政府の役人たちでさえ、彼に対しては一定の尊敬の念を抱かずにはいられなかった。彼の力は秀でたものであり、それは二流の卜占師などとは違い、ヒステリックな憑依において示されるのではなく、彼の言葉が常に真実である点に示されていたといわれる。彼がある人物を見たり思い浮かべたりし、静かに草の葉をつぶすだけでその人物は死んだり、病人を思い浮かべるだけでその人物が回復したりしたとされる。こうした彼の力は非常に名高かったため、一時期、東はメシャラ・エル・レク（Meshara-el-Rek）あたりまでの政治的不和を調停する上で一定の影響力を行使したようであり、また、牛を強奪した者を説得して、元の持ち主に返させたりすることもしていたようだ。彼が出す勅令の範囲は、はるか遠く、通常の簎猎の長が影響力を持たないような地域にまで及んだ。彼は、東はアガールあたりまで使者を派遣し、遠くにいるディンカやルオのなかには、彼を訪ねてやって来て、その屋敷地の周囲に定住する者もいた。

比較的最近になって組織されたばかりの政府は、当初、アリアンディットが政府と敵対する者ではないということ、彼が調停において果たす役割は、原則として政府が望むものであるということを理解していた。ディンカは、アリアンディットは部族同士の関係においても、対政府との関係においてもただ平和を望んでいたのだが、なかには政府に嘘をつく者がいたり、一部の血気盛んな戦争指導者が彼の助言に反して政府に逆らったりしたため、彼は誤解されたのだと、主張している。その真偽のほどはわからない。しかし、アリアンディットと彼の仲間たちは、突然、政府に対して反乱を起こしたのだった。政府は、事態を収拾するために偵察隊を派遣した。アリアンディットは、政府が用いる銃弾は水のように効かないと預言したといわれる。最初に威嚇射撃がなされたとき、確かに預言のとおりになったと考えられた。最初の連続射撃の後、アリアンディットの仲間が周囲を見渡したところ、負傷した者は誰もいなかったからである。そこで、彼らが勇んで偵察隊に向かって突撃したところ、偵察隊も自らを守るために応射したため、何人かが死亡した。アリアンディットは捕らえられ、長い間にわたって追放されることになった。彼が追放されていた間に、近代的な行政が開始された。何年か後になって、ようやく故郷に戻ることを許されたアリアンディットは、再び支持者を集めようとした。しかし、このころまでには彼はすでに年老いており、また政府も今や強固に組織されていたのであった。

こうした失態にもかかわらず、今日、アリアンディットは西ディンカの人々の間で高い名声を保っている。西ディンカの人々は、ディンカ人と政府は今に一緒に協力しあいながら働くようになり、一つの共同体で生活するようになるだろうという彼の預言に言及する。そして、それが実現したためにアングロ・エジプト政府のもとで政治的な発展を遂げたし、[15]おそらく現在の近代的な政治の発展があるのだという。アリアンディットは、隣人と仲良く暮らそうとしない者たちには災難が降りかかるであろうと預言した。十九世紀後期のスーダンの不安定な状況について言及している以下の讃歌は、アリアンディットの言葉だといわれることがある。

昔と同じようにそれ［大地］は駄目になった

昔と同じようにそれは駄目になった
［それは］上からやって来た主（*beny*）が言ったのにわれわれはそれに耳を貸さなかったからだ
昔と同じようにそれは駄目になった

このように、アリアンディットという名前のもとに、神性は大地にやって来て——大地に落ちて（*lony*）きて——ボル・ヨルという人物に入ったと考えられているのである。

預言者チェル・ディットは、西トゥイジ・ディンカ人であり、レクの重要な簎猎の長のクラン、パゴンと関係があるパヤス・クランの人物である。彼は、政府と争いを起こさないよう注意を払ってきており、むしろ政府中枢との接触を避けてさえおり、その使者とみられる者については、いかなる者の訪問も歓迎していないということで知られていた。同様に、そして賢明にも、政府の役人たちも彼に対しては一定の距離を保ちつつ敬意を払うようにしており、無理に直接、接触するようなことはしなかった。彼が、私の訪問を受け入れることに対して気が進まない様子だと聞いて、それ以上無理しないほうがよいと私には思われたのはこうした理由によっている。彼の名声の高さはアリアンディットほどではなかったが、もちろんその名前は広く知られており、その影響力の範囲は部族集団を超えて広がっていた。一例をあげると（それほど特殊な事例ではないが）、中央レク・ディンカのある部族集団の簎猎の長の兄弟が、中央レク地域に雨を降らせるように祈禱してもらうため、一頭の雄牛を彼に贈ろうと、困難な道のりを約一二〇キロほども歩いて行ったことがある。

チェルという神霊（おそらく、より正確には、チェル・ディットという名前のもとに活動する神性）は、今のチェル・ディットの出自集団に属するさまざまな人物の身体をとおして受け継がれてきた。最初、それは彼の祖父に当たるデンという人物の身体に出現し、それからデンはチェル・ディットとして知られるようになったという。次に、それはデンの最初の妻の長男に受け継がれ、最後に現在のチェル・ディットに降りてきたという。ちなみに、チェル・ディットはデンの五番目の妻の一番下の息子だといわれている。神霊が降りてくるまでは、今のチェル・ディットはジエルと呼ばれていたが、アリアンディットの場合と同じように、神霊がその人間の依り代である彼に降りて来たとき、彼はその神霊の名前で知られるようになったわけである。

「チェル」は流れ星、あるいはほうき星を意味しており、常に神性の顕現や現れとみなされている。チェル・ディットは老人ではない。神霊は彼がごく若いときに彼に降臨し、その際に彼は長い間、病気にかかったといわれている。彼は周囲の人々に、自分はチェル・ディットという名前のもとで神性の代弁者となったことを告げ、ほかの預言者たちと同じように、その言明の正しさと呪詛の力によってその力を示してみせた。彼には今、たくさんの妻と子どもがいるという。これらの妻や子どもたちはチェル・ディットと自由に接触できるが、彼の異母兄弟と同父同母兄弟たちも含め、その他の者は放牧キャンプのなかで彼の居場所から離れたところにいて、決して近づいたり触ったりせずに、遠くから挨拶したり話しかけたりする。こうした状況は、先に引用したセリグマン教授夫妻が伝えていたような、誰にも触れられないようにと、アリアブの預言者に対してなされていた配慮を連想させる。彼は変わったものしか食べなかったが、それはディンカの人々が預言者に期待するところである。彼は、通常の食物——ミルク、粥、肉など——をまったく摂らず、凝乳を少し口にするだけであったという。しかし、それにもかかわらず彼は肥えていて頑健だったといわれており、それは神性が彼のなかに満ちているからだということであった。

彼の放牧キャンプには、それぞれの懇願者からたくさんの家畜が贈り物として届けられる。ただ、彼はこれらの家畜を殺したり供犠したりすることはなく、折にふれてそれらを眺めるだけだといわれている。そうして彼は、家畜の贈り主たちの願いを思い出し、彼らを満足させるように彼の意識を集中させたり、念じたりする。こうして、贈り主のことを考えるだけで彼はその人を助けることができるのである。どの簎猎の長にもこうした能力が備わっていると考えられているが、チェル・ディットのそれは特に強力であり、預言者としての能力もまた優れているのである。同様に、彼は雨のことを思うだけで、一部の地域に雨を降らせることができる。チェル・ディットという名前のもとに神性が彼のなかに強力に内在しているため、彼の意図は神聖な意図の力を帯びるのである。彼を讃える以下の讃歌には、彼に払われる敬意がどのようなものかということが示されている。

わが父、チェル・デンは領土を持った
——太陽と月のような長《おさ》——
わが父、女たちの子どもたちは領土を持った(16)
——太陽と月のような長——
わが父、ジエルの息子は領土を持った(17)
——太陽と月のような長——
わが父、ジエルの息子は私たちに土地を与えた
わが父、偉大な男は私たちに土地を与えた
マンガール・ジエル(18)は私たちに土地を与えた

偉大なる師よ、土地を支えたまえ、土地を駄目にしないでおくれ。

このような預言者の力に関するディンカの気持ちは、預言者に無視されていたある人物によって作られたと考えられる歌において、さらによく表れているように思う。

ある男が私を嘲笑している——
私たちはナイルキャベツのようになってしまうだろう（それは川に流されていく）
そして人が住まなくなった家のように。

2

われわれは今、〈力〉（次章で取り上げるクラン神霊は除く）が顕現すること、そしてそれは、人々のふるまいのなかで認知されるという、その様子をみてきた。最も低級とされるのは、呪術的な木の根や呪物の包みと一緒に束ねられているような〈力〉である。それらは、自分たちが望む目的のためにこれを買い、用いようとする者たちなら誰でも自由に入手できる。ディンカの人々も、このレベルにおいては、そして二流の卜占師などの場合においては、詐欺にあって騙されることもあるということを認識している。これらの呪物よりも上級の〈力〉が自由神霊であり、それらはそれぞれ異なる人物に憑依するなかで顕現する。憑依される人物のなかには、〈力〉の名前を名乗る卜占師や二流の預言者になる者もいる。

最も尊重されているのは神性の顕現であるが、それはごくまれである。神性はそれぞれ固有の名前とともに現れ、最も名高い預言者の身体に満ちるのである。これらの預言者は、日常生活のいかなる場面でも常に神聖な霊感を授けられている。一方、ごく普通の卜占師の場合は、病気の診断に成功することはあるかもしれないが、あくまでも神霊が彼の体内で湧き上がったときにしか霊感を授かることはない。

チェル、アリアンディットなどという名前のもとに活動する神性は、特定の個人にしか霊感を授けないようであり、その人物をとおしてしか認知されない。これに対して、以下に記す自由神霊たちは、同時に複数の人間のなかに存在しうる神霊である。これらの神霊は、それぞれに一種の個性のようなものとなる形態と色の組み合わせを持っており、それらは、神霊が憑依する特定の人物をとおしてみせる風貌では十分に定義されえないものである。西ディンカの間で最もよく知られている自由神霊、すなわち〈マチャールディット〉、〈ガラン〉、〈アブック〉、そして最後に〈デン〉について、順番に記していこう。

〈マチャールディット（偉大な黒い者）〉

もし〈マチャールディット〉とは何かと尋ねられたら、ディンカの人々は「〈マチャールディット〉は神性だ」と答えるであろう。それは、ここで記述する他の自由神霊についても同様である。しかし、彼らは「〈マチャールディット〉は邪悪だ」、「〈マチャールディット〉は人を殺す」、「〈マチャールディット〉は人を尊重しない（不親切だ）」、「〈マチャールディット〉はいまいましい」とも言う。こうしたことは、神性はもとより、ほかのいかなる神霊に対しても言われることはない。

したがって、「〈マチャールディット〉は神性である」というディンカの言明が逆になることはない。すなわち、「神性は〈マチャールディット〉である」とは誰も言わないのである。讃歌や祈禱において、神性は人々を助け、彼らを平和な状態にするように依頼されるものである。しかし、私が思うに、〈マチャールディット〉は助力を依頼するために祈願されることはない。以下の讃歌にみるように、この神霊はせいぜい、機嫌を損ねないようにして遠ざけておくべき存在である。

偉大な黒い者よ、雌牛を与えられたら、あなたは姿を隠すだろう
私の黒い父よ、雌牛を与えられたら、あなたは姿を隠すだろう
〈チョルウィッチ〉(19)よ、雌牛を与えられたら、あなたは姿を隠すだろう。

〈マチャールディット〉は、災難や不幸の説明として最後に言及される神霊である。つまり、そのような災難や不幸は、神性は正義であるというディンカの概念により合致するようなほかのいかなる原因にもよっていないということである。したがってこの神霊は、人生における創造的で建設的な力に関するディンカの経験と、多くの人がこうむる明らかに理不尽な災難の経験との間に横たわる矛盾に対して説明を与えるものである。〈マチャールディット〉は、良いことを終わらせたり、人間の生命や生産性をいつか必ず、そして時として乱暴なやり方で縮めたりするのである。ある人は、〈マチャールディット〉はすべての（有害な）〈力〉（ジャーク・エベン *jaak eben*）であり、単数形でイン（*yin*）、複数形でウエック（*wek*）と呼ばれることもあると教えてくれた。

神性や他の寛容な神霊に対してなされるのと同じように、この悪質な神霊に対しても供犠が捧げられる。ただし、〈マチャールディット〉に捧げられる犠牲獣や配慮は、他の神霊の場合とは異なっている。他の神霊たちに対して捧げられる犠牲獣の肉は敬意をもって取り扱われ（*aye thek*）、そのためにその肉

はあぶり焼きにすることはなく、煮ることになっている。なぜなら、それを火に触れさせるのは不敬だからである。これに対して、〈マチャールディット〉に対して捧げられる肉はそのように敬意を払われることはなく、あぶり焼きにされるのが普通である。また、神性や他の自由神霊、クラン神霊に対する供犠は、たいてい第一夫人の屋敷地の中心で行われ、供犠される去勢牛の色は白色か赤茶色といった、めでたい色のものがよいとされている。〈マチャールディット〉に対する供犠にふさわしいとされるのは黒い去勢牛であるが、黒色は不吉な色である。さらに、供犠は二番目以降の妻の屋敷地で、それも小屋から離れた畑作地の端——家庭生活の中心である家屋から離れた、森に向かう方角にある——で行われる。〈マチャールディット〉に供犠する者としてふさわしいのは、後妻（第二夫人以降の妻）の真ん中の息子だと言う者もいる。最年長の息子カイ（*kai*）と最年少の息子クーン（*kuun*）は、ディンカではともに尊重されており、両者は、人間と牛の多産性をつかさどる父方のクラン神霊と密接に結びついているとされる。誰でも、ディンカが「最年少の息子は〈力〉だ（*Kuun ee jok*）」と口にするのを耳にすることであろう。最年長の息子と最年少の息子には、ほかの息子たちにはないような精神的な強さがあり、彼らはお互いに自分たちの役割を理解することが求められている。彼らは、ほかの兄弟たちよりも物質的に恵まれており、長男は父親から家族の家畜群を引き継ぐし、最年少の息子は母親から屋敷地と、その娘たちが嫁いだ返礼として得られた牛たちを引き継ぐのである。このように、この両者は恵まれており、比較的独立しているといえる。彼ら以外の中間の兄弟たちは、最初は父親に、次いで長男に従属しなければならず、長男と末っ子よりは恵まれていないとみなされるために、悪質な神霊に供犠を捧げる者としてはふさわしいとされるのである。

また、二番目以降の妻が最後の子を授かると、それは彼女の夫の生殖活動が完了したということを表す。そして、〈マチャールディット〉に対する供犠が行われるのにふさわしい場所は、二番目以降の妻の家であるといわれる。それは、夫の家族とリネージの始まりに関係している第一夫人の家ではない。時には、二番目以降の妻の家庭において、〈マチャールディット〉に捧げる特別な場所が開墾されることがあり、そこには〈マチャールディット〉の釘か杭と、後妻の台所の灰で作られた小さな祠が設置される。彼女は、子どもと長く過ごすことができるように、〈マチャールディット〉のご機嫌をとるべくビール、ミルク、バターなどをこれに定期的に捧げる。この祠は、他の神霊たちのために作られた祠とは違い、屋敷地から遠く離れた場所に設置され、家そのものからは離されている。また、〈マチャールディット〉に対する犠牲獣の供犠は森で行われるといわれることもあるが、これは、この有害かつ人間に敵対する神霊と野生の間に想像上のつながりがあるということを示すものといえよう。

〈マチャールディット〉は、とりわけ女性と結びつけられている。男性が供犠において自分が属するクラン神霊か、その他の神霊に憑依されるのに対して、女性は〈マチャールディット〉に憑依される傾向がある。〈マチャールディット〉がもたらす危険の最たるものは、多産を終わらせ、不妊を促進することである。したがって、結婚式の時、あるいは結婚後、しばらくたっても子どもが授からないときなどには、去勢牛が一頭、〈マチャールディット〉のために供犠される。

ディンカの多くは、〈チョルウィッチ〉と〈マチャールディット〉は同じものだと言う。しかし、ヌアーと少し接触したことがあるレク・ディンカの間で、〈チョルウィッチ〉という語はあまり聞かれない(20)。ヌアーの間では、〈チョルウィッチ〉は、稲妻に殺された男の精霊のことである(21)。私が思うに、そうした知識を持つディンカ人は、おそらくヌアーの知り合いを通じてそれらを知ったのではないだろうか。それら以外の人々にとっては、このヌアーの力はディンカの〈マチャールディット〉と同一視されているが、これは、ナイロートの人々の間でみられる宗教的混淆のあり方をよく示している。

〈ガラン〉

自由神霊〈ガラン〉は、その象徴とされる色と連想される内容が一様ではなく、解釈におけるまた別の問題をわれわれに突きつける。〈ガラン〉は、大地と天空が分離したという神話に登場する最初の男性の名前であり、また今日ではごく一般的な男性の名前である。しかし、自由神霊〈ガラン〉はこの神話に出てくる男性ではない。あるいは、単に彼であるというわけではない。〈ガラン〉は空の〈力〉であり、それは上方から降ってきて人間の体内に入り込み、それらの人々の神霊となる。このような人々は「ガランの男」として知られるが、西ディンカではそれはごく一般的な存在であった。彼らは、指輪や腕輪をたくさん身に着けていたが、それらは子どもたちの治癒を願う母親たちから贈られたものであった。また、彼らはしばしば豹の毛皮を身に着けていたが、これは彼らしか身につけない衣装である。〈ガラン〉は、とりわけ男性と結びつけられている。女性は〈ガラン〉に憑依されることはないと私は信じている。〈ガラン〉は、これに憑依されたり悩まされたりしている人物の息子たちに受け継がれ、特定の家族の祭祀神霊になるが、その位置づけは彼らのクラン神霊と同格である。一方、〈マチャールディット〉は神性同様に、あらゆる人々に関与する。

レク・ディンカとマルワル・ディンカは、〈ガラン〉は彼らの祖父の時代から入り込んできており、今も東に向かって広まりつつあるという。この神霊が、東ディンカよりも西ディンカの間でよく知られているることは確かであり、アガール・ディンカの間ではほとんど知られていないようである。一般に、〈ガラン〉（その他の神霊もそうだと言う者もいる）は西トゥイジ・ディンカの地域から広まっていったものであり、東レクの人々の間では、この神霊はもともとトゥイジの神霊であったとみなされている。南東レクの地域では、〈ガラン〉の祠は作られていないようである。また、過去にそのようなことがあったという伝承は残るものの、〈ガラン〉は人間に憑依しないといわれている。トゥイジに近い北西レクの地域では、〈ガラン〉のために作られた祠をごく普通にみることができる。祠は土と灰でできた小さな塚であり、九〇センチくらいの大きさで、その周囲をヘグリグの木（ソウ *thou* 学名：*Balanites aegyptiaca*）から取ってきた刺のある枝でこしらえられた低い柵が囲んでいる。この木は、とりわけ〈ガラン〉と関係づけられている。また、それらの上には、供犠された犠牲獣の角や痕跡が置かれていることもある。北西レクのなかには、今では〈ガラン〉が「みんなの神霊になっている」と語る者もいた。

西トゥイジの人々の間では、〈ガラン〉は蛇と関連づけられており、そこでは蛇が〈ガラン〉の象徴物となっている。私はこの蛇を見たこともなければ、種を同定することもできないが、赤と白の色が特徴で、九〇センチほどの長さで、ややずんぐりとしているといわれる。この蛇の名前もガラン（*garang*）であり、トゥイジのパジョク・クランのクラン神霊となっている。それは、他のクラン神霊の多くとは違い、それが関係する出自集団にとどまらず、他の地域の多くの個人や家族にまで影響力を及ぼすと考えられている。

祈禱や讃歌の場面では、〈ガラン〉は「父」とか「赤い父（*wa malual*）」と呼びかけられるが、それはこの力に関係する色が赤色や茶色、黄褐色だからであり、とりわけ、これらの色が白色と組み合わされている場合はそうである。したがって、ガラン蛇のほか、〈ガラン〉の象徴物となっているのはキリンと、マレクという色の組み合わせを持つ去勢牛である。この牛はキリンのような色合いをしている。あるいは、その実が褐色がかった黄色をしているヘグリグの木も〈ガラン〉の象徴物とされる。より一般的には、〈ガラン〉は赤褐色と関連づけられている。人々は、牛や羊、山羊などに、そしてマホガニーの木の赤い木質部、ディンカにおける最上の牧草の一つであるアパッチ（*apac*）を食べたウシの糞から得られた赤い灰などに、赤と白の組み合わせを持つものを見つけたときには、これらをすべて〈ガラン〉と関連づけるのである。

私は、これらの色の組み合わせにさしたる根拠があるとは思わない。ディンカの人々は、赤や赤と白、あるいは黄褐色といった色と太陽、そして〈ガラン〉と太陽を、想像上結びつけて考えている。赤と白の雄牛、つまり赤褐色の身体で腹部に白い模様を持つそれはマコル（*makol*）と呼ばれるが、アコル（*akol*）は「太陽」を指すディンカ語である。アビエム・ディンカのパニエ・クランは、クラン神霊としてガラン蛇を持っているが、乾季の終わりに人々が日照りに悩まされているとき、このクランの成員たちは雨乞いの供犠を行うことを依頼されるだろう。このクランの長老、または〈ガラン〉の預言者は、犠牲獣の喉を切り裂く前に、一頭の山羊を抱えて頭上に持ち上げ、雨を降らしてくれるように神性に祈願するといわれていた。〈ガラン〉の男たちは、病気の治療も依頼される。特に発熱の症状がみられた場合、彼らは病人の手足に唾を吐きかけて清め、両手でマッサージを施しながらその手を病人の身体の上方へと動かし、発熱が治まるまでそれを続けるのである。〈ガラン〉は、ちょっとした体調不良なども引き起こすとされる。私が荷物運びを伴って旅していたとき、その一人が突然嘔吐し始めたため、彼を家に帰した。彼は翌日、回復して戻ってきたが、昨日の体調不良は〈ガラン〉のせいだと言っていた。私の見立てでは、おそらく軽い日射病ではなかったかと思うのだが。

〈ガラン〉は、戦士のクランの成員にも箝褶の長のクランの成員にも憑依する。ディンカの人々は、〈ガラン〉に憑依された人物に対してあまり生真面目に対応しているわけではなく、そのエキセントリックなふるまいに対して、面白がりながら調子を合わせているようなところがある。それでも、〈ガラン〉の男のなかには、病気治しに秀でた実績を示すことで、そして自分の牛小屋の中心部にある炉火から取ってきた糞の灰が潜在的な力を持つということで、ほかの者より高い名声を得る人物もいる。この灰は、「〈ガラン〉の灰」とされ、その上で重要な誓いが立てられるのである。誓いが立てられる際には、あらゆる種類の灰、場合によっては塵が舌の上にのせられたり水に混ぜて飲まれたりするが、〈ガラン〉の灰は特に重要な案件の際に使用される。宣誓の際、この灰を飲んで嘘をついた者は死ぬか、深刻な不幸に見舞われるとされている。ディンカはみな、これまでに繰り返してきた嘘の宣誓によって罪が蓄積していると感じるようで、折にふれて去勢した雄羊、「灰の去勢雄羊」を捕まえては灰をこれに塗り、洗い流すことで嘘の宣誓の報いから自分を解放している。二流の〈ガラン〉の男は、宣誓に用いる灰を、より名の通った者の炉から手に入れるといわれている。しかし、〈ガラン〉の男になる者は常にその〈力〉に捕らえられて病気になり、回復する際に〈ガラン〉が自分の神霊になったことを周囲に告げ、上述したような洞察力を発揮するのである。

自由神霊〈ガラン〉と自由神霊〈デン〉は、親類のように互いに関係しあっているが、西ディンカの人々は、そのような関係を必ずしも一貫して表象しているわけではない。より「正統な」伝統を体現していると思われる歌では、〈ガラン〉は「〈デン〉の息子」として言及されることがある。西ディンカ地域で広く知られている以下の讃歌は、このような関係について言及している。これは、自由神霊をめぐるディンカの思考上の一般的特徴を示してもいる。

〈ガラン〉が、〈デン〉の息子が、上から降りてきた

もし人々が牛小屋に集まれば、それは生だ
〈クール〉、〈アブック〉、そして〈アイ・ニャン〉(22)
偉大な方よ、父よ、私はあなたの言葉を受け入れた
おいでください、広まってください、そして涼しさをもたらしてください
偉大な雄牛よ、創造主［預言者］が上から降りてきた(23)
〈ガラン〉が、〈デン〉の息子が。

同じ讃歌の別のバージョンはこうである。

光り輝く長が牛小屋に降りてきた
〈ガラン〉が、〈デン〉の息子が。
まず私のところにください、わが父の神霊よ
わが父は創造の場所から来る
牛小屋を生命で満たしてください
〈クール〉と〈アブック・アヤク〉(24)

偉大な方よ、父よ、あなたは約束を果たした
あなたは広まり、涼しさをもたらした
預言者［創造主］の子どもたちは早く起きる（祈るために）

まず私のところにくださいい、わが父の神霊よ
偉大な光り輝く長が牛小屋に降りてきた。

ここで「光り輝く長」と訳したのは、ディンカ語でベニィ・ロ・ギリウ（*beny lo giliu*）という表現である。ロ・ギリウ（*lo giliu*）は「光体」を意味し、「神性がその心臓を突き抜けた男（*ran ci nhialic gut piou*）」、「罪を持たない男（*ran cin guop adumuom*）」などにも用いられるといわれる。「広まる」と訳したのはロト・トック（*rot tok*）であり、煙や匂いなどが立ちのぼって広がるような「昇る」を意味し、ここでは生命を吹き込む精霊が人々の間に広まって、生命を回復させていくさまを示している。涼しさ（これは平和や心地良さも意味する）を求めることは、太陽にまつわる連想と矛盾はしない。なぜなら、ディンカにとっては、ある作用をもたらす〈力〉は、その反対のこともできるからである。〈ガラン〉についての短い歌としては、以下のようなものもある。この歌は、ある時〈ガラン〉の預言者が、祭式の際の人々のふるまいに異議を唱えて作ったものである。

偉大な〈ガラン〉はお祭りにはいない
人はみな、食べ物を腹に詰め込むばかりだ。

これは、人々が讃歌を歌うことに集中せず、ぺちゃくちゃとしゃべったり楽しんだりしてばかりいるという、供犠でよくみられる状況に対する一部の預言者の不満を歌ったものだといわれる。別の讃歌では、〈ガラン〉に関連する一連の色がよく示されている。

赤と白のものに祈れ[25]
生は赤いものによって祈られる
生は祈られる、赤と白のものに祈れ
私たちは偉大な存在（〈ガラン〉）を慰撫するだろう
ニウォルの家族であるわれら[26]
あなたの雄牛は日中の暑いなかをずっと杭につながれるだろう[27]
そしてあなたは私を欺き、生をくれないだろう
そして、やって来て邪悪なものとともに私を追うだろう
私の父〈ガラン〉よ、〈アブック・デン〉よ
蟻（人々）の生を拒むのか？

あるキリスト教徒のディンカ人は、この讃歌についてコメントし、〈アブック・デン〉は〈ガラン〉の母親であり、〈ガラン〉は母親とともに人々から懇願されているのだと語った。

南東レク地域のアプック・ジュルウィル・ディンカの間で採集された戦争の歌も、〈ガラン〉、〈アブック〉、〈デン〉という三つの自由神霊に言及している。この歌と、先に引用したここから数百キロも離れた場所で採集された歌の間に、言及される神霊について類似性がみられることは、この連想が地域的広がりを持っているということを示唆する。

睾丸を持った偉大な雄牛が殺された[28]

それは神性だ
暗い雲と朝の雨が吹き抜ける
私の母〈アブック〉、私の父神性よ、私を助けたまえ
私の父〈ガラン〉よ、私の父神性よ助けたまえ
もし私たちが異郷で眠ったら、(29)私の父の白い雌牛は
雌牛をもたらしてくれるだろう
槍をよけろ、私と同じ年齢組のマヨムよ、槍をよけろ
巨大な槍の出来事（大規模な戦闘）
おお、私の棍棒よ！
男の背中の槍の柄は震えている
〈デン・クール〉は強力な神霊だ。
もし私たちが異郷で眠ったら、それは雌牛をもたらしてくれるだろう
私の父白い雌牛よ、私は戦いを始めなかった
雄牛たちは頭を突き合わせた！
私の父に平和をもたらした雌牛よ
雌牛をもたらす雌牛よ
コンゴル部族集団がアガールとそうしたように和平をもたらしたまえ
昨年の戦闘は終わった
昨年の戦闘はこうして終わった。

神性と、〈ガラン〉、〈アブック〉、〈デン〉(後で記述するが、ある特別な姿をしている)といった自由神霊たちは、このように歌のなかでは関係しあっている。もっとも、ディンカは、これら三者の関係について一致した説明を与えているわけではない。実際のところ、神性と神霊にまつわる儀式の際、ディンカはこれら三者を、ここで示されているようには明確に関連づけない傾向がある。〈マチャールディット〉だけは、その救いようのない悪意ゆえに、他の存在からは区別して考えられている。

〈アブック〉

〈アブック〉は、女性あるいは母親の原型のような姿と考えられており、女性に特有の事象をつかさどっている。〈アブック〉は、西ディンカの間でよく知られている神霊のうち、女性として表象されている唯一のものであり、他の神霊と比較するとその重要性はやや低い。〈アヤック〉という別の女性の神霊の名前を耳にすることもあるが、こちらはただ、その名前が知られているだけである。神霊〈アブック〉は、最初の人間の女性であるアブックと同一だといわれることがある。このアブックもまた、神霊〈デン〉の母親であるとか、神霊〈ガラン〉の妻にして〈デン〉の母親だとか、〈デン〉の妻にして〈ガラン〉の母親であるとか、さまざまにいわれている。こうした多様な意見があるということは、正確な関係自体が重要なのではないということを示唆している。重要なのは、彼女がさまざまな関係における女性のほうの軸であるということである。

女性によって〈アブック〉に捧げられる歌は、収穫に関わるものである。七九頁にあるように、女性たち(悪名高きビール好きであり、何であれビールの醸造家である)がビールを醸造したり、ゴマやその他の大地の恵みを収穫して幸せになれるように、たくさんの穀物をもたらしてくれるようにと〈アブック〉は懇願される。私は、〈アブック〉の祠を見たことはないし、牛が彼女に捧げられたのを見たこともない。また、彼女は他の自由神霊たちとは違って、人間に憑依したり、人間を病気にしたりすることはないようだ。（ヌアー、そして今ではアニュアと同じように）西トゥイジ・ディンカの間では、〈アブック〉は特に河川と関連づけられており、そこでは彼女の象徴物は小さい灰色の水蛇である。しかし、私はレク・ディンカの間でこれらがはっきりと表現されているのを目にしたことがない。また、ヌアーの場合のように〈アブック〉がまだら模様のカラスに関連づけられているような事例をみたこともない。

〈デン〉

神霊〈デン〉に関する記述と分析には、他の神霊たちの場合よりも困難な問題がつきまとう。〈デン〉の姿やその象徴物、〈デン〉に関する人々の知識における一種の歴史の深さなどが、〈デン〉の姿を、他の自由神霊の場合よりも複雑なものにしているからである。

一般に、ディンカは自分たちのことを〈デン〉、あるいは〈デンディット〉、つまり偉大な〈デン〉の子どもたちであるとみなしているとされてきた(30)。確かに、レク・ディンカとアビエム・ディンカには、自分たちをデン（今日では、これはディンカの間では一般的な男性の名前であるが）の末裔とみなすクラン——例えば、パイとパレックの簎猎の長のクランなど——が存在する。しかしながら、これらのクランの成員たちであっても、その祖先であるデンと神霊〈デン〉、あるいは〈デンディット〉(31)の関係がはっきりとしている者はいない。また、私の経験では、こうした人たち以外の西ディンカの人間は、すべてのディンカ人がデンという祖先の子であるとは言わない。隠喩的な意味では、ディンカが自分たちはみな〈デン〉の子どもたちであると語るということはありうる。なぜなら、ディンカの人々はみな、自由神霊〈デン〉を知っているし、〈デン〉は全体として神性に最も密接に関連している自由神霊とみなされているからである。ディンカが神霊について語るときには明確な定義が欠けているのだが、これはその典型例といえよう。〈ガラン〉は最初の人間の男性の名前であるが、最初の人間の男性と関連づけられる場合もあれば、まったく別だとされる場合もある。したがって、〈デン〉は誰であれ、デンと呼ばれる人と関連することはありうる。ディンカは、各自の考えにおいてそれぞれに異なる文脈で、それがふさわしいと考える対象に対して、同じ名前をつけることもあればつけないこともある。讃歌において表されているような神霊たちに関する言明は、決してドグマ的なものでも教義的なものでもなく、あくまでも想像的かつ創造的なものである。ここには公認の正統というものはなく、どのように想像しようとも、特定の神霊をめぐる連想としてディンカなら誰でも思い浮かべるような一般的な内容と矛盾してさえいなければ、それは神的なものに対する一つの洞察として容認されるのである。

他の自由神霊たちに比べると、〈デン〉には多数の象徴物と顕現のしかたがある。〈デン〉は雨、雷、稲妻と最も密接に関係している神霊である。デンとは、ディンカ語で雨のことである。ショウ助祭長は、ボル・ディンカから採集した讃歌のなかで[32]、〈デン〉・ワ（厳密には、父なる〈デン〉）を「父なる雨」と訳している。しかし、〈デン〉と雨は密接に結びついているとはいえ、私は、神霊〈デン〉と雨たるデンがまったく同一のものだとは思わない[33]。なるほど、雨は神性の顕現の一つであり、神霊としての〈デン〉は全体としての神性と最も密接に関係しているので、〈デン〉が雨にもおおいに関係しているということは確かである。それでも、「雨が降っている」はディンカ語でデン・ア・トゥウェニー（*deng a tweny*）と表現するが、神霊〈デン〉の場合は、他の神霊たちと同じようにロニィ（*lony*）、つまり高いところから降りてくるといわれる。この場合、高いところから解き放たれるという意味が込められているのであろう。この動詞は通常、雨には用いられないのである。

もっとも、ディンカの人々は雨、特に最初の雨を人間の多産と神性に意識的に結びつけている。ある男は私にこう言った。「この降っている雨、これは神性だろう？　雨が降ると、草はまた生えて牛は成長し、大地は涼しくなる。男はまた妻と一緒に寝て、子どもの夢を見るからね」。薄情な者か、牛をたくさん持っている者だけが、みなが暑さにさいなまれ疲れて飢えているような乾期の真最中でも、妻と寝るものだと指摘する者もいた。ディンカの居住地では、最初の雨の到来は、多くの者にとっての不快と困難の時期の終わりである。また、この雨が降る前は、病気が最もひどくなると考えられている。少なくとも、雨が降るようになると、季節的に猛威をふるう髄膜炎（天然痘と並んで、最も恐ろしい伝染病である）が下火になることは確かである。このように雨の到来は、何にもまして新しい生命をもたらし、これを約束するのであり、飢饉に対する救援がなされるようになった今日よりも過去においてはより多くの人が死ぬとみられていた一つの時期を終わらせるのである。

最初の雨とともに激しい雷雨と暗い雷雲がやって来る。雨季の初期における気候条件とはそういうものだが、神霊〈デン〉は生命をもたらす雨だけでなく、時として何かを破壊する雷と稲妻にも関連づけられている。雨の棍棒（*thiec deng*）あるいは〈デン〉の棍棒（*thiec DENG*）とは（雨なのか〈デン〉なのか、それとも両方の意味なのか私には確信が持てない）、人々を直撃して倒す稲妻を指す隠喩的な名前である。これは、人間が抱えている案件に対する、神性による直接的な介入であると考えられている。雷雨の時、人間は静かに敬意を払いながら座っているものとされるが、それは神性がじかに人間の目の前にいるからである。稲妻に殺された人間は、「神性が見た者」とか「〈デン〉が見た者」などとされることがあり、神性が彼らの頭を打ったのだといわれる。彼らの死は特に悼まれない。ディンカは、落雷によって火事となった建物のなかのものを救い出そうともしないし、火を消そうともしない。それは、神性ないし〈デン〉が直接、意志を示しているのを妨害することだからである。私が観察しえた範囲では、西ディンカの地域で、〈デン〉のために特別に作られたような祠は存在しない(34)。ただし、稲妻の直撃を受けた巨木は、数年間は祠のように扱われ、その枝の部分や幹の根元のところに犠牲獣の角が置かれる。そのような木はあちこちにあった。このような木が薪用に切り倒されるところに居合わせたことがある。「それはかなり昔のことだ」と、ディンカはそのとき言っていた。西ディンカの神霊のなかでは、〈ガラン〉と〈マチャールディット〉だけが、自分専用に建てられた祠を持つ。〈デン〉とクラン神霊は、供犠の際に神性や祖先たちと結びつけられ、屋敷地のなかにあるただ一つの祠で供犠が捧げられるとき、これらすべてが同じものとしてひと括りにまとめられるのである。

〈デン〉にふさわしい犠牲獣の色として理想的とされるのは、模様がくっきりとしたまだらのものか、黒と白のはっきりとしたまだら模様である。それゆえ、犠牲獣はマジョック（白い身体で、頭部と肩、臀部が黒色）か、マリアル（黒い身体で腹部に白いもの）か、マクワチ（白黒の斑点）の配色のものでなければならない。こうした色合いがふさわしいとされるのは、これらが雷の鳴っている空を表しているようにみえるからである。暗い色と組み合わされた白さは、ディンカに曇り空の色模様や、暗い夜空を切り裂く稲妻の光を想起させるのである。

他の自由神霊とは違って、しかし、後述するように神性のごとく、〈デン〉は単一体でのみ存在するわけではない。ディンカも、まごうかたなき〈デン〉と、異なる接尾辞を〈デン〉という名前につけることで表象されるような、さまざまな姿をした〈デン〉との間の関係を明確に説明することができない。私の観察でも常にそうだったが、ネーベル神父は、ディンカの人々が一般に〈デンディット（偉大なデン〉〉は「神性自身」であると語ると報告している[35]。彼は二つの讃歌を引用しているが、私はそれらを以下にあらためて紹介したい。彼はこう述べている。「これらの二つの歌は、トゥイジ・ディンカでは彼らの蛇のトーテムであるデンに、レク・ディンカでは彼らの祖先である〈デン〉に向けて歌われる[36]」。これらの讃歌、そして他の讃歌からみる限り、〈デン〉の表象あるいは姿には少なくとも共通するものが一つあり、それは他の者にとっても妥当であることは確かである。シュミット神父によって引用された歌は、以下のように翻訳できるだろう[37]。

私の父〈デン〉よ、並外れた偉大さを持つ〈デン〉よ。
私の父〈デン〉よ、年齢を経た偉大な人よ[38]。
偉大な〈デン〉は拒絶する（聞くのを）、偉大な〈デン〉は拒絶する（助けるのを）
彼を尊敬しなければ、彼は腹を立て、冷淡になる
私の父〈デン〉よ、私を見棄てないでおくれ
私の父〈デン〉よ、私を諸々の「病気の」〈力〉の前に遺棄しないでおくれ[39]。

〈デン〉は、例えば「私たちの〈デン〉」のように、特定の地域のものとして捉えられることがある。これは、ほかの人々がそれぞれ別の〈デン〉を持っているということを意味する。こうした点は、〈デン〉が雨と結びつけて連想されているということと整合性がある。最初の雨というのは、ぱらぱらとまばらに、しかも一部の地域に降るものであるし、どの共同体の成員も自分たちの雨に関心を寄せている。その雨はある日、自分たちの村に降り、その後、同じく雨を必要としている近隣の村へ移動していくの

である。〈デン〉はまた、〈デン〉・ニアリッチ、つまり「上のほうにいる〈デン〉」あるいは「神性デン」と呼ばれる場合もある。さらに、〈デン〉・マディエルという名称もあるが、これは「〈デン〉総督、あるいは〈デン〉長官」を意味しているのではないかと私は思う。ディンカの人々は、すべての長としての総督という概念を表現するために、アラビア語（*mudir*）を借用したのではないだろうか。

　また、〈デン〉はクラン神霊の姿で顕現することもあり、その場合、そのクランは雨乞いを首尾よく行う能力を備えている。預言者アリアンディットのクラン神霊が〈デン〉・ピオルであったということは、すでに述べたとおりである。これと似たようなものとしては、〈デン〉・ニアル、つまり「上のほうにいる〈デン〉（の姿をした）」、より一般的なものとしては〈デン〉・ヤス、つまり「〈デン〉神霊」といったクラン神霊の事例があり、その象徴物は西ディンカ地域のさまざまな場所で共通している。それは、小さい緑色の蛇と、それより大きい赤色と白色の蛇である。これらはいずれも、雨をつかさどり、上方の現象に関わる自由神霊〈デン〉の姿ないし屈折形であり、すべて〈デン〉と呼ばれる[40]。このように、〈デン〉はすべてのディンカ人と関係しているが（実際、空と雨はそうである）、それぞれ異なる集団によって、それぞれ異なる名称で認知されているのである。

　その名称については語源をたどることができるため、とりわけ興味深いのは〈デン〉・クール（*DENG kur*）である。クールは、マクールという配色にちなんだ去勢牛の名前である。この牛は白い身体で、目の回りに黒い模様を持つ。西ディンカの人々は、この〈デン〉の姿は、二世代ほど前の時期に、東レクのある預言者の身体に入り込んだもののそれであると理解している。〈デン〉・クールは（ここでは神霊と預言者の両方のことである。預言者と神霊が別々のものとして考えられることはない）「かつては神性だった」といわれており、牛小屋の屋根に二本の指を突き通して人間の前に現れ、病気の彼を目覚めさせたという。この〈デン〉は、白い雌牛または雄牛と一緒に空から落ちてきたともいわれている。私は、西ディンカの人々の間ではこうした断片的な概念を見いだすのみであるが、それゆえに、その起源をたどることができるものは特に興味深い。なぜなら、それらは神性や神霊の顕現に関する知識が、伝聞によってどのように広まっていったかを教えてくれるからである。われわれは、デンクール（Dengkur）がヌアーの預言者ングンデンのことだということ、この人物は英国に対してヌアーの軍勢を結集したグウェクの父親であり、神霊〈デン〉がその身体に顕現したことなどを、歴史的事実として知っている。デンクールは、〈デン〉を讃えてロウ・ヌアーの地域（本書で私が記述しているディンカからは遠く離れた地域であり、そこはディンカが認知している地域のはるか外側にある）に巨大なピラミッドを建立した。西ディンカの言う〈デン〉・クールが、おそらくこのデンクール（Dengkur）を指しているということはほぼ疑いがない。というのも、ディンカの歌のなかには、〈デン〉・クールという名前が〈デン〉・ヌアー、つまりヌアーの〈デン〉という名前と置換可能なものとして使われていることがあるからである。(41)そうすると、実際のところ、〈デン〉はまず、ディンカにとっての神霊として認知されるようになったが、ヌアーの間でも顕現し、このヌアーにおける特別な顕現が、そこからはるか遠く離れたディンカであらためて知られるところとなったのではないだろうか〔三八六頁も参照〕。

このような〈デン〉の特別な姿や屈折形に関しては、理論上の制限がないようにみえる。また、私は西ディンカの間で目立っているそれについて記述したが、別の地域ではまたそれぞれに別のものがあることはいうまでもなく、それらはクラン神霊同様、特定のクランとそれぞれに結びついている。例えば、ボル・ディンカの間では、〈デン〉・パヌエトという神霊がおり、これは神性「である」といわれる。しかし、パヌエトはアヌエト（Anuet）という名前の祖先に由来しており、この人物は〈デン〉に憑依され、「彼の」〈デン〉を子孫に渡したという。つまり、〈デン〉・パヌエトはアヌエトの出自集団との関係において顕現する〈デン〉だということになる。ディンカとヌアーとのつきあいが長いスーダン人の政府役人であるシャッタートン氏は、ルエン・ディンカの間では、どのクランも〈デン〉のことをそれぞれに異なる名前で呼んでいること、それゆえに、政府によって一名の首長が任命された際、問題があらためて発生したこと、それは、その首長が彼の統治下のさまざまな人々が使っているのとは異なる名前で〈デン〉を呼んでいるとして、多くの者たちが苦情を寄せてきたというものであったことなどを、公式文書のなかに記録していた。このような事態は、西ディンカの間では起こりえないであろう。なぜなら、独特の名前と姿をしたものとしての〈デン〉は、ごく少数のクランにとってのクラン神霊にすぎず、他のクランの人々は、〈デン〉とは別の、彼らのクラン神霊をそれぞれに崇敬しているからである。それでも多くの、いや、おそらくほとんどのディンカの家族が、〈デン〉に捧げられた雌牛——〈デン〉の「幽霊」あるいは「影」の雌牛——を大切にしている。彼らはその雌牛と離れてはならないし、そのミルクは（クラン神霊に捧げられた雌牛の場合と同様に）よそ者に飲まれてはならないのである。

西ディンカの人々は、神性と自由神霊の関係や両者の違いなどについて、私が本章で彼らの語る内容に基づいて記述した内容以上に首尾一貫した釈義的な説明を与えることができない。他の地域のディンカのなかには、神性と他の神霊たち、特に〈デン〉との関係について、より明確で系統だった概念を持つ者たちもいるかもしれない。実際、そのように示唆する論者たちもいる(42)。

しかし、いかにそれが明晰で精巧なものであろうと、ディンカの「宗教的信条」とかパンテオンのような類いのものを説明しようとしても、私がみるところ、それはわれわれが事実を理解する上で糸口となるものを覆い隠すことになる。事実関係を理解する上で糸口となるのは、ディンカの宗教が特定の種類の自然上の、そして社会上の経験とともに始まっているということなのだ。この、諸々の〈力〉と経験との間の対応は、おそらくクラン神霊の事例において最も明確にみられることだろう。(43)

第二章への補遺

P・P・ハウエル博士　著

［ハウエル博士が、私には訪れることができなかった重要な祭壇を観察してくださったことに大変感謝している。ハウエル博士は、私の研究の主要な部分に言及することなく著述を行っておられるが、それゆえに、これまでに論じてきたディンカの信仰にまつわる諸問題に関して、独自の見解をお示しになっている。博士は三つの讃歌も記録しておられるので、ここに彼の翻訳と付記とともに再録することにしたい。］

(1)　ルアク・デンに関する若干の所見

リーンハート博士は、私にルアク・デンに関する短い報告を寄せるように依頼された。ルアク・デンとは、現在はナイル川の東に居住しているディンカの諸部族の人々の間で重要視されている、このあたりでは珍しく精巧に作られた祭壇のことである。私はこの依頼に応じることにしたのだが、いささか自信がない。なぜなら、確かに私はこの祭壇を三回にわたって訪れる機会に恵まれ、この祭壇を管理しているラク・ヤーク氏とも知り合いになったのだが、当時、私はルアク・デンの起源やその宗教上の重要性とは関係のない、ヌアーの調査研究に従事していたからだ。私は、もっと聞き取り調査を行って、この地域のディンカの部族集団、特にルット・ディンカとソイ・ディンカに関して包括的な説明ができるようにしたかったのだが、それはできなかった。この地域のルット・ディンカはバイリンガルだったので、私の質問の大部分はヌアー語で行われた。ここでは、私がすでに報告したことがあるアイウェル・ロンガールの盛り土ないし「ピラミッド」についても言及しなければならないだろう。(44) この宗教的中心地は、今日では事実上放棄されているが、ディンカの民間伝承においてルアク・デンと結びつけられることが多い。もっとも私は、もとは別々のディンカの間で伝わっていた、初期の神話に起源を持つまったく異なる二人の文化的英雄を、後になって結びつけるような説明が出てきたことで、こうした話が広まったと理解している。ルアク・デンに関する短い説明を以下に記すことにするが、ここで私は、祭壇の持つ意味をディンカの宗教全般と関連づけて解釈するつもりはない。この記述が価値を有するとすれば、それは、ルアク・デンを訪れたことのある人がほとんどおらず、その研究もこれまでほとんどみられないという、ただそれだけの理由によっている。

ルアク・デン、またはルアク・クウォス、ヌアーが呼ぶところの「神の牛小屋」は、今はガーワル・ヌアーのバル第一次分節の人々によって占められている地域の北の部分、チュアイ（Cuai）に近いところにある。この地域一帯はかつてディンカの諸部族のものであったが、四世代前か、せいぜいさかのぼっても五世代前の時代にヌアーが侵入してきたことで彼らは追い出され、あるいは分断され、散らばって居住するようになった。この祭壇の周辺と、その数キロ以内の地域には三〇〇人くらいの小規模なデインカの集団が居住しており、彼らはこの地域のヌアーの領域内に暮らすディンカのリネージ群とは異なり、自分たちのアイデンティティを保持し、ヌアーの部族構造に完全に吸収されずにいた。これらの人々はその起源をルト・ディンカに持っており、その母集団から九〇キロ以上も離れた場所にいたのにもかかわらず、彼らと密接な関係を維持していた。

この地域の歴史を手短に振り返るなら（いずれ、それぞれ個別に詳細な研究がなされるべきだが）、それはナイル川の西側を故郷とするヌアーのいくつかの集団による、まずはゼラフ島、次いでドゥク山脈を横断してピボル川に向けて東へと進んでいく、一連の侵略の歴史であった。十九世紀初頭の地図は、ゼラフ島が北はゴック・ディンカ、南はルアッチ・ディンカ、後にガーワル・ヌアーに占領されることになるゼラフ川の東側はルト・ディンカ、これらの地域の北側と東側はソイ・ディンカによって占められていたことを示している。東側では、パダン・ディンカが現在のロウ・ヌアーの領域からソバト川を横断して北のほうまで勢力を拡大しており、ドゥク山脈の真ん中あたりはリチ、南方面はニャラウェンというそれぞれ小さな部族集団ないし分節リネージ集団によって占領され、彼らはゴック・ディンカとルアッチ・ディンカをでには、ゼラフ島はロウ・ヌアーによって占領され、彼らはゴック・ディンカとルアッチ・ディンカをソバト川に向かって北方へ追い出したが、後に彼ら自身がシアン・ヌアーやラク・ヌアー、ガーワル・ヌアーらによって追い出された。ルト・ディンカが保持していた領域の大部分は、ガーワル・ヌアーによって占領された。こちらもかつては大勢力であったソイ・ディンカも、今やルト・ディンカの東側に暮らす小さな集団になってしまった。また、パダン・ディンカとドゥウォル・ディンカは、ソバト川を越えて北のほうに追いやられてしまった。唯一、ニャラウェン・ディンカだけは自分の領地に対する大規模な侵入を免れることができた。そして、現在のガーワル・ヌアーとの間の境界線は、十九世紀から二十世紀の変わり目にアングロ・エジプト政府が成立してヌアーによるこの方面への拡張を止めていなければもっと南のほうにあったはずだということを、それなりの妥当性をもって推測することができるだろう。

こうした一連の侵略によって、ディンカの人々は散り散りになり、混乱し、おそらく人数もかなり減少したと思われる。彼らの系譜に関する網羅的な調査を行わない限り、現在よりも密接な関係にあったと思われるかつてのディンカの諸集団の相互関係を再構成することは容易ではない。もっとも、彼ら自身も多くの場合、自身の系譜について忘れてしまっている。このため、かつてのルアク・デンが持っていた本来の意義を評価することは困難である。もっとも、この祭壇が、この地域における部族構造において非常に重要な役割を果たしていたであろうことは疑いない。これほどの大きさではないものの、これと似たような祭壇は、ナイル川東岸のディンカの領域においてもいくつかみられる。しかし、これらの祭壇の存在は、ルアク・デンがとりわけルト、ソイ、ニャラウェン、パダン、ドゥォル、リッチ、そして「マルベックの息子の子孫たち」として知られるトゥイジのいくつかのリネージにとって重要なものであったことを示唆している(46)。そして、いくつかの点において、これがこれらの人々の連合の象徴であったことを示唆している。実際、これらのディンカの諸部族集団は、まだヌアーが侵入してくる前の日々の素晴らしさを懐かしみつつ語る。そのころは、マルベックの息子たちは協力しあって祭壇を維持しており、各部族、あるいは各部族における特定のリネージの者たちがそれぞれ独自の役割を担っていたという。このような心情は、数多くの伝統的な歌に反映されている。それらにおいては、しばしばルアク・デンのことが言及され、ルアクを放置していることに対する罪悪感が表明されている。これらの部族集団のほとんどは、多くの人は自らの責務についてあまり気にかけなくなっているものの、今でも

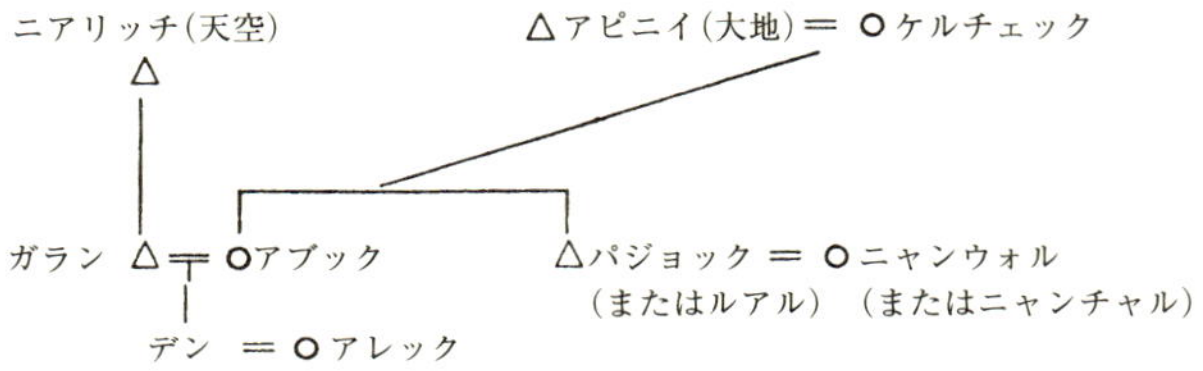

補遺図1

特別な機会があれば代表を派遣し、また必要とあれば祭壇の補修を手伝っている。この地域のディンカ人のなかには、死者をルアク・デンの方角に向けて埋葬する者もいる。

ルアク・デンは、三つの牛小屋と四つの家屋からなっている。最も巨大で、最も重要なのは文化英雄デン・ガラン[47]の牛小屋であるが、現在のものはオリジナルのレプリカにすぎない。それでも、かつてのオリジナルの牛小屋の土台部分は、今も注意深く保管されている。このほかに、デンの父親であるガランの牛小屋と、デンの母方オジであるパジョクの牛小屋がある。これら三つの牛小屋の背後には、デンの女性親族の家屋がある。すなわち、彼の母アブック、彼の妻アレック、パジョックの母ケルチェック、パジョックの妻ニャンチャルの家々である。これらの家屋の持ち主である精霊同士の関係は図〔補遺図1〕のように示せるだろう。

この図〔補遺図1〕からは、デンが、神性つまり空の息子であるガランと、アピニイつまり大地の娘であるアブックとの結合から生まれたということがみてとれるであろう。あるディンカの集団の屋敷地配置における顕著な特徴は、父方親族と母方親族のどちらもが同じように居住しているということである。これは、物質的な象徴としての祭壇に表された宗教的概念の本質を示唆するものである。アブックとアレックの小屋の前には二本の聖なる木があり、それらには牛の角、肉、金属製の腕輪、タバコなどの供物が吊り下がっている。ガランの牛小屋の入口近くには、犠牲獣をそこにつなぐための、太くてよく磨かれた牛用の杭がある。その前には牛の骨が積まれているが、これはナイロートの人々の家屋によくみられるもので、ヌアーではゴル・ウィッチ（*gol wic*）として知られている。横にはリエク（*riek*）、または祖先の柱がある。これらの牛小屋は誰でも見ることができるが、アブックとアレックの小屋は敷物で塞がれており、みだりに侵入しようとする者から用心深く守られている。ここに立ち入ることができるのは、デンの司祭だけである。

私は、ルアク・デンを三回訪れたが、この祭壇の「高位司祭」であるラク・ヤーク氏は、私がこれらの小屋に立ち入るのを許さなかった。このあたりの地域の行政区の前長官であったH・G・ウェダーバーン＝マックスウェル氏は、以前に一度だけそのなかを見ることを許されたが、なかにはおびただしい数の旧式のライフル銃や槍、腕輪、腐食してぼろぼろになった象牙などがあったと語ってくれた。祭壇のある場所は全体に巨木に囲まれており、祭壇の南側には大きなため池がある。その向こう側には舞踊用の広場があるが、それは宗教的儀式にも、通常の舞踊にも用いられるものである。

ルアク・デンを最初に訪れた英国人は、エル・ミラライ・G・E・マシューズ・ベイ氏と、W・C・P・シュトゥルベ氏である。彼らは一九〇七年に、ヌアーの「預言者」にして戦争指導者であり、しばしば預言者ディウとも言及されるデン・リケアに会うため、ルアク・デンがある場所からアウォイに向かってガーワル・ヌアーの領域を踏破している。(48) 彼らは、祭壇について以下のように記している。

ルアン・デンは、ディンカ人たちとヌアー人たちにとっての聖地であり、そこには彼らの神であるデン・ディトの祭壇と、アルデイバの木とスバの木に囲まれた、絵になるような水たまりの近くのやや高まった場所に設置された柵がある。この祭壇を管理しているのはデン・アグウェイルであり、奇妙なことに、この神秘的な神の小屋の入口や木々を飾り立てている雑多な骨や未成熟な動物の牙などの由来についてほとんど語ろうとしなかった。(49)

デン・アグウェイルは一九三〇年代後半に亡くなった。彼の兄弟の息子であるラク・ヤークが、その後を継いだ。これらの、伝統的に祭壇の守護者となるルト・ディンカの系譜をたどっても、その由来はよくわからない。ただ、彼らが自分たちのことを、この祭壇の神話上の主であるデン・ガランの直接の子孫とみなしていないことは確かである。

祭壇には、二つの神聖な太鼓が取りつけられている。もっとも、この太鼓はオリジナルのそれではない。オリジナルのほうは、ガーワル・ヌアーの襲撃期間中、ブッシュのなかに隠され、その後見つかっていないという。どちらも、牛皮が革ひもで取りつけられた、典型的なナイロートの様式の、長い円柱形をした太鼓である。両者ともに「仔牛」、つまり同じ様式のやや小型のレプリカを持つ。現在の太鼓は、それぞれボル・デン、ヨウ・ガランとして知られており、それぞれの最初のほうの名前は、これらが奉納されたときに供犠された去勢牛の色を指している。ボル・デンは一九二八年にニャラウェン・ディンカの領土で制作されたが、引き渡される前に、ドゥク・ファイウェルに対してヌアーが行った襲撃で奪われてしまった。次いで、ヌアーに対して行われた一連の軍事作戦の過程で、今度はウェダーバーン＝マックスウェル氏の手に渡り、その後、本来の持ち主のもとへ返還されたのである。

ヌアーとディンカ双方の伝承から、ヌアーによる最初の侵略が行われている間、デンの祭司が北方のソイの領域に向かって逃れたのにもかかわらず、そして建物自体は破損状態にあったのにもかかわらず、祭壇が決して冒瀆されなかったということがわかる。現在、ルアク・デンはヌアーによって敬意を払われつつ丁重に扱われているが、ヌアーの人々は長期間にわたってこれと関係を持ったために、彼らは今ではこれをほとんど自分たちのものとして扱っている。少しでも何か捧げ物をしない限り、人々はこれに近づいてはならない。こうした捧げ物としてよくみられるのは、祭壇の方角に向かってタバコを投げるというものである。

祭壇には、日常生活におけるトラブルや、子どもの死、病気などに悩まされる人々が訪れ、頻繁に供犠が行われる。この供犠の方法は、通常のディンカ式とはまったく異なっており、犠牲獣は槍で突かれるのではなく、熟練の技で槍を投げつけられ、それ専用の特別な槍で喉を切り裂かれるのである(50)。

集合的な祭式も行われている。よくあるのは、雨がなかなか降らないときに、雨乞いの祭式を行うことである。犠牲獣が供犠され、デンの雨の石、パム・デンが持ち出されてそれに腸液が塗りつけられ、その上から水が注がれるのである。かつては、ソイ・ディンカやルト・ディンカもまた別の雨の石を持っていたといわれるが、私は、今も使われているものをほかに見たことがない。この石は花崗岩であるが、おそらくはゼラフ丘陵から採取されたものであろう。そこが、このあたり数百キロの範囲内で、唯一の石場だからである。アブックとアレックの小屋の外側にしつらえられた、泥で作られた熱よけの囲い(*buor*)もかなり変わっていて興味深い。これと似たようなものはあらゆるディンカの屋敷地でみられ、世帯の家事の象徴とみなされているものの、これは異常に大きいのである。

この祭壇にいるのはデン・ガランの精霊であるが、ディンカの神話において頻繁に言及される存在である。この精霊があちこち放浪する様子についてはディンカによってさまざまに語られているが、デン・ガランが常に、何らかのあり方で、もう一人の文化英雄であるアイウェル・ロンガールと結びついているということは重要である。(51) この祭壇の現在の所有者たちが語るのは以下のような物語である。デン・ガランは、もともと北のほうからやって来たが、アイウェル・ロンガールと一緒にトゥイジ・ディンカの領域に向かって南下した。ルアク・デン、あるいは現在の祭壇が建てられているやや小高い場所は、もとはソイ・ディンカの祖先で、ムジョックという並外れた霊力を持つ男に占有されていたのだが、彼はある時デンに追い出されることになったのだという。物語は、いかにムジョックが赤色の牛の大群を所有していたかを伝えている。デンがやって来て、これらの牛を夜間、牛舎に入れるようにと言った。翌朝、ムジョックとその支持者たちが驚いたことに、牛はその色を変えていた。ムジョックは、最初はデンを疑わず、彼に親しげに話しかけ、お互いの子どもたちで一緒に一頭の雌牛の搾乳をしようと持ちかけた。デンの息子二人が右の乳首を、ムジョックの息子二人が左側の乳首をそれぞれ手に取って絞ったが、デンの息子たちのほうは乳が小川のように流れ出てきて二人の口に注がれたのに対して、ムジョックの息子たちのほうはまったく乳が出なかった。これらの呪力の誇示により、ムジョックは、デン・ガランのほうが自分よりも霊力において上であることを認め、この地域における霊力の最高指導者の地位から降りることにしたのだった。

この物語ではアイウェル・ロンガールへの言及はほとんどみられないが、ルトの人々は、彼はこの時デン・ガランと一緒にいたという。二人は、この地域のディンカ人たちの助けを借りて牛舎を建てた。この物語において驚異的なところは、最初、牛舎は扉のない状態で建てられたということである。主だった部族長たちが順番にアイウェルに呼び出され、扉はどこにあるべきか答えるよう命じられたが、正しく答えることができた者はいなかった。とうとう最後に、ガルガルという男が正しく解答した。ガルガルは、アイウェルの後継者に任じられるとともに、デンの補佐を務めるようになった。それから、アイウェルは西のほうへ移動し、ゼラフ川を横切ってジュムビエルまで行き、そこでプウォム・アイウェル、つまりアイウェルのピラミッドを建立したという。このピラミッドは現存している。

アイウェル・ロンガールにまつわる物語は数多い。また、ディンカの神話において彼とデン・ガランのつながりを述べているものは、私が先に紹介した物語に限定されるわけではない。先ほど示唆したように、ナイル川東側に居住するすべてのディンカの部族集団の神話を比較検討すれば、デンの祭祀とアイウェルの祭祀がもともとは異なる別々のディンカの集団にそれぞれ起源を持っており、両集団はそれぞれ別の場所から移住してきて、友好的な関係を築いたにせよ、戦って征服したりされたりしたにせよ、やがて一連の歴史の過程で一つにまとまっていったのだということが明らかになるだろう。これは、二人の神話上の人物が実に広い地域にわたって結びついているということをうまく説明するように思われる。

(2) P・P・ハウエル博士によって採集された三つの讃歌

[これらの歌は、ルト・ディンカ、ソイ・ディンカ、ルアク・ディンカの間で知られているものであるが、本書で私が主に言及してきたディンカは彼らのことをほとんど知らないか、あるいはまったく知らない。固有名のいくつかは曖昧なままである。]

(一) 私たちは、〈ガラン〉とケルジョックに跪く
牛小屋（*luak* 牛小屋あるいは祭壇）の〈デン〉よ、私を助けておくれ
父よ、あなたの両足の間をすり抜けて行かせたのはあなただ(52)

あなたはムオニィレク[53]という灰をくださった

(二)
〈ブック〉〈〈アブック〉〉よ、〈デン〉の母よ
空にあるあなたの家を出て、私たちの家で働くために来ておくれ
私たちの領土を〈デン〉の家のようにきれいにしておくれ
こちらに来て私たちの領土をアクウォルの領土のようにしておくれ
そのようにではない、夜だろうと昼だろうと
デンと呼ばれる子ども、その顔は悲しげになった
アクウォルの子どもたちは彼らの首長を当惑させた

(三)
ああ、私たちは〈デン〉のもとへ行く
私たちの昔の牛小屋(祭壇)で
牛小屋の柱まで行かせておくれ
私たちのもともとの家で。私はサンダルを履いた[54]
ニィエルは彼の牛小屋に行く[55]

注

(1) 活動範囲を広げるのは、これらの自由神霊が持つ特徴である。仮に、〈ロイ〉が今、もっと広まっているとしても驚くことではない。

(2) そうしたものとしては〈アディム〉がある。これはアガール・ディンカ起源とされ、ハイエナと、家畜をハイエナから守ることに関連していたといわれる。また、ボル・ディンカの間で知られている〈アヤク〉もある。これはおそらく〈アブック〉の母親であろう。さらに、ボル・ディンカの間で知られている〈ダイム〉もある。これは、ショウ助祭長が解釈した歌の主題となっている。Archdeacon Shaw, "Dinka Songs", *Man*, vol. xv, 1915, p. 20 を見よ。

(3) これらは、ヌアーとアニュアの間ではそのように二分化されている〔エヴァンズ＝プリチャード『ヌアー族の宗教　上』向井元子訳、平凡社ライブラリー（平凡社）、一九九五年〕。

(4) ディンカは、商人でも宣教師でもない者のことを、政府の役人か何かに違いないと考える傾向にある。

(5) ディンカの人々は、呪物は南方に住むスーダン系の言葉を話す人々にとりわけ特徴的なものと考えている。

(6) V. H. Fergusson, "'Mattiang Goh' Witchcraft', *S. N. & R.*, vol. vi, 1923, p. 112. ファーガソン大佐は、一九〇二年ごろにマッティアン（Mattiang）という名前のアガール・ディンカがゲル川の近くに住みついたと推測している。彼はそこで植物の根を見たのだが、トンの「ジュル」（ディンカではない人々）はそれを「マッティアン・ゴー」というのだと彼に教えた。なぜなら、ゴーはその人物の父親だったからである。ファーガソンは、その根は持ち主を盗難から守ると言う。

(7) ディンカ語で言うアビャル（*abyar*）は肛門の歪曲表現であり、しばしば下品な冗談のネタとなる。

(8) ティエット（*tyet*）という語は、ディンカでない人々からはアテット（*atet*）、「特別な技能や腕前を持つ人」と混同されることがある。この語は骨接ぎ屋やマッサージ師、さらに広く手が器用な人物を指すのにも用いられる。こうした技能を持つト占師はいるが、ト占師ではない者でそれを持つ者も多い。

(9) これはおそらく、アラビア語のザール、すなわち人間に憑依する精霊のことを指している。

(10) エヴァンズ＝プリチャード教授のヌアーに関する記述内容に従っている〔エヴァンズ＝プリチャード『ヌアー族の宗教　下』向井元子訳、平凡社ライブラリー（平凡社）、一九九五年、二二九頁以下〕。

(11) セリグマン教授夫妻が訪れたディンカの一部の人々によって崇敬されている隕石のことである。「この石は、今ではパリアク村にある。私たちのインフォーマントが生まれる前に、しかし彼の兄が生まれた後に落ちてきたという。この隕石が『みんなに』落ちたとき、彼の兄を除いて、彼の両親を含めた全員がムオル（*muol*）になった。犬さえもムオルになった。この語は、精霊によるティエット（呪医）への憑依にも用いられる」。C. G. and B. Z. Seligman, op. cit., 1932, p. 150. ムオルは、「気の狂った」とか「ヒステリックな」という意味である。

(12) C. G. and B. Z. Seligman, op. cit., 1932, pp. 188–189.

(13) アリアスは男性の個人名である。この事例では、クランの創始者の名前である。それ以外にどのような意味があるのか、私は知らない。

(14) 誰でも自分のクラン神霊に憑依されうるものだが、ここでは、それ以上の意味を持っている。

(15) とりわけ、地方政府のための計画が始まったことを指している。

(16) ウェン・ディオール（*wen dyor*）、「女たちの子どもたち」は、最初の簎猎の長であるロンガールと密接に関係している諸クランからなる集団である。この一行は、チェルのクラン、パヤスのことを言ったものである。

(17) チェルの個人名であるジエルは、彼のクランの創始者の名前でもある。

(18) マンガールとは、ある去勢牛の名前である。

(19) この名前については、一二七頁で述べる。

(20) P. A. Nebel, op. cit., 1936 においても、これらの名前は同じものを指すとされている。チョルウィッチという語は、もとからのディンカ語ではないように思われる。ヌアー語では、この語は「黒い頭」であろう。ヌアーではウィッチは「頭」の意味だが、ディンカではそうではない。ネーベル神父に採集され、P. W. Schmidt, op. cit., 1949, p. 161 に引用されている資料によると、チョルウィッチはヌアーにおけるそれに関する概念と一致しており、稲妻に打たれて亡くなった者を近親者に持つ人たちの神霊である。この意味については、ヌアーと最も接触しているディンカの人々、とりわけ西トゥイジの間ではっきりと語られるのではないかと思う。

(21) E. E. Evans-Pritchard, 'The Nuer Colwic', *Man*, 1949 に詳述されている。

(22) これらのうちの最初の二つは、後述する自由神霊の名前である。〈アイ・ニャン〉は神霊（*yath*）であるともされるが、私の情報提供者たちはそれ以上は何も知らなかった。

(23) この一行について解釈を求められた場合、ディンカの人々は、この一行がただ創造主たる神性、ないし自由神霊ガランのことにのみ言及したものではないとみなしていることは明らかである。両者は同化されている上に、〈ガラン〉の預言者とも関わっており、歌はこれら三者をたたえている。同様に、次の歌にある「光り輝く長」も、基本的にはガランに言及したものであるが、その人間の預言者のことにも言及している。

(24) 〈アヤク〉は〈アブック〉の母親とみなされているが、私の情報提供者たちはそれ以外には特に定義することができなかった。

(25) ディンカ語のニャレク（*nyalek*）は、赤色（茶色）と白色の雌の子牛のことである。ここでは、ガランを意味しているといわれる。

(26) この名前は、トゥイジが〈ガラン〉祭祀と関係していることを示すものであり、興味深い。ディンカの人々は、これを古い歌だとみなしている。ここに記述したものは、北西レク・ディンカのアワン部族集団の一つから採集されたものである。そこでは、ニウォルはただ、この歌の作り手の父親だといわれていた。事実、ニウォルは、預言者として、また強力なリネージの創始者として著名な、西トゥイジ・ディンカのある老首長の曽祖父であった。

(27) 去勢牛または雄牛は、他の家畜群と一緒に放牧されることはなく、杭につながれて供犠を待つ。

(28) ここで「殺された」と訳した語は、通常用いられる語であるノク（*nok*）ではなく、グル（*gur*）というディンカ語である。この語は、犠牲獣を蹂躙したりつぶしたりして殺すことを意味していると説明されるが、それは後述するディンカの祭式のいくつかにおいて行われる。この踏みつけるという行為は、遠くで響く雷の音と、それに伴ってもたらされる雨と関連づけられているようにみえる。Fr. Nebel. op. cit. 1936 は、グル（*gur*）という語に供犠的な意味があるとは述べていない。J・M・スタッブス大佐は、"Notes on the Beliefs and Customs of the Malwal Dinka", *S. N & R.*, vol. xvii, 1934 においてクラン神霊に捧げられた犠牲獣の屠殺について記述しており、ミオル・ヤス・エグリ（*mior yath eguri*）、訳して「ヤト（yat）の雄牛が上に座った」との一文を含んだ資料を引用している。通常、グルには「座る」という意味はない。Fr. Kiggen. op. cit. 1948 は、ヌアーにおけるこの語の意味について以下のように述べている。「グール（*Guur*）：ヌアーの神に対する犠牲獣の供犠。グール・ヤン・クウォス・ジャーンギニ（*Guur yang kuoth jaangini*）——ディンカ人の神に対する雌牛の供犠……彼らは雌牛の鼻孔と背中、口、四カ所の空いた部分に草を入れ、その後、雌牛は屠られて皮をはがされる」。エヴァンズ゠プリチャード教授は、ヌアーの間で、ニシキヘビの神霊に捧げるものとして犠牲獣をこのように屠るやり方を見ていた。このやり方は、獲物を締めつけて殺すニシキヘビを真似たもののようにみえる。

(29) 「異郷で眠る」とは、牛の強奪時における戦士の習慣に言及したものである。「白い雌牛」とは、自由神霊〈デン〉ないし〈デン・クール〉(一四二頁を見よ)の所有物である、神性の雌牛のことだといわれていた。

(30) 例えば、H. C. Jackson, "The Nuer of Upper Nile Province", *S. N. & R.*, vol. vi, no. 1, 1923を見よ。ここでは、ディンカの起源に関するヌアーとシルックの見解が論じられている。セリグマン教授夫妻は、私自身もそうだったのと同じように混乱し、よくわからなかったようで、こう書いている。「もう一つの霊的作用者、デンまたはデンディット——文字どおりには『偉大な雨』である——は、私たちが以前書いたように、ニアリッチと同一視されている。しかし、それは白ナイルのディンカでは当てはまらない場合があるようであり、バハル・アル・ガザルの諸民族の場合もその可能性がある。現時点での私たちの見解は、デンディットはニアリッチに従属する精霊とみなされていて、ニアリッチから出てきたか、ニアリッチの子どものようなものと考えられることもある、というものである。それは、精霊レルピオと同じようなものだ……しかし、より強力で、より幅広く浸透している。デンディットとニアリッチの関係に関して本当のところはまだわからないが、両者が非常に近い関係にあるということだけはいってよいと思う」。夫妻は、本書の第一章で記述した、天空と大地の関係を正すためにアトッチという小鳥を遣わしたという伝説をつけ加えているが、そのなかでもデンディットは神性と一緒にされている。そして、夫妻はこう報告している。「しかし、ニエル・ディンカの間では、彼は比較的身近な存在として登場し、一時期、人間の姿で部族集団を統治したこともあり、人間の超゠祖先に近い……」。C. G. and B. Z. Seligman, op. cit., 1932, p. 179. ネーベル神父は、彼の一九三六年の前掲書において、「雨」または「雷雨」を意味するデンと「ディンカの人々の祖先であり守護者」であるデンまたはデンディットを区別している。

(31) Capt. J. M. Stubbs, op. cit., 1934によれば、アビエム・ディンカでは、人々はクランの祖先としてのデンと、自由神霊(本書における用語で言うところの)としてのデンないしデンディットをはっきり区別していたという。

(32) Archdeacon Shaw, op. cit., 1915.

(33) ネーベル神父は、ディンカの祖先デンディットと、雨（*deng*）をその音調から区別しているが、彼の辞書には、ここで論じている自由神霊としての〈デン〉が掲載されていない。

(34) C. G. and B. Z. Seligman, op. cit., 1932, p. 180 は、シッチ・ディンカとアガール・ディンカの間にみられる〈デン〉の祠について報告している。夫妻は、ある巨大な祭壇のイラストも描いているが、それは牛小屋と複数の小屋の形で描かれている。この祭壇は、今ではヌアーの居住地域にあるルアク・デンまたは「〈デン〉の牛小屋」である。この祭壇についての覚え書きが、本章末にP・P・ハウエル博士によって補遺として寄せられている。

(35) P. W. Schmidt, op. cit., 1949, p. 158 に引用されている。

(36) 原文は以下のとおり。Diese beiden Gesange richten die Twiy-Denka an ihr Schlangentotem Deng und die Rek Dinka an ihren Ahnherrn Deng.

(37) Op. cit., 1949, p. 147.

(38) 原文は以下のとおり。Deng Vater, Deng der Höhe, Vater Deng, Größer der alten Zeit.

(39) 原文は以下のとおり。Dengdit erhört nicht, Dengdit verweigert. Wenn nicht geehrt, ist er beleidigt, Vater Deng, verlaß mich nicht ! Vater Deng, überlaß mich nicht dem Bösen !

(40) この問題については、E. E. Evans-Pritchard, "The Nuer Conception of Spirit in Its Relation to the Social Order", *American Anthropologist*, vol. lv. 2, 1955 において詳細に論じられている〔エヴァンズ＝プリチャード前掲『ヌアー族の宗教　上』第四章〕。

(41) 事実、ングンデンは、多くのヌアーがそうであるように、何ほどかはディンカ起源のようにみえる。

(42) この問題を論じた文献については、P. W. Schmidt, op. cit., 1949 において、あちこちで検討が加えられている。ただし、そこで言及される論者たちは、その知識、信頼性、理論化に対する熱心さなどの点であまりにもまちまちである。ボル・ディンカの神霊に関する非常に興味深い議論が、R. T. Johnston, "The Religious and Spiritual Beliefs of the Bor Dinka", S. N. & *R.*, vol. xvii, 1934 にみられる。

(43) もちろんわれわれは、われわれが理解を試みているディンカの経験が、本質的な意味においてわれわれが言うところの「自然」なのか「超自然」なのか、ということを判定する立場にはいない。私がここで言えることは、ディンカの宗教を理解する上では、われわれ自身にもわかる「自然の」経験に基づいてそれを把握するのがよいのではないか、ということのみである。

(44) P. P. Howell, “Pyramids” in the Upper Nile Region,” *Man*, 1948, pp. 52-53.

(45) この地域は、バール・アルジェベル、バール・アルゼラフ、白ナイルからなっている。

(46)「マルベックの息子たち」。マルベックはしばしばアイウェル・ロンガールの子孫といわれている。系譜関係は以下〔補遺図2〕のとおりである。

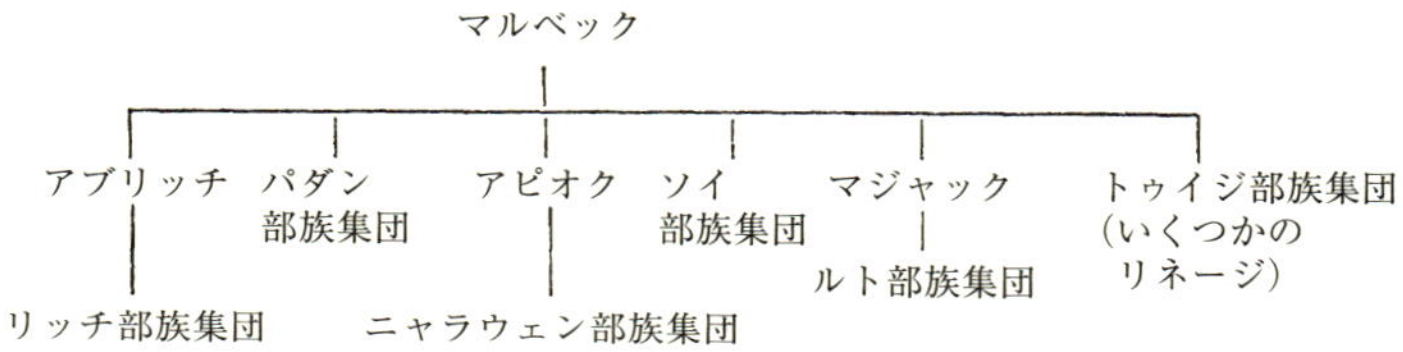

補遺図2

(47) デン・ガランはよく、雄牛名か敬称で言及される。例えば、リアル、モニチャーム(左利きの人)、ニエル、ケルジョク、マドルなど。

(48) E. E. Evans-Pritchard, *The Nuer*, Oxford, 1940, p. 186〔エヴァンズ＝プリチャード前掲『ヌアー族』三二一頁〕や、P. P. Howell, *A Manual of Nuer Law*, Oxford, 1954, p. 31 などを見よ。

(49) 未公刊の政府記録。

(50) これは、西ディンカでは普通のやり方である（ゴドフリー・リーンハート）。

(51) 私の経験では、西ディンカではそのようなことはない（ゴドフリー・リーンハート）。

(52) 人の両足をすり抜けること。病人が呪医の両足の間をはってくぐり抜け、病気を後ろに置いていくという儀礼のことである。

(53) ムオニィレク（マレクという去勢牛の配色と関係がある）とは、おそらく神聖な灰のことであろう。

(54) つまり、長旅に備えてということである。

(55) ニィエルとは、個人名であると同時に、ニシキヘビのことでもある。ただし、ここでこの語がそのような意味を持つのかどうかは不明である（ゴドフリー・リーンハートによる注記）。

第三章　神的なるものの唯一性と多数性(2)——クラン神霊

1

神霊——自由神霊とクラン神霊——が広義の〈力〉の一部であり、ディンカの人々はこれらを「人間に関与する諸々の〈力〉(*yath ee jong e ruai ke koc*)」と表現していることを思い出していただきたい。ディンカの観点では、第二章で記述した自由神霊たちはこうした関与を個人に強いるのであるが、その際、その人物がどの部族集団や出自集団に属しているのかということは関係がない。これらの神霊は、ディンカのあらゆる個人、さらにはディンカの隣人であるヌアーの間でさえ共通しうるような諸経験(これについては、後ほど分析を試みたい)に対応するのであるが、これに対して神性は、あらゆる人間に共通する諸経験に対応するただ一つのものとして理解される。ディンカのなかには、自由神霊は比較的最近入ってきたものであり、またしかるべき時にしかるべき場所で新しい自由神霊が現れ、他の地域に広がっていくかもしれないと主張する者もいる。ある讃歌のなかで、ディンカはこう歌っている。

長に祈ろう、本来の長、放牧キャンプの中心にいる長に、
われらの長たち［今の］は大昔の長たちではない、
長に祈ろう、本来の長に。

この歌は、ディンカが〈マチャールディット〉や〈ガラン〉、その他の自由神霊から霊感を授かった預言者たちから離れて本来の簎矠の長のところへ戻るという意味を持つのだと、私は教えられた。「長」、つまりベニィ（*beny*）は、ありとあらゆる宗教的指導者が一般に冠する名称であるが、今日ではあらゆる政府役人にも適用されている。この語は特に、ディンカの間で長い歴史を持つ、祭司のクランの代表者である簎矠の長に対して用いられる。多くのディンカ人たちが主張するところによれば、大昔（*watheer*）には、彼らは神性、「神性自身」である〈デン〉、そしてクラン神霊たちしか知らなかったという。これらのクラン神霊のなかでも、助力を要請された際にいちばん効力を発揮するということから、最も強力なのは簎矠の長のクラン神霊たちである。そして、神性と部族集団または下位部族集団との間を調停するのは自由神霊の長たちではなく、この簎矠の長たちなのである。

一人のディンカ人によって英語で書かれた、ディンカについて述べたものとしては最も古い記述のなかに、この見解を裏づける部分がある。この著作は、子どもの時に奴隷商人に捕らえられ、その後、偶然が重なり、一人の宣教師によってイギリスに連れてこられ、そこで牧師となり、確かスカンソープの未亡人と結婚した人物によって書かれたものである〔この人物については、Douglas Johnson, "Divinity

Abroad: Dinka Missionaries in Foreign Lands", in Wendy James & Douglas Johnson (eds.), *Vernacular Christianity: Essays in the Social Anthropology of Religion, Presented to Godfrey Lienhardt*, JASO, Lilian Barber Press, 1988, pp. 174-179, "Salim Wilson: The Black Evangelist of the North", *Journal of Religion in Africa*, 21(1), 1991, pp. 26-41 を参照のこと〕。この人物、ハタシル・マシャ（正確にはマチャール）・カティシュは、ディンカ人を称賛する内容の本を二冊書いたが[1]、そこで彼らの宗教と道徳がもともと持っている清廉性を示そうとした。彼は次のように報告している。

> 戦いに出かける前に行われる儀礼は、彼らの無名の神に対する信仰において非常に重要であった。祭司である首長は、戦士全員の膝にミルクとバターを塗りつけ、彼らの骨に活力を満ちさせ、関節を柔軟にし、敵の前で栄誉をあげうる勇敢な心を彼らに与えるよう、神に祈願する。その後、首長（ベイン *Beyn*、つまり「全能の者」と呼ばれていた）も自らに油を塗り、頭部に砂埃をかけると、照りつける太陽の下に一日中座り、食を絶ち、戦士たちが成功裏に任務を果たすよう祈り続ける。これは無報酬で行われるもので、彼の責務となっていた。腹話術師、知的未熟者、降霊術を行う者などは、成功や守護のための祈禱を行うことを許されていない［強調は引用者］。ディンカの人々はどの地域でも、首長たちの祈願に応え、あらゆる苦悩の際に彼らを助けてくれる、崇高な存在に対する敬虔な信仰心を持ち合わせていた[2]。

ここでいう「腹話術師、知的未熟者、降霊術を行う者」とは、卜占師のことを指しているように思われる。またこの記述は、卜占師たちが今日彼らの一部が獲得しているような宗教上の名声をもともとは持っていなかったということを示唆している。現在、ディンカのなかにそう語る者がいるように、もとは神性と簎猎の長たち、そしてそのクラン神霊しか存在しなかったのである。クラン神霊たちからは霊感、強さ、守護などが授けられるが、それらについて記述するなかで、神性と永続的なディンカの社会秩序との関係、そして神性とこの永続的な秩序に関する彼らの経験との関係を明らかにしていくことにする。

読者は後の章で、供犠の前に神性とクラン神霊たちに対してどのように祈願がなされるか、多くの事例を目にすることになるだろう。以下は、簎猎の長のクランとしても重要なパゴン・クラン、「〈ハリネズミ〉の家（クラン）」の簎猎の長による祈願の一部である。

> かくあらせたまえ。汝、私の祖先（「偉大なる父」）ルオルよ、私の祖先アヨク、ルオルの息子よ、私の父の（クラン）神霊よ、言わなければならないことを言おう。パゴンの鮮肉（*ring*）よ、私は祈禱であなたを呼ぶ、パゴンのアワール草よ、私は祈禱であなたを呼ぶ、パゴンの偉大なるハリネズミよ、私は祈禱であなたを呼ぶ。私はあなたがたを呼ぶ、なぜならあなたがたはわれらを支援するから、われらがあなたがたを呼べばあなたがたはわれらの言うことを聞き入れるだろう、なぜならわれらはあなたがたの子だから、誰かがその父の神霊を呼べば、彼はそれから何かを得るに違いない、なぜなら彼はそれの子だから。汝、わが父の神霊よ、助けたまえ。今、邪悪なものがわれらに襲いかかっている。

ここで、〈鮮肉（*ring*）〉、〈アワール草〉（草本の一種）、〈ハリネズミ〉などは、いずれも簎猎の長のクランであるパゴンのクラン神霊であるが、このクランの名前はそれらのうちの一つ、ハリネズミ（*gong*）から取ってつけられている。彼らは、ディンカがいうところの「父の神霊たち（*yeeth wun*）」であり、通常は単数形のヤン・ワ（*yanh wa*）、つまり「わが父の神霊」と呼ばれている。そして、ディンカはこれによって、つまり父親を通じた父方の（paternal）祖先たち全員との直接の始原的つながりに基づいて、われわれがクラン神霊と呼んだものを自由神霊から区別するのである。あなたの神霊は何かと尋ねられたディンカ人は、もしその人物が自由神霊の一つに個人的に作用を受けている場合は、その自由神霊の名前を口にするであろう。しかし、もしあなたのクランの神霊は何か、とか、あなたの父の神霊、あるいはあなたの祖先の神霊は何かと尋ねられたら、その人物は自分のクラン神霊の名前を答えるだろう。彼は、そのクラン神霊を父方の祖先から受け継いだのであり、それが自分を父方の祖先たちと結びつけていると考えているのである。クラン神霊、「父のそれ」は、それを受け継いだ者たちについて回り（*bwoth cok*）、彼らを支援し、守護するのである。彼らは、旅に出ているときや独りぼっちのときにはクラン神霊に頼る。不幸や危険にさらされたときには、クラン神霊に助力を求める。また、もし供犠を怠った場合は、クラン神霊は彼らに病気をもたらすであろう。

クラン神霊のすべてがというわけではないが、その多くは、物質的な一つの種のなかに顕現するか、そうした種を形づくる。クランの成員たちは、これらの物質的な種たちに対して特別な関心を寄せるのである。ただし、クラン神霊というのは、彼らを表す物質的な象徴物以上の何かである。以下の事例によって示されるように、象徴物の重要性は二次的なものである。アコル・アディアンバールによって創始された「アディアンバールの家」、つまりパディアンバール・クランは、神霊の一つに〈キリン〉を持つ。したがって、このクランの成員たちはすべてのキリンと特別な関係を持ち、決してキリンには槍を向けない。この成員たちは、「〈キリン〉は私たちの（クランの）神霊である（*mir ee yanhda*）」とは言うが、「キリンたちは私たちの神霊たちである」とは言わない。このクランの男は、どのキリンについても「私はそれを殺さないよ。それは私たちの神霊だから」と言うだろう。したがって、象徴物に顕現したり、それらによって表される神霊は一つだけだが、象徴物のほうは多数あるわけである[3]。前にも述べたように、ここではその違いを示すために、クラン神霊のほうは〈 〉つきで〈キリン（Giraffe）〉と表記し、その象徴物のほうはただ「キリン（giraffes）」と表記している。

ディンカの地のなかには、もう何年もの間、キリンが見られなくなっている地域もあるため、キリンを神霊とするクランの成員で、一度もキリンを見たことがないという者たちもいる。これは、象をクラン神霊に持つ人たちで、何年もの間、象が見られなくなっている地域に居住しているような場合についても同様のことがいえる。私は、キリンを見たことがないパディアンバール・クランの人たちに、あなたたちの身の回りにはキリンがいないのに、〈キリン〉はどうやってあなたたちを助けるのか、また、もし実際にキリンが絶滅してしまったらどうなるのか、〈キリン〉神霊の象徴物もなくなってしまうのか、などと尋ねたことがある。彼らは、何も変わりはしないよ、と答えた。〈キリン〉神霊は彼らの祖先たちを助け、彼らとその子どもたちも助け続けるだろうし、仮にすべてのキリンが死滅しても、キリンの「幽霊」ないし「影」は依然として存在するし、それらが彼らをそれまでと同じように力強く支えてくれるだろう、というのである。アティエップ（*atiep*）、つまり影という語を用いることにより、ディンカの人々は、「精霊」ないし神霊としての〈キリン〉と、特定のキリン、あるいは不特定多数のキリンたちを区別して考えることができるわけである。もっとも、本来、彼らはそのように区別する必要性を感じてはいない。

したがって、たいていのクランが彼らの身の回りに実在する物質的な種を象徴物とする神霊を持っているとはいえ、必ずしもそうでなければならないということはない。例えば、パレン・クランは神霊の一つとしてレンという色の模様の牛を持っており、クランの成員はこの色の模様の家畜を保持しないようにしているが、このクランの老人の一人は、彼らが持つ別のクラン神霊であるアレッチ（*Arec*）は「人間が見たことのない、川のなかにいる小さなもの」だと私に語った。それゆえ、クラン神霊を研究する際には、われわれは物理的な形態を持つさまざまな自然の、または人が作った種やモノをめぐる崇敬以上の、それらとは別の何かを取り扱わなければならないのである。

西ディンカに限っても、クラン神霊の数は非常に多く、それらすべてを列挙することは到底できない。しかし、以下の記述は、その多様性をいくぶんなりとも説明するものと思われる。まず、重要度の高い簎猎の長の諸クランから説明していくことにするが、これらは以下に述べるクラン神霊に加え、〈リン〉と称する、簎猎の長のクランのみに共通する神霊を持っている。これは文字どおりには「肉」のことであるが、非常に重要なものなので、本章の後半部であらためて論じることにしたい。

先述したように、簎猎の長のクランであるパゴンは、〈ハリネズミ〉の神霊と〈アワール草〉の神霊を持っている。このクランに属するリネージの多くは、彼らの神霊としては、マレクとかマレンディット、マレン・ヤスなどと称する川の〈力〉も持っていると主張している。西ディンカに伝わる物語によれば、〈マレク〉というのは、最初の簎猎の長、アイウェル・ロンガールの母親を妊娠させた川の〈力〉の名前だという。〈マレク〉は、天然痘に関わる〈力〉も備えており、それゆえ、後述するような意味において〈天然痘〉はこのクランの神霊である。パゴンの諸リネージのなかには、川に棲息する〈牡蠣〉（*jual*）やそのほかの種の神霊を介して川岸に住む人々の強力な連合体を形成している例があるが、これはクラン創始者のジェニター〔生物学上の父〕が、川の〈力〉だったからである。パゴル・クラン、すなわち「大腿骨の家」は、〈大腿骨〉を彼らの神霊として持っている。このクランの成員たちは、動物の大腿骨を割ろうとはしない。後述するような状況[4]のなかで彼らがその神霊を持つようになったとき、彼らには一頭の去勢牛の大腿骨のみが崇敬の対象として与えられたにすぎなかったが、彼らは人間と動物の大腿部や上脚部をも幅広く崇敬している。パゴル・クランに属するリネージのなかにはマレクをクラン神霊として持つものもある。このクランの成員たちは、それが自分たちのクラン神霊であるとは言わないが、概してこの〈力〉に崇敬の念を表明する。パルム、すなわち「アルムの家」、パボル、すなわち「アボルの家」、パディオル、パクウィン、そしてパラウは相互に関連するリネージ群であるが、彼らは全体としてウェン・ディオール（*wen dyor*）すなわち「女性の息子たち」と呼ばれている。西ディンカの地域では、これらの集団が最初の簎猎の長の母親の夫であるジエルの家族から派生したのだという、やや漠然としたさまざまな伝承がある。[5]これらウェン・ディオールの神霊は、〈ルアルの木〉（「ソーセージの木」、学名：*Kigelia ethiopica*）、穀物のもみ殻をあおぎ飛ばす〈あおぎ盆〉（*atac* または *atanydyor*「女性のあおぎ盆」）であるが、アイウェル・ヤスとして知られている赤い蛇が含まれる場合もある。私はこの蛇を見たことがないが、コブラ（*pyen*）タイプの蛇だといわれている。パジエク、すなわち「アジエクの家」はその始祖の名前にちなんでいるが、〈ウェッチ（*wec*）〉という草本（学名：*Sporobolus pyramidalis* か？）の神霊を持つ。この草は本来、ほうきや、甕を頭上に載せて運ぶ際に用いる輪っか状のものなどを作るのに用いられるが、特殊な治療に用いられることもある。また、ほうきで掃くという行為でさえも、そのほうきがこの草から作られているということを人々に思い起こさせるということで、このクランの神霊であると語られることがある。パイ、「アイの家」もその始祖の名前にちなんでおり、〈シカモアイチジク〉（*kwel* 大きなイチジク）をクラン神霊として持っている。このクランに属するリネージのなかには、パゴンやパゴルの事例でもみられたように、マレクやマレン・ヤスへの愛着を表明するものもある。パングウェトとパリアスは、いずれもその始祖にちなんだ名前であるが、稲妻を伴った雲の姿をした〈デン〉、〈デン〉・ピオルを崇敬している。これに加えて、パングウェトは〈ウシダニ（*acak*）〉の神霊を持っており、さらにそのリネージのなかには〈鯰（*cur*）〉の神霊を持つものもある。鯰が空のなかへ行き、雨を持ってきたという物語があるが、それゆえにこの魚は雨に関係しているのである。チュル、つまり鯰は、蠍座のディンカ名でもある。パリアス・クランは、雲の姿をした〈デン〉のほかに、〈象〉の神霊も持っている。パテクはクラン神霊として〈ナイルワニ〉を持つが、このクランに属するリネージのなかには、〈火〉の神霊を持つというものもある。これまであげてきたものは、いずれも簎猎の長のクラン神霊として代表的なものばかりである。

戦士のクランは集合的にキッチ（*kic*）と呼ばれるが、彼らは重要な神霊である〈鮮肉〉を持ってはいない。戦士のクランの規模とその分布域はまちまちであり、パディアンバール・クランのように、おそらく最大規模で、西ディンカの地域のあらゆる場所でみられるようなものから、ごく限られた地域にしかいない、いくつかの小規模なリネージ群に至るまでさまざまである。パディアンバールという名前は始祖にちなんでつけられたものであるが、このクランは、血縁関係にあるパチェイニイともども〈ヘグリグの木（*thou*）〉の神霊を持っており、一部の地域では〈キリン〉の神霊も保持している。パジエン、「アジャンの家」は〈黒コブラ（*pyen*）〉の神霊を持つ。これも始祖の名前にちなんだパコウは、〈瓢簞（*kuot*）〉の神霊を持つ。パドルムオットとパグオルはどちらも〈ライオン〉神霊を持つが、パドルムオットのほうはそれに加えて〈蟻塚（*rel*）〉をクラン神霊として持っている。ライオンは、しばしば巨大な蟻塚を覆っている茂みのなかに身を隠す。小規模なクランとしては、〈アマサギ〉の神霊を持つパレオウケン、〈カバ〉の神霊を持つパクワチディエム、以下、パマンジュル（〈火〉と〈水〉）、パゴル（〈オウギヤシ〉〉、パトゥイッチ（蛾の一種）、パルオス（〈泥魚（*luth*）〉）、パルアッチ（穀物の一種、〈杵〉、穀物をすりつぶす臼の材料となる〈オウギヤシ〉〉、パニオル（〈ペリカン〉と〈クサリヘビ〉）、パガック（〈オウギヤシ〉と〈クサリヘビ〉〉、パワン（〈オオトカゲ〉）などがあげられる。

以上に言及してきたさまざまなクラン神霊に加えて、ディンカの地のさまざまな場所でみられるクラン神霊として、以下のようなものがあげられる。〈タマリンドの木〉（学名：*Tamarindus indicus*）およびその他数種の木々、〈アパッチ〉という草本（学名：*Echinocloa stagnina*）、〈ハゲワシ〉、〈頭（つまり、動物の頭部）〉、〈心臓（獣の心臓）〉、穀物を食べる鳥の一種、〈白蟻〉、〈石〉、トカゲの一種、〈針〉、〈クラハシコウノトリ〉、〈カンムリヅル〉、〈アシナシトカゲ〉、〈ナイル川（*kir*）〉、〈森（*roor*）〉、〈金星〉、〈彗星〉、そしてすでに述べたような、さまざまな姿をした〈デン〉。例えば象徴物として蛇や雲を伴っている〈デン〉である。ボル・ディンカの間では、以下のクラン神霊がよくみられる。すなわち、〈鮮肉〉に関係するものとしての〈火〉、〈槍〉（二本の古い槍）、レク・ディンカと西トゥイジ・ディンカの間でもみられる、蛇を象徴物とする〈ガラン〉。そして、さまざまな種類の草本や蛇などである。

ディンカは、クラン神霊にはどのような種が含まれ、またどのような種が除外されるのか、その原則に関する理論を持っているわけではない。彼らの思考においては、なぜあるものがクランの神霊とはなりえないのかということに関する理由は特にない。私が、そういえば私自身は自分のクラン神霊として何に祈願すればよいだろうかと尋ねたところ、彼らは、あなたは〈タイプライター〉、〈紙〉、〈ローリー〉〔トラックのこと〕などに呼びかけたらいいんじゃないか、だって、それらはいつもあなたを助けているし、西欧人たちが祖先から受け継いできたものなんじゃないのか？　と、半ば冗談めいてではあるが、示唆してくれた。つまりクラン神霊は、そのクランの成員たちが男系出自集団から受け継いできた性質や強さを明確に表しているとみなされているのである。さらに、個人にとってクラン神霊は自分が受け継いだものを表しており、母方の親類の神霊にも特別な崇敬を払わなければならない。実際には、自分の祖母よりもさらにその先にさかのぼる母方の親類たちのクラン神霊について知っている者はほとんどいないが、男性を介してであれ、女性を介してであれ、ともかく自分がたどることのできる出自のすべてのクラン神霊を崇敬している者もいる。ディンカの出自集団をめぐる構造においては、男系出自については明確に記憶されており、その系譜をはっきりとたどることができるのに対し、それ以外の出自については徐々に忘れ去られてしまう。したがって、クラン神霊はまず重要なものとして記憶されるが、母系に関わる神霊はその重要性を失っていく。母系のクラン神霊は、決して不変の社会集団を表すものではないのである。(6)

ここまであげてきた事例では神霊に関するディンカの人々の思考における重要な一般的特徴を示唆する内容がいくつかみられる。事例のなかには、単一の神霊または複数の神霊たちの象徴物が、中心となる主題をめぐって相互に関連するいくつものイメージの小さな集まりを形成するものがある。パジエン・クランの神霊をめぐる比喩表現は、これをよく示している。このクランの成員でない者は、パジエン・クランの成員が周囲にいないとき、このクランの神霊は〈糞便〉だという。本章の後半で詳述するように、パジエン・クランは黒コブラをクラン神霊として獲得した。黒コブラは人間にとって命取りとなる蛇であり、ディンカの人々はこれに嚙まれたら間違いなく死ぬとみている。私が別稿で述べたように、こうした理由その他により、黒コブラはその血と毒を使って他人を傷つけるとされる夜の妖術師と特に関連づけられている。(7) このコブラの暗い色、その予期しえない致命的な襲撃などが、この蛇を、ディンカが想像しうるなかで最強の妖術師が夜間に行う秘術と結びつけるのである。また、黒コブラは脱皮し、皮（*roc kuac*）を残して姿を消し、また現れては新たな犠牲者を求めるが、妖術師もまた、自身を再生させてさらなる危害を加えるべく戻ってくると考えられている。人が妖術を疑うきっかけとなるしるしの一つは、朝起きたときに、自身の屋敷のなかに何者かが糞便を残していったのを発見することである。屋敷に糞便をすることは、非常に不愉快で反社会的な行為であり、妖術師が行う習慣だと考えられている。黒コブラをめぐる一連の比喩表現は人間の糞便を含み、そして〈糞便〉がこの生き物を崇敬するクランの神霊かもしれないという考え方を含むのである。

この場合、黒コブラをめぐる一連の連想は、パジエン・クランの成員たちには受け入れられないだろう。また彼らは、自分たちが人間の糞便を崇敬しているなどという見方に対しては嫌悪感を示すだろうし、それは間違っていると言うだろう。しかし、この事例は連想的思考というものをよく示しており、これによって特定のクランの神霊とその象徴物は小さなまとまりを形成していくのである。こうした連想は、例えばパジエク・クランの事例において明白にみられる。このクランは、ほうき、頭に載せる運搬用の輪、さらには掃くという行為全般を崇敬しているが、それはほうきやこの輪が、たいていの場合ウェッチという草本で作られ、この草本は彼らの神霊だからである。単一のクランが〈ライオン〉と〈蟻塚〉の組み合わせを神霊として持っているということは、ディンカの世界になじみがない者にとってはわかりにくいかもしれない。しかし、ディンカの暮らす地域では、ライオンは巨大な蟻塚があるうっそうとした茂みに身を隠すこと、人間がライオンに取り囲まれて殺される危険性が最も高いのがこのような場所であることなどを知れば、これは理解できるだろう。このあたりでは、ライオンを避けたければ巨大な蟻塚を避けるのが賢明なのである。また、パルアチ・クランがデレイブのヤシ〔オウギヤシ〕とある穀物の種を杵と関連づけて崇敬しているのもごく自然なことである。というのも、穀物と杵が関係していることは明白であるし、ディンカにとっては杵とデレイブの木のつながりも、その木の幹から臼が作られるということから同じように明白なことだからである。パディアンバールの下位クランのいくつかにとっての〈キリン〉と〈ヘグリグの木〉のつながり、これらと自由神霊〈ガラン〉のさらなるつながりは、これらがみな赤色と黄褐色に何らかの関連を持つということによっている。川に関連する一連のイメージ群は、パゴン・クランと提携している神霊のいくつかを説明するものであるが、これらについては後の章で考察することにする。(8) 別のクランでは、水は火を消すということで〈火〉と〈水〉は常に一緒であり、クラン神霊に対する崇敬のあり方としては、用心しなければならない事柄のなかでも特に、その象徴物を火に近づけてはならないというものがある。こうした一連の連想について多くの事例を紹介することはできない。クランが持つさまざまな神霊たちはたいてい、偶然に、あるいは過去の重要な意味を持った結婚を機にそのクランと提携するようになったと考えられている。そして、その結婚によって生まれた子どもたちは、母親の男系親族の神霊にただならぬ影響を受けてきたとされる。しかしながら、私はこうした表面的な関連に注意を喚起したい。ディンカについて私が得ることができた以上に理解を深めるならば、たとえそれがディンカの人々自身にとっては自明ではないものであっても、われわれが言及したようなタイプの潜在的な連想が明らかになるかもしれないと信じるからである。(9) 深層レベルにおける観念の相関関係やさまざまな連想などは、それを生み出した当事者にとってはごく当たり前のものにみえるかもしれないが、誰もがそれと同じように当たり前のものと捉えているわけではない。われわれは、時には表面的な「集合表象」の背後に目を凝らし、理解しうる内在的な原理を見いださなければならないのである。

クランのなかには、その名前を神霊から取っている例もあるが、多くはクラン名を始祖の名前から取ってつけている。例えば、パゴンは「〈ハリネズミ〉の家」だが、パジエクは「アジクの家」といった具合である。したがって、人々は、自分のクラン神霊の名前を知ったからといって自分がどのクランに属しているのかわかるとは限らないし、自分のクラン神霊の名前を知ったからといって自分のクラン名がわかるわけでもないのである。私は、ディンカの人々がよそ者に対して、あなたの持つ神霊は何かと尋ねているのを聞いたことがない。ただし、彼らは、よそ者たちのクランがどのような同盟関係を持っているかということや、故郷はどこかといったことについては尋ねる。

このように、クラン神霊は別の諸クランにその姿をみせることはない。つまり、よそ者にわかるようなラベルやしるしとして顕現することはない。クラン神霊は、あくまでクランの成員たちとその内部でつながっているのである。クランの成員たちは、自分たちが男系出自をとおして系譜的につながっているということを知ることで、そうした関係を象徴するような共通の神霊を通じて自分たちがまとまっていることを知る。どのディンカ人よりもディンカの地について幅広い経験を得ることができる旅行者は、今ではこの地で広範囲に散らばった、それぞれに異なる名前を持つクランが共通する伝承と神霊を保持しているということ、そして同じ地域においてさえ、互いに系譜上はつながっていない数多くのクランが神霊たちを共有しているということに気づく。共通のクラン神霊を持つことは通婚の妨げにはならない。外婚における規制は、結局のところは実際の系譜関係を調べることで考慮されているからである。クラン同士の関係は、彼らが共有する神霊を必然的に示しはするが、二つのクランの人々に共通する神霊がそのクラン間の関係を必ずしも象徴するわけではない。両者の関係についての知識と経験がまず優先されるのである。

西ディンカの地においても、私が出会うことのなかった小さなクランがいくつもあることは間違いない。したがって、どんなものでもクラン神霊になりうるという可能性を完全に排除することは難しい。クラン神霊が実に多様であることは確かである。それでも、非常に目立ちはするものの、クラン神霊としては一般的でないようにみえるモノや生き物がいくつもあるということは述べておくに値するだろう。とりわけ、豹とバッファロー[10]がそうであり、どちらもよく歌のなかに登場するし、ディンカの想像的な関心を大いに引きつけている。これらの動物は、最初に自身が襲われない限り、通常は襲ってこないライオンとは違い、人間の後をずっとつけてきて危害を加えるが、このような動物はディンカの居住する地域ではほかにいない。それゆえ、豹やバッファローなどは、時として自衛のためにディンカによって傷つけられる動物である。クラン神霊の象徴物に対する行動の原則とは、そのクランの成員たちがそれらを傷つけることを避け、特にその血を流さないように配慮するというものである。ナイルワニも人間を襲うが、〈ナイルワニ〉を神霊に持つ人々は、自分たちやほかの人々を襲わないようにナイルワニを操ることができるとされている。実際、ナイルワニは人間を避けることがあるが、豹とバッファローはこれよりも攻撃的だとみなされている。また、ディンカの地でよくみかける多種多様なアンテロープ[11]のうち、ほんの数種類だけがクラン神霊になっているようだ。ディンカは狩猟に熱心というわけではないが、乾季の始まりに草原に火が放たれるとき、多少は狩りをする。それで、多種多様なアンテロープがよくその際の獲物となる。さまざまな種類のトカゲはクラン神霊とされておらず、両生類もそのようである。鳥類のなかにも、数々の歌や隠喩に登場し、人々の想像上の関心を大いに引きつけていながらも、クラン神霊とされていないものが結構ある。このあたりでは魚の種類も豊富であるし、ディンカにとって魚は非常に重要なものであるが、その割には数種類しかクラン神霊になっていない。昆虫、草本、植物などは、その種類の多さの割にはほとんどがクラン神霊とされていない。

クラン神霊に対する崇敬により、その象徴物は殺されたり傷つけたりされてはならないし、原則としてそれらは食されてはならない。しかし、これまでにあげてきたクラン神霊のなかには、栄養源として重要なものもあり、それらは崇敬を受けつつも食することが許されている。例えばナイルワニは、〈ナイルワニ〉を神霊に持つクランの成員によっては殺されることも食されることもないが、ディンカの食生活においては重要なものである。ヘグリグの木の実は、季節によっては補助食品として重視されるが、〈ヘグリグの木〉をクラン神霊として持ち、この木を崇敬する人たちであっても、まったくこれを食さないわけではない。ただし、この木を切り倒したり燃やしたりすることは禁じられている。キリンの肉はディンカの人々に好まれており、飢饉の時には一頭のキリンで多数の人間の食材を供給できる。自分たちのクラン神霊として〈キリン〉を持つ人々は、自分たちはキリンを槍で突いてはならないし、その血を流してはならないが、キリンの肉を食することは構わないのだと（おそらく詭弁だが）主張した。鯰は人気のある魚だが、〈鯰〉をクラン神霊として持つ人々にとってはこれを殺したり食したりしてはならないであろう。しかし、食材として好まれている魚で、実際にはその禁忌が非常に緩やかなものはほかにもたくさんある。人工物〈頭上にものを載せて運ぶための〈輪〉、〈杵〉、食物を入れる〈瓢簞〉など〉が神霊である場合、こうしたものはそれらを神霊とする人々によってごく普通に用いられるが、わざと壊したり、燃やしたり、あるいは別の誰かがそれらを壊したり燃やしたりしないよう、遠くに捨ててはならないことになっている。家庭でごく普通に使用されている数多くのモノや、放牧に使われる重要な品々などは神霊とはなっていない。

こうしてみると、クラン神霊として選ばれているさまざまな種が、何らかの原則に従って明確にまとまった形で関連づけられていると考えることはまず不可能である。それらには、ただクラン神霊であり、人間以外のものであるということくらいしか共通項がない。実際、ディンカの諸クランがいかにしてクラン神霊を手に入れたのかという物語を考えてみると、たいていの場合、それは偶然――一連の偶然――によるものであったとディンカ自身がみなしているのである。もちろん、それはクランの創始者と特定の種の間に起こった重要なものであって、それ以降、その種がその人物のすべての子孫のクラン神霊となるわけである。一般的に言って、特に強力なクラン神霊――すべての神霊が同じような力を持つとは考えられていないためだが――として有名な種と、ディンカの居住する地域において物質的、経済的な幸福にとって最も重要な天然資源とのつながりはあまりないようだ。[12]西ディンカが居住する地域においては、〈火〉と〈水〉のような必要なものが、非常に強力なクラン神霊とは考えられていない一方で、ハリネズミやソーセージの木、巨大なイチジク（これらの木は、好ましい日陰をもたらしはするが）のような、実用的価値がほとんどないか、あるいはまったくないような種の数々が、強力な神霊の表象としては上位に位置づけられているのである。クラン神霊の意味を理解するには、それ自体の本質、正確にはその物質的な象徴物の本質を考えるだけでは不十分であるということは明白と思われる。それらは、実用的な意味において重要であるがゆえに選定されているわけではない。それらの種が持つ重要性は、それらを崇敬するクランの成員たちが属する男系出自集団との間に構築される関係から生じるのであり、その相対的な強さや弱さは、それらが関係を結んでいるクランが持つ宗教的な強さにまつわる定評に由来するのである。

物語は、それぞれのクランがいかにしてそのクラン神霊を持つようになったかということを伝え、それらを傷つけてはならないという禁忌について説明する。箙褡の長のクランには、第五章の神話の箇所で詳述されるように、そのクラン神霊を最初の箙褡の長であるロンガール（アイウェル）から与えられた者たちもいる。とりわけ、〈鮮肉〉の神霊は彼からもたらされたという。戦士のクランは、彼らのクラン神霊をロンガールからもらったとはみなされていない。私は、篭猎の長のクランのなかでも重要なクランの成員たちから、小規模な戦士のクランのなかには、クラン神霊を実際にはまったく持っていない者たちもいると聞かされたことがある。彼らは、現在彼らが持っていると主張する神霊を、実は勝手に創出したにすぎないというのである。

クラン神霊はどこから来たのかと尋ねられた場合、ディンカの人々は、最初は神性が自分たちのクランの祖先を守護するため、クラン神霊を与えてくれたのだと答えるのみである。特定のクランがいかにして特定の神霊を手に入れたのかという物語の数々は、それぞれのクランはそれぞれ一つないし複数のクラン神霊を持つべきだという神性の意図があり、直接的ないし間接的に神性がそのように処理したという考え方に比べれば副次的なものである。実際には、自分たちのクラン神霊がどのように彼らのもとにやって来たのかということについて詳しくは知らない者もいる。もちろん、詳しい物語を知っている者たちもおり、ここでは、その最も詳細なものの一例として、レク地域に幅広く居住している重要な戦士のクランであり、その規模も大きいパジエン・クランがどのようにして彼らの神霊、〈黒コブラ〉を手に入れたかという物語を紹介したい。この物語は、北東レクのアワン（アワン・パジョク、あるいはアワン・コン・ピオス）[13]部族集団の間で採集されたものであるが、同地域ではパジエンが最も主要な戦士のクランとなっている。その細部のいくつかは、部族集団内のクラン同士の関係にまつわる話に由来している。これは、後ほど篭猎の長のクランの起源にまつわる神話の説明の際に詳述するように、ある典型的な特徴を備えている。物語は以下のとおりである。

一匹の黒コブラが、パジエン・クランの始祖、アジャンが所有する雌牛を噛んだ。アジャンは、アコル・アディアンバールが持っていた槍でそれを突き刺したが、コブラは槍が刺された状態のまま蟻塚の穴のなかに逃げ込んだ。アジャンはアディアンバールのところに行って事件の顚末を話し、彼の槍を損失した償いを申し出た。アコルはその申し出を拒絶し、槍を取り戻さなければ駄目だと言った。それで、アジャンは蟻塚のところへ行って穴を掘り、コブラの領土にたどり着いた。そこは、ディンカの領土のようであったが、コブラの住む土地であった。

この話では、コブラたちは男性や女性の姿をしていたが、彼らは「本当に」コブラであり、またコブラの姿に変わることができたといわれている。ディンカの人々が、人間が動物に姿を変えるということについて語るとき――例えば、本当にライオンである人間がいて、彼らはライオンに姿を変えることができると言うとき――、彼らは、外見は変わってもその本質的な性質は変わらないのだということを言わんとしているのである。したがって、外見上は人間であっても、その人物はその本質においては何かの動物であるかもしれない。このことは、クランを動物で象徴するということについてのディンカの思考を理解する上で重要である。この場合、彼らは、われわれがするようには人間と動物の間に明確な線引きをしてはいない。この物語の後半にあるように、人間が蛇と結婚して子どもをもうけるとき、人間は動物の姿で交わるのではなく、動物の世界にいながら人間の姿でそれを成し遂げるのである。

コブラの領土で、アジャンはコブラに噛まれたあの雌牛と、彼の槍で負傷したコブラを発見した。コブラたちはアジャンに、君は何を望んでいるのかと尋ねた。アジャンは、槍を返してくれと頼んだ。

彼はコブラたちに、自分は殺されてもここに留めおかれても構わないが、槍を取り返せない限り帰ることはできないのだと訴えた。彼は、自分はコブラを傷つけたのだから、その償いとして、自分の雌牛をコブラたちにやってもいいと言った。コブラたちは槍を彼に返し、自分たちの娘の一人をやるから娶るようにと言った。コブラたちは、アジャンに妻を選ぶように勧めた——ビャル（赤いコブラのことか?）か、何かにぶつかった際にいくつかの破片になり、それらがそれぞれ毒牙（マンバか?）を持つというクワレクなる蛇か、黒いコブラかのいずれかからである。アジャンは最初、彼女が非常に美しい赤色をしていることからビャルにしようかと考えたが、コブラたちは黒いコブラを選ぶよう彼に勧めるとともに、その娘を家に連れ帰り、二人の子どもを産むまで大切にしなさい、その後は彼女をコブラたちのもとへ返しなさいと助言した。[14]

アジャンが槍を手にし、コブラの妻を伴って帰宅すると、彼はアコル・アディアンバールの息子が死去したこと、アコルがその息子をアジャンの寝場所に埋葬したことを知った。アジャンは、あくまでも自分の寝場所を返すように要求した。アコルは激怒して息子の遺体を掘り返し、それに槍を突き立てると、川に投げ入れてしまった。

物語によると、そのせいで今でも、パジエン・クランとパディアンバール・クランは反目しあっており、両者は決して良き隣人同士としてうまくやっていくことはできないのである。

コブラの妻は、アジャンの子どもを二人産んだ。しかし、彼らは踊っているときにアコル・アディアンバールの子どもの誰かに妖術をかけられたため、彼らは今もなお、互いに憎みあっている。パジエン、つまりアジャンの子どもたちは、このように黒いコブラと関係を持っている（*ruai*）のであり、彼らは黒いコブラには危害を加えないし、コブラのほうも彼らに危害を加えないのである。

西ディンカの地域において、パジエン・クランは常にパディアンバールにとって悪者というわけではない。クラン神霊として〈コブラ〉を手に入れたという物語のなかには、パディアンバールが関係していないものもある。スタッブス大尉はマルワル・ディンカの間でこの物語のバージョンの一つを記録し(15)ているが、そこでは、パイ・クランの創始者であるアイとの間の口論が、アジャンがコブラと結婚した遠因となっているのである。

ほとんどの物語は、これよりはずっと単純である。簎猎の長のクランの起源にまつわる神話は例外であるが、これについては後の章で述べることにする。パングウェト・クランはその神霊の一つに〈ウシダニ〉を持つが、それは、クランの創始者がダニのように頭部にこぶを持って生まれてきたからだといわれている。〈キリン〉はパディアンバール・クランの神霊の一つとなっているが、それは、ある時、一頭のキリンがクランの創始者を洪水から救い、その首に乗せて運んでやったということによっている。この行為に対する返礼は不要とされたが、ただしキリンの子孫とパディアンバール・クランの子孫は互いに傷つけあうことなく、助けあわなければならないということになったといわれる。〈ナイルワニ〉はパテク・クランの神霊であるが、それはクランの創始者がナイルワニと双子の兄弟として生まれたことによっている。ナイルワニは川に帰され、山羊を供犠されて人間から「隔離」された。したがって、〈ナイルワニ〉の子どもたちとパテクの子どもたちは互いに傷つけあうことはない。同じように、〈ライオン〉や〈カバ〉も人間と双子で生まれたことで神霊となったといわれる場合がある。セリグマン教授夫妻は、双子の誕生譚は、ディンカの間で、はるか東のほうまで一般的であると述べている。〈頭上運搬の輪〉はパジエク・クランの神霊の一つであるが、これについては、祖先が道に迷ったときに草が彼の頭上で輪となり、彼を家まで導いたのだといわれることがある。[17] [16]

ほとんどのディンカは、それぞれのクランがいかにしてクラン神霊を持つようになったかという物語よりも、簎猎の長の起源にまつわる神話に関心を寄せている。私は、これらの物語が、一部の人々によって、いくつかの記憶の断片をつなぎ合わせて作り上げられているという印象を受けることがある。物語は頻繁に言及されるわけではないし、クランの大人の成員全員がその細部を知っているわけでもない。これらの物語は、必要とあればだが、人々が自分たちの神霊の象徴物に対してとる行動をめぐる歴史的根拠を提供する。ただし、その行動について十分に説明するものではないのである。もし、自分の神霊の象徴物を傷つけないのはなぜかと問われたら、ディンカの人であれば、こうした歴史的な説明をするよりは、もしそうしたら自分がその象徴物によってひどい目に遭わされるだろうからと答えるであろう。

たいていの場合、クランはそれぞれ一つ以上の神霊を持っているが、本当に重要なものはそれらのうちの一つか二つである。同一のクランに属する別々の下位クランは、クラン名と始祖を共有しているものの、やや重要度の落ちる神霊をそれぞれ別に持っている。ディンカは、同じクランに属しつつ、今ではあちこちに分かれている複数の下位クランのすべてが同じような神霊群を持っているとは考えていない。なぜなら、神霊は「父のそれ」であるが、クラン全体の始祖より最近の時代の祖先たちは長い間にわたってそれぞれ別の地域に分かれて暮らしてきたのだから、その子孫たちは集団としてはそれぞれ異なっており、その違いは保持する神霊の顔ぶれにも反映されているためである。したがって、あるクランの成員たちの神霊は、彼らのそれぞれに異なる男系の祖先たちに応じて異なることになる。もちろん、彼らは、西ディンカが居住する地域において認知されている何某かのクランの祖先を共通に持つという点では同じ人たちである。ここでわれわれは、主要なクラン神霊たちが、ディンカがどの地域であれ同じ男系の出自を共有すると認知している最も幅広い集団にまつわる経験と密接に結びついているのをみる。神霊とその象徴物がどのように取り扱われ、また呼びかけられるかということを考察すれば、われわれはこの関係がどういうものであるかを明らかにできる。また、われわれが「経験」という語を用いることの妥当性も明らかになるであろう。

すでにみたように、祈願の場面では、クラン神霊はクランの成員たち[18]から「汝、わが父よ」とか「汝、わが祖先たちよ」というように呼びかけられる。さらに、ワディット、すなわち「私の『偉大な』父」と呼びかけられることもあるが、この語は「わが祖父」ないし「わが祖先」を意味している。神霊の象徴物は、例えば〈キリン〉の神霊を持つクランにおけるキリンの場合、それはクランの成員たちから「わが父の息子」と呼ばれるが、これは「わが母の息子」とは区別されていて、分類上の意味でいう「異母兄弟」のことである。クランの成員たちはみな、自分たちのことをこの意味では「異母兄弟」とみなしている。祈願においては、クラン神霊はたいていその名前で、例えば「〈イチジクの木〉」とか「〈ハリネズミ〉」などと呼びかけられ、そこにワ（*wa*）、つまり「わが父」あるいは「わが父の」を意味する語が付随する。こうした事例は、第六章で示される数々の祈願においてみられる。さらに、そこでも、また本章の初めのほうで引用された祈願（一六五頁）においてもみられるように、クラン神霊は特定の名前の祖先「のそれ［もの］」と呼びかけられることもある。こうした祖先は、祈願を行っているリネージの人々にとっては特別に重要な人物である。

クラン神霊の象徴物は、クランの成員たちの屋敷地を非常に好むとされ、時としてクランの成員の姿で顕現することもあるとされる。それゆえ、〈ウシダニ〉の神霊を持つクランの成員たちは、彼らの始祖がそうであったように、ダニのように頭上にこぶを持って生まれてくることがあるといわれている。ルアル、つまり〈ソーセージの木〉をクラン神霊に持つクランの成員たちには、この木がその枝につける実に似たようなこぶを手に持つ子どもが生まれてくるかもしれないといわれている。[19]これらの兆候は、その子の親にとっては嬉しいものである。なぜなら、ディンカが言うように、それは「神霊がその姿を見せたかのよう（*ciet yahnden ci rot nyooth*）」であるからだ。木や植物、草本のクラン神霊の象徴物は、それぞれのクランの屋敷地に生えてくるといわれる。事実、パイ・クランの人々の屋敷地には大きなイチジクの木があるし、パルム・クランやパディオル・クランの屋敷地にはソーセージの木が、パディアンバール・クランの屋敷地にはヘグリグの木があり、パジエク・クランの屋敷地にはウェッチという草本の茂みが繁茂しているのをよく見かける。あるパディアンバールの未亡人とヘグリグの木の下で話をしていたとき、彼女は木を愛おしげに撫でながら、「これは私の夫よ」と私に語ったことがある。パディアンバール・クランは、クラン神霊として〈ヘグリグの木〉を持っているのである。

ディンカは、自分たちがそれらの象徴物を植えたわけではないと主張する。実際、彼らはそれらの象徴物がそのクランの成員たちの近くにおのずと生えてくること、彼らの信心がそれによってさらに強まることが重要であると考えている。クラン神霊の象徴物は傷つけてはならないため、もしそれらがたまたまクランの成員たちの屋敷地に生えてきたとしても、そこで生き延びる可能性はもちろん高いであろう。同様に、ナイルワニは、〈ナイルワニ〉をクラン神霊に持つ人々の近くの川にやって来てそこに棲むと考えられているし、蛇は〈蛇〉をクラン神霊に持つ人々の家にやって来ると考えられている。こうした信念には確かに根拠があるようであり、特に蛇が多い地域には〈蛇〉をクラン神霊に持つ人たちが集中していることがあるし、ナイルワニが多くみられる地域には〈ナイルワニ〉をクラン神霊に持つ人たちがいるのである。蛇の場合、彼らがクランの成員の小屋にやって来た場合、ミルクを入れたお椀が差し出されるということであり、時にはバターが捧げられることもあるという。蛇は、自分の近親者であるクランの成員たちを傷つけることはないのだという。ディンカは、自分たちのクラン神霊として毒のある〈蛇〉を持っていない場合であっても、蛇がいる区域の近くには住もうとしないが、それでも、彼らはみな蛇を簡単に殺そうとはしない。

私は、象徴物としての蛇がバターを捧げられたり、ミルクを与えられたりしているのを見たことはない。私の経験では、危険な生物——蛇、ナイルワニ、ライオンなど——をクラン神霊として持つ人たちは、ほかのディンカ人同様に、きわめて注意深くそれらの生き物に接している。ただし彼らは、自分たちがそれらには傷つけられないだろうという信心を持っており、また、ほかの人々に対するそれらの生物の接し方を制御することができるとも信じられている。仮に、人が自分のクラン神霊に傷つけられた場合——それはときどき起きることとして知られているが——、その損傷はその人物の過失によるものであり、またその特定の象徴物が本当はクランの成員ではないか、または親族関係を断ったことによるとされる。ディンカはみな、自分たちのクラン神霊の象徴物には注意を払い、穏やかに接する必要がある。危険な象徴物はそのクランの成員たちから特に忌避されるが、これらの成員たちが他の人たちよりも危険な象徴物に対して特に注意深くなり、それゆえにこれらから危害を加えられにくくしているかもしれない。ディンカは、クラン神霊が増えたからといって特に祭式を執り行ったりしない。全体的に、彼らは神霊がたくさんいようがいまいが、あまり気にかけてはいないようである。

ディンカは、自分たちはクラン神霊の「子ども」であるというが、自分たちが肉体的にそれらに由来していると考えているわけではない。双子として誕生したことによって神霊とされた事例の場合であっても、人間のクラン成員たちは、その祖先と双子で生まれた生き物からは枝分かれした出自の人間側の系譜、つまり傍系に属するのである。[20] 例えば、クランの創始者と一緒に生まれたナイルワニは川に戻され、そこでその種を繁殖させた。それはそれ自体が人間を産んだわけではないし、もちろん、私がこれまでに言及してきた、象徴物を持った数多くのクラン神霊も人間を産んだとはまったく考えられていない。しかし、クラン神霊それ自体は祖先ではないものの、観念や言語上の用法において、男系の祖先全員および祖先と男系の継承にまつわるディンカ人の経験全体と同化するのである。

以下に掲載するのは、ディンカの若者であり、学校に通っているウィリアム・デンによって書かれたテキストである。このテキストは、一人のディンカ人が考えたものとして、クラン神霊に関するディンカの思考における本質的な諸特徴を示すとともに、重要な用語をいくつか述べている。これらの用語については後で説明する。ウィリアムは、パルムという篩褶の長のクランの成員の一人としてこれを書いている。このクランは、〈ルアル〉という神霊を持っており、それはソーセージのような実をその長い蔓にぶらさげる、印象的でひときわ目をひくソーセージの木（学名：*Kigelia ethiopica*）である。これらの実は、子どもたちの遊び道具になるほか、そのまま枕や腰掛けに使用されることもある。彼はこう書いている。

ルアルと呼ばれる木は、パルム、パクウィン、パブオルという三つの出自集団（*dhieth*）にとってとても偉大な神霊である。パルムはレク・ディンカの領域で強大であり、パブオルがそれに続く。パクウィンはマルワル・ギエルニャンの領域で強大である。

この三つの出自集団は、同じ一人の妻から生まれた三人の子どもたちから派生した。その子どもたちとは、アクウィン、ルム、そしてこの二人の妹アブオルである。パルムはルムの子どもたちであり、パクウィンはアクウィンの、パブオルはアブオルの子どもたちである。

これら三つの出自集団は、〈ルアル〉に捧げる牛を、中央にある炉の付近で飼っている。〈ルアル〉の牛をつなぐロープは輪で装飾を施されており、この牛のミルクは他人や、ましてよそ者には決して与えられない。この三つの出自集団の人間だけが、そのミルクを飲むことができる。これらの出自集団は、互いに通婚をしない。もしそのようなことをすれば、インセストを犯すことになってしまう（それによって病気になる）だろう。彼らは、崇敬（セック *thek*）する神霊をほかにもいくつか持っているが、私はここでは〈ルアル〉についてのみ記す。

〈ルアル〉に関係する者は、ルアルの木の実を切り落とそうとはしない。もしそうすれば、その人物は盲目になるだろう。まだ小さな子どもたちは、ルアルの木の実で遊ぶことを特に禁じられている。〈ルアル〉の子の母親もルアルの木にたいそう敬意を払うが、それは彼女の子どものためであって、彼女が〈ルアル〉に関係しているからではない。

〈ルアル〉に関わりを持つのは夫（男）だけである。ほかの出自集団の少女が結婚しても、彼女が結婚した相手の人たちは、彼女と同じ神霊を持つ人たちではない。しかし、彼女の兄弟と母親が婚資として牛を受け取った場合、彼らはルアルの木を軽々しく扱ってはならない。彼らは、薪としてその材木を使ってはならないし、その木を燃やしてもいけない。木の実を切り落としてはならない。もしそのようなことをすれば、彼らの姉妹（〈ルアル〉の男と結婚した女性）の息子は盲目となるだろう。また、彼らは〈ルアル〉に捧げられた雌牛のミルクを飲まない。

ルアルの木が、これに関係する男性の屋敷地に生えている場合、斧で切りつけられることはない。人々は木の幹の根元部分に敬意を払い、ビールが醸造されたときにはそれをそこに振りかける。〈ルアル〉の雌牛のミルクが近くのキャンプから持ってこられたときは、その一部はまず、輪で装飾が施されたお椀に入れられ、木の根元部分に注がれる。その後、人々は残りのミルクを飲む。

子どもたちは〈ルアル〉にちなんで呼ばれる。女の子はアルアル、男の子はルアルである。

去勢されていない雄牛が一頭、中央の牛の炉のところで飼育され、成長すると最年長の息子の家にある二叉状の祠のところで屠られる。もしその父親がまだ健在であったら、その雄牛はその家で屠られる（〈ルアル〉のために）。この牛は、ルアルの木のような「緑色」（マンゴク——緑がかった灰色）の雄牛がよいとされる。

もし、その指がソーセージの木の実のように大きくなった子どもが生まれてきたら、両親はそれを神霊の顕現とみなして非常に喜ぶ。子どもの手がそのように大きくなっているのはおよそ一四日間である。こうしたことは実際に起こるし、私も見たことがある。私自身も、指にそのようなものをぶらさげて生まれてきたが、二週間後にそれらは消えた。私はそれを母親から聞かされたが、今もそうしたことが起こっているのを見ている。〈ルアル〉の雄牛が屠られるとき、神霊に捧げる讃歌が歌われる。

パルムの人たちは、自分たちが最初に、ルアルの木の分枝のところで穀物を見つけたという。木の分枝のところから穀物を取り出したのはアラル（シュモクコウノトリ）という鳥だった。今や、パルムは穀物の長である（*bany rap*）。鳥が穀物を食べ荒らす場合、パルムの人間が穀物を守るために呼ばれる。これは、ディンカ族全体には当てはまらないかもしれないが、そのような地域があることは確かであり、特に私が住んでいる地域ではそうである。パルム・クランとパクウィン・クランは簎矠の長のクランである。パブオルはそうではないが[21]、それはこのクランが女性を始祖として受け継がれてきたからだ。

重要なことは、ルアルの木に関係する物は決して火にくべてはならないということだ。

テキストの内容の大部分は自明だが、ここにはクラン神霊と他の神霊に対する宗教上の遵守への言及もみられ、それらについては解説を要する。まず、崇敬という概念であるセック（*thek*）から始めよう。これは、ディンカなら誰でも自分のクラン神霊に対して保たなければならない態度であり、その象徴物に対してとる行動において表明される。それらは、象徴物の性質によって左右される。例えば、人はある木の神霊を、その象徴物である木を燃やしたり切り倒したりしないことによって崇敬することができる。しかし、これが〈デン〉の雲の象徴物の場合、人は雲に対して物理的には何もできない。その場合でも、彼はそれを崇敬していると話すことはできる。

セック、つまり崇敬という語は、ディンカにおいては互いに関連しあう二つの意味を持っている。しかし、英語にするとこの二つはどうしても別々に引き裂かれてしまう。「崇敬（respect）」という語で表現できるのは、これらのうちの一つについてだけである。年齢や地位において自分よりも格上の人々を前にして礼儀を欠いた、行儀の悪い、攻撃的な子どもは、敬意を欠いている（*acin athek*）と言われる。敬意をもって行動する者は、自分より年長の者や優越している者たちに対して礼儀正しくふるまう。こういう者は、年長者やよそ者たちの集まりに、きわめて静かで控えめな方法で加わるであろうし、そっと指を鳴らして自分が行きたい場所を示し、他人を押し退けないように配慮しながら自分の場所を確保することだろう。また、このような者は、誰かの屋敷地に向かうとき、中央の中庭に入る前には立ち止まり、両手を打って自分が来たことを周囲の者たちに知らせ、入ってよいかどうか許可を求めるだろう。からかい、冗談、ばか騒ぎなどは、お互いになじみがあって対等で、おそらくある意味ではライバル関係にあるような人たち同士では不適切とはいえないが、セックを実践する人たちの間ではそれらはふさわしいものではない。

したがって、このような敬意に満ちた行動は、われわれが言うところの「良き作法」にも該当しているといえよう。これは特に、個人の自己主張を抑制するということ、多かれ少なかれ、出しゃばらないということを含意しており、自分には攻撃的な意図がないということを表明しているのである。

敬意に満ちた行動を通じて示される非暴力性という要素から、セックという語は二つ目の意味を帯びることになる。それは、「忌避（avoidance）」という語に集約される。この意味においては、男性は妻の母親に対してセックでなければならないし、妻の父親に対しても多少はそうでなければならない。この「崇敬」の場合、彼は結婚の前後のしばらくの間、妻の母親に見られてはならないし、特に裸でいるところを見られてはならないのである[22]。彼は、妻の母親の屋敷地に行くことは避けなければならず、また、歩いている途中、彼女がやって来るのを認めたときには、そこから逸れて回り道をしなければならない。彼は、妻の母親の屋敷地で飲食したり、妻の父親と飲食をともにすることはできないし、折にふれて彼らに贈り物をしなければならない。

「忌避」の意味では、セックは、われわれにとっては敬意を欠いているようにみえる場面でも用いられる。例えば、ディンカの人々は、バハル・アル・ガザル地域のルオ人たちによって食されている食物の一部――一つ例をあげるとハタネズミ――をセックすると語る。しかし、この場合のセックは英語でいうところの「崇敬」という意味ではまったくない。これらの食物はひどく軽蔑されているからだ。あるいは、男性は月経中の女性を避けるので、[23] この語は月経に対する婉曲表現でもある。ただし、ここでの関係は、先述したような妻の母親との関係においてみられたような誠実な忌避でもなければ、ディンカの人々が男性と母方オジたちとの関係を特徴づけるものとみなしている親切さ、穏やかさ、配慮などを示すものでもない。

ディンカがどの程度、ある語の持つさまざまな意味が互いに関連しあっているとみなしているのかを見極めることは難しい。この語の意味を尋ねるため、私は彼らの集団の一つで議論を始めた。彼らのうちの一人は、セックには三種類あると述べた。すなわち、年長者に対する尊敬と礼儀正しいふるまい全般、月経中の女性と義理の母親を避けること、クラン神霊とその象徴物の特別な扱い、である。彼は、これらの意味は相互に関連していないと言った。[24] これを否定するディンカ人もおり、ある者は例をあげてこう言った。「あなたの兄弟が妻を娶って、あなたが彼らを訪問したとき、その奥さんが料理をして持ってきて、あなたに跪いて差し出したとする。それはセックじゃないか？ それはあなたが彼らと関係しているからじゃないか？ それは、あなたが関係しているクラン神霊に捧げものをしたり供犠したりするのと同じではないのか？」

そうすると、セックとは相手に対する非攻撃性と服従を示す行動と、相手を尊重する行動が合わさったものだということになるだろう。この語が示す「崇敬」は、ディンカが言うところのリョッチ（*ryoc* 元来の意味では「恐れる」、「恥ずかしそうにする」との意味をも持つ動詞）[25]、つまり形式ばった恥ずかしさとも関連しており、このリョッチの感覚がわかる者は、己の身を引いて沈黙する。自分に攻撃心がなく、目立たないようにしているということを最も極端に示す方法は、他人との接触の機会を少なくすることであり、慣習的な忌避は慣習的なセックの極端な表現ということになる。相手を敬い、尊重していることを示すやり方は、これまでに述べてきたような社会関係におけるちょっとした礼儀作法から、男性とその母方オジとの間にみられるものとされる親切、愛情、寛容に至るまで、さまざまなものがある。二人の若い男性が手をつないで歩き、お互いに穏やかに愛想よくしている場合、その二人は、分類上の母の兄弟と姉妹の息子の関係であることが多い。

このような関係性における「崇敬」は、それに付随する行為、つまり贈り物をするということにも関連している。セックという概念は、支払いのやりとりをする者の間でよくみられる。その支払い事項が重要なものであればあるほど、両者の間にみられる「崇敬」が明確になる。それゆえに、少女の父親と母親は、こまごまとした贈り物とは別に婚資を受け取るのであり、その引き換えに夫はその少女を受け取るのである。少女は、非常に丁寧に接することで夫とその男性親族を「崇敬」し、夫は義理の母を慣習に従って忌避することで崇敬する。彼は妻の父親よりも母親を崇敬するが、それは性別の違いにもよっているものの、彼にとっては妻の誕生とそのしつけに寄与しているのは母親のほうだからである。[26] 男性の母方オジもまた、彼にとっての甥、つまり自分の姉妹の息子と贈り物を交換しあうことが期待されている。しかし、つけ加えるなら通常このオジは、姉妹と引き換えに与えられた牛で結婚している。したがって、ディンカにとっての贈り物の交換において、最も重要なことは当事者間の「崇敬」の概念に関係しているといえる。この、一種の謝意を伴った慣習的な敬意と贈り物の観念の結合は、ディンカの人々とそのクラン神霊の関係においても存在する。これについては、後で考察することにする。

セックの関係は、男性とその妻の母、その母の兄弟、そのクラン神霊との関係のように常にはっきりと意識されているわけではなく、慣習化してもいない。それでも、これらはセックの関係というものを典型的に示しており、それは単なる礼儀正しさ以上の何かなのである。そして、これら三通りの主要な慣習的尊重関係（もっとも、要求されるふるまいはそれぞれその細部において異なっているが）に何らかの共通点があるのかどうか、考えてみるのはいくぶん興味深いことである。

ある者にとって、クラン神霊の象徴物の血に触れることは、起こりうる最も大きな不運の一つである。〈ナイルワニ〉を崇敬しているクランの男で、以前、死んだナイルワニの体の一部が運ばれた小道を歩くことを拒み、また川にいる彼の象徴物を殺すことを拒否して、その血の痕跡が完全に洗い流されたと考えるまで、川に入ろうとしなかった者がいた。クラン神霊の血は、それに触ったクランの成員たちにアキース（*akeeth*）[27]と称するハンセン病のような皮膚病をもたらし、またおそらく、彼らを不妊にしたり盲目にしたりすると考えられている。

アキースはインセストのことでもある。アキースという語は、インセストの交わりと、その報いとして自然に表れるしるしと考えられている皮膚病の両方を指す。インセストは不妊をもたらすと考えられており、これを克服するためには儀礼的な手続きが必要である。不妊は、クラン神霊に対して犯した罪に対する罰なのである。インセストは、神霊に対して犯す最も重い罪である。したがって、予測できる懲罰に関連する限り、クラン神霊の象徴物の血を避けることと、合法的に結婚して子どもをもうけられない（ディンカの人々にとっては、これが結婚の主目的である）相手との性交渉を避けることは、同じようなものである。

アキースという皮膚病の主な原因となるものはほかにもまだある。それは、母方オジの血に触れることである。この場合、母方オジは母方の親族全般（ただし母は除く）を代表する者とされている。「私の母方オジの家」という意味であるパネルダ（*panerda*）は、広義には母親の男系集団全体を含んでいるのである。慣習的な崇敬における二つの重要な関係、すなわち、母親の兄弟との関係、そしてクラン神霊との関係には、いずれも崇敬する対象の血を忌避することが含まれるのがわかる。私は、義理の母親の血に触れたらどうなるのか、ということに関するディンカ人の語りを聞いたことがない。しかし、彼女は忌避されるし、また母方オジの場合とは違い、義理の息子と同じ仕事に従事することもないので、おそらくそうした事態は起こらないのだろう。

花婿が結婚相手の家族に対して示さなければならない崇敬というものは、花婿と将来の義理の母親との間で最も格式ばったものになっているが、これは次の世代における男性と母方オジの間で実践される崇敬と対応している。この二つの状況は関連しあっている。なぜなら、子どもが生まれることで、結婚によって姻戚関係を結んだ人々の間で本当の意味での親族関係が発展し始めるのであり、子どもとその母親の兄弟の間で実践される崇敬の関係は、その子の父親とその姻戚者たちとの間のそれよりも温情に満ちたものであることが望まれているからである。母方オジは、その姉妹たちの守護者とみなされており、ディンカの思考においては、少年は自分の母親を用意してくれた母方オジに対して非常に感謝している。ディンカはよく、母方オジは甥の父親の牛で結婚したのだと、述べる。ディンカの考え方においては、二つの家族が結婚した場合、両者はお互いに相手の存続のための手段を講じるのである。互いが互いの存命と発展のために尽くすのである。

また、すでに指摘したように、男性は、妻の母親に対しては特に、彼女が娘を育て上げてくれたことに対する感謝という恩義を負っているものと考えられている。実際、娘に妻としてのしつけを施すのは母親の責務とされている。娘は、結婚すると夫のリネージの子どもたちを産む。夫の立場からすれば、妻の母親は、自身の男系の系譜を存続させる重要な源泉ということになるのである。つまり、母方オジ——そして義理の母親——の関係においてみられる一般的な特徴には、パートナー同士が相互に最も重要な恩義を負っているという考え方が含まれている。子どもの誕生を保証する手段を、一方が他方に負っているのである。

子どもと牛が増殖し、世代を超えて繁栄することこそが、ディンカにとっては究極的な価値を持つのであり、一種の不滅性に対する唯一の保証になる。結婚においては、生命の継続に関するこの保証が、それまで関係のなかった家族から女性を供給されることによってのみ、得られるわけである。すでに示唆したように、母方オジと妻の母親は、家族とリネージに新しい成員をもたらす供給源であり、その存続のために必要な、家族とリネージの外部にある資産を体現している。それゆえに、彼らはどちらもが崇敬に満ちたふるまいの対象となるのである。

もし、われわれが示唆したように、「崇敬」には生命に対する感謝が伴っているとするなら、なぜ同じクランの同世代の男女の間では「崇敬」が求められないのかということもわかるだろう。外婚の決まりによって、彼らの間では子どもをもうけてはならないからである(28)。世代が続いていくことは、男系の系譜における生と多産性の源泉の証しとなる。この生の源泉は、一つひとつの家族に生命をもたらすのが別々の女性であるのとは異なり、クラン全体を通じて世代を超えて安定している。ディンカの人々にとっては、クランの成員にとって神霊が表象するのはこうした安定した生産力なのである。究極的には神性がすべての子どもを生み出すように、クラン神霊がそのクランに嫁いだ女性を通じてクランの子どもたちを生み出すのである。

クラン神霊に対する崇敬は、かくして形式的な崇敬が必要とされるような他の重要な諸場面とも関連することになる。クラン神霊は、クランの生命の源泉として崇敬される。そのようなものとして、クラン神霊はクランの成員たちにとって外的な存在であるとともに、そのなかにも存在していると考えられている。ディンカの人々が語るように、それは「彼らのなかに」あるが、「キリンのなかに」（またはどのような象徴物のなかにでも）とか「空のなかに」もあるのである。

また、こう言ってもディンカ特有の思考様式からそう外れてはいないだろう。それぞれのクランの生産力はそれぞれのクラン神霊によって表されており、(29)クラン神霊に対する崇敬はこの表象と関係している。それゆえ、夫たちは子どもを産んでくれる妻たちのクラン神霊を崇敬するし、妻たちは子どもをもたらしてくれるという理由によって夫たちのクラン神霊を崇敬する。同じように、結婚の際に牛が譲渡された場合、受け取った側は贈り手のクラン神霊を崇敬する。もちろん、そのような牛のやり取りから縁遠い範囲の近親者たちの場合は必ずしもその限りではない。牛は、それまで属していた人々のクラン神霊を多少なりともたずさえていると考えられており、花嫁となる少女がその神霊のために子どもを産むよう譲渡されたというしるしである。したがって、クラン神霊に特別に捧げられたという牛は、極端な例では、結婚の際にほかのいかなるやり方にもまして大事に譲渡される。このような牛についてディンカが語るところによれば、これらは、クラン神霊のために子どもを産むことになる花嫁に与えられるのだという。

私は、クラン神霊の象徴物をセックしなければならないという責務が人々にとって別に嫌なものではないということを述べた。ディンカの人々は、それらの象徴物を禁じられたやり方で用いることを望んでいない。疑いなく、インセストの性交に対する関連禁忌のほうがクラン神霊に対する崇敬よりも厳格なものであると感じられているが、それは特に、両親が認めない結婚をやめさせるのに禁忌が援用されるからである。それゆえ、近い関係のインセストとクラン神霊を傷つけることは同類の罪であって、いくつかの局面においては同じ結果をもたらすものであるとはいえ、私が得た証拠からみる限り、インセストは誘惑を表しているが、クラン神霊を傷つける行為はそうでないと言っていいように思う。これは、後者にまつわる禁止の強さが前者についての禁止の強さからもたらされるという、別の種類の分析によって、より適切に議論できるかもしれない[30]。こうした考え方をさらに追究していくことに興味がある人たちのために、箝鉗の長のクラン神霊、すなわち〈鮮肉〉が、これを崇敬する者たちによってきわめて厳かな状況の下で儀礼的に食される唯一の神霊であるということに言及しておいてもよいかもしれない[31]。この事実は、最初の箝鉗の長にまつわる神話の内容と関連づけて考察した場合、心理学的な分析による結論によくみられる説を支持するものとなる。神話のなかに、最初の箝鉗の長がインセストに類することを犯していることに明らかに言及しているものがあるのだ。しかし、この問題についてこれ以上議論することはわれわれの力量を超えているし、本書の意図するところでもない。

クラン神霊の象徴物に対する崇敬は、人々の行動の端々にみられる。例えば、ウェッチという草本を崇敬する人々は、この草で作られた頭上運搬用の輪を少しだけ道から外れた場所に置くが、そうすることで、この草と関係ない何者かがこれを燃やしたり破損したりする危険を低くしているのである。特定の動物を崇敬しているため、それらを殺したり調理したりすることを避けている者たちが、偶然にもそうせざるをえなかった事例を一、二回見たことがあるが、彼らは本当に苦悩する。さまざまな種類の木々を崇敬している者たちは、それらの木を切り倒すことを拒否し、またそれらの木々が燃やされたり傷めつけられたりしているような屋敷地に行くのを避ける。ライオンのような動物の象徴物に対しては、ときどき食べ物が捧げ物として与えられるともいわれている。セリグマン教授夫妻は、こうした行動の事例のいくつかを報告している[32]。一般的に、クラン神霊に対する崇敬は、それに対する供犠によってより体系的に示される。こうした供犠の一部として、捧げ物が祠に捧げられる。私は、クラン神霊をめぐる祭祀において、これらの行為がクラン神霊の象徴物を崇敬することよりも重要であるということは間違いないと思う。クラン神霊の象徴物は、一つの生き物とみなされるときは「クランの成員」の地位を得るが、それぞれの種全体を表す者、つまり神霊を表す者とみなされた場合にのみ、「父たち」や「祖先たち」とされるからである。

人間とクラン神霊との関係において、非常に複雑に発達した親族間行動を私は見たことがないが、そうしたものが実際ありうるということは疑いがない。以下の事例は、エヴァンズ゠プリチャード教授に負っているが、彼はこれを『スーダン情報報告書』から書き写している。この行動が、報告書の著者である西欧人の目の前で示されたということはいっそう興味深い。

アウェイル（バハル・アル・ガザル、北部地方）にあるディンカ人の村に体長約二メートルのナイルワニが現れ、それは人々にトーテム的信仰を実践する機会となった。そのワニは、ナイルワニをトーテムに持つ男に引き取られ、彼の小屋で一夜を過ごした。そこでは、二頭の山羊がこのワニの食事用に供された。ワニは、人間を恐れる様子はなく、また人間を襲おうともしなかった。朝になり、ワニは人間によって沼地に護送されたが、途中で一匹の猫を殺害して食した。この地方では数年前にも同じようなことがあり、一人の男性が、鳥たちを呼ぶ能力があることをはっきりと示してみせた。(33)

ディンカ人の多くが、クラン神霊の象徴物によるこのようなふさわしいふるまいに接した経験を持っているということはありうる。もちろん、それほど感動的なものではない場合もあるかもしれないが。また、この経験が、クランの成員や象徴物として顕現する、人々の信仰の非物質的な対象であるクラン神霊に対する彼らの信心を強固にすることは明らかである。

クラン神霊との関係は、これに対して捧げ物をしたり動物を供犠することによって良好な状態が保たれ、そして維持される。ディンカ語で奉納を意味するマッチ（*mac*）は、もともとは動物を杭につなぐことや、誰かを閉じ込めること、特別なときにだけ解き放つような何ものかを保管しておくということを意味している。牛が家長による祈禱を受け、それからクラン神霊に捧げられた場合、これらの牛は特別な用途のために温存される。クランの成員たちだけがこれらの牛のミルクを飲む。また、これらの牛は、クランの成員の結婚用の牛とされる場合にのみ、手放される。それでも、これらの牛を手放すと、将来、何らかの不運に見舞われると考えられている。ディンカの人々は、このような牛はマッチであり、これこれの神霊のために取ってあるのだと語る。あるいは、クランの成員が自分たちの神霊をマッチすると言ったりする。例えば、「パゴンは〈ハリネズミ〉を『維持』している、それは彼らの神霊だ（*Pagong aa mac gong, ee yahnden*）」といった具合だ。同じように、ある個人が、その人物に働きかけてきて、個人的な神霊となった自由神霊に動物を捧げる場合、彼はその神霊をマッチすると言われる。この語は、英語で単一の意味に翻訳することが難しい[34]。しかし、その用法においては、特定の神霊に対して動物を捧げたり取っておいたりすることは、動物を捧げた人たちへの神霊の寵愛を引き出したり、場合によっては強いることとさえするという考え方がみられる。神霊に捧げられた動物は神霊自身と深く関わっており、動物は神霊の代表者となる。それゆえ、神霊に捧げられるのにふさわしいとされる動物の色は、その神霊の物質的な象徴物の色ということになる。〈ルアル〉のための動物は、すでに述べたように、ソーセージの木の実の色に近いものである必要があるし、箝褶の長の神霊である〈鮮肉〉のための動物は、肉のように「赤色」（茶色）でなければならないのである。

捧げられた動物は、将来的にはそれが捧げられた相手である神霊に供犠されるものである。このような捧げ物である動物を手放すと、病気や不幸に見舞われることになると強く信じられている。いくら差し迫った理由があろうと、貸し手が借り手からこのような動物を奪い取るのは正当なこととはみなされていない。そのようなことをすれば、その人物は、借り手の家族に生じる病気や死の責任を負わなければならなくなるであろうし、周囲から不興を買うことになるだろう。近代的な形式の法廷で牛による罰金が科された場合、ディンカは、捧げられた牛が政府によって差し押さえられるよりはその判決の執行を遅らせるべきだと考える。ときおり、家畜をつなぐひもと杭を手にした人物が、捧げ物の牛を返してくれるよう、政府関係者を説得しているのを目にすることがある。家畜をつなぐひもと杭は、彼が動物のもともとの所有者であったことを示す証拠である。それはちょうど、過去に行った供犠の証明として、家畜用のひもが二叉状の祠[35]に結びつけられるのと同じようなものである。

それ以外にクランの成員とそのクラン神霊の関係を表現するものとして、クラン成員が神霊と「会う」とか「一緒である」という表現をすることがあげられる。この結びつきを指す語の一つにロム〈*rom*〉があるが、これは「会合する」ないし「共通に持つ」と訳すのが適当であろう[36]。血讐〈*ter*〉の際に互いに助けあうことを余儀なくされた男系親族は、テル・アラムク〈*ter aramku*〉、つまり「われわれはともに血讐に臨む」とか「われわれは血讐を共通に持つ」と言う。例えば、ディンカは、クランの成員たちが「〈キリン〉と一緒になる、それは彼らの神霊だ〈*kek rom kek miir, ee yahnden*〉」と言明するとき、これは〈キリン〉を崇敬しているクランの成員たちが、男系親族がお互いに団結しあうのと同じように、神霊と一体化するのだということを言っているのである。クランの成員たちは、彼らのクラン神霊を殺した者に賠償を求めるであろうということを時として口にする。私は、〈ナイルワニ〉を崇敬するクラン、パテクの成員が数多く居住している地域で、もし私がナイルワニを撃ったら、その賠償の支払いを求められるに違いないと教えられたことがある。セリグマン教授夫妻は、「……あるクランがその地域でとりわけ強大である場合、その成員は自分たちのトーテムが数多あるうちの一つにすぎないということを忘れがちであり、それゆえ他の人々が彼らのトーテムをぞんざいに扱うと、それに対して苛立ちを示すものである」と報告している(37)。

異なる二つのクランが一つの神霊を共通に持ちつつも、互いに関係がない場合は、彼らはどちらも神霊のもとに「一緒になっている」わけではない。彼らは、「それのもとに一緒に来る（*mat thin*）」にすぎない。同じように、血讐の実行においては多くの人々が男系集団の中心となる人々を助けるために集結するが、この中心集団だけが「われわれは一緒に血讐に臨む（*ter aramku*）」と言うだろう。この二つの事例におけるロムとマットの違いは、決して逃れることのできない義務的な結合と、単なる提携の違いである。

私はこれまで、ディンカの人々によるクラン神霊に関する語りの大部分が、彼らのクラン神霊にまつわる概念を、男系親族同士の関係および男系親族関係が持つ価値についての実際の経験に、深く関連づけているということを、示唆しようとしてきた。クラン神霊は、まさに男系の祖先の典型である。象徴物は、まさにクランの成員の典型である。人間であるクランの成員たちは、実際には世代や人格、あるいは家族やリネージによって差異化されている。クラン神霊の象徴物は、おそらくそれらが非人間であるということによって、差異化されていない一つの集団を形づくると考えることができよう。例えば、一頭一頭のキリンは人間からみれば時間と空間を超越してどれも同じようにみえるし、どの個体であっても、〈キリン〉を崇敬するクランのすべての成員たちから同じような扱いを受ける。実際の人間の社会関係においては、どのクランの成員も同等であるというような理想どおりにはならないものである。なぜなら、人間には個性があるし、各自がそれぞれの家族とリネージの成員であるため、それらに従って誰もがみな差異化されるからだ。クランは（前の章で論じたディンカの世界全体と同じく）、分裂した統合体である。しかし、ディンカは、クラン神霊とその象徴物との関係において、クラン成員間の分裂や敵対を乗り越える。ただの人々としてではなく、クランの成員たちとして、彼らは全成員と共通の関係を結んでいるある動物ないし種にとっての一つのまとまりをなす分類上の異母兄弟なのであり、ある共通の祖先の子どもたちなのである。したがって、クランの「祖先たち」はみな、クラン神霊のもとでは一人の祖先となるわけであり、クランの成員たちはみな、神霊の象徴物との関係においては互いに社会的に同等な「異母兄弟」となるのである。実際の男系の祖先たちは各自にそれぞれの持ち場を与えるし、クランの構造を変えたり、あるいはこれを分割したりするものである。実際のクランの成員たちは、系譜上の空間と時間においては、多かれ少なかれ互いに遠く離れているものであろう。しかし、ディンカの人々にとって、クラン神霊とその象徴物はこうした空間と時間を、そしてこのような空間と時間がもたらすクランの成員たちの差異化を、超越するのである。

2

もしわれわれが述べたように、諸々のクラン神霊がディンカにとっての男系制の有する理想的かつ不変の意義を表しているとすれば(38)、他とは異なる天賦の才覚を集団として持っている篩猎の長のクランが、ほかのいかなるクランも持っていないようなクラン神霊を集団で認知していると考えるべきだろう。それはリン（*ring*）、つまり〈鮮肉〉の神霊である。

リンは、肉や生肉を指すごく日常的な用語であるが、〈鮮肉〉と訳すのが最も適切である。なぜなら、ディンカの地において、これはその死を見届けられた生き物から得られるものであり、供犠された動物の皮が剝がれた後、生肉がピクピクと動いているさまは、これ自体がまだ生きていることを示しているからである。ディンカは、この鮮肉における「生命」に注目するのである。

リンをクラン神霊に持つ者たちは、〈鮮肉〉に関係している。後の章で述べるように、最初の簎猎の長にまつわる神話においては、彼は自分の犠牲獣の肉を簎猎の長のクランの始祖たちに分け与える。また、あるクランの始祖がごまかしてより大きな分け前を獲得しようとするのだが、これは現在のその子孫が主張していることを反映したものである。彼のクランは、ほかよりも〈鮮肉〉神霊の霊感を強く授かっているのだという。ボル・ディンカに伝わる神話では、この〈鮮肉〉の神霊は〈火〉の神霊と同じようなものだといわれている。最初の簎猎の長は死ぬ時に、子孫のためにそれを瓢簞のなかに残したという。西ディンカの地域ではこの神話は知られていないが、〈鮮肉〉と火の赤い光との関連はみられる。後で（三四〇頁に）引用する讃歌の冒頭部分において示唆されているように、〈鮮肉〉神霊は赤い光のなかに顕現するのである。

〈鮮肉〉は火のように燃え輝く

こうした概念を、単一の語で英語に翻訳することが容易でないのは明らかである。

そこでまず、その意味の総体を十分に知らない状態であっても、ディンカの儀礼を観察する者であれば誰もが耳にするような、リン、つまり〈鮮肉〉という語がどのように用いられており、彼らの行動においてどのような意味を持っているのかという点から説明を始めることにしたい。私がここで記述する供犠は、ある病気の簎猎の長の回復を願って行われたものであり、ここで行われた数々の祈願の骨子は第六章を参照されたい。ここでは、簎猎の長のクランの〈鮮肉〉神霊を理解する上で関係する部分についてのみ言及する。ディンカの供犠における通常のパターンでは、簎猎の長たち——この事例では、強力なパゴン・クランとパイ・クランの成員たち——は、黄褐色の（*mayan*）雄の仔牛に語りかけていた。祈願が進行するにつれて、簎猎の長たちのなかには足が震え始める者が現れた。震えは、下肢の上部や大腿部の痙攣によるものであった。これは〈鮮肉〉神霊であって、それらの人たちの身体のなかで覚醒（*pac*）し始めたということであった。

神霊である〈鮮肉〉は、特にこうした下肢や大腿部の痙攣において顕現するものであり、痙攣は身体全体に広がっていくこともある。簎猎の長たちが〈鮮肉〉に語りかけるとき、彼らはたいていこの身体部位や右肩に触れる。〈鮮肉〉の神霊は、身体全体に関係してはいるものの、特にこうした身体部位に顕現するのである。

簎猎の長たちは、体内に〈鮮肉〉の力を昂ぶらせながら祈願を続けた。ただ彼らは、自由神霊に憑依された人たちとは違って、それほど「ヒステリックに」憑依されることはなかった。これら簎猎の長のクランの若者二人が、簎猎の長ではないのにもかかわらず、彼らの体内で〈鮮肉〉が「覚醒」する兆候を示し始めた。彼らは制御されているとは言い難い状態であり、その手足はすぐに激しく震え始めた。彼らの一人は座った状態で、もう一人は立った状態で、ともに虚ろな眼差しで前方を見つめ、やや上のほうに視線を上げた。この時、彼らに近づいてその顔を凝視しても、彼らが二人とも何を見ているのか、まったくわからなかった。

この段階では、彼らのことを気にする者は誰もいなかった。このように屋敷地内で〈鮮肉〉に憑依されても、憑依された者たちは安全であり、また仮にその状態があまりに長く続いた場合は、〈鮮肉〉に憑依された者に女性が自分たちの腕輪を手渡し、その手に接吻して〈鮮肉〉の神霊を崇めることでそれを終わらせるだろうということだった。後で、女性たちはこれら憑依されていた男たちの手に接吻したが、その時には腕輪は捧げられなかった。

祈願がその速さを増し、ますます激しくなるにつれて、一人の年長者が〈鮮肉〉神霊の力に負けて、祈願を行っている箍猎の長たちの間をふらふらとよろめきながら徘徊し、雄の仔牛を叩いたり、これに寄りかかったり、人々を突き飛ばしたりするようになった。この彼の行動は、眩暈を起こした人間のそれであった。訪問客として来ていた箍猎の長たちは、その仔牛がつながれている杭に、輪で装飾された瓢箪に入ったミルクを注いでいた。各自が献乳をしており、〈鮮肉〉の瓢箪、つまりこの神霊に対する献乳のために取っておかれた瓢箪を取り扱う前後には、自身の手に接吻をしていた。こうした崇敬の行為を終えて戻ってきた箍猎の長の一人は、祭式においては抑制された行動をとっていたものの、自分の〈鮮肉〉は「覚醒」していたと私に語った。

〈鮮肉〉神霊が体内で昂ぶってきたり覚醒するということは、箍猎の長のクランの大人の男性には誰でもよく知られた感覚のようである。女性にはそれはない。パクウィン・クランのキリスト教徒のディンカの一人は、自分のクラン神霊に犠牲獣が捧げられるときは、その近くに寄らないようにすると私に語った。なぜなら、彼のなかで〈鮮肉〉が目覚めると、気が遠くなるような感覚がもたらされ、自分は気を失うことになるかもしれないからだという。これは教養のある人物による説明という点で興味深いが、彼はリン、つまり〈鮮肉〉についてさらに次のように説明した。彼が言うには、〈鮮肉〉はあらゆる籍䈰の長たちの神霊であり、他のあらゆる神霊よりも上に立つ存在である。今日ディンカの地でみられる神霊——自由神霊とクラン神霊——のすべてがかつていたわけではなかったという。かつては、二つの偉大な「事物」（英語で言うと原理とでもなろうか）しか存在しなかった。すなわち、神性（ニアリッチ）と〈鮮肉〉である。草創期の頃のディンカを支えたのはこれらであった。彼は、「〈鮮肉〉は一つの言葉だ」と言った。「一つの言葉（*wet tok*）」というディンカの表現は、この言葉が他の言葉よりも優越しており、議論や補足を超越した決定的な言葉であり、それゆえに真実の言葉であるということを意味している。そのため、言葉の少ない者（ディンカの人々はみな、そのような人物を称賛する）は、人々が耳を傾け、従う人物である。一方、「言葉の多い者」は気迷いのある、無能で信用できない人物だと考えられている。多くの言葉は真実を覆い隠すが、「一つの言葉」は真実をはっきりと示す。それゆえ、このディンカはこう語る。

〈鮮肉〉は一つの言葉だ。われわれの祖先たちはそれを知っていたが、すべてを知っている者は誰一人いなかった。それを見たことがあるという者もいる。それはただ一つの言葉だ。それははるか遠い昔のものだが、いつもあるものだった。

ほかにも、〈鮮肉〉が多くの言葉を必要としない事柄であると述べる者もいたが、彼らはそれについてよく知らないか、気安く話そうとしないかのどちらかであった。彼らは、神性や他の神霊について語るときとは違い、これについては抑制された調子で語るのであった。

観察者としての視点から言えば、身体に顕現した〈鮮肉〉神霊を崇めることは、ディンカの宗教的行為のなかでも最も厳粛なものである。ある祭式では、祭式を執り行う簎矠の長の屋敷地の女性が代わる代わるやって来ては簎矠の長の両手、額、両足に接吻していたが、両足に接吻する前には、普段は見られないような慎み深い態度で彼の前に跪いていた。これ以外で私が男性の両手に接吻されるのを見たのは、ある老女が自身の恩人に対して大いなる尊敬と感謝の念を示すときだけであった。

〈鮮肉〉神霊は、簎矠の長たちの舌を「本当に冷たく（*lirthwat*）」するといわれる。ディンカの間では、「冷たい舌」は「冷静にさせる」舌というような意味をいくぶんか含んでいる。その舌は、適切な助言で相手を落ち着かせるのである。それは、穏やかかつ鋭い語りを表しており、怒りや攻撃性などがなく、私心のない、効果的に作用する語りなのである。ディンカの人々は、しばしば祈願中に、彼らの身体が涼やかになり、快適で涼しいそよ風が身体に流れてくるように要請する。なぜなら、涼しさは平和、静けさ、健康、満足、平静を表しており、激情や争いがないことを表しているからである。讃歌のなかでも、神霊は人々と地上に「涼しさをもたらす」ように依頼される。春季の涼しさの到来によって、男性が再び妻と一緒に眠るようになり、生まれてくる子どもの夢を見るようになると語られる様子についてはすでに述べたとおりである。

したがって、冷静な口と心を持つことは[39]、精神面で言えば「多数の言葉」と「熱い心（*twic puou*）」を持つこととは対照的である。後者は、短気、道理をわきまえないこと、暴力、無秩序、攻撃性、詐欺などを示すが、前者は平和、秩序、調和、真実などに関連するのである。冷静な舌と心を持つ人物は、争っている者たちの間を調停し、両者のそれぞれの正しい点と間違っている点を見定め、両者を和解させるのに適している。これは、理想とされる箒猎の長の特徴である。そのため、箒猎の長たちはみな、冷静な舌と冷静な心に由来するとされる影響力を訓練して身につけることを熱望している。

〈鮮肉〉神霊は、その能力に従って話している人物が確固たる真実に満ちた話をしているのだということを保証する上で、おそらく最も重要と考えられている。定義によれば、人が〈鮮肉〉の霊感を授かって話をしているときは、真実そのもの（*wet yicalanden*）が語られているという。ディンカが語るところによれば、箒猎の長が仕事をしているときに語ったことが後で嘘だったとわかった場合、リン、つまり〈鮮肉〉は、その箒猎の長が話をしていたときに彼の体内にいなかったのだという。イッチ（*yic*）という語は「真実」と訳すことができるが、実際には、われわれの言葉が現在持っているよりも幅広い意味を含んでいる。それは、まっすぐであること、「正当性」、正義などを意味している。人が〈鮮肉〉に霊感を受けて語る真実は預言的かつ予測的な真実でもあろうし、それらは、その人物が祈禱や祈願において述べる内容をまさに実体として人々に与えるのである。彼は、実際に本当はどうなのかということを見抜き、それによって真実を明らかにすることができる。ディンカの人々が、箒猎の長は「彼らは有能である（*a leou*）」――これは「彼らはまさっている」と訳したほうがおそらくよいと思われるが――との誉れが高いと言うのは、この能力によっている。なぜなら、箒猎の長たちは、それほど霊感を授かっていない人たちを誤った方向に導くような、一見するとごまかされそうな見かけの背後に何が本当に潜んでいるのか知っており、彼らはその知識によって真実を論じることができるからである。この知識は明るい光の姿をしており、〈鮮肉〉神霊によってもたらされる。

神性と人間の分離にまつわる神話のなかに、人間が隙間の明かりがほしい、そうすれば自分は見えるようになるから、と神性に頼んだ話があったことを想起していただきたい(40)。明かりは、人間が欲するものである。経験における最も単純な例で言えば、このあたりでは、日中に何かをするということは、夜にそれをすることとは根本的に異なる。月が出ているか出ていないかということが、牛を移動させるかどうかといった事柄を決定する際に重要な要因となるのである。暗闇のなかを移動するのは危険である。そこには蛇やサソリがいたり、穴、植物のとげ、落ちた枝などがあったりするが、それらを目で見ることはできない。さらに、野生動物、妖術師、その他、ディンカの人々が概念化しているというよりは体感しているさまざまな邪悪な力もいる。ただし、夢は夜に見られるものであり、夢のなかには、それを見た者に夢以外では知りえないような真実にまつわる知識を授けるものがあると考えられている。また、神性は夢のなかで人間と通じ合うものである。

ある時、簎猎の長たちが数名、私の小屋でお茶を飲んだ後、座っているうちに日が暮れたことがあった。彼らは、自分たちが関心を持っていて、時に西欧人に説明を試みていた話題——簎猎の長と、「呪医」、二流の呪術師や卜占師との違い——について議論していた。当時、政府はこれらすべてを同類のものとみて、「クジュール」または魔術師（wizards）として禁じる傾向にあった。机の上には、芯を新しくした一灯のハリケーン・ランプが鮮明な光を放っており、その周囲には、お茶の入ったカップと皿が雑然と置かれていた。彼らの一人、有名な簎猎の長の甥がこう言った。

ほら、私たち簎猎の長はこのランプみたいなものだよ。こうして明るい光を放っていて、それで私たちはお互いが見えるし、机の上のここに置かれているものを見ることができる。この明かりが暗くなったら、私たちはお互いのことがよく見えなくなるだろうし、机の上に何があるかも見えなくなるだろう。もし明かりが消えてしまったら、私たちはお互いが見えなくなってしまうだろうし、机の上に何があるかも、何もかも見えなくなってしまうだろう。神性は、私たち簎猎の長を、ディンカにとってのランプになるように創造されたんだよ。

彼はこうもつけ加えた。

簎猎の長はこんな感じで、神性はこんな（ランプのような）感じだ。ほら、ここに割れたカップがよけてある。これは完全なカップではなく、でも明かりからよけて置いてある。だからこれは死ぬんだ。

彼は、心の内ではわれわれが論じた別の話題――年老いた簎猎の長を、その肉体的な死の前に埋葬するというもので、今では公式には禁止されている――について考えていた。ランプの明かりが弱まるというのは、簎猎の長が歳をとって弱くなるということをほのめかしているのである。おそらくこれは、簎猎の長によって語られた、「明るい光」についての異例ともいえる明晰かつ明示的な言明であろう。しかし、これが例外的な、特に冴えた想像の産物にすぎないというわけでもない。というのも、簎猎の長と預言者を明るい光の源になぞらえるような直喩が、讃歌にみられるからだ。私はそれをすでに引用している（一二二頁）。

わが父チェル・デンは領土を持った
――太陽と月のような長《おさ》――

ほかにも、一三二頁の讃歌にある「光り輝く長」と次のようなものもある。

わが父ロンガールは、ほうき星のようだ
大地を虹のように囲んでいる……

さらに、ネーベル神父によって採集された讃歌もある。

父なる神性よ、あなたに祈る
あなたは月のように大きく光り輝くだろう……

以前に引用した〈鮮肉〉に捧げられた讃歌において、〈鮮肉〉が「火のように照らし出す」と歌われているが、これは熱ではなく、明かりについて言及しているのである。暗い夜に、火に息を吹きかけたとき、人は暗がりのなかでは見ることのできていなかった屋敷地の様子を一瞬、見ることができる。ディンカの人々にとって、月を除くと、火は夜間における唯一の明かりの源なのである。

真実を語ることや知識、予見性との関連のほかに、〈鮮肉〉神霊を夜間の明かりと関連づけて捉える理由はほかにもある。夜間は、明かりを持たない者は「見る」ことができない時間帯である。篝火の長の主たる役割の一つは、危険な時間帯である夜間に、牛と人間を守るために祈りを捧げることである。そして、ディンカの居住する地域において、多くの人々は〈鮮肉〉神霊が夜、明かりの形で篝火の長の前に顕現するという考え方を共有している。篝火の長の一人はこう言った。

〈鮮肉〉は、私が自分の小屋で横たわり、小屋が暗くなっている夜半に私のところにやって来る。〈鮮肉〉はランプのように輝いており、火のようである。私は、そこにランプがあるがごとく、妻や小屋のあらゆるものを見ることができる。ほかの者たちはそのように明かりを見ることはない。夜にそれが小屋を明るくしているのを見るのは、〈鮮肉〉神霊を持つ者たちだけなのだ。

別の者は、明かりは自分の頭の近く、左側に現れると言った。そして、〈鮮肉〉が火の明かりと関連しているということは、先に簡潔に述べたボル・ディンカの神話において明示されている。これについては、第五章でより詳細に紹介する。

〈鮮肉〉に捧げられる供犠獣にふさわしい色は、赤色（われわれの観点から見れば明るい赤褐色、マルワル）である。それは、牛の色のなかではこの色が〈鮮肉〉と血の色に似ているからである。ネーベル神父によって採集された讃歌には、〈鮮肉〉が与える色彩の連想と千里眼の能力が言及されている。

私は〈鮮肉〉神霊に赤い雄牛を捧げる
もし私が見棄てられるのなら、私は何も捧げないだろう
わが父なる〈鮮肉〉よ、もしあなたが千里眼（*tiet*）をお持ちなら
あなたは憎んでいる者と愛している者を見分ける（*car*）だろう……(41)

西トゥイジ・ディンカの間では、〈鮮肉〉の象徴物が小さくて無害な赤い蛇である場合もある。また、レク・ディンカの人々は、〈鮮肉〉がときどき箒猎の長のもとに明るい赤色をした小さな子どもの姿で

〈夢のなかで?〉顕現すると教えてくれた。それは、どのディンカの子どもよりも明るい赤色で、子どもが生まれた時の色以上に明るい赤色をしているという。赤色の小さい蛇、あるいは赤色の新生児を夢で見ることは吉兆とされる。夢のなかで〈鮮肉〉が、川から出てきた赤色の赤ん坊の姿で顕現したと教えてくれた者もいた。〈鮮肉〉神霊は、最初の簎猎の長が川に由来しているという考え方、そして川の〈力〉によって不妊の女性を妊娠させるという考え方と明らかに関係しているようである。[42] 私は、〈鮮肉〉と誕生の概念が関連しているということ、そして、〈鮮肉〉を神霊に持つ者は不妊治療のための供犠を行う上で力を持つと考えられているということを報告できるのみである。

〈鮮肉〉神霊の象徴物は、本物の生肉と鮮血である。それも、男性の身体、簎猎の長たちのなかにある。私は実際に見たことはないが、彼らの身体のなかにいる〈鮮肉〉に「食事を与える」祭式がある。〈鮮肉〉神霊に対する供犠は、ほかの供犠とは違って夜に行われるといわれる。簎猎の長たちは、夜が明ける前に、犠牲獣から生肉を少し取って厳かにそれを食べるのである。[43] レク・ディンカのアプック・パトゥアン部族の筆頭であるパゴル・クランの簎猎の長の一人は、〈鮮肉〉のために供犠された雄牛の大腿部から敬意を表しつつ生肉の小さな三切れを採取し、[44]〈鮮肉〉を養う（増やす）ために食べると語ってくれた。なぜ三切れ食べなければならないのかと尋ねたところ、女性の場合は死後四日目に儀礼が執り行われるのに対して、男性の場合は三日後だからではないか、と彼は答えた。一方、クランのなかでディンディオール（*dhindyor*）の簎猎の長たちは、うわさではその出自を最終的には女性たちないし一人の女性からたどるが、彼らは四切れ食べると言った。他の者たちの多くは、何切れ食べるかは決まっていないが、全部位から少しずつ取った小片を食べるのだと語る。

こうした細部がそれぞれどのような意味を持っているかということはともかくとして、これらは、例外的に箭猎の長たちとのみ関係するしきたりである。箭猎の長たちは、他の者が共有していないような自分たちだけの秘儀を共有することで、自らを他の者たちとは区別するのである。〈鮮肉〉神霊に供犠された「赤い」犠牲獣は、供犠の後、夜の間に小屋で、共同体の年長者たちによって食べ尽くされるといわれている。これは、クラン神霊を厳粛に食べる唯一の事例である。この供犠の手順は、神性や神霊に対して行われる通常のものとは異なっている。通常の場合、犠牲獣は朝に屠られ、その肉は供犠に参加した者たちによって持ち帰られる。ところが〈鮮肉〉は、それに対して特別に行われるような供犠の場合でなくても、しばしば祈願の対象となることがよくある。

〈鮮肉〉は、箭猎の長のクランの成員たちからも戦士のクランの成員たちからも、あらゆるクラン神霊のなかで最も強力であると認識されている。私は、供犠におけるその最も鮮烈な顕現の事例を実際に見たことがない。そこで、ここでは彼らが信じる内容を記述することにしたい。箭猎の長のなかにいる〈鮮肉〉神霊が本当に強いときは、彼はその力に圧倒されて地面に倒れ込むばかりでなく、祈願の力で犠牲獣も膝から崩れ落ち、その効力によって、屠られる前にその「気（*wei*）」を人々に向けて放つといわれている。祈願している箭猎の長のなかに〈鮮肉〉神霊が本当に「あふれている（*kat epei*）」ときは、犠牲獣の角が垂れ下がって前に落ちると信じられている。自分の父はそれを実際に見たことがある、と言う者もいた。こうした報告は、ディンカにとってごく普通の供犠の際に実際に目にする内容を明らかに強めるものとなっている。彼らが目にするのは、祈禱している箭猎の長やその他の者たちが、しばしば部分的な意識の解離状態にあるようにみえるようになることや、リズミカルな祈願を長い間聞かされ、しばしば日光の下にさらされたまま長時間杭につながれている犠牲獣が眠くなり、おとなしくなり、呆然となるということであるが、私自身もこれらを時折、見たことがある。

これまでの記述からも明らかなように、箝猎の長たちが生肉の一片を食するとき、そして、女性たちが男たちの体内にいる〈鮮肉〉をあがめるときに示す崇敬ないし畏怖は、これまで他の神霊の象徴物に対する「崇敬」として描いてきたセックの究極的な形である。箝猎の長たちが生肉を食するとき、彼らは「畏怖し」、あるいは「恥じる（*guop ryoc*）」といわれる。〈鮮肉〉に関して言うなら、この神霊を持つディンカ人は、自分たちのほかのさまざまなクラン神霊とその象徴物に接する際に、それらを避けたり崇敬したりすることで表面的かつ習慣的に表現しているような感情の高揚を、このときばかりは内面から真に経験しているように私には思われる。リンとは〈鮮肉〉のことであり、〈血〉のことでもある。ディンカの人々は「肉と血は一つのものである」と語る。そして、流血を目撃することは、箝猎の長の身体のなかにいる〈鮮肉〉神霊を弱めるとされるため、箝猎の長は人間の血が流れているのを目にしないようにする。このことは、箝猎の長たちが実際の戦闘には参加せず、家にいて闘いの勝利を祈るものとされる理由の一つとなっている。〈鮮肉〉（および血）神霊を持つ者たちが、生身の人間が傷つけられるのを見てはならないということは、他のクランの神霊たちの象徴物の取り扱いについて言われていることと一致している。私を、少女の頭部に傷を施す儀礼——非常に流血の多い施術である——を見に連れていってくれたある箝猎の長が、突然、自分は気が遠くなってきたので、その場を立ち去ってどこか別の場所で待っている、と言ったことがあった。「私の体内の〈鮮肉〉のせいなんだ。これは血を見るのを嫌うからね」と。こうした考えは、箝猎の長が仲介者や調停者の役割を果たすということとも整合性がある。

箝猎の長のクランだけが〈鮮肉〉を神霊として持つという言説には、一つだけ例外がある可能性がある。それは、戦士のクランであるパディアンバール・クランの成員たちによって時に主張される。私の経験からすると、パディアンバール・クランが大勢いるところでは、このクランの成員たちは自分たちが箝猎の長たちと同格の霊力を持っているとみなしているようである。彼らは、その主張の根拠を、どの共同体でもパディアンバール・クランの成員たちが箝猎の長たちの祈禱や祈願の内容を最初に復唱する資格を持っていたという点に求めている（箝猎の長が祈願を行う際、その言葉は居合わせた誰かによって復唱される。たいてい、それは彼らの分類上の姉妹の息子が務める）。彼らは、自分たちのことを、箝猎の長にとっての伝統的な「祈禱者であり復唱者」であるとみなしており、そのような祈禱を繰り返すうちに彼ら自身の舌も「冷静」になり、真実に満ちたものとなるに違いないと主張している。彼らもまた、特別な霊力の強さを持っているに違いない。というのも、強力な祈禱者は、それほど強い力を持たない復唱者を傷つけることができると考えられているからである。パディアンバール・クランの成員のなかには、神聖な槍を持っていると主張する者もいる。しかし、たいていはそのような槍を保持してはいない。一般には、神聖な槍を持つ者がいたとしても、そうした者たちは合法的にそれを受領したのではなく、偽造したに違いないと思われているのである[45]。

レク・ディンカにおけるアワン・パジョク部族集団のなかのパディアンバール・クランの男性の一人が言うには、パディアンバールはその始祖アコル・アディアンバールの生涯のなかで起こった出来事の結果、〈鮮肉〉神霊を持つに至ったという。アコル・アディアンバールが牛糞を乾かそうとして広げていたところ、空から八切れの生肉が彼の大腿部に落ちてきたという（この物語は、あらためて〈鮮肉〉を大腿部と上脚に関連づける）。重要な箝猎の長のクランであるパイの創始者、アイはアコル・アディアンバールにその肉を一部は生で、一部は調理して食べるように勧めた。アイに言われたとおりにした後、彼とその子どもたちは、パイの箝猎の長による強力な祈願を効果的に、しかも自らに危害を招くことなく、復唱することができるようになった。さらに、パイの簎猎の長たちは、パディアンバールの人々と仲たがいすると、祈願がうまくできないようになったという。

リン、すなわちすべての簎猎の長の神霊である〈鮮肉〉は、彼らのなかにこうして肉体化したのであり、それは彼らに内在する一部となっている。彼らは、他の諸々の神霊から人間を分離するようには〈鮮肉〉神霊から「分離」されることがない。それゆえに、彼らは自分たちの元祖（prototype）のように、それ自体でいくぶんなりとも神聖な存在なのである。その彼らの元祖については後述する。〈鮮肉〉神霊は、生身の人間に宿り、簎猎の長の世代から世代へと受け渡される、完全に男系で世襲され、肉体的に再生産される類いのものである。それは、あるディンカが次のように語ったとおりである。「〈鮮肉〉は人間の体内にあるが、それはかつてその人の父親の体内にあったし、その祖先、最初の簎猎の長であった偉大なロンガールに由来する者たちの体内にも、そして、最初にそれを与えた神性に由来する者たちの体内にもあったのだ。それは、彼らの肉体のなかにあるとともに、彼らの槍のなかにある」。〈鮮肉〉は、簎猎の長たちの最も重要な霊感であり、「道を明るくする」こと、つまり真実を告げたり真実を定めることや、祈禱において力を発揮すること、争っている集団や異なる利害を調停するような能力の源泉となるのである。

われわれは、神性と、西ディンカによって知られている主要な神霊のすべてについて考察してきた。それらを、大部分はディンカの語る枠組みのなかで記述してきたわけである。これらを分析するにはさまざまな問題が立ちはだかるのであるが、次章ではそれを論じることにしたい。

注

（1）ハタシル・マシャ・カティシュの著書 *Jehovah Nissi, A Life Story* と *The Ethiopia Valley* のことである。その内容から推測すると、著者は十九世紀半ば過ぎの時期に、ディンカの地で暮らす少年だったようである。彼は、後者の本の序文において、自分は「北の黒人福音伝道者、サリム・ウィルソンとしてのほうがよく知られている」と書いている。よそ者たちと接触する前のディンカ人を理想化する傾向はみられるものの、カティシュはディンカの人々の生活におけるいくつかの特徴に言及しており、それらは今日に至るまで変わっていない。

（2）*The Ethiopia Valley*, p. 50.

（3）ディンカのクラン神霊は、J・G・フレイザー卿が定義した「トーテム」に類似するところがある（*Totemism and Exogamy*, 1910, pp. 3-4）。すべてのクラン神霊が物質的な種としての象徴を持っているわけではないため、私はここでは「トーテム」という語を使わないほうがよいと考えた。

（4）第五章を参照のこと。

（5）第五章において記述しているとおりである。

（6）リネージ全体が、その出自を女性からたどることができるような事例においては、補助的な神霊が、女性の祖先に由来するとみなしている場合がある。ただし、こうした女性の祖先に由来するクランの名前を聞くことはディンカではまれである。したがって、彼女のクラン神霊が知られていることはほとんどない。

（7）"Some Notions of Witchcraft among the Dinka", *Africa*, vol. xxi, no. 4, Oct. 1951.

（8）第五章の諸所を見よ。

（9）例えば、川の力である〈マレク〉は、パゴンの始祖の母親を孕ませた神霊だが、天然痘の素地ともなっている。〈ハリネズミ〉と〈アワール草〉もみな、パゴンの神霊である。去勢牛の配色の一つである〈マレク〉は、赤色ないし黄褐色と白色の組み合わせであるが、レクという魚（学名：*Heterotis niloticus* か？）の模様を連想させる。天然痘の膿疱はマレクの色をしており、そのしみがじくじくとしているさまは水を、つまり川を連想させる。アワール草は川岸に生える草であり、燃やすと剛毛質の小さなふさが採れる。これはハリネズミのとげに似ている。これは、歌のなかで「私の毛深い（ひげ面の）父（*wa maiyual*）」と呼びかけられる。箝措の長たちは、ほかの者に比べてひげが伸びやすいといわれることがある。

(10) これは、私がレク・ディンカとその西側に居住する人々の間で見聞したことである。豹は、アガール・ディンカのあるクランの神霊となっている。

(11) アガール・ディンカのあるクランは、ブッシュバックを神霊に持つ。

(12) 後述する〈鮮肉〉の神霊は、やはりその重要な例外である。

(13) アワンと呼ばれるいくつかの部族集団がある。

(14) ディンカの人々は、銅色の肌をした少女か、赤味を帯びた黒色をしている少女を賞賛する。もちろん、その多くがごく黒い肌を持つディンカの人々のなかでは、このような少女たちはそうはいない。

(15) J. M. Stubbs, op. cit., 1934, pp. 250-251. このバージョンでは、黒色の雌牛をめぐって口論が持ち上がり、最終的にアジャンがこの雌牛をアイ(「アユェイ」)に与えたということになっている。それから、彼のクランは黒色の雌牛を飼育しようとはしないのだという。ディンカの人々の色彩をめぐるイメージの特徴として、この雌牛がコブラのように黒い色であり、そのほかのいかなる色でもないということは留意しておく必要がある。

(16) C. G. and B. Z. Seligman, op. cit., 1932, p. 149. そこでは、「双子の誕生」説話の興味深い簡潔な一バージョンも報告されている(p. 146)。これは、ハイエナをクラン神霊に持つニエル・ディンカのあるクランと関連している。セリグマン教授夫妻はこう述べている。「一人の女性が寝ていると、一頭のハイエナが彼女の身体の上に脚をかけた。ハイエナを殺そうとする者もいたが、人々はそれを制し、この動物が何をしたいのか見極めることになった。すると女性は、ハイエナのように跳ねる男の子を出産したのだった……」。ディンカにとって、こうした類似性は、クラン神霊とそのクランの成員との間の親密性を裏づけるものとして重要な要素となっている。したがって、ナイルワニを崇敬するクランの場合、手足の曲がった子どもは〈ナイルワニ〉の影響を受けたものとみなされるし、同様に、頭部が大きい子どもは〈カバ〉の影響を受けたものとみなされるのである。

(17) P・A・ネーベル神父は、この逸話をマルワル・ディンカのパレック・クランの起源に関する説話の一部に含めている(P. A. Nebel, op. cit., 1948)。互いに接触したことのない別々のクランに関連する共通の伝承が存在するということはありうる。ネーベル神父は、さまざまなクランの起源にまつわる興味深い資料もそこに含めて報告している。

(18) P・A・ネーベル神父は、ディンカの次のような語りを紹介している(P. A. Nebel, op. cit., 1948, p. 122)。「われわれは、神はすべてのクランにそれぞれのトーテムをお与えになったと信じている。それは父親のようにクランを守護し、われわれはそれを父親のように崇めるのだ」。

(19) 本書一八九頁以下でより詳しく述べている。

(20) ルンベックの政府文書にある、アガール・ディンカのパブット・クランに関する注記は、明らかにディンカ人によって書かれたものであるが、以下のような言明がある(そのまま引用することにする)。「パブットとナイルワニの関係を証明するものとして、パブットの人々のなかには純粋なナイルワニを生むことができる者がいる。それは水に放たれ、そこで本物のナイルワニになるのだ」。

(21) 事実、パブオル・クランの成員が自分たちのクランを籍稭の長のクランとみなしている地域もあるのである。

(22) 結婚式の間、花婿は自身の性器を覆う豹皮の衣装を身に着けているが、ディンカが強調するところによれば、姑の前で隠さなければならないのは、本来は臀部のほうだという。

(23) 生理中の娘はミルクと牛を「忌避」する。おそらくそれは、男性が彼らを敬い、忌避するよう、彼女たちは牛の近くに近寄らないようにされているということであろう。生理中の娘たちは、スカートを履き、しばしば赤か青の腕輪や、赤色のビーズを身に着けている。これには、若い男女が戯れているとき、この少女には触ってはならないという警告の意がある。ディンカによれば、生理中の娘に触ることは槍の威力を弱めるという。

(24) それらが関連している可能性はなくはないが、彼はここで述べたものに関しては関連はないと言ったということである。

(25) 美徳とされるのは、「内気な」ことであり、はにかみ屋で慎み深いことである。

(26) ルアルというクラン神霊に関する資料において示唆されているように(一八八頁)、ディンカの人々は、婚資は基本的に新婦の母親とその兄弟たちに渡されるものと考えている。もっとも実際には、もし新婦の父親が生きていたら、それらを統制するのは彼であるし、婚資をめぐる交渉を行うのも彼である。

(27) 錆を意味する語(*heeth*)に関連している。

(28) ただし、クラン神霊を共有するということが性交をインセストなものにするわけではないということは、あらためて強調しておく必要がある。それは人間関係なのであって、系譜でたどられたり、場合によっては強く疑われたりする。したがって、クラン神霊の概念がインセストの罪悪感を喚起するというより、インセストをめぐる知識や疑念がクラン神霊の怒りという概念を罪の意識とともに喚起するのである。

(29) このことに関連するが、クラン神霊への供犠のためにとっておかれる犠牲獣が去勢されないこと、そしてその生殖器は後述する供犠(第七章三九五―三九六頁)において重要な役割を果たすということをここで指摘しておきたい。さらに、あるディンカ人は、クラン神霊の夢を見ると夢精すると私に語った。

(30) すなわち、神霊の象徴物を傷つけることに対する禁止の度合いの強さはその象徴物に対する強い情緒的態度を示しており、それはこの象徴物自体が発する誘惑によっては説明できないのではないか、という想定である。

(31) 本書二一四―二一五頁で記述しているとおりである。

(32) C. G. and B. Z. Seligman, op. cit., 1932, pp. 144, 145.

(33) *Sudan Intelligence Report*, Feb. 1930.

(34) P・A・ネーベル神父は、以下のように翻訳している(P. A. Nebel, op. cit., 1936)。「マッチ(*mac*)――動詞、結ぶこと、締めること、投獄すること。マッチ(ニアリッチ・ヤス)――崇拝すること。ケク・ア・マッチ・ミール、エエ・ヤンデン、またはマッチ・ケダン(テネ・ラン)ク・アコルダ・アビ・ワール(*kek a mac mir, ee yahnden; mac kedang (tene ran) ku akolda abi war*)――誓約すること」。後の二文は文字どおりに訳すと次のようになる。「彼らは〈キリン〉をマッチする。それは彼らのクラン神霊だ」、「何かをマッチすると(誰かに、あるいは誰かと)、別の日に(その)お返しがある」。

(35) ゴーロ(*ghoro*)については第七章の三八二―三八六頁において記述している。

(36) ネーベル神父は、次のように述べている(P. A. Nebel, op. cit., 1936)。「ラム(*ram*)――過去形ロム(*rom*)、会うこと、一緒に何かをしたり、何かを持つこと。……オグ・ア・ラム(*...og a ram*)(道で挨拶すること)。ロム・ソック(*rom thok*)――会話に加わること。……ラム・アケゥイッチ(*...ram akeuic*)――接すること……コッチ・ラム・ニム(*...koc ram nhim*)――気まぐれな」。

(37) C. G. and B. Z. Seligman, op. cit., 1932, p. 149.

(38) 私がシッチ・ディンカのところにほんの二、三日滞在した際には、そこではメル (*mel*) という語が「クラン神霊」と「男系の関係」の両方を指しているようであったということを指摘しておきたい。

(39) ボル・ディンカの間で重要なクラン神霊となっている巨大な槍が〈リル・ピオウ (*Lir piou*)〉すなわち「冷静な心」と呼ばれていることを想起されたい。

(40) また、クラン神霊を傷つけると時として盲目になる、ということも想起されたい。

(41) 〈鮮肉〉と〈火〉は、第五章の二八三―二八四頁で引用しているボル・ディンカの歌において、知識と守護によりいっそう関連づけられている。

(42) この点については、第五章の随所で詳細に論じている。C・G・セリグマン教授は、コール・アタルのディンカにおける誕生と川との関連について次のように注記している。「大昔、『川の民』の男女が川から出てきて結婚し、近隣の村々に住みついた。『川の民』の一人がやって来たという話は、奇妙なことに、子どもの誕生のようである……」。C. G. Seligman, *Report on Totemism and Religion of the Dinka of the White Nile*, privately circulated. その内容の一部は、Hastings, *Encyclopaedia of Religion and Ethics*, 1911 に寄せられた教授の論考、"Dinka" に組み入れられている。

(43) 例えば、以下を参照のこと。W. Robertson Smith, *Lectures on the Religion of the Semites*, note to p. 221 of the 1907.「過ぎ越しの祭によく似ているサラセン人の供犠には、犠牲獣を生で食べるものがある。その供犠においては、すべての肉を夜明け前に食べ尽くさなければならない。この事例では、供犠の効力は犠牲獣の生肉と血にあると考えられているのである。それゆえ、自然現象としての腐敗については完全に避けることができる……」。

(44) 〈大腿部〉と〈大腿骨〉は、このクランにとって第一の神霊である。

(45) これは興味深いことであり、ここでより詳しく述べておく必要があるだろう。ディンカの地において、並外れた影響力を有する戦士のクランのリネージのなかには、自分たちは神聖な槍を保持する権利があると主張する者たちがいる。ただ、他のクランの成員たちは、ここだけの話だがとして、それを否定するか、その槍は不当なやり方で入手されたものであって伝統的に認められたものではないと言う。換言すれば、戦士のクランのリネージの際立った社会的傑出性ゆえに、これらの成員たちは、自らを宗教的な資質と政治的な影響力において箚猎の長のクランに匹敵する存在とみなすようになったと推測するのが、妥当であるように思われる。

第四章　神性と経験

ディンカにとって、諸々の〈力〉は、彼らの生活に良いようにも悪いようにも影響を及ぼす生ける作用者（agent）として、それぞれ個人的な遭遇を通じて認知されるものである。西欧人は、ディンカの神性をめぐってこのような節理が存在するということを、客観的事実としてはおそらく認めるであろう。それは、普遍宗教における「神」によく似ている。しかし、西欧人は、ディンカが主張するようには〈デン〉や〈ガラン〉、その他の〈力〉と実際に遭遇するわけではない。したがって、分析の便宜上、ここでは諸々の〈力〉（神性も含め、論理的にはすべて等しく）を、諸々の現実の表象（representation）とみなしたほうがよい。ディンカは諸々の〈力〉をそのようにみなすことはないだろうが、こうした表象であれば、普遍的で合理的な知識につなげて考えやすくなるからである。そして、われわれが最後に解釈すべきは、仮にディンカの諸々の〈力〉が何かの表れであるとするなら、それは何を表しているのかということについてである。これまで、私はもっぱら、ディンカの理解に従って諸々の〈力〉について述べてきた。しかしこの章では、私はそれらについて、これまでとは別の説明を試みる。すなわち、ディンカの神学において主題となるであろう超人的な「存在」としてではなく、ディンカ特有の自然環境と社会環境に対する反応に基づいた、諸経験の組み合わせによって喚起される表象（ここでは、私はそれらを「イメージ」と呼びたい）として説明したい。それらについてなら、外国人でも直接的な知識を持つことができるであろう。

諸々の〈力〉が、ディンカにとっての総合的な経験――現象といってもよい――のなかで多くの部分を占めていることは間違いない。後述するが、彼らにとってそれは物理的そして社会的な現実がそうであるように。しかし、ディンカは後者について、諸々の〈力〉に言及せずとも論じることができる。例えば、豊作をもたらすとされる自由神霊〈アブック〉に言及しなくても収穫の見込みについて議論できるし、〈デン〉や神性に言及しなくても雷や稲妻、雨などを純粋に「自然の」現象として議論できるのである。もっと取るに足りない事例をあげると、ディンカは悪寒や頭痛などについて、こうした些細な不快を引き起こすものとしての諸々の〈力〉に言及せずに不満を表明することもありうる。ただ、その悪寒が高熱になったり、あるいは頭痛が続いてこれに悩まされるようになると、諸々の〈力〉の関与が疑われるようになる。

つまり、ディンカ自身にとってさえ、〈力〉はそれが関連づけられる物理的な事実や出来事とは違って、経験の直接的な与件ではない。ある〈力〉の活動に言及するということは、単に経験を述べることではなく、それに解釈を施すということなのである。私は本章で、こうした経験――これも解釈されたものであるが――との関連において示される解釈の様式にみられるいくつかの特徴について考察したい。

私はこの問題を解く糸口は、それ自体が議論の余地の多い、ディンカのある一つの言明のなかにあるのではないかと思う。それは、〈力〉が「人間のなかに」、そして（いくつもの事例にあるように）「空のなかに」もあるというものである。つまり自由神霊デンは時として人間の「なかに」存在するかもしれないが、空と空の現象の「なかに」も存在する。ディンカにとって、〈デン〉に憑依されていようといまいと、人間はずっと「空のなかに」存在するわけではないし、単に自然現象とみなされる雨や稲妻、雷などが人間の「なかに」存在するわけではないということは明白である。この事例においては、自由神霊〈デン〉は、観念上の経験と物理的な経験をつないでいるのであり、この世界における人間の経験と超人間を統合しているのである。

ディンカの伝統的な教義は、諸々の〈力〉が実在すること、そしてそれらの〈力〉にはそれぞれ特有の性格が備わっているということを主張している。しかし、それらの〈力〉が特定の機会に直接的な遭遇をとおして人間と結ぶ有効な関係は、ディンカにとってはわれわれの場合よりもはるかに鮮明に現前するが、それらは見いだされ、あらわにされるべきものなのである。これらのいくつかについては、ディンカが卜占や質疑によって発見しようとしたやり方のなかで示されたとおりである。卜占においては、人間が置かれた特定の状況の背景としての〈力〉を特定する試みがなされる。その名前が特定されるまでは、それは受難者である個人の病状に潜む、得体の知れないものであり続ける。それが特定されるまでは、それを除去したりなだめすかしたりするような行動をとることはできないのである。

その病気が何らかの〈力〉によるものだとみなされる人物の治療の過程は、病人とその親族から当該の〈力〉を分離することである。その〈力〉は、病人のなかで活動する主体（subject）とみなされる。病気にかかる人たちは、〈力〉がその作用を及ぼす対象なのである。それゆえ、ある人物が強力に憑依された場合、人間としての「その人に何を言っても無駄だ」ということになるが、それは活動しているのが人間ではなく、〈力〉だからである。私がここで論じるのは、私が「イメージ」と呼んだものをあらわにする過程である。病人が情動的精神病的〔西洋医学でいう affective〕立場にいることに対応して、それは病気の原因としてあらわになるのである。

このことはまず、ディンカ人と西欧人の間には自己認識をめぐってさまざまな違いがあるという難題を提起するのであるが、私はそれについては十分には論じることができない。ディンカは、われわれにとってはなじみのある近代的な概念である「精神（マインド）」[1]、すなわち、それ自体が思考し、自己の経験を蓄積していくようなものに相当する概念を持っていない。彼らにとっては、経験する自己と、その自己に外面的な影響を及ぼしていたり、あるいは及ぼした対象の間に介在するような、内省の際に立ち現れる内面的な実体は存在しないのである。それゆえ、われわれが経験の「記憶」と呼んでいるもの、すなわち回想している人物の内面にあり、それが内面に存在するために回想する内容に修正が加えられるとわれわれが考えているものは、ディンカにとっては、記憶の源泉と同様に外部から働きかけてくるものである。したがって、ディンカに、強烈な夢が「ただの」夢にすぎないのだと示唆することは不可能であろうし、同様の理由によって、白日のもとではそれはそれほど重要ではないと片づけることも難しいだろう。あるいは、憑依というものは「単に」憑依された人物の心理に根ざすものにすぎないのだと言っても、彼らは聞く耳を持たないだろう。彼らは、精神と世界というような区別をしていないのであり、そうした区別が彼らにとって重要だともみなしていないのである。

自分にまったくなじみのない土地に一時期住んだことがある者は、神霊たちがその関係を持った相手を「追う」といわれているように、場所（その「影響」というべきだろうが）がその者につきまとう（*bwoth cok*）と考えるだろう。ハルトゥームで投獄されたことがある者は、その場所を記憶しておくために自分の子どもに「ハルトゥーム」と名づけたが、それは彼のその後の人生において彼に降りかかるかもしれない、その場所にまつわる悪い影響をそらすためでもあった。この行為はお祓いの行為であるが、われわれからみると、経験の記憶についてのお祓いといえよう。ディンカは、自分の子どもに諸々の〈力〉や死者の名前をつけるが、それはディンカの考え方においては、もしその居場所とその存在が明白な形で知られていれば、神性や死者は生者に悪さをしないとされているからである。このような命名の際、ある人物やその亡くなった親族に働きかけたことがある〈力〉や、その人物の人格を形づくった場所は、かつてそうであったように、なおその人物に直接的に、そして外部から働きかける可能性があるとみなされている。

もちろん、過去の経験が人々についてのものであろうと、場所、あるいは出来事についてのものであろうと、それらを経験した人間の人格に永続的で深い影響を及ぼすという考え方は西欧人にとってもなじみがある。ただし、西欧人の思考においては、それらはもっぱら、自己を回顧する際の精神ないし想像から生じてくるものとみなされており、記憶の痕跡は常にそこにあるとされる。われわれの観点では、時の経過というものが過去の出来事に対する評価に及ぼす影響は、ディンカの場合に比べてはるかに大きい。ディンカが言及するのは、連続して数えられるような年数ではなく、過去の出来事そのものである(2)。自分の子どもに「ハルトゥーム」という名前をつけた男性の事例でいえば、ハルトゥームは行為する主体である作用者(agent)とみなされているのであって、われわれの場合のようにその場所を想起するような記憶する精神としてではない。男性はその作用を受ける対象なのである。ディンカが、自分たちに働きかけてくる世界の様子を日常的に表現する際にも、人間の自己ないし精神を主体とみなし、それに対して何が起きているかと考える西欧的な表現とは反対のものがみられる。例えば、英語では人間が「病気になる」という言い方をするのが普通だが、ディンカ語では常に病気が、あるいは〈力〉が

「人間をとらえる」。

このような記憶の明白な「敷衍」の事例の一つについては、前にマスィアン・ゴックという呪物の記述（第二章の一〇一―一〇六頁）において述べたとおりである。ディンカの人々の説明によれば、この呪物は、西欧人からみれば罪をめぐる良心の呵責を喚起させるような働きをする。西欧人がその場合に強調するのは、活動をめぐる統合された内面的な主体、つまり意識である。しかし、ディンカにとっては、マスィアン・ゴックは外部から自己に働きかける存在であり、それを企むほかの何者かによって用いられるものである。（マスィアン・ゴックが作動すると考えられている、よくある状況を例にとると）罪悪感を伴う負債にまつわる経験のイメージ（われわれがそう呼んだように）は、自己の経験から敷衍される。それは、（しばしば記憶がそうであるように）負債者が図らずも生み出すものであり、貸主が差し向けた〈力〉であると解釈される。私は、本書ではディンカの妖術信仰については述べないが、これらは同様に、自分の良心の状態を他人に投影するものとして解釈することもできよう。例えば、嫉妬深い人物は自分が嫉妬深いとは認めないが、自分の経験を他人に転嫁し、その人物に「妖術師」のイメージを見いだすのである。

このような経験の想起は、ディンカ人たちがモノや、より一般的には病気との間に築くと考えている諸関係にも見いだすことができる。こうした関係は個々の人に作用したものであり、「個人的なトーテミスム」や「ナワル信仰」〔メキシコや中米先住民の間にみられる、動物に宿るといわれる守護霊に対する信仰〕に似ている。(3) 諸々のクラン神霊は、こうしたもののなかでも、クランの創始者からその子孫へと集団で受け継がれていくそれといえる。ある人物が個人的な関係を築くと、彼は自身に働きかけてきた対象の象徴物をセック（*thek*）する、つまり崇敬し、それを自分の神霊の一つに数える。繰り返しになるが、この場合にその人物は、自律的に活動する主体が彼に働きかけるのであって、彼自身はその対象であると、考えているようにみえる。人間が自分の神霊を選ぶのではなく、人間が神霊によって選ばれるのである。

通常の英語の用法において、人間の自己に関係した、「行為（actions）」の反対を示すような用語を私たちが持っていないということはおそらく重要である。[4] 仮に、「パッションズ（passions）」、あるいはパッシオネス（*passiones*）、つまり受動的な苦難という語がさしあたって「行為」の対になるとすれば、ディンカの諸々の〈力〉というのは人間のパッシオネスのイメージであって、それらがそうしたパッシオネスをもたらす能動的な源とみなされているのだといってよいのではないだろうか。卜占実践は、人間のパッシオネスと対置される能動的な相関者、つまりイメージを発見し、経験のなかでこれを分離することが、人間の行為にとって不可欠な準備であるとみなされているさまを例証している。卜占師は、自身のなかにこの分離が常に存在している人物である。ある〈力〉、あるいは諸々の〈力〉たちは常に卜占師のなかに潜在しているが、卜占師は自身の意志でそれらの〈力〉を分離させ、自身のなかでそれらを顕現させることができる。このような分離状態にある間は、卜占師は〈力〉であり、〈力〉にとっては彼の身体が宿主となる。それゆえに、〈力〉に対して捧げられる讃歌においては、行為の原因とされる主体、そして讃歌を捧げる対象となる主体としての〈力〉と卜占師を区別することはしばしば不可能である。さらに、後述する祈願の事例にみられるように、〈力〉と、それに対して捧げられた犠牲獣を区別することもしばしば不可能である。なぜなら、供犠の状況においては、犠牲獣が全体として〈力〉を表すものとなるからである。犠牲獣は、〈力〉の能動性と、その犠牲者である人間の受動性を同時に表している。経験を喚起させるにあたって、牛がこのような役割にぴったり合うということは、ディンカが作詩の際に熟考しつつ経験を喚起する様子において示されたとおりである。

卜占師が、憑依や病気の原因を究明するために呼ばれるのは、患者が自力では自身の経験における活動的な主体であるイメージを、それが情動的にもたらしているものから切り離すことができなかったためである。なぜなら、ディンカの観点からすれば、〈力〉というものは話しかけてくることはないし、それに襲われた人間の口を通してその正体が知られることがないとされているからである。したがって卜占師の活動は、その〈力〉について解釈する上で重要な意味を持っている。受難者から受難をめぐる状況を切り離すこと、それを自らトランス状態になることで、または受難者あるいはその親族、場合によってはそれら両者をトランス状態にして行うことが、彼の専門的な任務なのである。すなわち、卜占師は受難者の代わりに彼らの経験の分離を行い、そのイメージを示唆したり発見したりするのであるが、そうしたことは受難者にはできないことなのである。

卜占師はまた、なぜ〈力〉が能動的にふるまうことになったのか、人間側に何か不注意があったり、果たすべきことを果たしていなかったからなのか、その理由を明らかにし、その打開策を講ずることも期待されている。この理由とは、〈力〉の作用を受けている人物が半ば忘れていた何かかもしれない――いわば「やましく感じている」数多ある出来事のなかの一つであり、自分が危険な状態にあると考えたときにそれが彼にとって重要な意味を持つようになるのである。すでに記述した憑依の事例において、〈デン〉の牛と離れ離れになっていることは、こうした理由の一つになる。このほかにも、よくある一般的な理由としては、ある家族がかつて認知した諸々の〈力〉を無視したことや、病気にかかった人やその親族の誰かが何かひどい所業や不当な行為を行ったことなどがあげられる。このうち後者、つまり当該の者が悪いことをしていた場合、その悪者に悪の報いを与えるのは、その人物のクラン神霊または神性自身――前に示したように、なかでも真実と正義の経験にまつわるイメージとして――であるとされている。このような理由が明らかになった場合、賠償や贖罪の行為は可能となる。患者は、自身あるいは自身の親族の経験のなかで、自らの身体に病気ないし不具合をもたらしうるものは一体どれなのか、明らかにするよう仕向けられる。告白とは、自己の誤った所業を共同体の前で明らかにする行為であるが、それゆえにしばしばディンカ流の病気治療の一部となっている。病気をもたらしている情動的状況が特定の〈力〉において想像され、その背景と理由が患者だけでなく治療に携わる人々にとっても明らかになったとき、患者の経験は公に理解され、共有されるような形で表されるのである。

　病人をめぐるそうした状況がひとたび理解されると、病人に対する象徴的な行為によって、自己からイメージ――人間の経験における受動的な要素の対となる能動的な相関者――を分離する作業が行われる。後述する供犠と祈願の事例においてはっきりと示されるように、〈力〉は人間から「切り離され」、あるいは「分離され」、人間の受苦と罪は、人間のパッシオ（*passio*）が移されたとされる犠牲獣の「背中の上に」置かれ、その死とともに葬り去られる。受難者の人格のなかで、自己と〈力〉の間の形式的な分離に続いて、奉納と供犠において犠牲獣の物理的な分割が実際に成立する。経験の「内なる」分離は、秘蹟として外在的に確認されるのである。

　もちろん、ディンカが自分たちの信仰をこのように理解しているとは限らない。それでも、ディンカ語にはわれわれの「イメージ」という語の使い方に類似するものがあることは確かであり、私がこの語を用いて伝えようとしている対象を部分的に描写している語がある。ディンカ語で、通常「幽霊」と訳すことができる語はアティエップ（*atyep*）であるが〔一六七頁では*atiep*と表記〕、これは影とか投影という意味を持つ。何らかの形で「物質化された」、われわれが時としてあまり考えることなくそれを幽霊のせいにするような、個人的に出会う相手たる存在としての「幽霊」についてあれこれ尋ねても、それはディンカにとっては無意味である。幽霊は、経験のある種の反映として理解されるものであって、何らかの「存在」として理解されるものではないからだ。死者の幽霊に食物やタバコを捧げるとき、幽霊が「物理的に」これらの供物を消費すると考えるのはおそらく間違っている。供物は、死者の「心」(情動的な生の中枢)に対して捧げられるのである。われわれの思考は、幽霊を外部にある物理的空間の範疇において表象するが、これはディンカよりも幽霊を「物質化」する傾向がはるかにある。ディンカの間では、幽霊はその親族の夢のなかに現れる。われわれは、「幽霊」と「亡霊(spectre)」を互換性のある用語として使うとき、幽霊との遭遇をあたかも「外部の」「実在する」物質的世界における出来事であるかのように想像しがちであるが、ディンカの間でそのように語られるのを私は聞いたことがない。そうした遭遇は、夢(ディンカ語では、夢を見るということはロト・ニョス(*rot nyoth*)、文字どおりには「自己に示す」ことである)のように、疑いなく自我の内部での遭遇なのである。

幽霊の出現は悪い前兆であるため、幽霊は親族のもとへ戻ってこないように依頼される。もし幽霊が戻ってきたなら、それは親族が故人のことを忘れたか、あるいは故人が生前に出していた指示を何らかの形で遂行しそこなったためである。死んだ者が訪れてくる場合で最悪なのはアチェン(*acyen*)である。この場合、死者は自分に悪いことをしたと考えられる何者かに対して苦々しい思いを抱いたまま亡くなっており、その相手を進行の早い不治の病で殺すまでつきまとうのである。幽霊は、その訪れる相手にとっては人生のなかで故人と持っていた関係を反映するとともに、意識と記憶のなかで依然として持ち続ける関係を反映しているのである。ディンカは、幽霊のような存在それ自体の性質についての理論を、〈力〉についてのそれらと同様に持ちあわせていない。幽霊は、死者の「影」あるいは「投影」——おそらく、われわれが言うところの「イメージ」とそれほど違わない意味を持つ語と思われる——なのである。生者は、死者との不安定な関係をなお経験せざるをえないが、それはその死者が生きていた時から続いているのである。

生者にとって、意図的に死者を思い起こすのは危険なことではない。実際、折にふれてビールやミルク、タバコなどの供物を死者に捧げることや、供犠において神性やクラン神霊などの加護を祈願するとき、死者の名を思い起こすことは敬虔なる責務といえる。死者との関係において主導権を握るべく、すすんでこのようなやり方で死者を思い起こす人たちは、彼らが気にかけているということを死者が受け入れ、彼らに構わなくなることを期待してそのようにする。死者は、道義心がなお乱れているような生者を狼狽させるべく出現する。また、生者から死者に対してなすべき責務を積極的に果たしていない者は、死者たちに能動的にふるまう余地を与えてしまう。同様に、人間と〈力〉の関係においても、〈力〉をなだめるための積極的な行動を怠ると、ただちに危険な受動的経験につながると一般に考えられている。人間は、自分のために行動を起こすことで初めて、この経験から逃れられるようになるのである。

私は、前に（第三章一六七頁）アティエップという語が普通の影や反射、幽霊だけでなく、場合によっては諸々の〈力〉を指すとも述べた。何が憑依しているのかわからない人物は、神性あるいは創造主を体内に持っているのと同様に、アティエップを持っているといわれる。〈デン〉に捧げられた雌牛のことをウェン・アティエム・〈デン〉（*weng atyem* DENG）、つまり〈デン〉の「影」の雌牛と言うのは、それを簡潔に「〈デン〉の雌牛」と言うのと同じである。こうしたイメージはみな、同じような類いの事実である。それは、空間と時間のなかに広がりを持つことのない、精神上の事実である。それゆえ、これらは部分に切り分けることができないとみなされている。何らかの〈力〉がある場所で顕現したとしても、だからといってそれ以外の場所ではその〈力〉が感知されにくいということはないと考えられている。拡張という概念は〈力〉には当てはまらないが、それは思考においてもしかりである。同様に、生者の経験のなかにとどまっている死者というのは、幽霊とドン・ピニー（*dong piny*）と呼ばれるもの、すなわち、文字どおりには「大地の上に（またはなかに）残っているもの」からなっている。とはいえ、ディンカが死者が二つの構成要素、つまりアティエップないし幽霊と、ドン・ピニーと呼ばれるものに分かれると考えているとはいえない。アティエップないし幽霊とドン・ピニーの間の区別は、死者における実体の区別ではなく、死者にまつわる経験における区別なのである。それは、特定の場所とは特に関係がないが、生者の記憶のなかに何らかの形で生き続けているような死者にまつわる経験と、墓地の死者にまつわる経験の違いである。したがって、アティエップはどこにいようとも、自身の親族を悩ませる可能性がある。ただし、それが家のなかに出現した場合なら、生者はアティエップを満足させるように対応できる。アティエップの行動はまだ合目的であり、理にかなったわかりやすいものとされている。しかし、これは諸々の〈力〉と同じように、人間にどこまでも「つきまとう」——われわれはその状況をみることになるが——だろう。それは人間のなかに存在するからである。もちろん、ドン・ピニーもどこであれ「想起」されるかもしれないし、そうすることで人間は自発的に彼らに思いをいたすかもしれない。しかし、ドン・ピニーは墓地の近くでしか直接活動しないと考えられている。ドン・ピニーが反映したり喚起させる経験とは、その「大地に残るもの」の名前が意味するように、特定の埋葬場所における遺骸との遭遇にまつわるものなのである。

したがって、分析のためとはいえ、ディンカ人の信者をその信じている対象から切り離すこと、そして後者を信仰の「対象」として独立して描写するということは簡単ではない。諸々の〈力〉が「人間の身体のなか」にいるとともに「空のなか」やその他の特定の場所にいる存在であると語るとき、ディンカ自身がこのことをほのめかしている。彼らの世界は、彼らにとって研究の対象ではなく、能動的な主体である。それゆえ、全体としての世界（ピニー）が、他の諸々の〈力〉とともに助力を祈願されることになるのである。

諸々の〈力〉が異なる領域の経験を喚起させるといっても、ディンカの人々によって与えられるいくつかの説明に対して、われわれがその細部に至るまで納得できるとは思わないほうがよい。また、仮にわれわれが彼らのそれぞれ異なる主張を統合したとしても、それらが相互に関連していたり、内省的な思考としての論理的整合性を備えているとは思わないほうがよい。ディンカの経験というのは、人によって、そして集団によってそもそも異なっている。ディンカの神性が唯一であるとともに多数であるように語られることは、これまでの章でみてきたとおりである。あらゆる空の〈力〉は神性「である」といわれる。もっとも神性はそれらのどれでもないし、それらの〈力〉はいずれも神性の単なる別名ではない。また、それらの〈力〉は、人間との関係においては同じような実在性を持ってはいるものの、互いにはまったく異なっている。ディンカはみな、ほとんどドグマのように「神性は一つである」と主張する。彼らは、神性を複数のものとして考えることはできないし、もしその意味するところを理解したら、彼らの神性が「多神教的」な存在とみられることに対して大いに憤慨することだろう。このような〈力〉について、われわれは何と説明したらいいのだろうか。これらの〈力〉は、神性と同じであるし、そうでもない。神性の単なる別名というわけでもない。また、それらの〈力〉が持つ属性は神性と同じではない。さらにそれらは、神性の序列のなかで従属的な別個の存在というわけでもないのだ。

われわれの答えは、次のようなものである。神性が一にして多なりという考えは、われわれが同様の見解について神学的な考察を加えるような場合とは違って、啓示された真実についての論理的、あるいは神秘的な熟考の産物ではないということである。人間の経験が多種多様であり、しかもそれらが多様な世界において展開しているのと同様に、神性は多種多様である。自己の多様な経験が統合され、経験する自己にそれらが関係づけられるのと同様に、神性は一つである。諸々の〈力〉は、それらが喚起させる経験がそれぞれに特有のものであり、世界と自己に関する全体的経験からは明らかに区別されているように、互いに、そして神性からも区別されている。

それゆえ、神性は、すべての人間に共通する経験に呼応する。つまり、ある単一の人間の本性や条件はすべての人間を包括するものであるとする、ディンカの認識に対応しているわけである。神性はあらゆるところにおり、それらはみな同じである。神性が、異なる人々によって異なる名前で認知されているといっても、それは単に異なる言語で呼ばれているというだけの話なのだ。それゆえ、ディンカは神性において、人間はどこでも互いに似ており、ある意味では単一の〈創造主〉によって創造された一人の祖先を共有する単一の共同体を形づくっているというように、自分たちの経験を喚起するのである。つまり神性は、ディンカが認知しているところの個人ないし社会上の相違を超越している。彼らは、それらの相違は人間の本性が基本的に単一であるということによって何はともあれ超越されると考えているのである。この主題は、ディンカの祈願や讃歌において頻繁に強調される。

……それで神性よ、私は祈願の場であなたを呼ぶ。なぜなら、あなたは誰でもみな助けるからだ。あなたはすべての人々に対して［関わって］偉大だ。みながあなたの子どもなのだ……

また、

神性よ、ほかの誰も憎まれていない。
神性よ、父よ、創造主よ、ほかの誰も憎まれていない……

あるいは、ネーベル神父が引用した讃歌にもみられる。

神よ、父よ、この世で他人を憎む者などいない。(5)

そのため、アリアンディットのような預言者が、普段は互いに排他的で敵対関係にあるような共同体の間に和平をもたらしたり、それまではそれぞれ内々にしかなされていなかった平和的な会合を持つように両者を説得したり、異なる出自の人々を一つの共同体にまとめあげたりすることができると、彼は、自身が「神性の男」であることを証明できるわけである。(6)「神性の男」になろうとするなら、ただそのように主張するだけでは、望むようには名声はついてこない。彼の能力がもたらす実際の経験によって、この人物には確かに神聖な天賦の才が備わっているという確信が周囲から得られるようになると、それが彼の能力をより強め、その将来の成功をより確かなものにする。その男は、人間同士の平和に関する経験と、通常ではこれと互いに相反する戦闘力の統合に関する経験をつくり出すがゆえに、強力な「神性の男」として認められる。なぜなら、そのようなことには神性が関わっていると考えられているからである。このような経験を人々にもたらさない限り、その男がいくら神性から啓示を受けたと主張しても、本物の「神性の男」とは認められないものである。また、人々を統合し、平和をもたらす能力を示した人物には——そのような彼の個人的な影響力には——、たとえその人物がそう主張しなくても、ディンカは彼が「神霊」と接触したとみなすことだろう。

したがって、神性はこの場合、共同体と調和にまつわる生きられた経験を喚起させる。そして、ディンカが考えうる最も大きな共同体を喚起する際、神性は真実、正義、誠実さ、正直さ、あるいは人間関係における秩序や平和の諸条件のようなものを表してもいる。これらが欠けていると考えられている場所では、神性もまた人間の営みのなかにいないのだといわれる。この場合、生者の経験は明らかにディンカが抱く神性と諸々の〈力〉をめぐるこのような理論的、あるいは純粋に認識上の理解の土台となっている。というのも、道徳や社会の混乱は神性より先にただちに認知されるものであって、神性の存在はそれらの結果を認知する前に想定される必要がないからである。そうした結果が病気、不和、悪意などの形で感じられたとき、それらを神性の不在によるものと理解することは、神性を取り戻し、秩序や健康を取り戻すための行動を起こすことを可能とするやり方でそれらの結果を理解するということでもある。神性をめぐる彼らの観念は、このように無秩序との関連における秩序、死との関連における生をめぐる経験、そのほか、われわれが前の章でみてきたような、さまざまな経験上の対立事項のなかで立ち現れてくるのである。したがって、神性はあくまで現実的な〔natural は、「理論的な」の対義語として使われている〕経験のなかで、あるいはそれらをとおして理解されるのであり、この世界に外部から秩序をもたらす単なる理論上の道理として理解されているわけではない。

神性が、共同体の基盤、そしてディンカが考えうる最も大きな共同体と結びつけられて概念化されているのは、神性には普遍的な父性があるとされているためである。われわれはすでに、人々が神性と持つ関係と、人々が父と持つ関係が一つのモデルによって表されているような事例を詳しくみてきた。ある意味では、すべての人間は神性との関係においてみなが神性の子どもであるという点で平等なのであるが、それでも最年長の息子と最年少の息子は、相続の規則上優遇され、実際に父親から目をかけられるということには留意しておかなければならない。彼らは、神性からも特に目をかけられているとみなされている。最年長の息子と最年少の息子、カイ（*kai*）とクーン（*kuun*）はジョック（諸々の〈力〉「のような存在」）なのである。この言い方は、明らかに隠喩的である。しかし、彼らが家族との関係において特別な幸運に恵まれているということは、彼らが神性と特に親密に連携しているという理解に反映されている。

最後に、神性には創造性があるとみなされている。そしてここで、ディンカが経験の多様性と両極性を諸々の〈力〉において喚起するやり方について、われわれはより一般的に考察しなければならない。神性と〈マチャールディット〉は、西ディンカではあらゆる人々に関わっているが、すでにみてきたように両者は並立する存在である。とはいえ、両者は相争う二つの「存在」とか「原理」とみなされているわけではない。神性は、究極的には人間と自然におけるあらゆる事柄の原因であるため、神性は〈マチャールディット〉ではないものの、〈マチャールディット〉もまた神性であるということになる。神性は創造性や多産性、繁栄の原因となるし、不妊や不毛、無意味な、あるいは明らかに要領を得ないような死の原因ともなる。ディンカの人々にとって、計り知れないほど善き神性がいるのにもかかわらず、この世でこうした邪悪なことが起こるということは、論理的あるいは観念的にみて、理論上の問題にはならない。なぜなら、神性は実際に起こる事柄の原因を表しているからである。それでも、多産や繁栄、ないしはそういった類いのもの、あるいは人間の生における理にかなった秩序などに関わる情動的経験

(affective experience) は、不妊や不毛、説明のつかない突然の死などの経験からははっきりと区別されている。同様に、屋敷地や共同体における道徳的な秩序は、森の無秩序な生活における野生動物の、道徳の外にあるような暮らしとは明確に対置されている。(7) ディンカの間では、人間に対する最もひどい侮辱の一つは、おまえは猟獣のようだと言われることなのである。同じく、周囲が見えず、危機が突如として訪れる暗闇も、昼間の明かりと対置される。このようなあらゆる対比的な経験は、神性と〈マチャールディット〉がともに存在するということに反映されている。両者は、互いに激しく相争う「存在」とみなされているわけではない。それらにまつわる諸経験が盛んに対立しあうというわけでもない。それらの間にある相違は、それらのなかに本来的に備わっているのではなく、それらが喚起させる人間の経験のなかに存在するのである。

同様に、〈デン〉、〈アブック〉、〈ガラン〉といった自由神霊は、神性が対応する経験全体のうちの特別な経験の諸領域に対応している。このような領域については、すでに簡潔に述べたとおりである。〈デン〉によって喚起されるものには雨を伴う空の現象が含まれること、〈アブック〉によって喚起されるものには畑の生命と作物が含まれること、一三二頁から一三三頁の讃歌にある「光り輝く長」、〈ガラン〉によって喚起されるものには太陽の熱さと人体の発熱している状態が含まれること、などである。これら三つの経験がそれぞれ別々に、あるいは一緒になったりしながら組み合わされるそのあり方とそのイメージはきわめて複雑である。私は、それらを完全に記述できたというつもりはない。しかしながら、ディンカの生活における太陽、雨、作物がそれぞれに持つ意味を考えるだけでも、これら三つのイメージが夫、妻、息子と何らかの形で結びついているということが単なる人間の家族のパターンに関する理解を超えた重要な意味を持つことは明らかである。〈ガラン〉と〈デン〉が父と息子、そして〈アブック〉がその妻であり母であるという関係は、牧畜と作物の収穫に必要な、太陽と雨と大地の連携になぞらえられるのである[8]。

もちろん、われわれがここで論じたような想像上の複合体を、相互に関連してはいるもののそれぞれ異なった別々の部分に分けるということをディンカはしない。もし彼らがそうしていたとすれば、実際のところわれわれは、彼らが諸々の〈力〉において想像上の複合体を喚起しているとみなすべきではないだろう。ディンカの諸々の〈力〉を解釈することの困難は、一つには〈力〉が喚起するさまざまな経験がディンカの人々によって別様には関連づけられていないという事実に由来する。すでに述べたように、われわれなら分けて考える物理的経験と観念上の経験を、彼らは有機的統一体として一緒にしてしまう。したがって、例えば、雨―涼しさ―牧草地―牛―ミルク―生殖―豊穣―生命―明かり、あるいは、雨―雲―雷―稲妻―突然死などが、連続的な順序としてではなく、すべて〈デン〉で表されるのである。それに加えて、その息子か夫としての〈デン〉と〈アブック〉の連携があるし、植生、とりわけ作物に関して〈アブック〉との連携がある。繰り返すが、〈デン〉と〈アブック〉の関係において喚起される経験のどれか一つの要素を取り出しても、例えば〈デン〉の雨に関わる経験は、ディンカが牛のために欲する青々とした牧草地、女性たちが粥とビールを用意できるような豊かな収穫なども示唆するのである。牛は男性――夫と息子――に関するものであり、〈デン〉は男性、夫あるいは息子の神霊である。菜園は、もちろん男性もそこで働いてはいるものの、基本的には女性のものであり、女性はともかくも収穫物を食物に替える。〈アブック〉は女性の神霊であり、女性の仕事をつかさどっている。〈アブック〉と〈デン〉は、しばしば母親と息子として、ディンカに豊穣と繁栄――「生命」――をもたらすために一緒に呼びかけられる。この「生命」は、雨と太陽の適切な条件のもとに牛と作物における男性と女性の協働がもたらすものである。太陽と関係する〈ガラン〉はこの三者の家族の一員である。〈力〉としての、そして最初に誕生した男性としての〈ガラン〉、〈力〉としての、そして最初に誕生した女性としての〈アブック〉、二人の息子としての、そして〈アブック〉の夫としての〈デン〉、これらの連携によってディンカが思い描く経験の全体的な組み合わせは、それらに始原的な父性、母性、息子性を含めることでより豊かなものになっている。これまでみてきたように、われわれは諸々の〈力〉の「比喩表現（imagery）」を順々に考えることによってのみ、記述を進めることができた。しかし、諸々の〈力〉がそれぞれに威力を持つのは、観念的経験と物理的経験のきわめて複雑な組み合わせをめぐる表象においてであり、それらにおける諸要素は互いにはっきりと区別されているわけではなく、いうなれば幅広い隠喩の数々のなかに埋め込まれているのである。例えば、〈ガラン〉という語が持つ総合的な経験上の暗示のうちのある部分を説明しようとしてわれわれは多くの文章を費やした。それらは、ディンカにとってはただ〈ガラン〉という語によって表されるものである。われわれは、諸々の〈力〉において喚起される自然環境に関する経験だけでなく、ディンカがそれと結ぶ特定の関係をも説明しなければならない。そうした関係において、それらの経験は人々の精神生活、希望や恐れなどと密接に結びついているのである。

例えば〈デン〉は、雨や稲妻、あるいは光の単なる「擬人化」——雨や稲妻が、人々の空想の上で、または無知ゆえに、人間としての個性を持つとみなされる——ではない。ディンカの人々にとって、〈デン〉という名前は、彼らが生活のなかで直接遭遇する自然現象に関わる一連の経験を再‐創造する。ディンカのようにその生業ゆえに直接、牧草と作物に依存しているような人々にとって、雨とそれに関連する現象は実際に生命と豊かさを意味するし、それらがなければ、あるいはそれらが思うように得られなければ、それは死と貧苦を意味しうる。ディンカの表現を借りれば、〈デン〉が人間の身体の「なかに」いるとき、その人物自身は、人間と超人間が人々の生活に及ぼす影響の出会う場となっているのである。われわれ西欧人流の、〈自然（Nature）〉と〈精神（Mind）〉を区別するやり方に従うなら、自分自身や人間にあると認識している能力を〈自然〉に付与するというより、時に自身のなかで〈自然〉の超人的な力と一体化できる者がいるのである。ある讃歌のなかに歌われているように、ディンカが、

「〈デン〉よ、総督よ、彼の生活を支えておくれ……」

と要請するとき、この〈デン〉という語は、政治的、道徳的な経験と自然についての経験の統合を、単一のイメージにおいて表しているのである。これまでにみてきたような色彩の象徴性を通じて、このイメージは牛における黒色―白色の組み合わせも含んでいる。それは、暗闇における稲妻、今にも雨が降り出しそうな空など、〈デン〉の活動を意味するものと同様に、ディンカの観念に強い痕跡を残すのである。

これまで、諸々の〈力〉にまつわる連想のいくつかについて述べてきたが、それらの「意味」について説明し尽くせたわけではない。経験というものは、それが基本的にはディンカの人々の生活における同じような状況についての経験であるのにもかかわらず、場所や時代によって異なるし、さらに細かいところでは個々人によっても異なる。それゆえ、諸々の〈力〉とその表現のしかたもまた、地域や個人ごとに差異がある。まず、神霊たちは彼らと話すことができると主張する人間の預言者や卜占者のなかに顕現するため、これらの預言者たちの人間としてのそれぞれ特有の性格が、〈力〉それ自体について

のディンカの表象に変形ないし修正を加えていく。それゆえ、これらの人々がそれぞれ別個の人間として認識されているように、互いに異なる無数のデンの屈折形がみられることになるのである。それは、これらの人たちが思い描く基礎的な経験が各人各様であるのと同じようなものである。また、単に雨、流星、雷、稲妻を表す場合でも、〈デン〉はどこにでも降臨するはずだが、実際には特定の時間、特定の場所にしか降臨しない。ある一つの場所に降った雨、雷、稲妻、流星は、別の時に別の場所に降るそれらとは異なっているし、同じでもある。それゆえに、〈デン〉は一にして多なのである。

さらに、諸々の〈力〉をめぐる想像には、ディンカの集団全体に外部からの影響を及ぼしたと推定されるものについてのそれもあるのだが、あいにく、ディンカに関しては歴史上の明確な証拠がほとんどない。諸々の〈力〉はディンカが暮らす土地のどこか特定の場所にやって来たとか、ある場所から他の場所に広がっていったという伝承があるだけである。かくして、〈ガラン〉と〈デン〉は、どこにおいても最初の父と息子であることは一致しているし、すでに言及してきたように一般的な経験上の連想を伴った二つの〈力〉でありつつも、ディンカが暮らす土地のなかのしかるべき場所においては特定のクランのクラン神霊でもあったりする。今、このような特定の場所、特定の時期に二つの〈力〉が現れたり消えたりすることや、特定のクランの神霊として知られている〈デン〉と〈ガラン〉の関係や、あらゆる人々に影響を及ぼしうる自由神霊としての〈デン〉と〈ガラン〉のことなどに関わる歴史的出来事を知るすべはない。それでも、このあたりを旅する者が、外部の影響を最も受けやすい地域に暮らすディンカ人の間では諸々の〈力〉がきわめて強力に作用するとみなされている、といった印象を抱くということについては留意しておいてよいだろう。西トゥイジ・ディンカの地域は、レクの人々からみて、自由神霊に関する知識の源流地として特別視されている。特に、〈ガラン〉はそこから西ディンカ地域に入ってきたと一般にみなされている。〈ガラン〉は、ナイル川東岸のボル・ディンカやトゥイジ・ディンカの間でもよく知られているが、西トゥイジ・ディンカがもともとそこからやって来たということは疑いのないところである[9]。〈デン〉は、ンゴック・ディンカとルエン・ディンカの間で特に強力なようだが、初期の文献などから判断するに、ディンカのなかでも北部の集団の間で特に強い力を持っているようだ。

ディンカのなかで、最も長きにわたって北部スーダンと密接に接触してきたのはこれらの地域である。彼らの場合、外部からやって来た強力な勢力に関する経験が、自由神霊において喚起される経験に同化されただけでなく、少なくとも〈ガラン〉の事例に関していえば、この力をめぐる何らかの連想が、特に北方のアラブ人たちをめぐるディンカの経験に当てはめられたのではないだろうか。北部は暑い場所として知られている。しかし、そこからは冷たい風が吹いてくるのである。〈ガラン〉は、先に歌で引用したように（一三二―一三四頁）、太陽と暑さに関連づけられているのにもかかわらず、涼しさをもたらしてくれるように依頼される対象である。ディンカの人々にとって、アラブ人は砂の大地からやって来た赤色か黄褐色の人たちである。それらの色は〈ガラン〉の色である。それだけでなく、ンゴクとトゥイジ・ディンカにとって、牛追いのアラブたちはキリン狩りの名手として有名だが、キリンは〈ガラン〉が特に関連する動物でもある。したがって、これらの自由神霊たち（多くのディンカ人が主張するところによれば、これらは常におり、神話的原初の人間たちと関連づけられている）が[10]、強力な外部の勢力が彼らをさらに力づくで侵害してきたように、人々により強力に「憑りつく」ようになったとみなされても無理はない。いくつかの低級な呪物や大地の〈力〉などが、彼らの南方にいる少数の非ディンカ系の諸民族からもたらされたということ、ディンカからみれば、これらの人々は呪術的な植物の根や草本に不気味な関心を寄せていたということは、ディンカの人々にきわめてはっきりと認識されている。彼らからもたらされた呪物は、それらの呪物をもたらした人々の影響と同様に、天空の諸々の〈力〉と比べると不愉快で卑しいものとされている。

諸々の〈力〉に関する知識やその広がりにいかなる歴史的な要素が絡んでいるにしても、それらに関するドグマや明確な定義が存在しなかったことは、観念やイメージをめぐる自由な連想を許容することにつながった。セリグマン教授夫妻に対し、それもまた〈デン〉の屈折形の一つであったにせよ、「自分の精霊は『赤く』(西欧人と同様に)、ハルトゥームから来た」と語った(第二章一一六頁)卜占師は、別に決してお世辞によるものでも警戒によるものでもなく、ただそう語ったのだろうと私は思う。〈力〉のイメージには、人間からもたらされた影響に関する経験も含まれている。北スーダンの預言者マフディーに関する逸話はディンカの居住地でも知られており、いくつかの場所では、その名前しか知られていないが、マフディー(ディンカ語では *Maadi*)は〈力〉の預言者とみなされているのである。このことは、同じ讃歌の、異なる二つのバージョンにみてとることができる。一つはマフディー信仰者の中心地により近い、ディンカの地の北西部のアワン(パジョックまたはコン・ピオス)部族集団で採集されたもの、もう一つは北部の影響からはさらに遠い、中央レクの地域で採集されたものである。北西部のバージョンは以下のとおりである。

それはマーディ(11)、〈デン〉の息子だ
〈デン〉よ、私たち地上の蟻は彼に祈る、
私たちは〈デン〉とともにクラン神霊に呼びかける。

蟻の人間は八年間の間、惨めだった。
過去に私たちを傷つけたもの
上方の創造主（預言者）が語ったこと
私たちの〈デン〉よ、下々の私たち蟻が祈るのは、〈デン〉の息子マーディだ
私たちはクラン神霊とロンガールに呼びかける。

この讃歌を口ずさんでいた古老は、質問に答えて、マーディとは、北方に出現したとされる偉大な預言者のことだと言った。「私たちは、神性が北のほうで現れたと聞いたことがある」とのことである。「八年」と「過去に私たちを傷つけたもの」とは一体何のことなのか、詳しくはわからない。しかし、受難の預言に対するこの言及は他の讃歌にもみられるし、ディンカはこれを、十九世紀末の苦難の時代、「大地が傷つけられた時」に漠然と関連づけている。マフディーの紹介を別にすれば、讃歌は、ディンカの宗教的イメージにおける一連の典型的な要素を含んでいる。中央レクのバージョンでは、讃歌は二つの細かい部分で異なっている。その最初の一行は以下のようである。

それはマリッチ（*maric*）、〈デン〉の息子だ……

三行目は次のようなものだ。

私たちはクラン神霊ゴン〈〈ヤマアラシ〉〉に呼びかける……

この部分は、讃歌にディンカ流の言葉の使い方を完璧かつ矛盾なく付与している。マリッチは「雷」であり、それゆえ「〈デン〉の息子」の詩的イメージにぴったりと合う。パゴンのクラン神霊である〈ヤマアラシ〉は、まさしくクランの創始者であるロンガールと結びつく。それゆえ、ここでマフディーがマリッチに取って代わっているのは、北のほうで神性が新たに顕現したというニュースが、それまでの古い讃歌に入り込んだということではないだろうか。自由神霊一般をしっかりと理解するためには、歴史上の出来事を、現在入手できる以上により詳細に知る必要があるようだ。

われわれがすでに指摘したように、クラン神霊は、ディンカの経験において特に限定された領域、すなわち男系親族関係を代表するものといえる。クラン神霊は、ディンカ社会において永続する出自集団の構造に関わる経験を反映している。神性がとりわけ人間は共通する一人の父親の子どもであるという状況を表象しているとすれば、クラン神霊は、それぞれ特定の父系出自集団（patrilineal decent groups）と、それらに関連する経験と知識、そしてそれらに付随する価値に関わるのである。ただし私は、神性と神霊が、実体としての社会集団を表象し、国旗や紋章からたやすく類推できるような忠誠心や愛情をそれらに集中させるための単なる仕掛けである、ということを意味してこう述べているわけではない。すでにみてきたように、クラン神霊は基本的に外部と対面しているわけではない。つまり、彼らが属しているクランから外部に向かって、よそ者が認知できるような形で姿をみせることはないのである。クランの名前さえあれば十分なのであり、ディンカは、自分たちと異なるクランのことを、彼らがどのようなクラン神霊を持っているかということよりもむしろその名前で認知する。諸々のクラン神霊は、それぞれのクランの成員が理解しているクランの成り立ちとの関連においてそれぞれに意味を持っている。それはちょうど、個々の成員を超越しながらも個々の成員によって代表される男系出自集団のメンバーシップのごとくにである。クラン神霊は、諸々の〈力〉によって表される、経験における構造というものについて最もわかりやすい例を提供しているのである。

人々が異なる集団に分裂したこと、もともとあった一つの共同体がそれぞれに敵対する派閥に分かれたことなどは、それぞれのクランがいかに自分たちの神霊を獲得したかという物語のなかで推量されている。例えば、パジエンがどのように黒コブラを獲得したかという物語（一八〇—一八二頁）においては、それをもたらした出来事がパジエンの創始者とパディアンバールの創始者の関係に由来すること、そこできわめて理不尽で不公正な主張がなされたために、両者は仲良く一緒に暮らすことができなかったことが語られている。これと似たような状況は、パレン・クランが、いかに彼らの神霊の一つとして牛のレン（*reng*）という模様を手に入れたかという物語にもみられる。あるパレンの子が、別の家族の成員が沐浴している間にその人物のビーズを盗んで飲み込んだとして訴えられた。ビーズを失った成員の家族は、被疑者を切り裂いてビーズを取り戻すことを主張したが、ビーズは後に、レンという牛の糞から見つかった。実際には、その牛がビーズを飲み込んだのだった。それで、パレン・クランの人々は、このひどい隣人がいる村を出た。そしてそれ以降、彼らはレンという模様を「崇敬するようになった」——ここでは主として「忌避するようになった」という意味でだが——という[12]。

クラン神霊の獲得によって統合的にまとまる際に、人々の分裂が示されていないような場合であっても、このような分裂はクラン神霊獲得の条件となっているように思われる。歴史的な時間軸においては、人間のクラン制度における区別は、常にクラン神霊をめぐる知識に先立つものである。すでに強調したように、クラン制度というものはクラン神霊がいたから発達したわけではない。クラン神霊の存在はクラン制度という事実から生じてくるものである。同様に、クランの外婚制度によって結婚を禁じられている者同士は、もともと共通の神霊を持っているものの、共通の神霊を持つということそれ自体が通婚の妨げになるわけではないということを思い起こしてほしい。

クラン神霊がどのように呼びかけられたり話しかけられたりするか、また、手で触れて扱うことができるような種がクラン神霊の象徴物となっている場合に、それらの象徴物に対してなされる敬意に満ちた接し方がどのようなものであるかということについて、われわれはすでに考察した。これらはいずれも、象徴物を通じて、クランの成員と彼らの神霊の関係が結合と分離を同時に伴うものであるということを強調している。人間とクラン神霊（象徴物）が双子として生まれたとき、象徴物である動物はクランの成員たちから「引き離され」、その本来の棲み処、例えばナイルワニの場合であれば川に戻されるといわれる。この分離において、人間とクラン神霊の象徴物は互いを崇敬しあう。統合のなかの分離という主題は、クラン神霊を「祖父」（「父」ではなく）、その象徴物を「異母兄弟」（「兄弟」ではなく）と呼ぶことにもみてとれる。というのも、ディンカのクランというのは、基本的には、共通の祖先（または「祖父」）を持つものの、互いに異なる男系出自を持つ子どもたち同士の関係のことだからである。ディンカのクランの成員は、クラン仲間と統合されているが、分離されてもいる。[13] それは、クランの成員が全体としてはクランの神霊とその象徴物のもとに団結する一方で、神霊と象徴物からは分離されているのと同様である。こうしてクラン神霊は、男系的関係についてディンカが持ちうる最も幅広い経験を喚起させるのである。クランの成員たちに相互扶助の義務があるのと同じように、クラン神霊はクランの成員を助ける。クランの成員たちは神霊のもとでは「一緒である」。血讐において、また人を殺したときの賠償の支払いの際に互いに助け合わなければならないときに彼らが（理論上は）「一緒である」のと同じように。もちろん、この責務は相応の領域内でのみ効力を持つものである。それでもディンカは、どこであれ、このような責務は原則としてクランの成員を結束させるものだと常に主張するのである。

通常、ある部族のなかに並存している複数のリネージのなかでも、古参のものがクラン神霊に祈願する際には、より効力を発揮するとみられている。そして、ディンカの慣習において父親を継ぐものとして選ばれ、自身の兄弟に対しても父としてふるまう最年長の息子が、その任に当たるのに最もふさわしいとみなされている。年長の息子と古参のリネージは、神霊によりうまく呼びかける（*invoke*）だけでなく、男系集団の結束の感情をより深く呼び起こす（evoke）のである。したがって、個人ないしリネージの祈願の力強さの評判は、全体としては彼らのクランあるいは家族のなかでの社会的重要度に比例する。ある部族集団のなかで、箭猎の長のクランの古参リネージが下位部族集団全体のなかで最も卓越しているということを示すものとして、それをウン・ヤス（*wun yath*）、つまり神霊の下位部族集団と呼ぶことがあげられる。このように、クラン神霊の強さは、クランの構造において重要度の高い者たちにおいてより強まるとみなされているのである。

それゆえに、箭猎の長のクランの神霊たちは世俗的なクランの神霊よりも強力だとみなされたり、もとから存在する唯一のクラン神霊たちだといわれたりすることになる。箭猎の長のクランの成員たちは、かつては自分たちが今よりも政治的な影響力を持っていたということをとりわけ強調する。彼らの説明によれば、今日では戦士のクランがその数を増やし、それに付随するかのようにクラン神霊の数も増えてしまったという。ある箭猎の長が語るところによると、戦士のクランは「神霊のために供犠を行わず、ただ死者の幽霊のために供犠を行っていただけだった」という。死者の幽霊をなだめることがその家族の祭祀になっているという事実は、この場合、戦士のクランがかつてはクランとは決して認められていなかったこと、むしろ彼らは男系に基づいた関係を一切持たない分裂した家族とみなされていたことを意味する。実際、簎猎の長のクランは、他のクランよりも明確で長い系譜図を示すことができる。一方、戦士のクランの人々もまた、自分たちが独自の重要性を持つと主張しており、自分たちが簎猎の長のクランと比べると最近になってから自分たちのクラン神霊を獲得したということは否定している。彼らもまた、自分たちを助けてくれるクラン神霊を持っていると語るのである。[14] ただし、戦士のクランの人々は、自分たちの神霊が全体的に簎猎の長のクラン神霊ほどは強く（*kec*――「ケッチ」は文字どおりの意味では「ひりひり刺激するような」とか「熱い」、「苦い」を指す）ないということ、簎猎の長のクラン神霊は、簎猎の長によって呼び出された際、部族集団と下位部族集団全体を助けてくれるのに対して、戦士のクランの神霊はあくまでも戦士のクランの成員を助けるにとどまるということは認めている。同じように、簎猎の長は共同体全体のものであり、その成員すべてを支援するものとみなされている。ディンカが言うように、「自分だけの簎猎の長を持つ者など誰もいない」のである。

最後に、ディンカの社会システム全体において、簎猎の長のクランは戦士のクランよりも、その影響力と天賦の能力において優越しているとみなされているわけであるが、簎猎の長のクランが戦士のクランとの関係において有する同質性と優越性は、彼ら全員が共通して所有している崇高なクラン神霊――リン、つまり〈鮮肉〉――に示されている。本書の第二部冒頭で述べる簎猎の長のクランにまつわる神話のなかでみることになるが、これらのクランの優越性は、共通する本来的経験に由来しているとみなされているのである。ちなみに、戦士のクランはこの経験から除外されている。それゆえに簎猎の長のクランは、それぞれの男系出自のそれぞれの系統に対応する神霊たちに加えて、ある共通の神霊を一つ共有しているのである。

本章では、私は経験にまつわるさまざまなコンテクストについて記述しようと試みてきた。そこにおいてこそ、諸々の〈力〉についてのディンカの主張の数々は理解され互いに調和しているといえるだろう。というのも、もし〈力〉を、人間の経験に先立つものとして想定されるような理論的な意味における「存在」についての言及とみなしても、われわれには理解できないからだ。さまざまなイメージとして、諸々の〈力〉は直接的な経験のあらゆる領域を縮約するのであり、それらの根本的な性質をそれぞれに単一の語で示すのである。ディンカは時に、自由神霊はもともとは今のようには彼らに対して強力に作用していなかったと言う。彼らは、クラン神霊たちの力、とりわけ簎猎の長のクラン神霊たちの力、そして神性それ自身を知るのみであったのであり、これらのクランがそれらを政治的な共同体に対して表象していたというのである。このことが歴史的に真実なのかどうかはわからない。それでも、ディンカが彼らの政治的自立性が損なわれるにつれ、個人に対して自由神霊が及ぼす影響力がより広く、深くなってきたとみているということは重要である。簎猎の長たちが言うには、「今では、誰もが長になりたがる」。一般的に言って、すべてのディンカの個人と家族に等しく影響力を発揮するとされる自由神霊の増殖は、ディンカの生活において個人主義が増加し、社会の基本構造が変わったという彼らの認識と関係する。したがって、妖術と呪物の使用が増えたとか、増えつつあるといった主張も聞かれる。他方、政治的な自立性が失われたことに対する人々の対応は、以前よりも幅広い政治的な連携を可能にしてもいる。また、伝統的には互いに分裂していた多くのディンカ人たちの側の反応により、預言者が及ぼす影響力が共通の、あるいは一連のまとまりを持ったものとなりうるようになっていることは確かである。簎猎の長でもある偉大な預言者たちは、外部の勢力によって修正を余儀なくされる以前には、ディンカの宗教的、政治的な慣習の体系のなかで独自の役割を担っていたと考えられる。ディンカの人々が外国人による影響や支配などの経験に遭遇するなかで、預言者たちは、ディンカの生活において変わる部分と変わらない部分の均衡を保っているのである。

私は、諸々の〈力〉がディンカに特有の社会環境と自然環境に根ざした、人々の諸経験の複雑で多様な組み合わせにそれぞれ対応した複数のイメージとして理解されうるのではないかということを示唆した。ディンカにとっては、さまざまな〈力〉がこうした諸経験の原因である。しかし、本章の分析においては、われわれは諸々の〈力〉を、人々の経験に原因するものとして提示した。それは、西欧人にとっては、諸経験はディンカの諸々の〈力〉よりたやすく理解できるが、後者の存在が前者に不可欠な条件として想定されることはありえないためである。しかし、ディンカにとっては、これらの〈力〉ないしそのイメージ、またはそれらに相当するものなくしては、自己の経験と、それに働きかけてくる世界の経験を区別するものはなくなってしまうことだろう。例えば、受苦は単に「生きられ」、耐えられるものである。受苦の背景を特定の〈力〉のなかに見いだすことで、ディンカは、その受苦の本質を自分たちが納得するような形で理知的に把握する。そして、このような知識の活動を通じて、その受苦をある程度は乗り越え、これを克服するのである。この知識によって、つまり経験における主体と客体を分離することで、彼らは自分たちが望む経験の新しい形を創り出すとともに、ひたすら受動的に耐えなければならないようなものから象徴的に解放される可能性を手にするのである。これが成就されるような象徴的行為については、後の章で述べることにする。

注

（1）　当然、意識と無意識というような要素もあまりない。

（2）ディンカに西欧式の法廷的手続きが持ち込まれた当初、論争に決着をつけるために、事件が起こってからどれくらい経ったのかということを当事者に思い起こさせようとしても、それは非常に困難であった。今でもそうだが、彼らは訴訟の対象として、ごく最近起こった牛に関する負債や傷害の案件よりも、かなり昔に起こったそれらのほうがさほど深刻ではないとされることは理不尽で不当だと、考えている。

（3）これは、ディンカ人に限らず、他の人々の場合にも当てはまる。A・N・タッカー博士は、あるシルック人が自分の「トーテム」は剃刀であると語ったこと、その人物は時にそれで自身を切りつけているということを私に教えてくれた。モンシニョール（大司教）・ムラキチ（Mlakic）は、ある子どもの耳にあったミレーム貨幣が、ヌアーの間でトーテミックな関係の対象物になったことを報告している。J・H・M・ビーティ博士は、諸々の力と経験の関係に関するより幅広い議論を提示している。博士によれば、ニョロの人々は、乗合自動車やアバポランディ、つまり一九三九年から一九四五年の戦争の間に国外追放にあってニョロのキャンプに野宿していたポーランド人などの「精霊」に憑依されうるという。

（4）この点は、例えばR. G. Collingwood, *An Autobiography*, Penguin edition 1944, p. 86の注記などで言及されている［R・G・コリングウッド『思索への旅——自伝』玉井治訳、未來社、一九八一年、一八二―一八三頁。該当箇所の日本語訳は以下のようになっている。「歴史家が興味を抱く『出来事』には行為ではなくて、その反対のものがあり、それに当たる英語は皆無です。それは、作用《アクチオネス》ではなくて、受動《パッシオネス》であり、作用を受けている場合のことなのです。したがって紀元七九年のベスビアスの噴火は、歴史家にとっては、その影響を受けた人びとの側での受動《パッシオ》なのです。……」］。

（5）P. W. Schmidt, *Der Ursprung der Gottesidee*, 1949, vol. viii, p. 145.

（6）それゆえに、ディンカはしばしば比喩的な言い方で、「政府は神性である（*hakuma ee nhialic*）」と言うわけである。それは決してお世辞でも好意でもなく、政府が彼らにはなしえなかったことを成し遂げたことによっている。ただし、この文脈において政府は神性になぞらえられるとしても、神性は政府であると言うディンカ人はいない。

（7）この両極性は、未開人の間でよく見いだされるものである。しかし、民族的にはディンカに近いアニュアの間では、同じような二項対立がみられるものの、神性が人間社会よりは野生の自然に関係するものとされていることは興味深い。アニュアの宗教は、本書で述べているディンカの宗教とはまったく異なっている。

(8) ネーベル神父によって採集され、P・W・シュミットの前掲書（P. W. Schmidt, op. cit., 1949, p. 143）に引用されている讃歌には、次のような一行がある。「太陽―雨（*DENG-akol*）は生命をもたらす」。シュミット神父は、これに「少量の雨は植物が根を生やすのに有益である」と脚注をつけている。

(9) 西トゥイジの人々はナイル川東岸に行ったことはないが、東岸部の人々に似た方言を話すほか、東岸部のトゥイジの人々とよく似た習慣を保持している。

(10) 見方によっては、〈デン〉と〈ガラン〉は常にいたのかもしれない。それらが最初の人間の家族を連想させるとはいっても、それらはもともと不死の存在だからである。しかし、人々に「憑りつく」存在として考えた場合、ちょうどディンカの地に比較的最近になってから侵入してきた強力な外部の勢力のように、より新しい起源のものとして語られていることもありうる。

(11) マーディは、ヌアーの精霊でもある。

(12) この説話のさまざまなバージョンは、ヌアーや他のナイロート系の人々の間で伝承されている。それらにおいては同じ原理が述べられている。すなわち、〔なくしたビーズと似たようなものを求めるのではなく、なくしたビーズそのものの返還を要求するという〕厳格な互酬性に理不尽なまでに固執することは共同体の分裂を伴うというものである。この原理は、アフリカの諸社会で広くみられるものである。例えば、I. G. Cunnison, *History on the Luapula*, Rhodes-Livingstone Papers, No. 21, 1951, p. 11 を見よ〔リーンハートはのちにこの主題についての論文を発表している。Godfrey Lienhardt, "Getting Your Own Back: Themes in Nilotic Myth", in Beattie, J. H. M. and R. G. Lienhardt (eds.) *Studies in Social Anthropology*, Oxford at the Clarendon Press, 1975〕。

(13) もちろん、同父同母の兄弟は全員クランの成員である。しかし、自分の兄弟を自分と同じクランの成員だと言うディンカ人はおらず、兄弟については身内（relative）としか言わない。

(14) 近代式行政組織もまた、戦士のクラン出身の傑出した男たちにさらなる活躍の機会を与えたかもしれない。

第2部

第五章　箝棤の長の神話

1

箝棤の長のクランが優越した地位にあること、その司祭の役目が代々受け継がれていることは、ディンカの人々が関心をもって詳しく物語る神話によって確かなことである。そうした神話は、宗教的な概念と伝統的な政治経験との組織的な対応関係の始まりを示している。神話はディンカの地の各地で知られており、基本的な特徴を共有しているが、違っている場合でもそれはディンカの地の地域ごとの政治的現実の違いに対応している。初めに神話の例をいくつか示し、それが今日までの政治的な歴史とどのようにつながっているかを示そう。

次の神話は、中央レク・ディンカのアプック（パトゥアン）部族で記録されたものである。

大昔、ライオンたちは舞踏会を開いたものだったが、ジエル[1]（Jiel）という名の男がライオンの舞踏会に参加した。[2] あるライオンが彼の腕輪（または指輪）をくれと言った。男が断ると、ライオンは男の親指を切り落として腕輪を抜き取った。これが原因で、ジエルは年取った妻を残して死んだ。妻には娘がいたが、息子は一人もいなかった。彼女は悲嘆にくれて川岸に行き、泣いた。するとマレンディット（Malengdit）という川の〈力〉[3]が出てきて、どうして泣いているのか尋ねた。彼女が、夫が死に自分には息子がないからだと言うと、〈力〉は川に入ってこちらに来るように言った。彼が言うには、スカートのすそを上げて手で波［または泡］を起こし自分のなかに入れるように、ということだった。それから彼は槍を与え［槍は、女性が持っていると男の子を産んだというしるしになる］、魚を与えて力づけ、彼女は男の子を妊娠したのでやがて生まれるから急いで家に帰るように、と言った。[4]

女は家に帰り、男の子を生んでアイウェルと名づけた。[5] その子は、生まれた時にすっかり歯が生えそろっていた［ディンカはこれを宗教的力の前兆とみなす］。ある日、アイウェルがまだほんの子どもだったころ、母親が寝ている彼を小屋に残して少しの間外出していた。帰ってみると、小屋においてあった瓢簞いっぱいのミルクがなくなっていた。彼女は娘が飲んでしまったのだと思って叱った。しかし娘はそんなことはしていないという。同じことがまた起こったので、母親はわざと小屋にミルクの瓢簞をおいてアイウェルを一人にしてみた。物陰に隠れて見ていると、アイウェルが立ち上がりミルクを飲んだ。そこで彼女がアイウェルに見つけたよと言うと、アイウェルは母親に、人に言ったら死ぬぞと警告した。実際、彼女が他の人に話すと、「アイウェルの言葉どおり死んでしまった」。

この最後の部分はどのバージョンにもあるわけではないが、アイウェルが子ども時代からすでに重要な篭猎の長に備わっているとされる力を持っていたことを示している。つまり、話したことが現実になる、子どもの時からそうだった、ということである。母親を殺すということは、普通ならディンカは非常な悪事とみなすだろうが、この〈力〉の子どもの場合には非難されることなく受け入れられている。

それからアイウェルは母の一族をあとに残して、父である〈力〉と一緒に住むために川のなかに行き、そこで成長した。大人になると、彼は去勢牛を一頭連れて川から出てきた。その牛は、あらゆる色をしていたが、なかでも雨雲の色であるマンゴック（*mangok*）がまさっていた。[6] これ以後、彼はこの去勢牛の名前「ロンガール」で知られることになる。

さてアイウェル・ロンガールは、村に住みジエルのものだった牛を飼って生活した。そのころ、干ばつが起こり、人々はみな、わずかでも水と牧草を求めて家畜を遠くへ連れて行かなければならなくなった。村の牛たちがみなやせ衰えて死んでいくなかで、アイウェル・ロンガールの牛は肥えて色つやがよかった。そこで村の若者たちは、彼がどこで牛に水を飲ませ、牧草を食ませているのか、探ろうとした。彼らは、アイウェル・ロンガールが牛を村の外に連れ出し、アワールという草[7]の株を引き抜くとその下から水が湧いて流れ出し、そうして牛に飲ませているのを見た。ロンガールは若者たちが秘密を盗み見たのに気づき、村に帰ると人々に彼らは死ぬと言った。

それからロンガールは村の長老たちを呼び集め、牛も人も死につつあり、このままでは死んでしまうから、この土地を出ていかなければならないと告げた。彼は、自分がみなを伝説的なルアル・アゴニー（Lual Aghony）[8] の牧草地に連れて行こうと提案した。そこは尽きぬ牧草と水に恵まれ、死ぬことのない土地である。長老たちはロンガールに従って行くことを拒み、自分たちだけで出発した。

そこでアイウェル・ロンガールは人々と別れた。神性は彼と人々の間に山々と川を置いた。（そのあと、結局人々は彼についていこうとしたようだが、それは説明されない）。人々がある川を渡ろうとすると、神性は柵のように堰を作った（ディンカは現在、葦で作った堰で魚を獲る）。魚が葦に触れると、葦の動きでどこを簎猎で突けばいいかわかる）。人々が葦の柵をくぐって向こう側へ出ようとすると、対岸に立って上から見ているロンガールは、人が触れて葦が動くやいなや、簎猎を打ち込みその頭を突き刺した。こうして彼は、川を渡ろうとする人々を殺した。

ディンカの語るところによると、これが神話の前半部分全体の意味を集約する出来事であるらしい。というのも、話がこの部分に及ぶと、彼らはほとんど必ず簎猎を持つように腕を上げてまるで魚を突くように、とりわけある季節になると牧草地の浅い流れを移動する大きな鯰を突くように、すばやくかつ激しく動かすのである。それからこの神話のバージョンは以下のように続く。

こうして人々はみな死んでしまった。そこで［この物語では］アゴスャティック（Agothyathik）という名の男がみなを呼び集め、ロンガールの簎猎から逃れる策を立てた。その策とは、牛の仙骨を長い棒に括りつけたものを彼の友人が持って前に立ち、仙骨で葦が揺れるようにしっかり支えながら水中を進むというものだった。彼らはこれを実行に移した。ロンガールは牛の仙骨を人間の頭と間違えて、簎猎をしっかり打ち込んだ。その間にアゴスャティックが水から出て、背後からロンガールに飛びつき、抑え込んだ。二人は組み合ったまま長く格闘し、ついにロンガールは疲れはてた。

この部分が神話のもう一つの聞かせどころで、語り手はしばしば取りつき組み伏せるところを身振り手振りでやってみせる。時には、逃れようとするロンガールはプロテウスのように変幻自在にさまざまな獣に姿を変えるが、取り手はしっかりつかんで離さず、ついに抑え込む。物語は続く。

さてアイウェル・ロンガールはアゴスャティックに降参したと言い、安全に川を渡らせるから仲間を呼び寄せ、自分とアゴスャティックの周りに集まるように言えと言った。ある人々は呼びかけに応えて集まってきたが、他の人々は怖がって寄ってこなかった。アイウェル・ロンガールは集まってきた人々に祈禱に用いる簎猎を与え、そのうち何人かにはトン・アルアル(9)（*tong alal*）というタイプの槍も授けた。アイウェルは槍と一緒に、槍を用いて祈願するときに祈禱を有効にする力（ラム *lam*）、唾を吐いて祝福する力、呪いをかける舌の力、そしてもともとはアイウェルのものである神霊〈鮮肉〉を彼らに授けた。アイウェルはまた、彼らに［またはそのうちの何人かに］その他のクラン神霊を授けた。それから彼は空の色の雄牛を屠り、まだ生きている状態で腿の骨を取ってアゴスャティックに与え、それがアゴスャティックとその子孫のクラン神霊となると言い、以後、決して腿の骨を傷つけたり折ったりしてはならないと言った。

ロンガールからこうしたものを授かった者が、今日、簎猎の長のクランとなっているクランの始祖たちである。呼び寄せられたときにすぐ来なかった人々は、戦士（キッチ *kic*）のクランの始祖と呼ばれ、これが今日の「戦闘用の槍の人々」である。それに対して簎猎の長は「簎猎の人々」である。

槍と力を授け終わると、アイウェル・ロンガールはアゴスャティックとその他の簎猎の長たちが国の世話をするように言った。彼は、以後自分は国を彼らの手にゆだねる、彼らが自分たちだけで解決するには深刻すぎる問題が起こり、彼らを助ける必要がある場合以外は口出ししない、と言った［ディンカの言い方では、ロンガールは総督のようなもので、箝稓の長は地域行政官のようなものだという］。

この特殊なバージョンの大部分は、パドルムオット・クラン（Padolmuot clan）の一人の年長者が神話について知り、考えていることを表している。この人物は、ロンガールが創始したクランであるパゴン・クランのある重要な箝稓の長の姉妹方の甥にあたる。このバージョンに出てくる部族はアプック・パトゥアン部族[10]で、その部族のうちで首位にある箝稓の長のクランはアゴスャティック自身から出たパゴール・クランである。だが部族内では、パゴン・クランが非常に重要で有力なクランとみなされており、ある意味ではパゴール・クランより優位にあるとされている。最大の下位部族はパゴールではなくパゴンの勢力下にあるのである。この部族では、パゴールと、パゴンおよびその分類上の姉妹の息子にあたるパドルムオットとの間に潜在的な対立関係あるいはむしろ敵対関係がある。このことは、同じ神話の別のバージョンからある程度明らかになる。そのバージョンは、長きにわたって部族の正式の首長の地位にあり、彼自身パゴールに属する首長ギル・キロ（Gir Kiro）が語ったものである。アプック部族のパゴールの下位クランは四つの主要リネージからなっており、そのうち三つの創始者が語りのなかに出てくる。以下の引用で私は、神話が想起されるときの精神状態の生き生きとした印象を伝えるために、首長ギルの語った表現をほとんどそのまま再現している。また、過去と現在、神話と歴史物語が混合されているのを示すために、細部も収録した。こうした細部は、いつか自分たちの民族の歴史を再構成しようとするディンカ人が出てきたときに役に立つだろう。というのも、首長ギル・キロのように高齢で経験に富み、かつ鮮明な記憶力を持つ人はそういないからである。

パゴン・クランの偉大なるロンガールは、人々を殺すために騙していた。人々は川岸に待機していた。私の祖先アゴスャティックはそこで人々と話し合った。ロンガールは、みな川を渡り、水に入らなければならないと言った。キール（Kir）というその川には葦が生い茂っていた。人々が水に入ると、ロンガールは簎猎でその頭を突いた。だから人々は逃げて帰ろうとしたが、ロンガールは「来い、飛び込んで来い」と言った。そこでアゴスャティックは思案して、言った。「皆の衆、ロンガールの言葉は嘘だ。私が策を考えよう」［直訳すると「私が私の言葉を工夫しよう」］。(11)

ここからロンガールを捕らえるところまでの物語は、上述のものとたいして違わない。ギル・キロはアゴスャティックに協力した人物をアウィチェオウ（Awiceou）と名づけているが、それに属する小さいリネージが彼の母の実家の近くにある。

さてロンガールはアゴスャティックを人々の前に立たせてこう言った。「アゴスャティックよ。お前はこの国の戦争の槍を持つだろう」。そうして彼はアルアル槍と戦争の槍に唾を吐いてそれをアゴス（Agoth）に与え、歌った。

「ティック［アゴスャティック］のように勇敢な者があろうか。ロンガールのアルアル槍を無用にした勇者が」。

ロンガールは手首に輪をはめていたが、それは肉に深く食い込んでいた。そこで彼が親指を切って輪を外すと、彼は死んだ。あるいは生きたまま墓に行ったのかもしれない。

アゴスは結婚し、アコル・クウェッチ（Akor Kwec）が生まれた。彼は、ボルの近くのアンガッチ

(Angac) に土手を築いて住みついた外来者と戦った。アコル・クウェッチはそこで死に、三人の妻から生まれた息子たちがリン (Ring) とジョックとアナウ (Anau) だ。ジョックには同母の兄弟が一人あり、アナウにも同母の兄弟が一人あった。だがリンは母親の一人息子だった。リンはルアッチ (Luac) 部族の女の子どもで、この部族が彼の母方オジだ。

この部分は、今日の実際の政治状況を示している。アコル・クウェッチは、語り手の所属するパゴール・クランのアプック下位クランの主要リネージの創始者である。ここでアコル・クウェッチは三人の息子の父とされており、その三人がアプックにいるパゴールの下位クランの主要な三リネージの始祖である。だが別の系譜によると、アコル・クウェッチはアナウとジョックの兄弟である。歴史語りはここで、語り手とその父が達成した個人的な優位を主張している。物語は続く。

長男のアナウは言った。「リンよ、お前は戦争の首長になり、ジョックはリンに従うだろう。家畜キャンプ [部族] は分かれ、ジョックよ、お前のキャンプは川の名を取ってアマキール (Amakir) と呼ばれるだろう。そしてリンよ、お前のキャンプはアルアラ (Aluala) と呼ばれ、私のキャンプは [小鳥の名前から] アバガ (Abaga) と呼ばれる。そしてリンよ、もしお前のキャンプ [セクション] がアマキールと争うなら、私がお前たちをもう一度一つにしよう [私が仲裁しよう]。そうして私は神性の仕事 [直訳すれば「ことば」] を行い続けよう。神性は実在する。(12) 私はお前たちの母方オジのようになって、もし人が誰かに腹を立てるなら、私が彼らを平和にしよう。お前たちは私に歯向かってはいけない」。

この部分は、現在のアプック・パトゥアン部族が発展してきたとされるもともとの三つの下位部族、アマキール、アルアラ、アバガの話になっている。アバガは今日ではごく小さくなってしまい、行政上は他の下位部族に併合されてしまっている。だがアバガはアプックのパゴールの下位クランの主要なシニア・リネージを含む下位部族の地位にとどまっており、部族組織上の優位を占めている。そこで、アバガは「(クラン) 神霊 (*wun yath*) の下位部族」と呼ばれている。

それから彼らは肌の色の明るいルウェル[13]という民族と戦い、ボルの反対側のシッチ (Cic)・ディンカの土地から追い払った。彼らはパダン (Padang) という別の土地に来て、それからアンガッチという また別の土地にやって来た。その間中、彼らはずっと戦いながらやって来た。こうして彼らはアガール (Agar) とシッチ・ディンカをあとに残して、ずっと西のほうにやって来た。アガール全体の父はアロル (Arol) という人で、レクを生んだアモウ (Amou) という少女はこのアロルの姉妹だ。

これはディンカ人なら誰でも知っているという知識ではない。語り手はさまざまな経験を積み、簎猎の長のクランの重要なメンバーに関して特別に広い政治的視野を持っている人物で、普通のディンカ人ならほとんど関心を持たないようなしかたで、部族のまとまりを結びつけて話しているのである。

道の途中で、彼らはルアッチ一族に出会った。ルアッチたちはジョックの兄弟のドゥヤック (Duyak) を殺した。リンは悲しんだ。ルアッチたちは母方のオジにあたり、腹違いの兄弟であるドゥヤックを殺したからだ。ジョックは言った。兄弟のドゥヤックの敵討ちをすることはできない。というのも、リン自身が母方オジたちとの確執で殺されることになるからだ。ジョックは、このまま旅を続けるしかないと言った。

だがリンは一計を案じて、ジョックに言った。「お前は家畜を連れて先に行ってくれ。私はここに残るが、三日後には追いつくから」。そう言ってリンはとどまり、ジョックは出発した。ジョックが行ってしまうと、リンは年取った牛を何頭も殺して切り刻み、ハゲタカがたくさん集まってきて大御馳走にあずかれるようにした。ルアッチの一族はハゲタカを見て、きっと象が死んだのだと思ってやって来た。リンとキャンプの若者たちは木の陰に隠れていて、ルアッチに襲いかかって殺し、仇討ちを果たした。

この話は、男系の親族と母方の親族との間でディンカ人が経験する典型的な忠誠心のジレンマを表しているが、これについてはのちに述べることにする。またこの話は、この種の葛藤が男系の忠誠心を優先して解決されることも示している。というのも、リンはたとえ母方オジの一族と争っても、自分の異母兄弟の復讐をしたからである。ルアッチが殺される場所におびき寄せられたトリックは、ディンカ人がいつも空を見上げて、どこかで大きな動物が死んでいるしるしである腐肉あさりの鳥に注意していることを示している。

リンはルアッチが連れていた犬、つまり母方オジの犬を捕まえた。彼は首に針を刺し、犬は逃げて帰っていった。リンの母方の祖父がその針を抜き取り、リンが自分の一族を殺したことを知った。彼は一族の人々にそのままとどまっているように言い、自らリンに会いに出かけていった。リンは宴会を開いていた。リンは、この地を立ち去ったジョックの人々が殺されたことを非難した。ところがパドルムオットの一人の男が、[14]リンがルアッチを殺したことを明かす歌を歌った。リンは人々が踊っている間にロープを作って、それを取ってパドルムオットの男を打った。男は地面に打ち倒されて、死にかけた。パドルムオットは槍を取って、仲間の復讐をしようとした。だが、死にかけている男がそれを止めて、言った。「血の復讐を始めてはいけない。賠償を受け入れるほうがいい。リンは簎措の長だから、もし復讐しようとしてもわれわれの槍は壊れてしまうだろう」。そこでリンの一族は賠償を支払った。

リンの母方祖父は言った。「われわれは関係を断とう。お前の『首長権（Mastership）』は単独になるだろう」。リンとその仲間はジョックのあとを追って出発した。彼らはルアッチの土地に接するパニャン（Panyang）にやって来た。そこで彼らは分かれて、一部はアプック・ジュルウィール（Apuk Jurwir）、ソイニィ（Thoiny）、ムオック（Muok）の部族になった。土地が彼らにとっては狭くなりすぎた。彼らはアプック・パトゥアンに行った。ジョックとアナウはそこにとどまったが、リンはルオのあとを追って戦い続けようとして、ずっと遠くのアワン・リアウ（Awan Riau）部族の土地のドック・クアッチ（Dok Kuac）まで追っていった。それから彼はルオを追って遠くマルワル（Malwal）の土地へ、さらに遠くアクワン・アヤット（Akwang Ayat）部族のところまで行った。彼はマルワル・クランの人々に、自分はジョックとアナウに戻るが、お前たちはロル川の流域にとどまるようにと言った。そうして彼は、そこに一族を少し残してきた。[15]

帰ってきてみると、リンはジョックがパニョム（Panhom）に大きな乾季の放牧地を見つけたのを知り、ジョックはそこに一時とどまる「土地を持てばいい」と言った。リンはコリオム（Koriom）を産み、ジョックは大きくなり、その土地を取った[16]。それからコリオムの一族は強くなり、リンの年下の妻の息子であるダッチ（Dac）がその土地で有力になり、その次にジョックの息子のマスィアン・ディット（Mathiang Dit）が有力になり、土地を自分のものにした。

それからドンゴラウィ（Dongolawi）が後を継いだ。それから私の祖父のスィック（Thik）が他のディンカすべてと和平を結んで、ヌアーとアラブと戦った。そのあと祖父は彼らすべてと和平を結んだ[17]。スィックの後を継いだのは息子のキールで、そのあと首長を押し立てた人々がいてたくさん戦いがあった。それからギル（語り手）が後を継いで、ヨル・マヤール（Yol Mayar）（アジュオン Ajuong 部族）の人々と和平を結び、アワン・リアウ部族と和平を結んだ。そうしてアプックはアグウォック（Agwok）部族と乾季のよい牧草地を分け合うことになった。それから現在の政府[18]が来た。ディンカは警戒したが、結局こうなった。こういう次第だ（*yenakan*）。

この物語は簎矟の長の神話の本題から脱線した話を含んでいるが、一人の非常に有能な人物の視点からみて、過去と現在がどのように結びついているかをはっきりと表している。この関係の重要性に注目するために、以下に神話のもう一つのバージョンを説明することにしよう。

次のバージョンはレク・ディンカのクアッチ部族で知られているものである。そこでは、部族全体に優先権を持つ簎矟の長のクランはアジエック（Ajiek）のクランであるパジエック（Pajiek）である。神話では、次にみるようにこのアジエックがロンガールと戦うヒーローになっている。このバージョンは大部分、パデェオウ（Padheou）・クラン、つまりアデェオウのクランという簎矟の長のクランのある老人が語ったもので、このクランの人であるアデェオウ（Adheou）が登場して重要な活躍をする。

大昔、人々はみな川のなかにいた。最初に川から出た人は、ロンガールと呼ばれる。彼は長男、つまり神性の長男だった。他の人々がその後に続き、葦の岸辺を通って川から出ようとすると、ロンガールは簎猎を手にして岸辺に立ち、人々の頭を突いた。川のなかにはアジエックという男がいた。彼は弟だった。アジエックは言った。「これではみんなロンガールに仕留められてしまう。私が何とか方法を考えよう」。

ロンガールを捕らえる罠の話は、他のバージョンと同じように語られる。

ロンガールは人々を呼び寄せ、一人ずつ前に立たせて自分の唱える祈り（*gam lung de*）を繰り返させた。そうするとたちまち、彼らは死んだ[19]。さて、アデェオウという男がいた。彼は川のなかで創されたいちばん年若い息子で、その男は、自分がロンガールの祈りを繰り返してみせようと言った。アジエックは彼を引きとめて、きっと死んでしまうからやめろと言った。しかしアデェオウは祈りを繰り返したが、死ななかった。ロンガールは面食らい、ほかのやり方を試そうとした。彼はアデェオウの足を簎猎で地面に釘づけにし、屠った雄牛のあばら骨と肉をその首と頭の回りにぶら下げた。アデェオウをそうしてから、ロンガールはアデェオウが死ぬように祈った。

そうやって、彼らは何日もとどまったが、アデェオウにかぶされた肉が腐っても、彼は生きていた。ロンガールが夜昼祈り続けて七日経っても、彼はアデェオウがまだ生きているのを見た。彼はアデェオウを簎猎で釘づけにした場所から自由にし、腐った肉を頭と胸から取り除き、そうして言った。「アデェオウよ、私は祈り疲れた。私が眠りかけたら起こしてくれ[20]」。その晩、アデェオウはロンガールが熟睡するままにしておいた。ロンガールは八頭の去勢牛を屠るために用意していた。アデェオウはロンガールが寝ている間にそれを全部殺し、それぞれから小さい肉片を取って、糜粥《びじゅく》［ウェイ（*wei*）――腸のなかの半消化物。この語は命または息と同語のようである］の下に置いた。ロンガールは目を覚まして、牛がいなくなっているのに気づいた。彼はアデェオウに、牛はどこにいるのかと聞いた。するとアデェオウは答えた。「主（*beny*）よ。私が殺しました」。ロンガールは言った。「お前は肉をみんな一緒にしたのか」。アデェオウはそうしていないと答えたが、実は全部の牛の肉の切れ端を隠しておいた。ロンガールは言った。「アデェオウよ。なにものもお前を殺さないだろう。お前は賢い男だ」。人々が集まってくると、ロンガールはアデェオウに肉を切り分けて、一人ひとりに小片を一切れずつ分けるように言った。アデェオウはそのとおりに肉を切り分けたが、自分の肉はひとかたまりにして別に隠しておいた。ロンガールはアデェオウのためにそれほどの分量の肉がとってあるとは知らなかった。

さてアジエックが来て、人々が集まっているそばに立ってこう歌った。

クアッチ部族よ。すべての人々の間で、
ロンガールの言葉[21]を考えよ
私の父はデンに見棄てられた
彼は［息の］命をなくしてしまった
父はデンとその母アブックに祈った
クアッチの男の息子たちは、彼らの主［ロンガール］に祈る[22]よう呼ばれたロンガールは言った。「あれは誰だ。何を歌っているのだ」。そして歌っているのがアジエックだとわかると、ロンガールは彼を呼びよせた。アジエックはロンガールの祠で生け贄にする白い仔牛と祠に注ぐミルクを瓢箪に一杯持ってきていた。ロンガールは人々に自分の周りに座るように命じてこう言った。「さてアジエックよ。お前はロンガールの言葉を考えたか[23]」。アジエックは考えたと言ったので、ロンガールは生け贄の去勢牛の後ろ脚を持ってこさせて、アジエックに与えた[24]。

その夜、アデェオウは糜粥の下に隠した肉の小片を取り出し、それをロンガールのところに持ってきて言った。「父よ、ここに私のものがあります」。ロンガールは言った。「アデェオウよ、お前は私を疲労困憊させた。お前こそが、私が自分の肉を与えた人々の筆頭となるべき者だ。たとえ私自身がお前に逆らって祈ったとしても、私はお前に勝てないだろう」。こうして人々はそこに住み着いた。その土地は豊かで、よく整えられた。こういう次第だ。偉大なロンガールがそうした。彼は犠牲を分割し「分かち合い」、肉を分け合った[25]。

このバージョンでアデェオウが肉片をいくつも受け取ったことが強調されているのは、語り手が自分自身のクランであるパデェオウの成員の祈願に効き目と強さを帰していることを示している。語り手は、アデェオウは「神霊が彼の内で偉大であるように（*bi yath dit ye guop*）」肉片を取ったのだと言った。同一部族のうちでも異なったクランに属するインフォーマントによって、物語の細部は変わらないのに強調点が異なってくることがあるのを例示するために、次に同じ部族のパジエック・クランの成員が語った神話を示そう。

人々が創造されたとき、最初に創られたのは偉大なるロンガールだった。だから彼が人々を指揮して、移動させ、川を渡らせ、川を越えてすべてのものを持ってこさせた。

ロンガールを捕まえるところの話は、他のバージョンとほとんど同じである。この物語で違うところは、川を越えようとする人々に対してロンガールが「逃げろ、逃げろ。私は人々を殺す〈力（*jok*）〉だ」と叫ぶところと、アジエックが去勢牛の仙骨を使ってロンガールを騙す計略が妻の示唆によるものだったという点である。私はロンガールが本当は人間だったのか、それとも〈力〉だったのかと尋ねてみた。その返事は、

ロンガールは〈力（*jok*）〉のようでもあり、人のようでもあった。創られたすべての者の最初の者が、彼だった。彼はまさに神性の手から来た。彼は生命全体の頭（源）だった。彼はすべてを試し、すべてを試みようと望んでいた。

神話は以下のように続いていく。

ロンガールはアジエックから逃れよう、逃れようとし、アジエックを遠ざけて自分の小屋に逃げ込もうとした。アジエックは牛飼いたちを引き連れて川を越えようとした。するとロンガールの民は死に始めた。それは、彼が殺した人々の幽霊アティップ（*atip*）が、彼らを殺しに戻ってきたからだ。ロンガールは手下を呼んでこう言った。「アジエックのところに行って、こう言え。『なぜ私の民は死ぬ

のか。お前の民は生きているのに』」。アジエックはこれを聞くと、キャンプの少年と少女を呼び、家畜と一緒に森に隠れさせ、キャンプには少しの年寄りだけを残した。それから彼は泥を取って村のなかに墓をたくさん作り、そうやって、ロンガールが来たら自分の民も死んでいると言えるようにした。だが告げ口をする者がいてロンガールにアジエックのしたことを告げた。

そこでロンガールは太鼓をたたき、叫んだ。「私はすべての人を私の祭り（供犠）に来るように呼ぶ」。七日間にわたって、すべての人々が集まってきたが、アジエックの民だけは参加しなかった。アジエックはロンガールの祭りの間、民とともに森にとどまった。それからアジエックは歌を作り、民の壺をすべてバターで満たし、すべての新しく生まれた仔牛を集め、大量の瓢箪をミルクで満たし、そうしてから彼は自分の民をロンガールの祭りに出発させた。ロンガールは言った。「もしアジエックの民が私の祭りに来たら、皆殺しにしてやろう」。だが彼らが到着すると、アジエックはロンガールが自分に対して気を良くするように［直訳すると「ロンガールの心が自分に対して甘くなるように」］ロンガールをたたえる歌を歌った。

白い仔牛を解き放て(26)
キャンプ全員が見ている
瓢箪、瓢箪、クアッチの瓢箪は
縁まで［ミルクで］いっぱいだ
若い仔牛を手に抱いて乳を飲ませよ
去年のアジエックの牛は

たくさん生まれて増殖した
クアッチ部族はすべての人々のなかを（超えている）
ロンガールの言葉を思え
神性は命を拒んだ(27)
私の父はデンとアヤックの姉妹アブックに祈った(28)
クアッチの男の祭りは遅れて来た
しかしそれでも主［ロンガール］の［祈り］に応えるだろう
クアッチよ、すべての民のうちで
ロンガールの言葉を思え

ロンガールは小屋にこもって黙っていたが、アジエックはその周りを、仔牛を引き、バターのいっぱい入った壺とミルクの瓢簞を持ち、この褒め歌を歌いながらぐるぐる回った。

ロンガールは言った。「あれはアジエックの声だ。私にはわかる。みなの者、道を開いて彼がここに来られるようにしろ」。さてアジエックがロンガールのもとに来て贈り物を彼の前に置き、大きな尊敬を表して、跪きながら進み出た(29)。ロンガールは言った。「アジエックよ。私はすべての人が祭りに来ているのを見た。だがお前は見なかった」。アジエックは言った。「父よ、私が離れてとどまっていたのは、心と頭であなたの言葉を思っていたからです。それからこうして、私はあなたの牛を連れてやって来ました。私はその牛たちの世話をしているだけです」。そう言ってアジエックはロンガールに牛を差し出した。

ロンガールは空色の（マンゴック）去勢牛を連れてきて人々の前に立たせた。彼は箝猎を手に取ってその穂先と柄を別々にアジエックに渡して、言った。「ここに槍の柄と槍の穂先がある。もしお前の心に邪悪なものが何もなければ［つまり「高潔（virtuous）」であればということ、ただし現今の英語でいう意味よりも広い意味で］、お前は向こうの地面に槍の穂先を立てておいて、その差込口に柄を投げ込むことができるだろう」。アジエックは柄と穂先を手に取り、柄を一度、二度投げ、そして三度目に槍の穂先の差込口に柄を投げ入れた。

ロンガールは自分の空色の去勢牛を殺して、アジエックを森にやってウェッチ（学名：*Sporobolus pyramidalis* か？）[30]という草を取ってこさせた。ロンガールは牛の肉を手でもんで骨もなくなるほどドロドロにし、アジエックが持ってきた草も混ぜ込んで、ついに泥のようになるまで捏ねた。それからロンガールはその上に唾を吐き、アジエックに渡して言った。「肉とウェッチの草がお前と、お前の子どもたちの神霊になるだろう。それからアジエックよ。私はお前と決して争わないだろう。もしお前が私と争い、私から離れていくなら、お前は死ぬだろう。またもし私がお前と争いお前を侮辱するなら、私は死ぬだろう。私たちのともにする言葉は終わった」。こうして彼らは和平を結んだ。

これらの神話は細部においてローカルな歴史伝承を含んでいて、今日ではそれらを、主題となるより古いテーマから完全には分離できなくなっている。アデェオウが登場するバージョンは、おそらく箝猎の長パジエックに人格化されているクアッチの人々と、隣接するワウ・ディンカとの歴史的な抗争に関係しており、後者のうちではパゴン・クランが優越している。ワウとクアッチとの間の抗争については、パデェオウ・クランのウォル・アジット（Wol Agit）という男が登場するわかりにくい混乱した伝承がある。どうやら彼はもともとワウのパゴンと対立しており、そしてある時彼は自分の民がクアッチとそのパジエックの篭猎の長に合流するのを助けたらしい。結果的に彼らすべての間に、神話が語っているように和平が成り立った。こうした伝承は、それが部分的に埋め込まれている神話から分離してそれ自体として分析してみると、神話の一部となっている場合よりはるかにあやふやである。神話は確かに、伝承を篭猎の長の起源と関係づけることでより深い意味を付与しているのである。

しかしながら明らかに歴史上のことである出来事を無視するならば、すべてのバージョをとおし現れるのは、ディンカの指導者たちの間の始原の対立であることがわかってくる。そうした対立において、ある者が、人間でもあり〈力〉でもある本来の篭猎の長から力を奪い、また彼から力の委託を受けたことになっている。本来の篭猎の長と力を分かちあうことになった男は、抜け目なくふるまって彼を出し抜き、そして最終的に彼の怒りをほどいた人物である。人間の機先および和解というテーマは、自由神霊と人間との関係の実質的な調整にも同様に現れる。これらの神話に登場する男たちは、首尾よく自分の民を人間的な〈力〉であるロンガールから守り、力と知恵をもって行動し、しかし究極的には敬意をこめて行動する人物なのである。

この神話のいろいろなバージョンは西ディンカ全体に知られているが、これまで示してきたような状況的な細部を伴った形で、どこでも誰にでも知られているわけではない。篭猎の長のクランの今日の地位との関係で、これらのバージョンが何を意味し、何を言わんとしているかの考察に移る前に、私はディンカの地の他の地方のバージョンを記録しておく。それは西トゥイジ・ディンカ、ナイル東岸のニャラウェン・ディンカ、そして同じくナイル東岸のボル・ゴック・ディンカのものである。アイウェルの神話はディンカの北部の諸集団にも知られている。しかしヌアーでは記録されていない。ヌアーの司祭は豹皮司祭で、その政治的重要性はいずれにしろ小さく、またその意味も異なっているのである。[31]

ニャラウェン・ディンカと西トゥイジ・ディンカは、これまでみてきた神話のバージョンを持つディンカよりも、ヌアーとより密接に関わってきている。だからそのバージョンは、とにかく簎矠の長の神話が知られているにしても、あまり重要でないとはいえ異民族と最も頻繁に接触しているディンカの間で、その神話がどの程度保存されているかをある程度示している。その上、ディンカの地のはるかに離れた地域の神話のバージョンは、地域性とローカルな歴史伝承を超えた特性を浮き彫りにしてくれる。私の大切な友人で、ブル・ヌアー（Bul Nuer）に最も近い西トゥイジ・ディンカの首長であるベンジャミン・ラン・ジュク（Benjamin Lang Juk）は、これまでみてきた神話のバージョンを知っているし、レク・ディンカと会う機会も頻繁にあったのだが、彼の語ってくれた移住の神話はそれらと非常に違う。それは以下のとおりである。

アジン・ノイ[32]（Ajing Noi）は偉大な戦士で、いつも人を殺していた。そのせいで父親のノイはうんざりしていた。そこで父親は彼を、人殺しのチコム（Cikom）のところにタバコを取りに行かせた。アジンは出かけて行ったが、チコムが家を留守にしていることを知った。彼はチコムの妻と話した。彼女は、申し訳ありません、せっかく来てくれたのに夫はあなたを殺すでしょう、と言った。彼女はアジンに、お父さんと喧嘩したのかと尋ねた。彼は、実際はしたのにそれを否定した。彼女は、夫が帰ってくる前に立ち去ったほうがいい、しかしいずれにしろ夫はきっとあなたを追って殺そうとするだろうと言った。そこで妻がアジンに言うには、ここを去っていくと川に出るだろう、そしてそこで夫に出会うだろう、夫は彼に川に飛び込むように言って、それから彼のうなじを簎矠で突くだろう、ということだった。そうやって殺されるのを避けるためには、去勢牛の仙骨がいると言って、彼女はアジンにそれを与え、チコムが簎猎を構えて立ったら仙骨を彼のほうに突き出すように言った。

アジンは仙骨を持って出ていき、川でチコムに出会った。チコムは彼に何しに来たのかと尋ねた。アジンは言った。「私は父に言われてタバコをもらいに来た」。チコムは言った。「タバコはない。だが父親のところに戻りたいのなら、私について来い。私はお前が無事に帰れるように供犠を捧げ、お前を祝福しよう」。

アジンは川を渡ってチコムのところに行くために水に入ったが、チコムの妻が教えてくれたとおり、まず仙骨を前に差し出した。するとチコムがそれを突いた。アジンは無傷で川から上がった。チコムは驚いてアジンに言った。「私はお前が父親とうまくいっていないことを残念に思う。だがいまやお前は神性の加護を受けた」。そうして彼はアジンに、他の土地に行って、これ以上父親と一緒にいないほうがいいと話した。

チコムは家に帰り、アジンは父親の家畜キャンプに帰った。そして彼は若者たちを呼び集めて、自分は父親のもとを出ていくと話した。彼は、出ていきたいと思う者は、今決断して自分についてくるように言った。そうした者たちが、今のトゥイジ・ニャン（Twij Nyang）のクランの祖先たちだ。アジンが父のもとを去ったころ、人々はナイル川の東岸にいた。そしてシャンベの地点でナイル川に着いたとき、彼らは川が分かれて道を開いてくれるよう祈った。するとそうなった。アジンの父は彼が出ていったと聞くと、そのあとを追った。ある日彼はリスを見つけて殺し、そのはらわたを持っていった。彼はナイル川まで来て、川を渡るすべがないことに気づいた。ところがアジンとその民は向こう岸にいた。彼は息子を呼んで叫んだ。「もしお前が私の民を連れていくなら、乾いた土地に連れて行くな。ミサゴの鳴き声の聞こえるところに連れていけ」。そうして彼はつけ加えて言った。「お前の民は私がリスのはらわたを引き出すように増え、私がはらわたを手に握りしめるように減るだろう」(33)。

この物語の中段は、シッチ地方を通っていくアジンとその民の旅を語る。そこでは、アジンがあるダンスの機会に非常に美しい娘を見初め、夜になってから彼女の小屋で会う約束をする。彼女は自分のいる場所がわかるように、小屋の入り口から両手を出しておくことにした。アジンの民は、彼女がとても美しい腕輪をしているのを見て、腕輪を取るために彼女の手を切った。これが原因で、シッチとの戦闘が起こり、トゥイジはシッチの家畜をたくさん奪ってその土地を去った。それから彼らは盛り土(34)を築くベル・アジョウ(Ber Ajou)という人々と出会った。そこでも家畜を奪い、さらに進んでメシュラ・エル・レク(Meshra-el-Req)に近い土地に着いた。物語は続く。

アジンは二人の姉妹を連れていた。彼らがみなメシュラの近くの川に着いたとき、川がとても深く、渡ろうとすると牛が溺れてしまうのを見た。アジンは一人の姉妹を選び、川のなかで通り道を開くために殺した。アクアッチというもう一人の姉妹は、姉妹の死に強く心を痛め、一人離れて、クアッチ部族(35)をおこした。

レク・ディンカのクアッチ部族では、アクアッチはアジエックと結婚したトゥイジの少女として知られている。トゥイジとクアッチとの間には、二十世紀の初めにつながりがあった。しかし私は、この縁組が今日政治的に意味があるのかどうか確かめることはできなかった。このことは、クアッチのアジエックの神話では言及されていない。
このトゥイジの神話には、他の神話と非常に基本的な違いがあるものの、いくつかのテーマの共通性は明らかである。クランの始祖の頭を槍で貫こうとする恐るべき人物との葛藤があり、クランの始祖がその人物を出し抜いて、その祝福を受けることになる。川を渡るという不変のテーマがあり、また、他の神話では非常に違った文脈で現れる、腕輪を取るために手を切るというテーマがある。さらにアジンは女性に助けられる。チコムの妻が、夫を出し抜いて彼を助けるのである。東岸のディンカに由来する神話のバージョンを示すまで、こうした詳細の説明は後回しにしよう。
これまでに記載した神話と歴史に出てくる出来事が起こったのは、ナイル川の東岸である。次のバージョンはボル・ゴック・ディンカとニャラウェン・ディンカに由来するもので、地域的な歴史伝承の多様性に伴う異なったバージョンの間にある類型論的な類似を明らかにしてくれる。[36]
以下のバージョンはボル・ゴック・ディンカに由来するものである。

アイウェルは川から出てきて、岸辺にすわった。彼は最初に出てきた者で、その〈力〉[37]（*jok*）と火（*mac*）とを持っていた。〈力〉と火はリン（〈鮮肉〉）と同じものだ。彼はグタチョル（Gutacol）というところで川岸にすわって、次のような歌を歌った。

私の上陸したグタチョルで
私は何でもできる
すべての民は［私を］嫌っている

私の父の〈鮮肉〉〈リン〉は側面を守る部隊のようだ
それは［敵を追い散らして］私をあらゆる側から守る
私の父の〈鮮肉〉は川から出てきた
あらゆる側の敵を追い散らして
後ろから忍び寄るものを追い払い
私の目を射るものを追い払う
それは追い払われた、私の赤い父［〈鮮肉〉］よ
父の〈鮮肉〉は彼らを追い散らした

別の歌では、アイウェルの神霊〈鮮肉〉は「後ろから［東から］風に飛ばされて来た」といわれる。この言いまわしの意味はわからないが、「東」は日の出と結びついていて新しい生の方向である。

こう歌ってから、アイウェルは人々の仔牛を切り始めたので、仔牛は死んだ[38]。神性はアイウェルのこのふるまいを嫌った。そして月の簎猎を取ってアイウェルの頭と体全体を貫いて地面に串刺しにした。大地と天がこの簎猎によってつながったので、アイウェルは上にも下にも動けず、簎猎から逃れられなかった[39]。アイウェルは子どもたちに話して、これに打ち勝つ方法はない、さもないと子どもたちが傷つく、と言った。

ここで地域に限定的な詳細が入ってきて、物語は次のように終わる。

そしてアイウェルがいたところで、大地は暗くなった。嵐の雲のような色になった。そしてアイウェルは姿を消した。人々は自分たちもアイウェルのようにされるのではないかと恐れた。誰も彼がどこに消えたのか、上なのか下なのか、それとも川に戻ったのか、わからなかった。人々はアイウェルが串刺しにされたところで瓢箪に入ったマッチ〈火〉、〈鮮肉〉を見つけた。このマッチが、それを見つけて取った人々のクラン神霊になった。すべての人々は、クラン神霊として〈鮮肉〉と〈火〉を持つ者に反抗するのを恐れた。昔は、〈鮮肉〉は〈火〉のように明るく燃えたったものだった。それは〈火〉と同じなのだ。

次に示すのは、ニャラウェン・ディンカのところで見つけたバージョンである。

アイウェルの父親は「独りきりで生きていく者（*pajiel*）」だった。彼の母は、アチエン（Achieng）と呼ばれる女で、川のなかで彼を身ごもった。神性は人々を創り、アイウェルを川のなかで創った。アイウェルは川から出てきて、言った。「私が主（*beny*）になる」。彼は食べ物を持ってこさせるために、手下を太陽の国に遣わした。太陽の妻は彼らに、気をつけないと自分の夫はあなたたちを焼き尽くすだろうと言って、小屋に入り、太陽の光線から身を守るように言った。二人の人は小屋に入った。しかしもう一人は外に残った。太陽は川から出てくると、外に残っていた男を焼き尽くした。それから太陽は、焼かれた男に水を振りかけてよみがえらせ、自分の力を示した。彼は小屋から二人の男を呼びだし、粥の入った小さい壺を与えた。彼が言うには、それはどれだけ食べても決してなくならないというものだった。彼はそれを持ってアイウェルのところに帰るように言った。

アイウェルは粥が少ないと文句を言ったが、彼らがいくら食べてもそれはなくならなかった。太陽は彼らに言った。「この食べ物を食べ尽くしてしまおうとするな。それで遊んではいけない［気軽に扱ってはいけない］。さもないと、私はお前たちを殺す」。

アイウェルはその食べ物に飽きてしまって、川に投げ捨てた。彼は川に葦で柵を作り、人々を呼んだ。人々が川を渡って彼のほうに来ようとすると、彼は簎矠で頭を突いた。人々のなかにはアイウェルの娘の愛人がいた。彼が川を横切ろうとすると、彼女は彼に言った。「クウォック（*kwok*）［底の丸い壺を頭に乗せて運ぶときに女性が使う草で作った輪］を取って、そのなかに石を入れ、それを先に出して葦の間を進むように。私の父がそれを人だと思って突くと、槍の穂先が曲がってしまうでしょう」。そうして男がそのとおりにすると、槍は石で曲がってしまい、男は川から出てアイウェルを捕まえた。男は、他の人々を呼んで川を渡らせた。

アイウェルは解放されると、自分を捕まえた男に、その策を授けたのは誰かと問うた。男は言った。「自分で考えた」。アイウェルは言った。「違う。そんなことはできるはずがない。お前は私の娘のアトン（Atong）から聞いたのだ」。彼はアトンを捕まえて殺し、「いつか将来災難がふりかかったら、お前は私の娘の助けを求めて、『アイウェルの娘アトンよ、助けてくれ』と言うだろう」と言って、愛人（夫）に彼女を埋葬するように言った。そして彼は男に自分の娘アトンを殺した槍を与えた。

ボル出身のある男が、アイウェルの娘の一人を誘拐した。アイウェルは追っていったが、途中でひどい日照りにあった。従者たちは渇きのために不平を言った。アイウェルがアワールという草を引き抜くとその下から水が湧き出て、従者たちは喉を潤した。

それからアイウェルは従者たちを残し、自分は小さい男の子に戻って、娘のいたボルの家畜キャンプに行った。彼は非常に早く育ち、髪の毛が長く伸びた。彼は箝掊の長だったからだ。彼は幽霊のように髪が長かった(40)。雨がひどく降り、ボルの人々は家畜キャンプから泥を掃き出すのに彼をこき使い、彼に悪いミルクを飲ませた(41)。

この後には、その地域に限定された歴史的意味を持つ出来事がいくつも続き、今日のボル・ディンカの箝掊の長のクランの分布と関係に関する説明が来る。それはディンカの宗教の説明というよりは政治構造の研究に属するものなので省略するが、それらの出来事のなかに、後で分析する神話における女性の役割に関連するくだりがある。それは、腹を立てたアイウェルが、どのように機嫌を損ねて雨を止めてしまい、娘たちのうちの一人の、夫と子どもの頭を棒で突き刺し、焼いて殺すことでまた雨を降らせたかを語っているところである(42)。彼は夫を失った娘に、行って「川で」新しい夫を探すように言う。言いかえれば、自分自身のような、そして自分を生んだ〈力〉のような夫を見つけろということである。アイウェルはボルのいくつかの箝掊の長を確立し、故郷に帰る。物語は次のようにして終わる。

故郷に帰ると、彼は言った。「私は外にはとどまらない。なぜなら、太陽の食べ物を川に投げ捨ててしまったから、太陽は私を殺すだろう」。そうして彼は日中は小屋にとどまり、夜になると外に出た。太陽は月に話し、月に箝掊を渡して言った。「彼は日中は隠れているのでやっつけられない。夜になって出てきたら、お前がこの箝掊で彼の頭を突いてくれ」。月はそのとおりにした。アイウェルは地面に釘づけにされて、動けなくなってしまった。キャンプの人々が来てそばに集まり、彼の周りに小屋を建て、そうして彼はそのなかに埋葬された。その場所はプオム（Puom）だ。そこにはアコッチ［学名：*Cordia rothii* 以下、各所で言及する樹〕がたくさん生えている。アイウェルは子どもに、籍措によって祈願する能力を残し、そのクラン神霊を与えた。

最後に、ナイル上流州の北ディンカで見いだされイビラヒム・エフ・ベドリによって出版されたバージョンの報告を、短縮した形で示そう。(43) このバージョンは、北ディンカと歴史的に関係しているらしいボル地域のトゥイジ・ディンカでも広く知られているという。イビラヒム・エフ・ベドリは、レク・ディンカのバージョンに現れるのとよく似た形で、不妊の女性が川で妊娠することと、アイウェルの誕生と子ども時代の成長を記録している。だがこのバージョンで、母親は死ぬときアイウェルに自分にはもう一人結婚している娘がいると話し、アイウェルはその姉を探し出す。しかし腹違いの姉は彼を認めるのを拒み、彼のことを邪術師だと言った。アイウェルは牛舎で働き、孤児とみなされてひどい扱いを受ける。それからアイウェルは養子となり、養父の家で、先に示したバージョンで記録されているのと同じように、干ばつの時に家畜のために水を供給する。

……彼は道案内をし、家畜はその道筋に芽生えて育つ良い緑の草を食べた。家畜に水を与えるために、彼は土を小さい円錐状に盛り、そのてっぺんを手でたたいた。するととても澄んだ水が噴き出し、家畜が飲んだ。

養父はアイウェルに、力を発揮して人々を助けるように説得した。

……彼は同意して、その土地から邪悪なものを追い出す仕事にとりかかった。彼は、どんなに少しでもいいから穀物の種と、牛のバターを持ってくるように言った。彼は普通の供犠を捧げてから、種をバターと混ぜ、それを蒔くように人々に与えた。彼は人々に、その種は数日で芽生えて実るが、たとえ腹がすいていても、決して自分たちで食べずに全部自分のところに持ってくるように言った。ひどい雨が、何日か降った。……彼は同じ手順を七回繰り返し、人々はひとシーズンに七倍もの収穫を得た。

アイウェルは指導者であり救い主だと認められ、たくさんの妻を与えられた。彼の養父は、彼と彼の子孫がその土地の所有者と認められることだけを求めた。

この後、明らかに今日の簎措の長のリネージの配置に関係するいくつかの出来事があり、それから姉妹たちと息子たちに対してアイウェルがしたことが語られる。それはこの神話における女性の地位との関連で、後ほど詳しく引用する。一つ注意しておくと、この北部のバージョンでは、人々が川を渡ろうとするとアイウェルが頭を槍で突くという話は出てこない。だが必ずしもその話が北部で知られていないというわけではない。とにかくその話は、アイウェルがどのように自分の息子の頭を槍で突くふりをしたかという話として登場するのである。そしてそれはのちにみるとおり、表れ方は違うにしろ、このテーマの重要性に関するわれわれ自身の見方を確証するものである。

以上の例は、少数の中心的で十分に神話的な出来事が、今日のディンカの人々が知っている狭い社会的世界のコンテクストに位置づけられており、出自集団の間や登場人物たちの間にある特殊な関係を伴って、地域的な表現で語り直されていることを示すには十分である。ディンカの人々自身、簎措の長の起源に関わる出来事の説明が土地ごとに異なっていても驚かない。彼らは小さいローカルな共同体においてさえ、人が違えば知識の間にバリエーションがあることに慣れており、誰であれ簎猎の長のクランの成員が、物語のなかで自分の始祖の立場を強調する傾向があるという事実を承認しているのである。

それぞれのバージョンが体現している地域と登場人物の詳細を捨象すれば、個々別々にではあれ、少なくともヌアー、シルック、アニュアの神話と比較可能な諸相がやはりあり(44)、さらにおそらくもっと広く分布している。しかしディンカの神話においてこれらの特徴が現れてくるパターンは――ディンカの〈力〉が相互に結びついている特徴的な形態と同様に――すべてのディンカに共通する経験を表している。それはディンカ人全体としての特性であって、彼らが方言を伴いながらも単一の言語を持つのと同様なのである。

このパターンの一つの中心的な要素は、川から姿を現し、そのほかにも川と緊密に結びついた、異常な力を持つ人物という簎猎の長の元祖の表象である。われわれはまずアイウェル・ロンガールと川との この関係の意味に注意を向けよう。その際特に、最も詳しいバージョンを収集した西ディンカで現れる結びつきに注目する。

ディンカの簎猎の長は、神話によってその起源が説明されるもので、その名が示すとおり聖なる簎猎をそのシンボルとして持っている。簎猎はディンカにとって戦闘用の槍ほど実用性の高いものではない。実際かつては、戦闘用の槍は今日よりもはるかに大切であったに違いない。とはいえ季節によっては、簎猎の実用的な価値が大きいことも疑いない。ディンカは、網、籠、罠など魚を捕らえる他の手段をたくさん持っているが、いずれにしろ現在最も広く漁に使われている返しのあるタイプ（*bith mec*）ではなく、返しがなくて扱いにくい昔の聖なる簎猎は、それほど効果的なものではない。だから、簎猎に結びついた宗教的価値が、ディンカにとっての魚と漁労の大きな重要性に由来するということはありえない。ディンカの聖なる槍は、元祖的な簎矠の長が川の男であったから簎矠なのであり、そのタイプの槍を彼が用いた方法は、彼と川との他の形の結びつきと一貫している。

彼と川との結びつきはまた、神話のなかで一般に語られるとおり、アイウェルと西ディンカの地の大部分の川沿いの牧草地に特徴的なアワール草（学名：*Vetiveria nigritana*）との結びつきも含んでいる。この草は乾季の終わりの危機的な時期や最初の雨の後にくる乾燥季（*yak*）の放牧において重要なものである。[45] あるディンカ人によると、アイウェルの母親は「ソーセージの樹（学名：*Kigelia ethiopica*）」の下にいたというが、これも川沿いの牧草地で目立つもので、アイウェル・ロンガールと特別の結びつきを持つウェン・ディオールのクランの主要なクラン神霊である。[46] アイウェルの母親は川で妊娠したあと家に帰る体力を養うために魚を与えられたという話もよくある。アイウェル・ロンガールが元祖となっている簎矠の長の葬儀では、アコッチの樹（学名：*Cordia rothii*）が必要とされるが、これは特に水と結びついた木である。

神話はディンカ語でトッチ（*toc*）という川沿いの牧草地に言及しているが、この語は、単に牧草というだけでなく、他の土地が乾ききっている時期に川の水でよく潤っている牧草をイメージさせ、牛の群れも人間もその厳しい季節を生き延びられる場所をイメージさせる。いくつかのバージョンでアイウェルは、現実の乾季の牧草地のように、人々を決して弱らせることのない牧草地に連れていく。それは、ディンカ人にとって現実の環境につきものの不安と労苦のない、安楽で満ち足りた生活を意味する伝説的な牧草地である。そこでアイウェルは、ディンカ人が川について思い描く一切の充足を提供するのである。

アイウェル・ロンガール自身のパゴン・クランは、すでに述べたとおり（第三章一七四頁および二一九―二二〇頁注9）、またのちに示す一群のテキストにもみられるとおり、川に関わる事象全体と幅広い結びつきを持っている。[47] 神話のいくつかのバージョンで川と川に関わる活動を強く思い起こさせるのは、見張っている川を人が横切ろうとするときに、アイウェルが魚のように突くという点である。出し抜かれて、ある意味で屈服させられて初めて、彼は自分の力と祝福を他の人間に譲り渡す。

簎矠の長の元祖が持つ意味、したがって今日の簎矠の長の意味は、川の重要性と緊密に結びついている。そこで、ディンカにとって「川」の経験がどんな意味連関を生み出すのかを理解しようと試みることによって、初めてわれわれはこの神話の意味を解釈できるようになるのである。

ディンカにとって川が単に景観の恒常的な物理的特徴ではないことを強調するのに、すでに示した生態に関する簡単な説明に、これ以上何かつけ加える必要はない。川の季節的な変動に加え年ごとに生じる小さな不規則な変動が、人間の生活を支配している。一方では人間たちの間の関係と、他方では特定の場所、特定の時期における土地、川、天候の連動した諸条件が、繁栄を保証しもすれば、厄災をもたらしもする。それは、人間には無視も変形もできない、単なる外的な物的条件ではない。それは生と死の条件として、精神的な経験に直接入りこんでくるのである。

しかしながら、川が人間たちの生活に最も厳しく影響してくるのは乾季の間である。川の水位が下がると、牧草の根がまだ湿った土壌に届く場所に家畜を移動させなければならない。[48] さらに川の水位が最低になる乾季の最盛期になると、乾燥して家畜が食い尽くしてしまった牧草地をよみがえらせる最初の雨を人間は今か今かと待ち望む。最初の雨が降ると、川の水位はまた上昇し始め、魚も干上がることのない沼地から戻ってくる。

最初の篙猎の長の神話は、その主な舞台設定が乾季であることを明らかに示すいくつかの特徴を持っている。ディンカにとってそれはわざわざ言う必要がない。神話のイメージと連想が、われわれが一つひとつ記述しなければならなかった経験的状況を直接に思い起こさせるからである。先に示したいくつかのバージョンでは、家畜は渇きで死んでいく、牧草は食い尽くされた、だが無尽蔵の牧草地には行きたくても行けないということや、他の草より日照りを生き延びるアワール草、雨をもたらす空の色をしたロンガールの牛、魚を追い込む葦の囲い、川の水位が上がったり下がったりする季節に使われる篙猎などが出てくる。つまりこれは、ディンカの生態学的なサイクルのうち、危機的な変化の時期なのである。この時期に、魚は川から沼地に移動して繁殖し、あるいは水の引いていく牧草地からより深い水路へと戻っていく。どちらの場合も、ディンカは自分たちの捕まえる魚が、季節の要求に従って生きるために移動していること、槍と堰を逃れた魚が生き延びることを知っている。

魚にとっても西ディンカにとっても、乾季に沼地に移動することは生きる条件である。ほとんどの場合、この移動は「川を渡る」ことを含んでいるが、この「川を渡る」ことは、多くの文脈で「新鮮な牧草地を見つける」ということに等しい。必要な時に新鮮な牧草地を見つけるということは、まったく単純に、生き延びるということであり、そういう意味で、「川を渡らない」のは「死ぬ」ことの婉曲表現である[49]。神話のなかで原初のディンカが「川を渡る」のは、したがって生を追求することであり、生命の強化が結びつく豊かさと繁栄を追求しているのである。

また乾季の牧草地にたどり着くためにも、水位が高い場合には家畜を連れてたびたび川を渡らなければならない。そしてこの場合、渡河は危険な試み、つまり鰐やその他の危険、牧草地での家畜の疫病の危険などと結びついていると同時に、向こう岸の新しい牧草地にたどり着くために避けられないリスクを取った場合の報酬とも結びついている。それゆえ、神話でアイウェル・ロンガールが人々の渡河を妨害するとき、彼は人々に生命を与えるのを拒んでいるのであり、彼が生命を与える力を握っているのである。槍を逃れようとする魚のような人々のイメージや川を渡ろうとする人々はどちらも、川が提供する生の有利な条件を手に入れるために必要な努力と、時に生じるリスクを示しているのである。

というのも川は、それ自体が季節的な移動に避けがたく伴う障害物であり、かつひとたび乗り越えるならば、より良い牧草地での新しい生が手に入る障害物なのである。これが、アイウェルの人物像にイメージされた経験内容の一部である。彼は人々を素晴らしい牧草地に導いてくれるが、その出生の状況からして川と同一視されるので、川を渡るときには人々に襲いかかる。彼は人々を殺し、あるいは死をもって脅かす。そうして彼が最終的に征服されると、彼の内にある祝福と「生命」を利用可能にしてくれる。かくして彼は、川が単純な物理的意味でそうするのと同じく、人を殺すと同時に生命を与える。川の氾濫と渇水は、度を過ぎればどちらも牧草地を制限するし、あちこち氾濫すると穀物を駄目にしてしまうこともある。ボル・ゴックの神話はおそらくこの最後の危険を反映している。そこでアイウェルは、太陽が彼に与えてくれた穀物を破壊し、穀物を川に投げ捨ててしまうことで彼の一族を滅ぼすのである[50]。

以上のようにみてくると、アイウェル・ロンガールの神話は「自然神話」といえるかもしれない。だがその見方は、ディンカにとって神話が表現している状況について貧弱な理解しかもたらさないだろう。というのもディンカにとって、関心の対象となっている自然の諸条件は直接に生命の源泉と理解されているからである。そして特に生命に影響してくる川の持つそうした諸側面の神話的表現は、自然現象の「擬人化」というよりもっと深いものなのである。アイウェル・ロンガールを単純に川と同一視する神話解釈は、これまでわれわれが説明してきたディンカの経験の諸特徴が他の特徴と関わっている全体の意味を、大きく損なってしまう。以下でそのことをみていこう。

アイウェル・ロンガールは、神話のバージョンによっては明白に示されていないこともあるが、この神話の枠組みにおいて「最年長の息子」の地位を持つ者、あるいは（やはり同じ枠組みにおいて）「最初に創造された者」とみなされている。この資格の下で、右にみたとおり彼は、自分の後に続いて生命を求めて川から出てくる者、あるいは川を渡る者を殺そうとする。息子、特に最年長の息子の立場については先に説明した（七二、一二六頁）。しかしそれに加えて、最年長の息子は後に続く者のために「道を開く者」とみなされていることを追加しなければならない。ディンカの話し方からうかがえるのだが、女性の産む子どもはすべて彼女のなかに潜在的に存在していて、いわば生まれ出てくるタイミングを待っている。もし最初の子が首尾よく分娩されず、取り除くことができないと（私が聞いた限りでは、そういうことが起きるのはめずらしくない）、その子どもと母親、そしてその妻から生じるはずの潜在的な父親のリネージ全体が死ぬ。したがって最年長の息子は、残りの兄弟と姉妹（最年長の子がもし娘なら、父親のリネージを同じように継続することにはならないので）のために「道を開く者」として重要な意味を持つのである。

後に続く子どもたちの命は（その現存は思考のなかで先取りされている）、したがって最年長の子が首尾よく生まれることにかかっている。しかもディンカにとって最年長の子は理想的には息子なので、最年長の息子は潜在的に残りの者にとって障害であると同時に生まれ出るための手がかりでもある。ここで最年長の息子に結びつく価値を思い起こそう。その地位は、父親にとっては他の子どもたちを、他の子どもたちにとっては父親を表象しており、思考においてクラン神霊と同化され、父親との関係および

（最年少の弟を除く）他の兄弟との関係では対立の要素であることなどである。アイウェルと彼に続く「弟たち」との対立、後に続く者の生命を奪うことのできるアイウェルの優越した力と能力、そして彼の呪いの大きな力や彼による援助と支援の必要性、こうしたすべてが、ディンカの人々の家族に存在するある関係構造をイメージさせる。今日の簎猎の長は、最年長の息子が父と兄弟に対立するように、共通の父である神性に対しては人間存在を、そして子どもである人間に対しては神性を表象する。人々は最年長の息子について語るのと同じように、簎猎の長についてもまたその元祖であるアイウェル・ロンガールについても、同じように「彼らは力がある（*aa leou*）」と言う。それは、彼らが何か特定のことができるという意味合いよりも、彼らがやり始めたことを、自分のため、また他の人たちのために、やり遂げ、成し遂げることができるという意味である。[51] ディンカの最初の簎猎の長は、かくして「川」と「最年長の息子」のように、他の人々にとって鍵となる生命の障害であると同時に手がかりなのである。

この神話のさまざまなバージョンに現れる女性の役割は、この点で興味深い。というのも、相互に深く関連している女性と家畜の周りに、生と死、そして繁栄、豊かさ、豊穣性と不毛、不妊、不運に結びついたディンカの野心と恐れが集中しているからである。天と地の原初の分離の神話においても、これらの二つのテーマは最初の女性と結びついている。なぜなら、思い出してほしいのだが、生命を支えるのにどうしても必要な量以上の穀物を搗いたり植えたりすることは、ディンカにとって誰もが望む充足を指し示しているからである。それゆえ、その神話が示す状況に対するディンカの態度はアンビヴァレントになるのである。一人の女が充足を手に入れようとした行為が、神性と人間の分離を引き起こし、世界に死と飢えを導入したのである。その神話のアガールのバージョン（第一章五六–五八頁）でも、斧を受け取った最初の男が、仕事をすれば報酬を与えようと言った神性の妻の言うとおりにしたために、神性と人間が分離し、その分離からありとあらゆる善と悪の結果が引き起こされる。[52] おそらくより重要なのは、起源神話において人間と神性が分かれるのは女性をとおしてであるという点だろう。というのも神性はさまざまな経験のなかでも広範で分離していない共同体の経験をイメージさせるのに対して、ディンカは女性が、人々の分離とリネージの分裂に結びついていく内輪もめをつくり出すというからである。だが同時に女性の多産性をとおしてこそ、共同体は大きくなって繁栄し、リネージの存続を保証する新しいメンバーの出生が可能になるのである。

アイウェルの母は、神話に現れる場合、不妊であるか、男の子を持たない。彼女は、今日同じような不幸な状態、同じような嘆きを持つ女が、多産にしてくれる簎矠の長や卜占師のもとに行くのと同じように、川に行く。アイウェルの父である川の〈力〉は、子どもを欲しいと願う絶望した老女を妊娠させるという意味で、ディンカが知る限り最も完全な、奇跡的な命の与え手である。アイウェル自身もまた、子ども時代の旺盛な活力と急速な成熟、他の人の家畜の群れが死んでいくのに彼の群れは繁栄すること、そしておそらくいくつかのバージョンでは敵と格闘する際にプロテウスのように変身できることなど、疑いもなくディンカがイメージできる限り最強の生命力に満ちた人物である。[53] ところが生命に満ち溢れていながら、彼は、何とかして乗り越えない限り人々の死の原因でもあるのである。

アイウェルが打ち負かされ、それによって彼に結びついた生命が他の人々のものとなったトリックは、明らかに、そして大半のバージョンでははっきりと述べられているように、一人の女性によって示唆されたものである。つまり女性がそうした事態をもたらす仲立ちになっている。その女性のアイウェルに対するまさにその関係――つまり彼の娘か妻――は、この点で大きな違いではない。その関係が神話において重要な意味を持つのは、現在の簎矠の長のクランの女性をとおした他のクランとの政治的関係が重要である場合だけである（例えばニャラウェンのバージョンや、その他私が省略した歴史的詳細のように）。ここでの議論に関して言えば、大切なのは女性が、特にたいていの場合アイウェル・ロンガールとある関係を持っている女性が、彼の人を殺す力に対抗する手がかりを与え、その結果彼の「命」が他の人々に利用可能になるということである。母親が登場する場合には、彼女が最初にアイウェルの力を発見する。また、アイウェルの簎猎をよける去勢牛の仙骨であるピッチ（*pic*）は、ディンカでは女性の所有物である。つまりそれは、たいていの女性が持っている調理道具の一つで、この骨を柄の先端にくくりつけて粥を混ぜるしゃもじであるピッチ（*pic*）にするのである。それで簎猎をよけるトリックを示唆するのも女性であり、そのおかげで男は簎猎の長の元祖を取り押さえる。槍をよける道具が壺を頭に乗せて運ぶための草の輪になっているバージョンでも、やはりそれが女性の持ち物であることが強調されている。男性は、たとえ物を運ばなければならない場合でも、避けられるなら頭の上に乗せて運ばないようにする。最後に、神話のボル・ゴックのバージョンでは、（先に示したバージョンでは）アイウェルの母親は出てこないが、彼の力は、彼が簎猎で釘づけにされた後、彼から離れて〈火／肉〉の器に移される。ここでは、彼を釘づけにしたのが月であることが特に明示されている。というのも、ディンカにとって月は女性なのである。月は、思考のなかで明白な理由から女と妻に結びついている。[54]

アイウェルの命を与える力を男が利用できるようにするために女が果たす役割は、女がディンカの願い求める生命――つまり人間と家畜の豊かさと豊饒――の手段として重要であることを示している。その役割は同時に、簎猎の長のクランとその他のクランとの現在における関係のある側面をも反映している。なぜならディンカは簎猎の長のクランに嫁をやり、あるいはそこらから嫁を取るのがよいと考えているからである。彼らの決まり文句で言えば、そういう女は「長の根源までさかのぼる」。簎猎の長を義兄弟として持つ、あるいは子どもの母方オジとして持つということは、人々が祈願の利益を特別に利用できるようにしてくれるということである。簎褃の長は祈願を有効にする力を持つのだ。したがって、簎褃の長の生命を与える力を自分のために利用できるようにする方法は、自分を簎褃の長に結びつけてくれる女をとおして手に入ることになる。反対に簎褃の長のクランからみれば、女は有利な縁組を結ぶ手段ではなく、彼女は父親や兄弟から離れて夫やその家族の統制下に入り、彼らは彼女に忠誠を命じることになるのである。同様に神話では、最初の簎褃の長の立場からみれば、女は秘密を他の人々に漏らすが、他の人々の立場からすれば、それは生命への手がかりである。したがって女は父の家を離れることによって、夫の家族にとって新しい命の源泉になる。つまり神話における女性の要素は、女が結婚をとおして常になすはずのこと、すなわち彼女が子どもをもたらすことになるリネージに、自分の男系親族の力を伝える、あるいは伝える手がかりになる、という働きをしているのである。

これとの関連で特に興味深いのが、イブラヒム・エフ・ベドリが北ディンカで収集した神話の結論部分である。私は先にこの神話の概要を示したが（二八八―二八九頁）、ここでは後半部分のエフ・ベドリの報告全体を引用するのがよかろう。注意しておくが、このバージョンでアイウェルは、姉妹とその夫によって追い出され、養父の家でさまざまな奇跡を起こした後、多くの妻を持って共同体のリーダーに収まっている。物語は次のように続く。

さてアイウェル・ディットはガル（Gal）の土地［ガルは彼の義理の兄弟］でひどい扱いを受けたことを思い出し、彼につきまとって復讐しようと望んだ。そこで彼は手下の戦士たちに、ガルの土地を略奪し、ガルとその戦士を殺し、自分の姉を生け捕りにして連れ帰るよう命じた。事はそのとおりに行われた。彼女が着くと彼は小屋を一つ与えて住まわせ、きょうだいとしてあらゆる慈愛を示した。

ある日彼女は畑からカボチャが盗まれたと不平を言った。そこでアイウェル・ディットは、彼女の息子たちが略奪の際に殺されていたので、村人にその償いとして少女を一人与えるよう命じた。彼女は少女を受け取って娘にし、その結果アイウェルはその娘を姪と認めてとてもかわいがり、折にふれて自分の子どもたちよりひいきにした。

アイウェルの妻たちはこれを妬んで、少女が思春期に達すると陰謀をたくらんだ。妻たちはマリッサ酒をたくさん醸造し、アイウェルを説きふせて、その晩寝泊まりする妻の小屋で酔いつぶれるまでしこたまマリッサ酒を飲ませた。妻たちは別の小屋で同じことを娘にもした。そして彼女たちはアイウェルの妻の腕輪（アフィオック *afiok*）を娘の腕につけ、娘を連れてきてアイウェル・ディットと同じベッドに寝かせ、密かに見張っていた。夜中に目覚めたアイウェルは、酔っていたせいもあり、腕輪が確かに妻のものだと信じて、何の疑いもなく彼女と同衾したあと、また寝てしまった。娘は目を覚まさなかった。外で見ていた女たちは満足して、娘を小屋に連れて帰った。アイウェルの妻は自分の腕輪を取り戻し、小屋に潜りこんで夫の脇に寝た。

アイウェル・ディットは姪が妊娠したと聞くと非常に怒り、彼女とその母に対する態度を変えた。娘は男の子を生み、ゴジ（Goj）と名づけられた。父親はわからなかったので、ゴジ・アシュワイ（Goj Ashwai）という祖母の名前をつけたのである。子どもはアイウェル・ディットの家畜囲い（kraal）でその息子たちと一緒に大きくなった。

アイウェル・ディットは年を取って、後継ぎを選ぼうと思った。彼は聖なる槍を手に取り、夜、家畜囲いで眠っている息子たちを一人ずつ突こうとした。するとゴジ・アシュワイだけが目覚めていて、

「お父さん、どうして私を殺そうとするのですか」と抗議した。アイウェルは同じことをいく晩か繰り返し、そのたびにゴジ・アシュワイが同じ言葉を繰り返した。アイウェル・ディットはその言葉に衝撃を受けて、疑い始めた。彼は妻たちを集めて、その行いを白状させた。彼は言った。「呪われた女たちよ。お前たちがそうしたのなら、これがその報いだ。ゴジ・アシュワイが私の後継ぎになる。私は彼に聖なる槍を渡し、彼の子孫はお前たちの子孫よりずっと強くなるだろう」。

報告のこの残りの部分をみると、神話のこの部分の意味が、今日の北ディンカの諸部族における簎猎の長たちの歴史と相互の関係を説明することにあるのがわかる。ここでは、この神話の政治的意味を確認する詳細を示すのは避けよう。しかし、イブラヒム・エフ・ベドリの報告には、これまでに考察してきた他のバージョンとは表面的に違ってみえるような要素がある。注意しておきたいのは、以下の諸点である。まずアイウェルが自分の姉妹の夫とその一族を殺そうとしたこと、アイウェルを彼の家族の女たち（この場合には妻たち）が騙したこと、その結果、完全には彼のものではない系統（なぜならアイウェルは自分の後継ぎを産んだ娘を姪と認めていることが取り立てて言及されているのだから）に槍と首位権が移ったこと、そして最後に、彼が自分の息子たちの頭を槍で突こうとしたこと、（そうすることで彼は自分の「姪」の息子だけが、彼の意図を悟って目覚めており、彼こそ主たる後継ぎにふさわしいことが明らかになる）などである。

姉妹の夫の殺害という点は、神話の構造において、本書二八七頁に示した神話のバージョンにおける娘の夫および彼女の子どもの殺害と同じ位置を占めているようにみえるかもしれない。そのバージョンでは、夫を亡くした娘は子どもを産むために「夫を求めて川に行った」、つまりアイウェルの父にも彼自身にも似た川の〈力〉のもとに行った、と語られる。一方このバージョンでは、姪によって後継ぎを成すのはアイウェル自身であり、その姪は、あらゆる点で彼自身の家族の女性である。だからどちらのバージョンでも、最初の簎矠の長は自分の男性姻族を殺し、拡大家族の唯一の男性を残すというように表象され、意図してかどうかに関わりなく、彼の贈与は、彼によって、あるいは（彼の娘は夫を求めて川に行ったとされるバージョンでは）彼を成した〈力〉によって、初めて受け渡されうるということが示されている。その意味は、彼自身の家族の女性が産んだ男の子は、彼自身あるいは彼に似た〈力〉が成したのでなければ、彼に対抗することは許されない、ということのように思われる。さらにまた神話の他のバージョンでは、一人の女性によるトリックがアイウェルの槍を逸らせることになり、その結果として彼の力が完全には彼自身の系統ではない出自集団に広まる。つまりこの場合女のトリックは、ここで考えている話のトリックとは非常に違った性質のものだが、同じ効果を持っている。最後にこのバージョンには、他のバージョンにある川を渡る場面で頭を槍で突くという話は出てこないが、アイウェルが自分の息子たちの頭を槍で突き刺すと脅すことの効果は、川を渡ろうと後をついてくる者たちを槍で突くのと同じ効果をもたらす。アイウェルは、自分がしていることを見抜くことのできる男を見いだすことによって、自分の後継者を見いだすのである。渡河の場面で頭を突く話でもこのバージョンの話でも、アイウェルの意図は同じように考慮されていない。両者の要点は、何らかのやり方でアイウェルを出し抜き、あるいは彼の敵対的なふるまいを切り抜けることのできた者を、生の困難に打ち勝つ力を相続することのできる後継者として示すことである。われわれはそうした状況が、ディンカにとって、いかに通常の生態学的なサイクルにおける川の経験、アイウェルがそこからやって来た川の経験に照応しているかを示した。アイウェルを統御することは、川に対する彼の力を統御することである。そして川を統御することは、川がディンカの生活のすみずみにまで影響していることからして、実際の籍猎の長がのちに記述するような象徴的な行為によって試みるよう求められていることの一部である。彼らにとって、その操作こそが、生の手段なのである。

このパターンには他の要素もある。それは、女がアイウェルの統御を導くということである。ディンカの生活において女たちは、右にみたように部分的にはアイウェルが表しているといわれる川と、特別に緊密な結びつきを持っている。川は女たちが毎日行く場所であり、いうまでもなく一人で水を汲みに行く場所である。川に行く小道や川岸のそばは、特に姦通やその他の違法な性関係が行われる場所として知られている。神話のなかで、悲しみに打ちひしがれた女が一人であてもなく川に行くということは、自然なことである。それは今日でもディンカの地でよくありそうなことである。女たちは、川で水を汲み、ビールを作る穀物を用意するために何時間も過ごす。男は、しないで済む限り水汲みをしない。女がいれば、たとえ自分が川岸にいたとしても、自分で汲まずに女に水をくれと言う。女に水を汲んでもらうことは非常に重要なことで、ヌアーの近くに住んでいるディンカがヌアー式の頭の瘢痕形成を受容しているのは、「ディンカのしるしをつけているとヌアーの少女がばかにして水を汲んでくれないからだ」という話を聞いたことがあるほどである。こんなふうに、女は川と特別な結びつきを持っているのである。

一般的に言って川と水が、妊娠中の女性や子どもを産んだばかりの女性に影響を与え、あるいは影響を受けることを示すディンカの慣習はほかにもある。女たちは、川を渡るとき鈴を鳴らさなければならない(55)。これは〈力〉が子どもに危害を与えるといけないのでそれを防ぐためである。あるいはまた、特定の種類の魚を食べることの禁忌もある。これらはディンカのなかでも地域によって違いがあるが、妊娠中や出産直後の女性が川の産物を食べることを禁止する配慮は、広く共通している。子どもが生まれると、母親は篝措の長から聖なる篝措を手渡され、子どもを危険から守るためにそれで四方を突く。女性が川に対する影響力を持っているとみなされていることは、前掲の西トゥイジの物語（二八二頁）にも明らかに認められる。そこでは、人々が川を渡れるように、一人の女が実際に生け贄にされる。またニャラウェンのバージョンでは、アイウェルは、自分の娘が恋人にどうやって川を渡ればいいか教えたために、彼女を殺している。とはいえ恋人は、困難に陥った場合にはその娘に助けを求めて呼びかければよい、ともいわれている。こうした点は、ディンカが人身供犠という発想に対して通常感じる恐怖を考慮に入れると、特に興味深い。まとめていえば、これまでの議論を展開する背景として別々に拾い出された証拠の詳細は、ディンカの思惟において女性と川が深く結びついていることを示している。ネーベル神父によると、溺れそうになったとき、ディンカは女性の自由神霊や、女性の活動の守護者であるアブック[56]に助けを求めて叫ぶという。私はそれを聞いたことはなく、ヌアーでみられるアブックと川との関係について[57]、ディンカからはっきり聞いたこともないが、アブックの象徴物は一部の地域では水棲の蛇である。

以上のとおり、ディンカにとって生命の源である川と、生命の源である女性と、そして「生命」の分配者としての篝措の長の元祖との間には、結びつきがある。神話のなかのアイウェル・ロンガールが最初は生命を手元に控えて人々を殺すことができるように、川は生命を脅かすことができ、女性も同様に義務の不履行や不妊によって、ディンカが女性たちに切望している生命を手控えることができる。これらのテーマが、他のテーマとともに最初の篝措の長の神話に織りこまれている。そして後にもっと詳しく示すとおり、それらは今日の篝措の長の理念的な機能に結びついているのである。

したがってこの神話は、ディンカの世界における生と死の両極性を表象している。アイウェルの母親は、その不妊によって不毛性と死のしるしであるが、しかし彼女は、川の〈力〉との関係によってそれを乗り越え、最初の簎猎の長を産む。彼女の奇跡的な妊娠と死のテーマとの緊密な併置は、先に引用した讃歌(58)にみられる。

偉大なるアレックはキール川の上流まで川の主につき従った
その川は、アラブ人のいるあたりで死に接し
堰を築いて扉を閉じる

この併置は単なる思いつきの結びつきではなく、神話のなかでアイウェル・ロンガールが表象しているディンカの中心的な経験に深く根差すものなのである。神話で、アイウェルの母親は堰や水路を潜り抜ける魚のように、不妊を通り越して生命を生み出す。後にみるとおり、宗教的な活動においてディンカは、今日自分たちの置かれているそのような状況を変更することが、自分たちにはできると考えている。

以上の神話の分析は、次のようにまとめることができよう。先に記述した〈力〉のように、最初の簎猎の長であるアイウェル・ロンガールは、ある特別な領域のディンカの経験を一言でイメージさせ、あるいは表象している。この場合、イメージは何人かの力ある男と簎猎の長を、ディンカの生における川の影響と結びつけている。「〈力〉のようでもあり人のようでもある」アイウェルは、人間と人間を超える力や影響力との橋渡しをしている。つまり彼は、神性と人間、天と地との最初の分離から始まるディンカの世界の両極性を乗り越える。それゆえ今日の簎猎の長は、後の章で記述するように、死を乗り越

えるものとして表象されるのである。この中心的な神話のそれぞれのバージョンは、これらのことを、ディンカの地のうちでそれぞれの土地に固有の政治的、社会的現実に対応しつつ、ディンカの地における生と死の自然条件のより深い経験に結びつける。以上から、今日の簎猎の長の地位と機能を理解する上での神話の重要性はさらに十分に示されたといえよう。

2

簎猎の長の今日の機能は、「彼らはわれわれの命を運んでいる（支えている）(*aa muk weikua*)」という表現にまとめられる。「命を運ぶもの」、「命の持ち主（*muk weikua*）」という語は、心の広い人物への非常に尊敬のこもった呼びかけとして用いられることがある。ディンカが、神性や〈力〉から、預言者や簎猎の長から、あるいは誰であれ恩恵を与えることのできる者から受けたいと求める最高の恩恵は、生命である。個別に霊感を受けた預言者からもそうした生命を受けることはできるが、そういう預言者は少なく、その力は、世代から世代にわたってすべての共同体において人々からの恒常的な奉仕を確実にするような固定した原則によって継承されるものではない。簎猎の長によってこそ、すべての人々にとって「命」の手がかりが利用可能になるのであり、命のテーマが神話のなかで彼らの元祖にどのように結びついて表象されているかは、前に示したとおりである。[59]

ディンカでは「命」、ウェイ（*wei*）は息と同じ語である。[60] 呼吸しているようにはみえない昆虫もこの「命」を持っているのかと尋ねれば、昆虫も生きていて動くのだから、そうだとディンカは答えるだろう。しかし普通の使い方としては、この語はまずより高等な動物や人間の生命のことを指している。ウェイは生き物が持っているもので、その動きの源であり、そしてそれ以上に、生き物の力強い動きの源である。したがって生き物の生命は強かったり弱かったりする。この概念を翻訳するなら、「命の息吹」という表現を使うか、あるいは同様にディンカの観念にふさわしく「生気（vitality）」とすればいいだろう。

死んだ身体は生気を持っていない。死にかけている身体は生気をほとんど持っていない。そして外的な動きというしるしが完全になくなってしまえば、ウェイは去ってしまい、生きていた（*piir*）ものはもはや死んでしまったことになる。死んでいるということは動きがないということであり、生気がない。それは死とともにウェイが去ってしまったのであり、この場合、ウェイは「魂（soul）」とか「霊（spirit）」とか訳せる。この語は、一定の文脈でそういう意味で使われるが[61]、ウェイは英語で普通に言う soul や spirit のように、非物質化された人格のレプリカの類いではない。そのためディンカ語では「死者の魂」と言うことはできない。亡霊の「命」あるいは彼らの去ってしまった「命」としか言えないのである。

このように、「命」は増えたり減ったりしうるものであり、大きくて強い動物や人間は、小さくて弱いものよりもそれをより多く持っている。前に指摘したとおり、まさに生気、繁殖力、力強さの典型である雄牛は、ウェイをたくさん持つ。雄牛が殺されると、この生気は身体を離れるが、ただ消えてしまうのではない。私はディンカが、喉を切られた牛が足をけり、引きつらせ、震わせるとき、「牛は死んだ（*aci thou*）が、その命はまだ続いている（*kat*）」という言い方をするのを聞いたことがある。断末魔の牛が激しく動くとき命が「失われる」のではないということは、ディンカが牛の供犠において起こると考えていることを理解するのに重要である。牛の生気は、その特定の身体への限定から解放されて、他の存在にとって利用可能になるのである。

生きている人はみな、死や病気に対して示される抵抗力に応じてウェイを持つ。だから成長した男性または女性は小さい赤ん坊より命を多く持ち、同様に雄牛は人間よりも命を多く持つ。箝猎の長は自分を生かすのに必要な以上の命を持ち、したがって自分の民とその家畜を支えると考えられている。彼らが持つこの力は、危険でもありうる。傑出して力が強いと評判の箝猎の長は、他の人々からセック（*thek*）という控えめな礼儀正しさ、つまり敬意をもって遇される。この態度の極端な例は、危険な雄牛が首をロープでつながれているのと同じように、英国の王[62]は、後ろを振り向いて投げかけた視線の力で民を殺してしまわないようにつながれている、という話に表れている。先に言及した預言者チェル・ディットは、近づきすぎると危険なので民から少し離れて座っていたといわれる。神性や〈力〉と同じように、それらの存在と近い関係のある人は生命を与えると同時に死をもたらす両面的な本性を持つのである。

箝猎の長の生命はその民の生気と結びついているので、彼は他の人々と同じように死ぬと想定されてはならない。なぜならそれはすべての者の生気の減少だからである。後の章でみるとおり、箝猎の長の死を祭る祭式では、祭式のために集まった若者たちの軍事的な力は、参列することによって実際に強化される。祭式が挙行される部族や下位部族は、部外者に対立して、強烈な一体感を自覚させられるのである。

理論上[63]は、供犠した動物のある部分は、臨席した箝猎の長の取り分となる。脾臓（*tak*）はその一つだが、あるディンカはそれをタク（*tak*）あるいは「ニョム・タク（*nhom tak*）」――つまり考える、あるいは記憶する――[64]という動詞とはっきり関係づけた。その話では、妻が妊娠しているとき、男は家畜の脾臓を分けてほしいと言うことがよくあるという。それは子どもが過去の出来事をみなよく記憶するようになる、つまり頭が良くなるためだということだった。ほかに簎矠の長が要求できる部分には、心臓、肝臓、腎臓、それにいくつかの腺（*abeng*）がある。これらの部分に対する権利の基礎は、それらがウェイつまり命の座だからであり、特に命が宿っている部分だからだといわれる。というのも、人間がこれらの部分にひどい傷を負ったら生き延びる見込みがないからである。さらに簎矠の長は、自分が祈りを捧げる民が一つであるように、これらの部分を受け取って一つにまとめるといわれる。加えて言えば、後にみるように、簎矠の長は雄牛の生殖器である陰茎を取る（第七章三九五頁）。

ディンカならよく知っているように、実際にはあまり重要でない簎矠の長が多勢おり、本当に傑出した評判を得る簎矠の長はほんのわずかである。ディンカは、多くの簎矠の長はケッチ（*kec*）をしないことを知っている。これは祈禱と祈願に長けていることを表す専門用語で、熱いものや苦いものが「しびれる」とか「刺激が強い」というように、苦痛と快感を同時にもたらす刺激を意味する。病気に対抗して病人の胸、頭、背中にこすりつける小さい瓜クウォルジョック（*kuoljok* 学名：*Cucumis prophetarum*）は、名前の一部にジョック（〈力〉）があるために〈力〉に結びつけられるが、これはひどく「しびれる」のが特徴である。もっとも一部の簎矠の長が理想的な力を発揮するのに失敗しても、簎矠の長一般の立場には影響しない。神話に出てくる彼らすべての元祖は、理想的には彼らすべてに力があることを示しており、そしてまたディンカは、さまざまな些細なことから彼らが力を持つのがわかると考えている。簎矠の長の感情を害したとみなされた人々や、自分でそうしたと意識している人々に起こる些細な不運は、意識しなくとも働く彼らの力のせいにされる。今日生きている簎矠の長の最近の祖先に帰せられる奇跡的な力を語る物語もある。せいぜい一、二世代前の簎猎の長の持っていた力の記憶が、その力の起源となったずっと昔の神話的な状況によってもたらされたという確信を強化する。例えば、誰もがその名前を知っているある簎猎の長のもとでは、近隣の他の人々の家畜が衰えていくなかで、アイウェルのように家畜と穀物が繁栄していた。ディンカの地では、同じ地方に住んでいる人々が雨季の初めの雨によってまったく違う運命をこうむることがある。最初の雨は場所によって極端に偏って降る。そしてディンカの穀物の収穫は、特定の場所に、ある限定された時期に降る雨に左右されるのである。スーダン政府のファイルは、ある簎猎の長が雨を求めて祈願すると、ほとんどただちにある狭い範囲に雨が降ったという、実際その時に居合わせた西欧人士官の主張をいくつか報告している。そういうことは、春の早い時期には実際起こりうることで、それが起これば、祈禱をした簎猎の長の評判が真っ先に高まるが、簎猎の長が潜在的になしうることとして、すべての簎猎の長の評判を高めることにもなる。簎猎の長の息子たちは、隣人たちの菜園が乾いているのに自分たちの父親の菜園にはいかに雨が降ったかを語る。誰であれ簎猎の長が、後に記述するように槍を掲げて祈願をするとき、彼は神話的な元祖と同じように働いているのであり、当然首尾よくいく、つまりディンカが言うように「目標の頭に命中させる」ことができる。それはちょうど神話のあるバージョンで、アジエックが槍の穂先の差込口に簎猎の軸を投げ入れたような具合である。簎猎の長はその民に「命」を媒介し表象する司祭であるだけではない。彼は政治的リーダーでもあって、西ディンカにとっては、彼らが今日いる土地に到達するために行ったと想定されている移住のリーダーであったとみなされている。先に神話の語りに盛り込まれているのをみたように、そうした歴史的な伝承はこのような政治的リーダーシップを示しているのであり、簎猎の長はその民に生命を保証することにおいて、生活上の敵に対する勝利を保証しなければならないことを忘れてはならない。彼らにそうしたことを可能にする資質や才能は彼らの神霊〈鮮肉〉の説明においてすでに記述したが、それ以外のものは、ここで考察した神話に豊かに表れている。

だがディンカ自身にとってアイウェル・ロンガールは徹頭徹尾、本質的に神秘的な存在であることを明らかにしておく必要があろう。つまり彼らは、アイウェルの行為の動機を理解できると思ってはいないのである。もし私が、なぜ彼は初めに人々を殺したのかと聞いたとしても、後になって人々に好意的になったのと同様にそれも彼の本性の一部であって、彼にはそうする理由があったのだという以外、彼らとしては答えがない。実際そういう質問は、なぜ天や川はある時は利益の源であり、ある時は苦しみの源であるのかと問うのと同様に、ディンカにとって無意味であり、それに対する答えはやはり同じように、「神性はそういうものではないか（*acie nhialic ?*）」ということなのである。だからこういう観点からすると、アイウェルには自然そのものと同様に動機がないのである。神話のあるバージョンで彼が人々から牛を取り上げる理由を説明できるディンカはいない。それはディンカの聖なる人物の特徴である不思議な気まぐれの一例である。なぜアイウェルはそんなふうに行動したのかと問われれば、ディンカは遠慮がちに、「ああ、彼は悪いから」と答えるだろう。「悪い（*rac*）」という語は、「すごく格好い い（*adheng arac*）」とか、「すごくおいしい（*amit arac*）」というように、ある資質を特にすぐれて持つという意味合いで、「極端」という意味にもなる。

かくして最初の簎矠の長と、彼に打ち勝って後を継いだ者と、そして理念的には現在のその後継者は、策略と悪知恵の名人で、不可思議で気まぐれな行動をとる、気ままで予測不能の人物ということになり、したがって必然的に、絶えず自分に敵対する者との抗争のなかを生きている人物ということになりそうである。だからリーダーとして簎矠の長は、悪知恵と不屈の意志と無慈悲を持ち合わせていなければならず、かつ、われわれ西欧人にとって、より「司祭的」と思われるような資質も備えていなければならない。[65] 政治的リーダーシップと宗教的リーダーシップは結合しており、両者に必要な資質を兼ね備えた人物を要求するのである。

すべてのディンカがあげる箝猎の長の役割は、祈禱、祈願、病気の治癒と人々の生気と繁栄を求める供犠であり、ライオンや川や森その他の危険を追い払い、敵対する者たちを調停し血讐を収め、そして最終的かつ最も重要なこととして、少なくとも過去においては、戦争と略奪における勝利を祈願することである。私は部族の箝猎の長が戦争でそうした役割を果たすところを見ることはできなかった。だがディンカの目からすると、それはディンカについて文献上最もよく知られている雨乞いの役割よりも重要である。[66] 雨乞いの力のある祈禱者は箝猎の長に限定されず、自分の神霊に、あるいは数あるクラン神霊の一つに〈力〉としてのデンを持つ人なら、誰でも雨を降らせられると考えられている。だが戦争においては、箝猎の長の祈願と、時に「呪術的な」行為（敵を象徴する動物の目をえぐり、足を折る行為、あるいは草を縛って象徴的に敵を縛る行為など）は、「戦闘の槍の民」の勇気と物理的闘争と同じように、成功のために欠かせないと考えられている。

戦闘の先導者と調停人、平和構築者としての箝猎の長の役割は少しも矛盾しない。それらは状況に応じて異なる役割であり、どれも部族と下位部族の福利の保障という点では共通している。箝猎の長はディンカの政治システムにおいて、ある包括性を表象している。つまりその場合、箝猎の長に自分を結びつけることのできる者は誰でも、その祈禱と祈願をとおして確かな助けを手に入れられるのである。したがって個人としてのよそ者は、保護が欲しければ箝猎の長を探し出し、贈り物や歌で「その頭を讃える」。神話におけるように、箝猎の長は他の人々の上に、そして前に位置づけられているので、理論上彼らの抱える葛藤の上に、そして外にいるのであり、したがって彼らに対し調停ができるのである。他方で篭猎の長は、彼自身が結びついているあらゆる政治的共同体の排他性を表象しているので、部族や下位部族で優先権を持つ篭猎の長たちは、彼らの共同体が全体的政治構造のなかで相互に敵対するとき、必然的に相互に敵対するのである。

篭猎の長が互いにライバルであることはディンカの共通認識であり、その競合関係は普通宗教的な評判を求める競合関係として表現される。さらに篭猎の長は、彼が役割を果たす共同体の排他性を表象しているので、共同体間の敵対関係は篭猎の長の間の敵対関係として表現される。一つの部族内で、最大セクションや下位部族に政治的に結びついている篭猎の長たちが、部族全体に優先権を持つ単一の下位クランのメンバーである場合もある。そういう場合、彼らの間の対立関係は単一のクランの枠組み内における異なるリネージあるいは下位クランの対立となる。優先的なリネージに結びつく下位部族はわかっているので、それが調停者の役割を果たす。異なる部族の間には、彼らを結びつけるそのような包括的な組織がない[67]。だから、篭猎の長のクランは戦士クランとの関係では一つのカテゴリーを成すとしても、彼ら自身の間では「友愛関係」を持っておらず、彼らが役割を果たす個々の共同体のなかに埋没して一体化している。彼らは内部的には仲介者、調停者として活動するが、同じ序列の他の共同体との対立関係では、共同体を代表するのである。

しかし同じ下位クランのなかでも、さらに父親と息子の間でも、どちらの篭猎の長が祈願においてより大きな力を発揮するか、つまりどちらの祈願がより「しびれる」かをめぐって競合関係が出現することが知られている。次のような例がある。最近の時代において非常に有名だった西ディンカの篭猎の長であるマビオール・アコット（Mabyor Akot）がまだ少年だったころ、彼は自分のほうが父親よりも

「しびれる」と主張して、父親と力比べをしようと言い張った（男が箱猎の長として役割を果たすようになるのはすっかり成人して結婚してからなので、少年がこのように行動するのは普通のことではない）。マビオールと父親はそれぞれ牝牛を森に引いていって、そこにつなぎ、それぞれの牛への加護を祈願した。それから彼らは自分の箱猎を牝牛のそばの地面に突き刺し、牛は縄を解かれて一晩森に放たれた。翌朝彼らは戻ってきて、マビオールの父親の牛がライオンに殺され、マビオールの牛は無傷だったのを見た。そこで父親は息子の祈願のほうが自分の祈願よりも力があると認めざるをえなかった。

ネーベル神父は、この種のテーマに関するディンカの関心を例証する話を二つ収録している。第一の話[68]は、アドール・スィアン（Ador Thiang）とドゥワルディット（Dwardit）という二人の箱猎の長が、どちらがより能力があるか確かめるために競い合いをしようと決めたが、それぞれの力をそのようにあからさまに試すのはよくないと忠告されて、お互いに相手のわきの下のにおいを嗅いだ。テキストに付された注によるとそれは即死の原因になるという。この試験によって二人とも死に、地下で以下のような歌を歌った。

……俺たちはただ競ったが、われらの家畜囲いの仲間はちりぢりになるだろう。俺たちは地上で仲直りできなくなってしまった。

もう一つの話は、忠誠心の葛藤を話題にしている。それは箱猎の長の子どもの母親が別の箱猎の長のクランから来ていて、そこから競合関係の葛藤が起こる。[69]

あるライオンが、人々を食うために人間に姿を変えた。誰かがそこに行くと、食われてしまう。そうやって一四人の人間が食われた。私の先祖であるデンディットはライオンが草原で民を滅ぼしてしまうと怒って、アジャーン（Ajaang）という自分の息子を差し向け、槍を与えた。彼の母の父親も槍を取って言った。「行け、私の娘の息子よ。お前はこの私の槍でライオンを倒すだろう」。一方彼の父デンディットは「それは嘘だ。お前がライオンを倒すのは、私の槍だ」と言った。彼の父デンディットは聖なる槍の持ち主だった。そして彼の祖父、つまり彼の母の父親も、聖なる槍を持っていたのだ。

息子は両方の槍を持って、ライオンのいる場所に出かけていった。

格闘のあと、結局彼は父親の槍でライオンを殺した。そうして物語は続く。

彼が住んでいる村の近くまで帰ってくると、母親が彼を出迎えて言った。「息子よ、お前は誰の槍でライオンを倒したの？」。彼は答えた。「父さんの槍で倒したよ」。母親は言った。「息子よ、お前はこう言いなさい。『私はおじいさんの槍で倒しました』。お前の父さんは豊かだから、その民はこう叫んでいた。『ライオンを倒した槍の持ち主が他の人々の家畜をとるだろう』」[70]。

アジャーンは言うとおりにし、父親が、母方の祖父の槍でライオンを倒したというのは本当かと尋ねると、そのとおりだと答えた。そこで父親は言った。

「お前の母親がたきつけたのだろう。お前は家畜囲いの火の片側に横たわり、私はその反対側に横たわろう。もしお前が祖父の槍で倒したのなら、翌朝お前は火のなかから立ち上がるだろう。しかしもし倒したのが私の槍なら、そしてお前が母親にたきつけられて言うことを聞いたのなら、明日お前は火から立ち上がらないだろう」。

アジャーンは同意して、そこに横たわった。翌朝、彼は死んでいるのが見つかった。

息子の死に関して父はただこう言っただけだった。

「彼を立ち去らせよ。彼は母親に説きふせられて、その偽りに同意したのだ」。

母方と父方の親族がともに箈䇷の長のクランの成員である場合には、こうした忠誠心の葛藤が間違いなく起こってくる。母方の親族が箈䇷の長で、父方の親族がそうでない場合には、子どもの忠誠心がより大きな威信と助力を持つ母の兄弟に向かうことは理解できる。したがって部族あるいは下位部族全体にとって、その集団が同一視される箈䇷の長の出自集団は、キャンプの母方オジ（*naar wut*）と呼ばれる存在としてその影響力を持つことになる。その娘たちは、一般的には箈䇷の長の周りに集まる他の者たちのリネージに「命」をもたらしている。その「命」を、非常に異なった文脈でだが、与えるのがやはり箈䇷の長である。ある物語が語るには、一人の箈䇷の長が、自分のクラン神霊の力を示すために姉妹の息子の家畜に向かって祈願しようと決心した。これは、他の物語についてすでに示したとおり、彼が自分のクランを超えて影響力を発揮しようとする主張でもあるということを意味している。この物語の背後には、また神話のバージョンに出てくる他の出来事の背後には、箙箝の長のクランが、自分たちと関係するようになる相手の人々に対して自分たちの力を保持し人々を自分たちのほうに引き寄せようとする願望と実践がある。それが彼らの政治的機能で、神話でも実生活でも、後に記述するような経験の象徴的操作を提供しつつ、近い親族関係者に対して、より広範な宗教的力が行使されるのである。

ディンカの考えでは、箙箝の長同士の競合関係は、一方が他方より強いことが明らかになる場合には、政治集団のリーダーシップの変化をいずれ引き起こすものとされている。なぜなら明らかに有力で成功した箙箝の長は、より弱い伝統的リーダーに従う人々を引き寄せるからである。例えば前に引用した西トゥイジの神話では、息子が自分の父に従う人々の一部を奪ってしまう。先のアジャーンの物語では、ライオンを倒す槍を与えたほうの箙箝の長が、もう一方の人々を奪ってしまうことになる。したがってディンカの「政治理論」においては、政治的提携関係の変化は箙箝の長の出自集団およびそれが生み出すリーダーの評判が上がるか下がるかによって起こるということになる。

この理論を検証するには、現在利用可能なもの以上のディンカの歴史に関する情報が必要となるだろうが、それには根拠があることを示す証拠がある。それは、かつて雨季に同じ家畜キャンプを共有していた人々がごく最近分裂して、現在では雨季に別々に移動するようになっているとか、二つの別の箙箝の長の下位クランのメンバーがかつては同じキャンプにいたが、より最近来たメンバーが、草分け筋であるとされるリネージに従っていた人々を引き連れて、そのキャンプから分裂したのがわかるとかいう証拠である。一つの部族内に、ほぼ同等の評判を持つ箙箝の長の下位クランが二つある場合、ディンカによると、二つの下位クランは、一人の箙箝の長のみが議論の余地なく卓越しているところでは生じないようなやり方で、最終的には部族を二つに分裂させるだろうという。例えば後者の例として、レクのクアッチ部族の場合と、アワン（パジョック）部族の場合がある。しかしアビエムのアカニィジョック（Akanyjok）部族の場合は、二つの簎矟の長のクランは分裂したが、全体としての部族の一体性は一つの非常に有力な戦士のクランとの関係で保存された。だがこれは私が見つけた限りでは、全体としての部族と同一視される下位クランが、簎矟の長の下位クランでない唯一のケースである。また時には、ある部族の下位部族内にある簎矟の長のリネージの立場の盛衰が、下位部族間の社会的距離の変化から生じることを示す証拠もある。私はレクのアプック（パトゥアン）部族にみられたその例を、他のところで示したことがある。[71] ディンカが変化を表現する方法には、年齢組のリーダーの変化によるものもある。簎矟の長は下位部族の年齢組を新たに開始する。そして下位部族の年齢組を開始した簎矟の長が誰でも望むことは、自分の名前が大きな年齢組に結びつくようにできる限り長い間年齢組を開いたままにしておいて、その評判が伝えられていくようにすることである。それに対して年齢組の年下のセットは、しばしば新しい年齢組を開始させようとする。そうすれば、慣習によって彼らは年長セットの年少成員ではなく、年少セットの年長成員になれるからである。一つの下位部族内に簎矟の長の競合関係がある場合、一方の者が他方の者の開始した年齢組の若者をうまく引き寄せて、自分の年齢組に仕立て上げることがありうる。だがこれはディンカの宗教構造というよりも、政治構造に関わる問題なので、簎矟の長の政治的地位と同様、ここでは詳しく論じない。

集団と政治的に同一視される簎矟の長の実際のリネージは、かくして年月とともに変化していくことがある。しかしそのシステムそのものは変化しない。一つの簎矟の長のリネージが他のものに代わっても――ディンカが言うとおりそういうことがあるとして――、それは同じ役割を果たす。そしてそれに役割を果たす資格があることは、同じ神話によって認可される。また、簎矟の長をその部族や下位部族に結合する世襲的な絆に付与された重要性は非常に大きいので、そうした慣習を遵守させる力も非常に大きい。箝猎の長の起源神話は神性と人間との契約を確立しており、その契約は継続する世代の連続性から力を汲み取っているのである。

西ディンカのうちでアイウェル・ロンガール自身のクランであるパゴンと、それに付属してウェン・ディオールの集団を形成するクランは、多くの、おそらくすべての部族に分枝がある。ある部族では、それは部族のテリトリー全体に及ぶ優先権を持つ下位部族になっている。そうでなくても、アイウェル・ロンガールが最初の箝猎の長だったので、パゴン・クランはすべての部族で他の人々よりも高い宗教的地位を認められている。私の経験から言っても、ロンガールのクランの成員は、他のレク・ディンカのクランよりも、特定の部族の範囲を超えて自分たちのクランの分布状況に関する広い知識を持っている。他の者たちが地方行政官だとしたら、ロンガールは「総督のような」地位にあるといったディンカのコメントは、こういう意味で、ロンガールの子孫たちが部族を超えた広い責任と地位を持つことを指し示している。またあるディンカによると、かつて部族が自律的で広範囲に及ぶ戦争が可能だった時代には、パゴンとその付属クランの箝猎の長だけが、あるいは傑出した預言者だけが、部族と部族の間に実効的な和平を結ぶことができたという。国中に広く散らばっているロンガールの子孫たちは、間部族的な政体の潜在的な可能性を表しているようにみえる。彼らは、先にみたような広い共同体をイメージさせ、そういう可能性に適合するような神性との緊密な結びつきを持っているからである。箝猎の長の神話のバージョンのなかには、アイウェル・ロンガールが、自分が力を与えた箝猎の長たちの上位に位置しているものがあり、他のバージョンでは、問題——つまり争い——が他の箝猎の長たちには解決できないと、彼らはアイウェルのところに行くとはっきり述べられている。ディンカは私に、パゴンは他の箱猎の長のクランと違ってどこにでもいるし、だから他のどのクランよりもずっと広い分布を持つことを意識しているようにみえると言った。アイウェル・ロンガールのクランが調停者の役目を果たすよう求められる状況が現在はないので、私としては、かつて彼らがこうした機能を持っており、そうしていたことを示す証拠があると報告できるだけである。

ナイル川東岸のディンカでは、ロンガールのクランはパゴンと呼ばれていないが、同等の者たちのなかで筆頭の地位にあることはよりはっきりしている。それはすべてアイウェル・ロンガールの子孫からなるたくさんのリネージによって代表されていて、その地方の他の箱猎の長のクランを、数においても影響力においてもはるかにしのいでいる。ボルとニャラウェンの神話のバージョンでは、アイウェル・ロンガールの力の移譲はレクのバージョンと同じやり方では起こらない。大部分のニャラウェンの箱猎の長は、アイウェル自身の子孫だとみなされていて、そこでのクランの系譜的構造はニャラウェンの地域的構造と一致している。北ディンカに関するベドリの説明でも、彼らの箱猎の長たちはすべてアイウェルの子孫とみなされているようである。そこで知られている神話では、アイウェルから出たいかにさまざまなリネージが、その土地のあちこちで優先権を確立しているかが語られている[72]。西ディンカではそうではないが、それでもアイウェルのクランの成員が他のクランとの間で優先権を持つことは疑いない。彼らは自分たちの出自を誇りに思っており、それは彼らが歌う以下の讃歌に示されているとおりである。

ロンガールは偉大だった、創造者に最初に創られた者
そして最初に創られたアワール草のジエル

祠と箝褡、そしてアルアル槍
そして祈禱と祈願。
祈りを途切れさせてはならない、ロンガールを途切れさせてはならない
戦士クランの子どもたちはキャンプを率いることはできない、
お前はキャンプに婚入する……
戦士クランの子どもたちはキャンプを率いることはできない、
お前はキャンプに婚入する……
戦士クランの子どもたちはキャンプを率いることはできない、
箝褡の長と神性が土地を助けない限り。
創造者は聞いている、かつてロンガールを創造した方は。
戦争があれば、われわれはパゴンに頼む。すべてのパゴンに、
アワン部族のパゴン、ワウ（Wau）部族のパゴン、
ビオン（Biong）下位部族は、パゴンが率いているではないか？
アルアル槍の偉大な主
もしパゴンが祈れば、偉大なる者［神性］がこの地にもたらされる……

アイウェル・ロンガール自身のクランであるパゴンの誇りとはこのようなものである。ただし神話が示すとおり、効果ある祈りをする能力と、状況に潜在する真理を洞察する天賦の才は、他のクランにも広く存在していると考えられており、それらのクランの成員は今日、象徴的行為によって人間の受苦

（パッシオネス）を制御しようとする仕事を担っている。次章ではそうした象徴的行為を記述しよう。

注

（1）この名前はボル・ディンカの「独り［だけ］でやっていく人（*pajiel*）」という語と何か関係がありそうである。

（2）ライオンが人間になったりまた戻ったりするというのは、ディンカの物語によく出てくるテーマである。ライオンは恐ろしい敵を象徴している。したがってこの神話にライオンが登場することは、ジエルが敵に取り囲まれていたことを意味している。私にこの物語を語ってくれた人によると、彼の親指を切り落としたのはトゥルク（*turuk* ——肌の色が白いよそ者一般を指す）だったから、その出来事は前世紀に起こったことだろうという。他方、一部のシルック族が伝統的にバハル・アル・ガザル地域を通ってやって来たとみなされていることを参照すると、D. Westermann, *The Shilluk People, Their Language and Folklore* (1912) に、彼らの最初の王ニィカン率いるシルックの移住の物語のなかに、腕輪を切り取る話が出てくることは興味深い。そこでは、腕輪を切り取る話は太陽の息子ガロがニィカンの息子ダックに負かされるところに出てくる。

（3）この〈力〉は天然痘の原因とされる〈力〉でもある。

（4）Fr. P. A. Nebel, *Dinka Dictionary with Grammar* (1948) には、同じ設定をウェイル地域のディンカのパレック・クラン（Parek clan）に置き換えたバージョンが載っている。そこに出てくる子どもはやはり「行ったり来たりする」波の子どもで、アウティアク（Awutiak）と呼ばれている。これは「波」という意味で、次に示すのは彼の誕生を祝う歌である。

偉大なるアレックはキール川の上流まで川の主につき従った
その川は、アラブ人たちのいるあたりで死に接し
堰を築いて扉を閉じる
アラブの土地から見えないようにする

彼女は主に従って家まで行く
「波」は私の母の夫
偉大なるアレックは川の主に従ってキールまで上った

（5） Ibrahim Eff. Bedri, "Notes on Dinka Religious Belief in Their Hereditary Chiefs and Rainmakers", *S. N. & R.*（1939）によると、北ディンカではこの名前は収穫後に取り残されて次の年に自生してくる落花生を意味するというが、私が聞いてみた限りでは、レク・ディンカではこの意味は知られていない。

（6） この去勢牛が既知のあらゆる色模様をしていたということは、おそらく、無尽蔵の牛を所有することを示唆しているのだろう。この去勢牛は、全ディンカの牛の群れを代表するものとなっている。

（7） 西ディンカ人にとってのこの特別な草（学名：*Vetiveria nigritana*）の意味については、序論一四頁を見よ。

（8） ディンカ人の「約束の地」。あるディンカ人は、「それが本当にあるとは、今は思わない。だが、政府が見つけてしまったのかもしれない」と私に言った。

（9） トン（*tong*）は通常は戦争用の槍のことで、簎䅍はビス（*bith*）という。

（10） この部族の政治構造は、西ディンカの政治システムに関する私の論考でもっと詳しく論じている。Op cit., 1958, pp. 121-125.

（11） バハル・アル・アラブ川とバハル・アル・ジャバル川はどちらもキール（Kir）というが、ここではバハル・アル・ジャバル川を指している。

（12） 信心深い間投詞。

（13） ルウェル（Lwel）はバハル・アル・ガザルの伝説上の民族で、ルオ語を話す人々とみなされている。西ディンカの地では、肌の色が明るく、普通のディンカ人より細身で見かけが華奢な人は、ルウェルを祖先に持つといわれることがある。この名称は、おそらく赤茶色（*lual*）から来ているのだろう。

（14） これは、現時点において、部族内でこのクランと語り手のクランとの間にある敵対関係を反映している。これはまた、語り手のクランが霊的に非常に強力で、復讐される可能性がないことも示している。

(15) つまり、語り手によると、そこには自分のクランの分枝があるということである。
(16) パジョックの主要リネージが優先権を持っているこの下位部族は、大きく、繁栄している。
(17) このように広範な和平を構築したというのは、先に指摘したとおり、幅広い政治的影響力を持つという主張のしるしである。
(18) アングロ・エジプト共同統治政府（Anglo-Egyptian Government）のこと。
(19) 簎矠の長は、供犠の時にのちに記述するように祈禱を唱える。そうすると他の人々、特に簎矠の長の分類上の姉妹の息子はその祈禱を繰り返す。ここで大切な点は、二一七頁から二一八頁にあるパディアンバールの物語と同様に、祈禱を反復する者は、もしその反復によって危害を受けないならば、彼ら自身が特別な力を持っているに違いないということである。
(20) ディンカが言うには、本当に力のある簎矠の長は夜寝ることがない。夜は自分の民にとって危険な時だから、彼は目覚めて祈り続ける。シルックの王が、別の理由でだが夜寝ないという報告と比較できるだろう（C. G. and B. Z. Seligman, op.cit., 1932, p. 90）。このディンカの物語で重要な点は、ロンガールがこの点で語り手のクランの創始者より弱かったということである。
(21) ここで言う「言葉」は、「ロンガールの味方をするすべてのもの」の力を持っている。
(22) テキストはロック（*rok*）という語を使っているが、これは「賛歌でたたえる」と訳せるだろう。
(23) この物語は、イブラヒム・エフ・ベドリが示唆したとおり、ある新しい祭儀が受容された歴史を反映しているのかもしれない。"More Notes on the Padang Dinka", *S. N. & R.*, vol. xxix, 1948, p. 44 および Dr. P. P. Howell, pp. 102–103 above.
(24) 二六四頁のパゴール・クランのメンバーが語ったバージョンと同様に、ここでは後ろ脚が与えられる。ただし大腿部はパゴールのクラン神霊だがパジエックのクラン神霊ではないため、ここでは後ろ脚が名誉ある客人であるアジエックに与えられることになっている。右の後ろ脚は、供犠をするリネージの母方オジの取り分である。
(25) ここから、神霊〈鮮肉〉（第三章二〇四–二一八頁）が由来する。
(26) これは「ロンガールの機嫌をとるため」と説明される。この言いまわしは結婚の協議を始めたり終結したりする際に牛を引き渡すときに使うもので、つまり贈与を意味する。

(27)「神性はロンガールが人々を殺すのを許したとき命を拒んだ」と説明される。

(28) この行とその前の行は、祭りが歴史的に変化したことを示唆しているのかもしれない。

(29) これは神霊〈鮮肉〉に献乳〔ミルクやビールを注ぐこと〕をするために家畜杭に近づくときの姿勢であり、若者が年長者の集まりに入っていくとき、そして女性が正式の敬意を表して男性に近づくときにとる姿勢でもある。

(30) ウェッチがクラン神霊になる別の話については、一六九頁を見よ。

(31) しかし、ディンカの神話とヌアーのジカニィ (Jikany) 部族の創設者であるキール (Kir) の神話にはある程度の類似がある。比較に適したいくつかの伝承は、H. C. Jackson, "The Nuer of Upper Nile Province", *Soudan Notes and Records*, vol. vi, 1923 に掲載されている。ただしその情報は、かなりディンカの影響を受けたヌアーから得られたものかもしれない。

(32) アジン・ノイ (Ajing Noi) は西トゥイジ・ディンカのニャン (Nyang) 部族で優位にある簎矠の長のクランの始祖である。語り手はそのクランの人である。

(33) この部分の意味は知られていない。「ミサゴの鳴き声の聞こえる」川岸の土地に人々を連れていくことが強調されている点は、あとでこれらの神話の意味を議論するところで関連を指摘する。

(34) 前述二六五頁の首長ギル・キロの物語の細部を参照されたい。ベルとはムルレのことだが、私はベル・アジョウ部族を同定できていない。ディンカの地の以前の住民たちのさまざまな盛り土に関する考古学的な調査はまだきちんと行われていない。

(35) アジエックの神話(二七一―二七八頁)を伝える部族。

(36) ここではできなかったが、この神話の全体的な分布状態とバリエーションを網羅的に検討すれば、価値ある民族誌的研究になるだろう。しかし、部族がそれぞれの地域に一定期間とどまっているのでない限り、それらのバリエーションを部族の状況と語り手の個人的な立場とに同時に関係づけることは難しい。

(37) ジョック (*jok*) という語は、ボル・ディンカではクラン神霊を指していて、ヤス (*yath*) という語よりもよく用いられる。ただしヤスも知られてはいる。

(38) この行動には説明がついていないが、アイウェルの常軌を逸した異常さのしるしのように思われる。ディンカは仔牛の筋肉の深い切り傷は致命傷になると信じている。

(39) この表現は、ディンカが箝禁の長を上界と下界をつなぐ者とみなしていることをはっきりと示している。これはアイウェルが「〈力〉のようであり、人のようであった」という先に出てきた表現と並行している。

(40) 髪の毛を伸ばしたままにすることは、服喪のしるしである。

(41) 北ディンカで知られている神話のバージョンでも、子どものアイウェルは虐待される。強調されている点は（川から出てきたという出現のしかたと同様に）、彼が出自からすると最初に住んだ共同体のメンバーでないということ、そして究極的には人間社会の外から来たということにある。

(42) この部分は、シルックの王ニィカンの息子であるダック（Dak）が、母方の人々である鰐の子どもを焼いたという物語を思い起こさせる。

(43) Op.cit., 1939, pp. 125-129.

(44) 比較の上での根本的な特徴は、シルックの王のクランとアニュアの貴族クランが川に起源を持っているということである。

(45) この草は根が長くて、干ばつの時にも湿ったところまで根が届く。

(46) 第三章一六九頁。

(47) 第六章三三六―三三八頁。

(48) これは事実上、高水位と低水位の差がある程度以上でないところであり、かつ川岸がディンカの定住地のある大部分の場所よりも急傾斜でないところ、ということになる。

(49) こういう婉曲表現の例は、三三九―三四〇頁の祈願にみられる。

(50) この場合、穀物がたとえ無尽蔵にあったとしても拒絶されていることは意味深い。ディンカの関心は、強く牧畜に傾いているからである。

(51) 創世記四九章三節、ヤコブのルベンに対する呼びかけを参照せよ。「ルベンよ、お前は私の長子、私の力、私の勢いの初穂。気位が高く、力も強い。……」。創世記においても、いくつかの状況で最年長の息子と最年少の息子に結びつく価値の両義性が示されている。それはディンカにみられるだけでなく、シルックにもある。シルックの王には、「神の長子」と「神の末子」という称号がある。W. Hofmayer, *Die Schilluk*, 1925, p. 150を見よ。

(52) ここで、最初の簎矠の長の神話のいくつかのバージョンで、簎矠の長が他の人間に対してする行為が、別のバージョンでは最初の簎矠の長に対する神性の行為とされていることにも注意しておこう。簎矠の長は「天の主(*bany nhial*)」とも呼ばれることがあり、地上において神性を代表する。簎矠の長と、そしてまた川は、その外見とふるまいから、空の状態を反映するのである。

(53) 六六頁に示した発言「彼は生命の頭(源)だった」を参照。

(54) 女は月経周期を月で数える。

(55) すでに述べた渡河の危険というテーマを思い起こさせる。

(56) P. W. Schmith, op. cit., 1949, p. 142に引用されている。

(57) ナイル系諸民族の宗教と神話の比較研究では、ディンカとヌアーのアブックはシルックの最初の王の母であり、シルックの地全体の霊的母である女性との関係で考察しなければならない。その女性は鰐の娘であり、川の諸現象を統轄するのである〔cf. Godfrey Lienhardt, "The Shilluk of the Upper Nile," in D. Forde (ed.), *African Worlds*, Oxford University Press, 1954〕。

(58) 三二二頁注4。

(59) 贈り物を受け取るときの丁寧な表現は、「私は生きる(*ghan apir*)」である。

(60) それはもちろんヘブライ語やアラビア語でも、ギリシャ語でも同様で、もっと広くいえるだろう。

(61) つまり、英語やキリスト教の神学を教えるときにである。

(62) 王、あるいはアリアンディットのように本当に傑出した預言者を指すディンカの用語は、ムオル・ンガック・ニョム(*muor ngak nhom*)である。ムオル(*muor*)は「雄牛」で、ニョム(*nhom*)は頭である。ンガック(*ngak*)の意味はわからない。

(63) 「理論上は」というのは、それが実際に常にそうなるかどうかわからないからである。ディンカは、他の民族と同様に、ある原則を断言しながら、まさにその瞬間に原則に正確には従わないことができる。

(64) ただしネーベル神父は、この二つの語に違った意味合いがあることを示している (Fr. P. A. Nebel, op. cit., 1936)。だからもしかすると、これはその場で思いついた語源論なのかもしれない。
(65) もちろん世界中の多くの地域で、こうした資質が「文化英雄」に付与される証拠は豊富にある。
(66) C. G. and B. Z. Seligman, op. cit., 1932 ではこの側面が強調されている。私は彼らと観点が違うのではなく、強調点が違う。
(67) これは西ディンカで最もはっきりしている。東および北ディンカでは、少し様子が違っている。
(68) これは初期の謄写版刷りの物語集で、他の形では出版されていないと思う。
(69) Fr. P. A. Nebel. op. cit., 1948, p. 134.
(70) ディンカ語のテキストでは、この箇所は *ke ngek anyeei gol e ngek* で、「ある者は他人のゴルを持ち去るだろう」という意味である。これは家畜の炉辺（ゴル *gol*）にいる家畜と、その人々の両方を含意する。ゴルは、牛を飼う集団と出自集団の両方のことである。
(71) 西ディンカの政治構造に関する試論、Lienhardt, op. cit., 1958, pp. 124-125.
(72) Ibrahim Bedri, op. cit., 1939.

第六章　経験の操作——祈願と祈禱

ディンカが個人的に祈っているのを見ることはまれである。困難や危険に際して、彼らが神性や神霊に助けを求めて懇願を口にすることはある。しかし宗教的実践のもっと大きく重大な部分は、集団的で公式のものである。この点について私は、自分たちは隣接するヌアーとは違っているとディンカが言うのを聞いたことがある。ヌアーでは個人的な祈禱はもっと頻繁で、それは彼らの司祭制度がそれほど発達していないことと一致している。

ディンカの供犠儀礼を、実際に行われているとおりに、口で唱える要素と手で行う要素を組み合わせて、理想的な形で読者の前に提示することができればいいのだが、説明における明瞭さを損なわずに、そういう提示のしかたを工夫することは難しい。そこで私はこの章と次の章で口で唱える要素と手で行う要素を分離し、ここではまずディンカの特定の祭式で実際に唱えられている言葉を代表するいくつかのテキストから始めたい。そうしたテキストの収集は、ディンカの宗教的実践が形式化していることによってある程度容易であった。祈願におけるそれぞれのフレーズは短く、後にみるように、祭式に参加している人々の一部によって繰り返される。供犠に際しての多くの演説では、観念や言い回しが何度も何度も繰り返される。そのために聞いている側としては、それほど頻繁に起こるわけではない新しい語や表現だけに関心を絞ることができる。だから、友人たちと一緒にいる状況で言われていることの要点を書きとめることができるし、あとから助けてもらって祭式を再現することも可能である。ディンカは自分たちの宗教を恥ずかしく思っていないし、秘密にもしていない。そして実際、自分たちの簎措の長が唱えた祈願の力と厳粛さを、喜んで再現してくれるように思う。したがってこれらのテキストは、状況についての私自身の記憶であると同程度に、ディンカの記憶に由来している。さらに簎措の長は祈禱と祈願の専門的な技能を身につけた唱え手であり、その流麗さに自信を持っている。われわれがよく知ることになった簎措の長たちは、ある想定上の状況で唱えることになるかもしれない祈願を語る準備ができているし、実際、われわれが彼らの能力に関心を持つことを不愉快と思わず、自分たち自身の評価に気を配っている。

次のテキストは、パディアンバール・クランのアコル・アガニィ（Akol Agany）という若い男の病気快癒のための供犠の際に収録されたものである。彼は、明らかに肺結核のために衰弱していて、苦しそうに咳をしていた。彼は、父のアガニィの死去以来住んでいる父の兄弟の屋敷地の、床面の高くなった小屋でふせっていた。彼は過去において、父の兄弟であるアコル・ディット（Akol Dit——大きいアコル）と喧嘩したことがあったが、テキストにみられるように、アコル・ディットはその喧嘩が病気の進行に何らかの影響を与えたかもしれないと気に病んでおり、今では甥の回復を望んでいる。

アコル・ディットの一族は、マリース（*malith*——灰色の影のある）の毛色の去勢牛を供犠の日の朝一〇時ごろに引いてきて、クラン神霊と祖先と神性の祠として屋敷地の中央に恒常的に設置してある四つの家畜をつなぐ杭の一つにつないだ。それから、つながれた牛に向かって、特に重要なこととしてパルン・クランの籍猎の長たちによる祈願が行われた。このクランはアイウェル・ロンガール自身のクランに関係する付属クラン（ウェン・ディオール）の一つで、祈願に効力があることで評判が高い。このパルンの籍猎の長たちは彼らが所属している下位部族のなかでは、病人のクランであるパディアンバールの分類上の母の兄弟にあたり、かつそのなかの一人は、実際に病人の母の兄弟であった。

女たちと少女たち、そして数人の見物の男たちは小屋の陰に座っていた。女と少女は、宗教的な機会におけるしきたりに従って、少し離れて座っていた。牛に向かって祈願する人たちが持ってきた何本もの新しい籍猎は、牛が引かれてきて祈願が始まるまで、小屋の前にまとめて突き刺してあった。最初に槍を選んだのは、病人の父方のオジ、アコル・ディットだった。一節ごとに、少し槍を下に向けて突くようにして強調しながら、彼は次のように語った。

姉妹の息子よ、これを繰り返せ［文字どおりには「とらえよ（dom）」］。父である方よ
（全員：父である方よ）
私は、子どもが病気なので、あなたに呼びかける
（全員：私は、子どもが病気なので、あなたに呼びかける）
私は病気の言葉を望まない
（全員：私は病気の言葉を望まない）
私は熱の言葉を望まない
（全員：私は熱の言葉を望まない）(1)

全員のコーラスは、このように祈願全体にわたってスタッカートの調子で言われたことを繰り返す。以後は、実際に進行していく声とリズムは省略する。祈願は続く。

私の父である方よ、あなたは呼びかけられれば私を助け、私の言葉に声を合わせてくださる。私は［かつて］子どもが病気になればよいと言ったことはなかった。喧嘩は昔の話だ。さあお前、マリース（*malith*）［の牛］よ、お前は尿をしなかったが、ここに連れられてくる途中で尿をした(2)。さあ、私の祈禱者よ、遠い昔の祈禱者よ、祖先たちの祈禱者よ、あなたたちが今話しかけられている。みんな集まれ、エエ。それは私の祖先グェジョック(3)（Guejok）のものだ。それは舌だけのものではない。それは私の祖先グェジョックのものだ。それは舌だけのものではない。

アコル・ディットの祈願が終わると、そのソロの語り手としての役目はパルン・クランの一人の籥褙の長に引き継がれ、次のように語った。

繰り返せ、エエ。私の父の〈鮮肉〉よ、あなたは偽りの言葉で私を騙すことはない［私を誤って導くことはない］。あなたは呼びかけられると、すぐに私の話を受け入れてくださる。そして大地よ、あなたも、呼びかけられれば私を助けてくれる。〈デン〉よ、私の父の神霊よ、あなたも呼ばれれば私を助けてくださる。そして私の父である方よ、あなたは助けてくださる。私はあなたに対する立派な言葉を持っていない。私の言うことは終わった。あとは私の［クランの］腹違いの兄弟が引き受ける。

そしてもう一人の、パルンの年長の箍猎の長が進み出る。

あなたが約束した約束、(4)私の父である方よ、どこにおられるのか? 木よ、私の言葉を聞け。草よ、私の言葉を聞け。そして神性である方よ、私の言葉を聞いてください。大地よ、私の言葉を聞いてください。繰り返せ、エエ。(5)おお、神性よ。病気のゆえに、あなたは私の舌を力づけてください。私たちはマリース［去勢牛］を奉献し、それに向かって祈願します。もし人がアコルを憎むなら［そして病気がその悪意の結果であるなら］、その人は報いを受けるに値する。

すでに出てきた観念を何度か繰り返した後、この男に続いて同じ箍猎の長のクランの別の男が後を続けた。

繰り返せ、エエ。私が探り当てる人物は、草にからめとられる。そしてアコルよ、お前は治る。マリースよ、私たちはお前を〈力（*jok*)〉に［つまり、病気に］捧げた。呪物の包みよ、お前は人を殺すという。(6)立ち去れ、お前は恥を受ける（恐れる)。呪物よ、私はお前を引き離した、やめよ。マチャールディットよ、お前は人を殺すという。私はお前を引き離した、やめよ。さて!［*yenakan*——ディンカが話を区切るときの表現］(7)、私の言葉は終わった。父である方よ、私は助けを求めてあなたを呼んだ。父である方よ、私は助けを求めてあなたを呼んだ。

次に、これまで祈願した人々より年長のパゴン・クランの箍猎の長が話した。

大地である方よ、私の父の神霊よ、私たちは今日、死を拒む。神性よ、私たちは今日、死を拒む。呪物よ、ある男がお前を牛のために買い、お前は彼を助けるために来た。男が遠い国に旅に出るなら〔そして呪物を持っていくなら〕、彼は健康のうちに旅する。男が自分の持つ牛を集めに行くなら、お前は彼とともに行く。男が途中で邪悪なものを見つければ、彼はお前を呼び、「来て、私を健康に保て」という。そしてマリース［去勢牛］よ、私たちがお前を昼日中につないでおいたのは、訳のないことではない。病気のためだ。お前の命を男の命に替え、その男が地上にとどまり、お前の命が〈力〉［病気］と一緒に立ち去るためだ。神性である方よ、私の言葉を聞いてください。クラン神霊よ、私の言葉を聞いてください。そして〈力〉であるものよ、私はあなたをこの男から引き離した。私はこのように話した。「あなたはこの男から独り去っていく。あなたはマリースと呼ばれる牛を与えられた」。さて、私の姉妹の子どもたちよ、私の言葉を繰り返せ。

私はよその部族の者ではない。私はここ、アプック・ジュルウィール部族のこの土地の者だ。私は母とともに来た私生児ではない。よそ者の種から生まれた私生児ではない。そういう者が祈っても、どのクラン神霊にも届かない。私生児は母だけから来た子どもで、病気の原因に何もなしえない。神性はそれを持つ男とともにいる。(8) 土地は［病気によって］駄目になった。私の父の〈鮮肉〉よ。進み出よ！　ウゥ、病気よ、去れ！

ここで、同席した人々はウゥと大声で叫び、病気を送るために、頭と腕をディンカ以外の部族の住む方向である南に動かした。

締めくくりの祈願は次のとおりである。

神性よ、私はこの病気のような言葉、人が病に苦しむような言葉を望まない。おお、父である方よ、私に偽りを話させるな。神性である方よ、私は、アコル・アガニィが一緒に生まれた姉妹を持たないのであなたを呼んだ。父である方よ、アコル・アガニィはその父の部族アプックで、とても運が悪かった［みじめな、貧しい、不運な］。

なぜなのか、神性よ、息子が母の生んだ子どもたちから離れて独り生きているのに、助けてくださらないのは。彼は健康ではいられないのか。神性よ、もしあなたがアコル・アガニィを子を成さないままにされたなら、そして彼は今病気なのだから、私たちは彼のこの病気を［受け入れるのを］拒んだ。なぜなら、アコル・アガニィにはともに生まれた姉妹がなく、ともに生まれた兄弟もない。だからもし神性が、彼が子を成すのを助けないなら、子どもたちは母の子どもたちになるだろう(9)。神性である方よ、あなたは偉大な方、すべての人々の父、もし人があなたに呼びかけるなら、いかなる悪も彼にふりかからないように、彼の腕を強めてくださる。

年上のアガニィ［病人の死んだ父］よ、なぜあなたは子どもを父の部族のなかで不幸なままにしておくのか。かつてあなたが生きていた時、あなたはアコルを姉妹も兄弟もなく年取った子どものままに残し、彼が自分の兄弟、姉妹を成すようにさせたのか(10)。

私は私の父の神霊に呼びかけ、子どもであるアコル・アガニィを助け、彼が生きるように求める。彼はあなたの娘の子どもだ。もしあなたが、彼が死ぬに任せるなら、すべての〈力〉はあなたを（ばかにして）からかうだろう。もしあなたが彼を生かすなら、あなたは娘の子どもを助けたことになる。私の父である方よ、私はかつて父が死んだ時、あなたをないがしろにしなかった（軽く扱わなかった）。そうではない。私が父の出自集団の混乱をもたらしたというのは本当ではない。

私自身の父よ、そして私の祖父よ、私の祖母よ、母よ、私はあなたたちを呼び、私が病気のことで、私の姉妹の子どもの病気のことで祈るとき、私を助けてくれるよう求めた。私の姉妹の子どもは元気になるべし。私はあなたの娘の家族と喧嘩をしたことはない。私は彼らと仲良くやってきたし、私は姉妹の子どもたちに悪意を抱いたことはない。もし私があなたを呼ぶなら、あなたは同意してくださる［私の祈りを聞き入れてくださる］。

この締めくくりの祈願は、病人の母方オジにあたるパルン・クランの簎猎の長によって唱えられた。彼は、自分の父が死んだ時に起きたある事件や、病人の家族との喧嘩も気にかけていることを明らかにしている。この祈願の後、牛は横倒しにされて、喉を切られた。

次は、かなり違った性質のテキストである。これはワン・アレルのトンジ（Tonj）川沿いの大きな漁労キャンプで収録したものである。その場所は、川のなかに小さい鉄鉱石の露頭がありちょっとした急流になっているところで、魚が多い。ここで数日間魚を獲り干物にするために、アプック・ジュルウィール部族の人々がたくさん集まっていた。ある夕方、一人の女とパゴン・クランのある簎猎の長の小さい娘との間で喧嘩が起こった。川のこの部分での漁労は、この簎猎の長が管理していた。女が少女を叩き、魚を入れる籠を川に捨ててしまったのである。くだんの簎猎の長が出てきて、激しい口論になった。こうした成り行きで、かっとした簎猎の長が神性と自分のクラン神霊に呼びかけ、大量の魚を下流の沼に送ってしまうように祈った。自分の簎猎を探しに行った彼は、川岸で一人で祈りを口にし、アビリニィ（*abiliny*——女が籠一杯に取っていた小魚）が沼のアパッチ草（*apac*）のところに戻っていってしまうように祈ったのである。(11) 一人か二人の人が私と一緒にこれを見ていたが、彼らは遅かれ早かれ簎猎の長は機嫌を直し、女は魚を贈って彼をなだめ、たぶん女たちが彼を讃えるダンスをすることになるだろう、そうすれば彼は呪いワーク（*waak*）を解いて、魚を川に呼び戻すだろう、と言った。彼らは祈禱の成り行きに不平を言わず、むしろ興味津々という様子だった。

翌日、男の子たちは遊びで魚を取っていたが、女たちは仕事が休みになって喜んでいるという様子だった。女たちは小さいグループで歌やダンスに興じたり、座ってうわさ話に花を咲かせたりして、漁労が中断されたことを気に病んでいる様子はまったくなかった。彼女たちはまったく魚を取ろうとはしなかった。（彼女たちが言うには）どうせ魚はいないのだから。実際われわれの網にも何もかからなかった。気分を害した例の箝猎の長は一見にこやかにしていて、見ている限りでは、前日の呪いについて男たちと何も話さなかった。

午後遅くなって、彼は機嫌を直し、ワン・アレルに魚を戻す祭式を行いにいったということだった。彼とその父方の甥たちが、祭式的な治療や祝福に用いられる小さい黄色い瓜（クウォルジョック *kouljok*）をいくつか割いて、水を汲む瓢箪に入れた。それから彼らはそれを川に浮かべ、アパッチ草で引いて少し上流からゆっくりと歩きながら、川岸にいる者たちに聞こえるように祈願をした。

最初の祈願、箝猎の長による

父である〈さざ波〉（波）[12]よ、私の言葉を聞いてください。父の鉄鉱石の瀬よ。私の声を聞いてください。そして父の〈アワール草〉よ、私の気持ちは和らぎ、父の部族を［先の私の祈願から］引き離した（ドック *dok*）。そして、おお魚よ、沼の上流部で［私たちの求めを］断らず、今夜にも戻ってくるように。夜に来い、昼に来い、そして父の部族が私を（祈願の力が弱いといって）からかわないように。

私が呼びかけるとき、父の川よ、魚を一度に戻らせてください。そうすれば人々は私に満足し［直訳「彼らの心は私に甘くなる」］、私の父の川に対しても満足するでしょう。

第二の祈願、一人の甥による

父の〈アワール草〉よ、私たち父の子どもは言うべきことを言う。父の〈鮮肉〉よ、あなたに急いで呼びかける。あなたこそ、ずっと昔に地の果てで人間が初めて創造された時にいたものだから。そしてンゴック（*ngok*）魚(13)よ、私たちはお前を［私たちから］引き離した。私たちが父である川に祈願したなら、私はンゴック魚が男の足を貫いたとは言わなかったろう、私は悲しみに沈んだと言わなかったろう。父の川よ、父があなたに気を配っていたかつてのように、今、人々を助けてください。私の先祖がかつてソニィ（Thony）部族(14)を恐れていたのなら、あなたは今ソニィ部族のものだっただろう。だが私の先祖があなたと約束をしたので、あなたは私の先祖のものとなった。そして彼があなたを私たちにゆだねた。だから私たちはあなたに呼びかけて祈る。呼びかけられれば、あなたは助けてくれる。

第三の祈願、もう一人の甥による

父の川よ、私たちはあなたに呼びかける。妖術師たちがパゴンにこの川で呪いをかけたといわれているから。彼らが魚が来ないようにしたといわれるから。だがそれは嘘だ。人はみなそれぞれ、父の川を持つからだ(15)。おお、父の〈さざ波〉よ、父の〈アワール草〉よ、私たちが呼びかけるとき、耳を傾けてください。そして、魚よ、私たちはお前に呼びかけた。沼にとどまるな、今夜にも、やって来い。

男たちは川を出て、人々は瓢箪のなかの水を振りかけてもらった。何人かの人はそれから次々と川に入り、魚が来そうな方向から手で水をかき寄せていた。少したって漁が再開された。だが獲物は少なかったが、特に意外だという様子もなかった。

もう一つの祈願は、パゴン・クランの年老いた病気の簎猎の長の回復を求める祭式からの例である。この一連の祈願の背景は、簡単に言えば、その簎猎の長がそれまでに二度病気になり、そして彼の屋敷地から誰のものだかわからない簎猎が見つかってからまた病気になった、ということである。この簎猎の持ち主は誰だかわからなかった。そこでそれは、妖術師、つまり病人を傷つけようと意図する人物が置いていったのだと、考えられた。

老人が属する下位部族では、両方とも簎猎の長のクランであるパイとパゴンが相互によく通婚しており、パイの成員の利益のために祈願をする場合にはパゴンが最後の言葉を引き受けることになっており[16]、逆の場合も同様である。以下の祈願は、不必要な繰り返しを省いて短くしてある。

第一の祈願

そういうわけで、簎猎の長を、その屋敷地で傷つけた者よ、もしお前の言葉がより強ければお前は生きる。しかし簎猎の長を傷つけた者よ、お前は今年の収穫を終えるまで［生きられ］ないだろう。もしお前が非常に強い鷹[17]であるなら、われわれは槍の穂先を止め[18]、もうこれ以上祈願はやめよう。しかしお前が強くないなら、お前がどこにいようと、父のクラン神霊を送ってお前の頭を打とう。

おお、私の先祖であるアヨック・ケルジョック（Ayok Kerjok）の［クラン神霊である］あなたよ、アケン・ルアル（Aken Lual）の、そしてパゴン・クランの［クラン神霊である］あなたよ、この下位部族の者である私たちは、私たちの籍褙の長が病に落ちて悲しみに沈んでいます。誰かが彼の屋敷地に籍褙を置いていったのです。もしその槍を持ってきて忘れていったのが子どもであるなら、私たちはそれで争うつもりはありません。しかしそれが妖術を仕掛けに来た男であるなら[19]、私たちは今年その男と一緒に川を渡ることはないでしょう。

そしてお前マヤン（*mayan*）［雄の仔牛］よ、姉妹の子どもが母方オジを元気にするために、そして私の父のキャンプ全体を健康にするために差し出された牛よ、お前は旅に立つ。アプック部族、クアッチ部族、そして私たちのアグウォック部族に行き[20]、乾季をともに過ごす人々、雨季をともに過ごす人々から〈力〉[21]を取り除け。それらの〈力〉をすべて、私たちから取り除け、マヤンよ。ウゥ、下の前歯のある者たちのところに病を持っていけ。

ここで列席の者たちはすべてウゥという大きな声をあげ、南に向きを変えた。そこで次の短い讃歌が続いた。

〈鮮肉〉は火のように燃え輝く
太陽がここに来たように

それから他の男がさらに祈願を続けた。

私の言葉を繰り返せ、エエ！ 父の〈鮮肉〉である方よ、私はあなたに呼びかける。妖術を仕掛け、簎矠を置いていった者のゆえに。だから、私に耳を傾けてくださるよう、呼びかける。一人の男が、妖術師のせいで病気になっている。私はこう考えた。もし槍を持ってきて忘れていったのが子どもなら、私はその子と争わない。しかしそれが妖術を仕掛けに来た妖術師なら、父の〈鮮肉〉である方よ、あなたの力を彼に見せつけてください。彼が、自分のしたことを思い知るように。私はあなたに長い話はしない。すぐに私は黙る。(22)

私があなたに呼びかけるとき、父である〈鮮肉〉よ、父の〈イチジクの木〉〔話している男の所属するパイのクラン神霊〕よ、あなたたちはあなたたちの言葉を私の口に一つに集め、一つの言葉として働くようにしてくれる。私の先祖よ、父の〈鮮肉〉よ、私は助けを求めてあなたに呼びかける。さあ、妖術を仕掛けた男よ、私はお前に言うことは何もない。もしお前がわれわれよりずっと強いなら、パイとパゴンのクランのわれわれは、槍の穂先をとどめよう。しかしもし強くないなら、数日のうちに報いを受けるだろう。

その後に、別の讃歌が続いた。

もし私が憎まれているなら、私は憎む
もし私が好かれているなら、私は好く
もし鳶が、私のものの上に舞い降りてくるなら
私が何者かわかって、後悔するだろう
鳶は心のなかで震え上がる(23)

もし鳶が、私のものの上に舞い降りてくるなら
その翼は破れる
鳶が見るとき、それは恐れ、震え上がる

そのあとさらに祈願が続いた。

私の言葉を繰り返せ。このとおりだ。父の〈頭上運搬の輪〉よ、私はあなたが脚を弱くするものであるがゆえに(24)、あなたに呼びかける。私が呼びかけるなら、あなたは耳を傾けてくれるだろう。おお、神性である方よ、あなたはすべての人々が崇拝する（*mac*）偉大な方、あなたは誰もあなたを侵害しない限り、人々を拒絶（*jol*——荒々しく追い返す）しない。もし人が悪をなすなら、確かに、あなたは彼のゆえに傷つき、もし人が心に悪意を持っているなら(25)、あなたは彼とその敵とを裁くだろう。なぜなら、あなたこそすべての人々の父である方だから。そこで私は、妖術師の話をする。彼は妖術を仕掛けに来て、男が病気になって残されたから。おお、神性である方よ、槍を持ってきたのが子どもなら、それで何も悪いことは起こらない。だから私たちは子どもとは争わない。しかしもし妖術師なら、報いを受けるように。そして彼が非常に強くても、私の父の錯猎によって打ち負かされるだろう。

別の祈願

そういうわけで、父の〈鮮肉〉よ、私たちはもう、かつての父たちのように祈願でピリッとしていない。妖術師が私たちに妖術を仕掛けた。だから父の〈イチジクの木〉であるあなたよ、大昔のあな

たよ、わたしはあなたに呼びかけ、父の部族の人々を世話しに来てくれるよう頼む。よく世話をみて、悪いことが何も降りかからないように。あなたは父の〈鮮肉〉、父の〈イチジクの木〉、父の〈頭上運搬の輪〉。私があなたたちに呼びかけるなら、私の言葉を聞いてくれるに違いない。

もう一つの祈願

ウニィ（Wuny）よ、私の父の下位部族よ、私はあなたたちみなに言うべき言葉を多く持っていない。アグウォックよ、私の父の部族よ、私はあなたたちみなに言うべき言葉を多く持っていない。私はわずかのことを言おう。妖術師よ、もしお前が私たちの祭式に来たことがあり、そして今もここにいるなら、すぐに立ち去れ。これ［病気］に関わりのある者は、私たちが妖術師のゆえに雄牛に向けて祈願をしているのを聞いたら、立ち去るがよい。そして父の〈鮮肉〉よ、私は少ししか話さない。以上のとおりだ。

こうした祭式において、祈願が進んでいくに従ってテンポは速くなるが、この場合には祈願はより鋭く、より精力的に発せられた。屋敷地の杭につながれた雄の仔牛は頭を垂れ、うつらうつらしているようだった。神霊〈鮮肉〉は、祈願を唱える者の四肢に痙攣を起こさせてその現存を現し始めていた。パイ・クランの別のメンバーが後を続けた。

私の父の〈鮮肉〉である方よ、私は祈りであなたに呼びかける。そして父の〈イチジクの木〉である方よ、父の〈頭上運搬の輪〉である方よ、マレック川の〈力〉である方よ、私はあなたたちに呼びかける。そしてお前、妖術師が屋敷地に持ち込んだ箝揩よ、私はお前に呼びかける。私の［生者と死者の］父の部族、アグウォックよ、私はあなたに呼びかける。私の言葉を聞いてください。言葉はわずかです。私はたくさんは申しあげません。

私の父の〈鮮肉〉である方よ、あなたはひとりで事を成し遂げられるでしょう。［他のクラン神霊を列挙しつつ］あなたはひとりで事を成し遂げられるでしょう。(26) そして妖術師よ、私はお前に言うことは多くない。もしお前の言葉がより強いなら、私たちはお前の言うことを聞こう（我慢しよう）。しかしわれわれ箝揩の長の言葉がより強ければ、お前は父の〈鮮肉〉の言葉を聞くだろう。神性である方よ、あなたはわれらの父、われらすべての父、もし人が誰かを憎むなら、それが誰かを見抜くのはあなたです。もし妖術師が来て屋敷地に箝揩を置いていったのなら、神性よ、あなたはわれわれと妖術師の間［のさばき］を見るでしょう。以上のとおり。

これに続く祈願は、すでに引用した（第三章一六五頁）。それはパゴン・クランの箝揩の長が唱えた。続いて同じクランの別の箝揩の長が登場する。

父の神霊である〈鮮肉〉よ、父の〈アワール草〉よ、〈ハリネズミ〉よ、私は多くは語らない。先祖であるロンガールよ、私は多くは語らない。そして妖術師よ、健康で立ち去りながら後に病人を残した者よ、私は多くは語らない。お前は夜中に妖術を仕掛けにやって来たが、お前を噛んだ蛇はなく、お前の足を貫いたとげはなかった。お前は穴に落ちて足を折ることもなかった。だが、今や私たちはお前を知っている、お前は私たちの箝揩の穂先を逃れられない。もし私たちの箝揩が狙いを外したとしても、私たちはお前を侮辱した。[27] もし私たちがお前を辱めなかったとしても、お前は今年の収穫を私たちとともに生きて食べることはないだろう。
父の箝鉗よ、あなたはその頭に命中するだろう。

ここで祈願はクライマックスに達した。神話のなかのアイウェル・ロンガールの箝鉗のように、箝鉗に敵の頭に狙いをつけよと命じるところで、箝鉗はつながれた仔牛に向けて特に激しく突き出され、振り回された。そしてパイ・クランのメンバーによる最後の祈願が行われた。彼はパイとパゴンの両方のクラン神霊に呼びかけている。

〈大地〉よ、あなたは私の言葉によって呼びかけられている。神性よ、あなたは私の言葉によって呼びかけられている。あなたたちはすべての人々の世話をみてくださり、誰よりも偉大であり、すべての人はあなたの子どもだからです。もし悪が子どもたちの上に降りかかるなら、あなたは来てそれをともにするよう求められる。あなたは今、善のために呼ばれているのではない、あなたは悪のために呼ばれている。助けに来てください。[28] おお、〈鮮肉〉であるあなた、パゴンの神霊よ、あなたは私に呼びかけられれば耳を傾けてくださる。〈アワール草〉である方よ、あなたは耳を傾けてくださる。父の〈鮮肉〉である方、父の〈イチジクの木〉である方、父の〈頭上運搬の輪〉である方よ、あなたは耳を傾けてくださる。
おお、〈力〉(病気)よ、私たちはお前を私たちの男から引き離した。彼を解き放て。私たちはお前にマヤンの雄牛を与える。本当に彼を解き放て。

ここで仔牛は横倒しにされ、集まった人々、特に若者たちに隠れてすぐに見えなくなった。彼らは仔牛を叩き、踏みつけた。その様子は、供犠を行う集団のその他の行為と合わせて、次の章で記述する。以上の祈願は公的な祭式の際に述べられたものである。次に私は、あまり重くない病気を取り除いてくれるよう頼む人のために、簎𥶡の長が捧げる個人的な祈りの例をあげよう。たちの悪い熱帯潰瘍にかかった男が、簎𥶡の長に癒やしのために祈禱を頼んだ。その祈禱は以下のとおりである。

そういうわけで、父である方よ、ひとが槍で刺され、翌日簎𥶡の長がそのことで語るために呼ばれると、傷は治る。神性であるあなたは、私たち簎𥶡の長にそれを与え［るように定め］、私たちがそれを悪用しなかったなら[29]、私たちが口で祈りを唱える［ことができるように定めた］。だから、神性が私たちを助け、傷の両側はくっついて治るだろう。父である方よ、父の〈鮮肉〉よ、私たちが力を誤用しなければ、あなたは助けてくれる。

簎𥶡の長は傷の上に唾を吐き、草の茎を取って二つに割いた。それから彼は健康な皮膚が両側から寄ってくるのを表すように、それを糸で注意深くつづり合わせ、潰瘍が治るまでそれを身につけておくように患者に言った。その間潰瘍をこすらないようによく気をつけて、できれば西欧式の治療を受けるのがよいということだった。簎𥶡の長は、潰瘍が治るようにいろいろなことが一緒に働くのだと言った。

最後に、私が記録に取るために簎𥶡の長たちが作ってくれたもので、それゆえに特定の機会を受けて作ったのではない祈願をあげる。それらは祈願の一般的な構造と、特定の機会に作られる形に沿ったパターンを示してくれる[30]。最初に示すのは、神性への供犠のための祈願である。

神性よ、私たちはあなたの去勢牛（雄牛）を殺します、気に入ってくだされば結構です。あなたは私たちを健康に歩ませてくださいます。私たちは熱やその他の病気が人々に取りつくことなく、みなが元気であるように、祭り［祭式］の機会を持ちました。もし私のクランの者が旅をするなら、病気もせずに旅を成し遂げるようにしてください。彼にも、ほかの誰にも、悪いことが起こらないように。神性よ、私たちの上に悪いことをもたらさないでください。そうであれば私は喜びます。女たちよ、手を叩き、[31]歌い、ウゥと言って熱を遠ざけよ。何も悪いことが起こらないように。父の部族よ、健康のうちに歩め。何事も私たちに害をなさない。神性は私たちに満足し、私たちは何も悪いことがないように祈り、歌う……。

ここで彼はアブック・デンにまつわる小讃歌を歌った。

これに続けて別の簎措の長が理論上のものとして作った祈願を示す。これは、彼が自分ならこう言うと思うこと、ほかの者がそう言ってくれればいいと思うことを表している。

そういうわけで、父である方よ、私たちが去勢牛（雄牛）を連れてきてあなたに捧げるなら、父の〈鮮肉〉である方よ、あなたは私たち[32]がうまくいくように助けてくださる。父の部族を害することは、何も起こらない。私が彼ら（*kooc*）を戻すならば、彼らは今年健康に暮らすでしょう。

それから次の祈願が作られた。

そういうわけで、さて、マジャックが祈りを唱えた。マジャックが言ったのと同じように、私は言う。おお、神性である方よ、私たちが今年あなたに雄牛を捧げたなら、国中で人々を害することは何も起こらないはずです。病気は立ち去り、神性は助けに来てくださるでしょう。父の〈鮮肉〉である方よ、人々は健康のうちに歩むでしょう。そして父の〈鮮肉〉である方よ、〈大腿骨〉(33)である方よ、アゴス(34)である方よ、私が呼びかけるなら、あなたたちはみな集まって、一つになるでしょう。

父である方よ、あなたは今年人々を見守らなければなりません。川に住む鰐よ。だから私は望みます、父の部族の人を誰も取らないでください。ンゴック魚よ、お前は父の部族の人の誰の足も刺さないだろう。森のなかの穴(35)よ、誰もお前のなかに落ちて、足を折らないだろう。森の棘よ、お前は人の足を刺さないだろう。そして牛よ、乾季の牧草地に草を喰みにいって、何も災いに出くわさないだろう。父である方よ、あなたがそうしてくだされば(36)、牛と人は、みな元気になるでしょう。私は悪いこと(のために)は何も祈りませんでした。私は人を殺す呪文(37)を唱えませんでした。父である方よ、もしあなたがそうしてくださるなら、お前は［供犠獣に呼びかけて］、右脇を下に倒れるだろう(38)。

ここまで観念や文章の反復はかなり省略した。ディンカが望むことはみな、何度も繰り返されるが、集まっている人々も声を合わせてそれをまた反復する。一組の言葉と観念のこのリズミカルな反復は、初めは単独でついでユニゾンで反復され、やがて次第に供犠に参加しているどの人にも感じられる効果を持つようになる。それは外国人の観察者にも感じられるほどである。こうした祭式の初めには、普通おしゃべりや無秩序な状態が多い。人々がやって来ては出ていき、互いに挨拶し、個人的な事柄を議論し、場所を移動し、などなどである。祭式を取り仕切る者が、人々にきちんとするように求めるのはごく普通である。新たにつながれた犠牲獣も、いらいらし落ち着かないようにみえる。

しかし祈願がテンポをあげるにつれ、祈願者と唱和者たちの歯切れのよい言葉と合唱は小さく炸裂し、集まった人々を次第次第に中心的な行為に引き寄せていく。理論上は（実際上は必ずしもそうではないが）年長の、最も地位の高い男が最後に話す。祈願が進むにつれて、祈願を反復する人々は一体となり、リズミカルな言葉が揃ってきて、中心のテーマに向かってみなが集中し集会の目的が明らかになってくる。

一つの行為へのこの関心の集中は、犠牲獣が横倒しにされ殺される時に終わる。その時、祭式をとおしてゆっくりせり上がってきた緊張がはっきりとほぐれる。人々は死んだ動物の解体と分配を準備するために、議論し押し合いへし合いし始める。かくして、祭式に参加している人々が単一の共通の目的に向けて、分割できない一つのまとまりとして最も明白に一体化するのは、槍を激しく突き出しながら最後の祈願がクライマックスに達して、犠牲獣の身体的な死が起こる直前の瞬間である。犠牲獣が殺されてしまうと、人々の個別の性質、個人的および家族的な差異、それぞれの地位に応じたさまざまな権利と義務が再び明らかになる。

家畜の役割に関連して、先に私は一頭の雄牛や去勢牛とその肉の慣習的な分配をとおして、親族集団の統一性と多様性を表現するディンカのやり方を説明しておいた（三七—三八頁）。供犠においても同様に、犠牲獣がまだ生きた全体をなしている時点では、まるごとの犠牲獣に関わる共通の関心のうちに、集まったすべてのメンバー同士の間の相互の差異が最小限になっている。死とともに、その肉の分割において、異なる所属グループの慣習的な権利への関心が戻ってくる。その権利は原則としてははっきりしているが、その権利帰属の詳細においては論争が起こりうる。人々は再び自分たちを犠牲獣との関係だけにおいてではなく、他者との関係において眺め始める。

かくして供犠は、地域の共同体としての生活の基礎の再‐創造を、言葉の十全な意味において含んでいる。まるごとの犠牲獣は、神聖なるものとの共通の関係における人間存在の一体的な連帯性に対応している。それに対して肉の分割は参与する人と集団の社会的差異化に対応している。これとの関連において意味深いのは、簎措の長の中心的な秘儀である神霊〈鮮肉〉へのある種の供犠では、供犠獣は普通の供犠の場合のようには、地域の共同体に分配されないということである。供犠獣は、その死においても差異化されえない全体とみなされており、その全体は単一の男系集団によって消費される。それは男系集団のなかで共有され、分配されることはないのである。

ここで次章を先取りしたような脱線をしたのは、ディンカの口頭での儀礼の形式と手続きがいかにして供犠獣を殺す直前の「集合」のクライマックスを導くのかを示唆するために必要だからである。祭式がある程度進んでからようやく、何人かの参加者が、祭式に応じてあれこれの神霊に憑依され始める。そしてとりわけすでに記述したようなしかたで震え始めるのは[39]、最後のほうの祈願の発言者たちである。こうした行動は、明らかに（少なくとも部分的には）次第にリズミカルな緊張感を高めていく特定の言葉と文の挑発的な影響を受けたものである[40]。供犠の祈願において、効果的に語る権利を持ち集会全体によって支持された者たちによって語られる聖なる演説の全能性に対する集団的な信頼によって、参加者の個人的な関心や疑いは次第に乗り越えられていく。こうした祭式の間ディンカは、人間の行為について通常の状況なら心に抱きうる不安な疑いを、まったく表明しない。

供犠の祭式の過程で最初に憑依の兆候を示す人は、（私の意見ではたいていの場合）意図的でない体の震えや引きつりを起こしやすい人であり、彼らは大げさにそうすることで意図的に自分をけしかけているということなのだろう。そのとき体は、そういう状況で信仰と伝統が心に期待させ、またある程度意図的に予想させる感覚と運動にすばやくゆだねられる。[41] 憑依状態が、最初の段階では自分で引き起こすもの、あるいは見せかけのものである事実は、ディンカによって認識されている。しかしわれわれと違って彼らは、意識のある人間が意図的に協力したことによって、最終的な憑依状態が彼自身以外の者から来たことが無効になるとは決して考えないのである。ここで再びわれわれは、出来事に対するディンカの潜在的な受動性と、出来事を形づくるときに自分が果たす役割に対してわれわれが帰しがちな能動的な構成との違いに出会っている。ディンカは、人格乖離状態をもたらす際に意識的自己がとる行為ではなく、屈服して自らを譲り渡すことになった通常の人間の人格が最終的に置き換わることのほうに関心がある。こうした状態に対する彼らの関心、それに対する彼らの説明は、われわれの関心と説明が終わるところから始まる。つまり、意識的な操作が明白かつ大幅に放棄された時点から始まる。彼らは「それがいかに生じたか」というよりむしろ「何が生じたか」に関心があるのである。

祈願が終わり、供犠獣が横倒しにされると、祈願をした人々は完全に消耗してしまっているとみなされることが多く、そして確かに彼らは行うよう求められた身体的な働きと比べると不釣り合いなくらい、過敏になって疲れ切っている。祈禱が実際に強力であった場合には、彼らは震え上がるような興奮状態にあったとみなされる。参加したすべての人は、実際に、祭式が次第に作り上げられていく状況に浸りきっていたようにみえる。祈願における意思と願望の集合的な表現は、疑いもなくその一時の自律的な行為を創造する上で大きな役割を担っている。そのことの意味については、後に立ち返ることにしよう。

ここですでに引用したテキストに関わる重要な語や表現に関するコメントに話を移そう。「祈願する」、「祈願」と訳してきた語は、ラム（*lam*）である。名詞形ではラムラム（*lam-lam*）となることもある。翻訳というものは全面的に適切ではなく、場合によっては誤解を招くということを認めざるをえない。ラムは他動詞的にも自動詞的にも使いうるので、私は時に英語の用法を破って、「祈願する」を自動詞的に使わざるをえなかった。加えて英語では、われわれは「祈願する」を神や精霊や、何であれ呼びかけられる相手を目的語として、他動詞的に使わなければならない。だがディンカ語では、ラムの全体状況において〈力〉に呼びかけがなされているにしても、ラムの目的語ははっきり言えば〈力〉ではない。[42]

他動詞として使われる場合、ラムの目的語は供犠獣である。だから正確に言えば、ディンカは供犠しようとする雄牛にラムすると言わなければならず、簎猎の長はその敵にラムすると言わなければならない。後者の意味では、ラムの意味は（儀礼的）呪詛に近いかも知れない。しかし荘厳な呪詛には、ワークという別の語がある。ラムの行為において、人は自分が祈願の対象に実際に何かをなしている、と考えている。また彼らは、さまざまな〈力〉に対して、自分たちのために動いてくれるよう呼びかけている。犠牲獣であれ人間である敵であれ、その対象に影響を与えあるいは弱めるのは、言葉で述べられる祈願であるということに注意すべきである。したがって供犠する去勢牛の喉を切るのは供犠の行為に必要な物理的な締めくくりであって、その最も大切な部分は、言葉によってすでになされているのである。祈りの演説がなければ、あるいは少なくとも意図が言葉によって表現されていなければ、供犠ではない。だからわれわれは、物理的な死よりも最後の祈願に、注意がより集中されているのを見たのである。

この意味での祈願と、特定の供犠の目的のために特定の家畜を取り置くこと（ディンカ語でマッチ *mac*）は、相互補完的な行為である。何らかの理由で〈力〉を慰撫しようとするディンカにとって適切な行為は、一頭の家畜を取り置き、それに対して祈願すること（*bi muor mac, bi lam*）である。マッチという語については、すでにクラン神霊との関連で論じた（二〇〇頁）。最も単純な意味では、それは屋敷地のなかの杭に家畜をつなぎ、そうやって家畜に向かって祈願が唱えられるようにするということである。それから家畜はすぐに供犠されるか、もう一度群れに戻され、家畜がそのために準備された目的、つまり何らかの〈力〉か神霊への捧げ物という目的以外のいかなる目的にも使わないという特別な制限下に置かれる。取り置かれた、あるいは奉納された供犠獣はマッチとラムという二重の行為によって作り出される。例えば、家畜は〈デン〉の去勢牛となることによって、屋敷地と家畜の群れのなかで、その自由神霊の活動の「中心点」となる。〈デン〉は、ある意味でその家畜に閉じ込められる。それは、「人々が〈デン〉をマッチした」という申し立ての意味複合の一部である。つまり人々は、一頭の家畜を供犠のために取り置くことによって、そうしなければ人間存在の間に危険を撒き散らしかねない〈デン〉の活動を、ある特定の既知の家畜に限定しようと望み、その家畜においてデンが場所的に帰属すると同時に崇敬されるようにする、ということである。

こうして取り置きと祈願が、ある特定の文脈で、しかも人間の意図が十分に申し立てされた文脈で、犠牲獣を準備する。このことは、私が引用したテキストに豊かに盛りこまれている。家畜は、語りかけられる言葉を聞くよう求められる。祭式が進行していくと、つながれた家畜はしばしばおとなしくなって、眠たげになってくる。それをディンカは、ラムそのものが家畜を弱めるという。こうして祈願は受動的な供犠獣を作るのである。

先に述べたとおり、去勢牛、さらにとりわけ雄牛は、ディンカにとって生気が特別に豊富な生き物で、歌のなかでは、それを使って最も一般的に攻撃的な力強さが表現される。だからこの場合、祈願において、演説という、それを行う資格のある者による人間の行為が、この能動性とエネルギーの典型である雄牛を、理想的には集会の行われる目的となっている要求に従属する弱々しい犠牲獣に変換する。本当[43]

に能力のある箝褚の長のラムの力を誇張した表現では、雄牛の武器である角がその言葉の前でしおれるとまでいわれる。

祈願は、そのなかで言及される者たち、例えば敵を、直接弱めるとも考えられている。妖術を仕掛けられたとされた箝褚の長の回復のために唱えられた一連の祈願では、妖術師は活動的であることをやめ、死ぬはずだと言われるのを見た。その祈願全体をとおして、想定上の妖術師と箝褚の長との間で行われる、弱さと強さ、押す力（action）と引く力（retraction）の間の綱引きが強調されていた。そこで敵を表現する語りの描き方は興味深い。

もし鳶が、私のものの上に舞い降りてくるなら
私が何者かわかって、後悔するだろう
鳶は心のなかで震え上がる［その能動的行為の源泉は麻痺させられる］

この猛禽類の鳥の比喩は、われわれにもわかるだろう。その適切さをとおして、ディンカは力強い、自ら決定する行為を表現する。(44) だから、犠牲獣に向けられ、かつ敵や危険にも向けられる祈願それ自体が、「状況」を能動的に制御しようとすることなのであり、その結果、参加者たちの望むことが成し遂げられるのである。供犠獣は、あるいは敵は、完全に受動的に「される」。この解釈は、例えば供犠獣を打ち、また猛々しい敵意を見せつけるなどの身ぶり手ぶりで行われる儀礼ともよく合致している。

祈願における表現は、犠牲獣をえじきにする形式を指示している。犠牲獣は捕らえられて、死を待って昼日中につながれている、それは人間の代わりに苦しみを受けるよう、病気をもたらす作用者に対し

て与えられている。祈願においても、呪術に使われる根と並んでしばしばすべての種類の病気の名前があげられ、今後それらは「服従する者をなくし」、死に向かって「みんな一緒に去勢牛の背中に乗って」死出の旅路に出るよう、言い聞かされる。

供犠において、ディンカは犠牲獣の生命を、供犠がなされる人間の命と交換(*war*)する。[45]〈力〉は去勢牛を取り、人間は命が助かる。家畜が人間存在の身代わりになるさまざまな状況はすでに記述したが、供犠の中心的活動において、この価値の置き換えの究極的な形態がドラマチックに表現される。人間的なパッシオネス(受苦)をもたらすすべての作用者が祈願に集められ、その犠牲者となっている人間から「分離され」「解き放たれる」。それらの作用者は実在的な力であるというディンカの固い観念を前提にすれば、それらをなき者にしてしまうことができないことは明らかである。それらが「服従する者をなくし」てさまようのがせいぜいのところである。だがそれらは祈願においては供犠の動物に転移されて、しばしばよそ者の土地に行くよう言い聞かせられもする。ただしそれらは、「下の前歯のある」よそ者の土地に送られる。ディンカと同じように下の前歯を抜き、同じ問題を抱えた生活をしているためにディンカが強い仲間意識を持っているヌアーの土地に送られるのではない。

祈願と供犠において、人間に苦しみをもたらす作用者が一括して象徴的に人間存在から切り離されるのに対して、その反対に、人間の力と成功の源泉は簎矠の長の言葉において、すべてが一つにまとまり、供犠が望む目的を達成するためにともに働くように結集するよう求められる。強化する諸力、特に神性とクラン神霊が共同して活動する必要性は、ディンカの宗教的思考において非常に重要である。すでにみたように、彼らが呼びかける相手が常に「父たちの何々」であるとおり、祈願において彼らは自分たちが人間として受け継いできたもの全体に助けを求めているのである。人間生活のさまざまな困難や危険にもかかわらず、彼ら自身が生きていて増えているという事実は、その受け継いできたもののうちに、常にその継承を危険にさらしている死と不妊の力より強い何かがあることを立証している。祈願において、「母の何々」も呼びかけられうるが、主要な強調点は男系的な継承と、祈願を唱える簎矠の長たちと、彼らが祈願を唱えてやる政治共同体との内在的な歴史的結びつきに置かれている。「私は母とともに来た私生児ではない」（三三四頁）、「父があなたに気を配っていたかつてのように、今、人々を助けてください」（三三八頁）。「私の祈禱者よ、遠い昔の祈禱者よ、祖先たちの祈禱者よ、あなたたちが今話しかけられている」（三三二頁）というような表現に示されているのは、こうした伝統的かつ正統的な権威への訴えなのである。祈願全体にわたる「私の父（*wa*）」という語の繰り返しは、祈る人々を父の権威と同一化させるが、それは一人ひとりのディンカ人が自分自身の家族の経験から認識する父の権威なのである。

人間を強化できるすべての作用者による一体となった行為が、効果的な祈願のために欠かせないという概念は、人間社会の次元でも並行するものであり、祭式に参加するリネージと共同体の協同と一体性は不可欠である。不和や分裂は人間の神聖な演説と行為の有効性を弱めてしまう。だからこそ、いくつかのテキストで過去の不和が否定されているのである。さらに簎矠の長のリネージのメンバーは、他の大きいリネージではよくあるような結婚のための分裂が決してないという意味で、自分たちは「一つで、二つではない」と祈願で強調することもある。(46) 供犠における集団的行為の必要性については、またあとで言及する機会があるだろう。こうした行為には協調が求められ、したがってある種のリーダーシップが求められる。簎矠の長において、ディンカはヌアーにはあまりみられないタイプのリーダーシップを持っている。それと同様にヌアーの宗教的な実践は、それほど団体的行為に限定されてはいないのである。

全体としての祈願の行為において、人は自分たちを襲う悪に対する操作の手段を行使しているのだと主張する。しかし全体の活動を構成する演説には、助けを必要とする状況に関する申し立てを伴う多くの懇願が含まれている。こうした懇願や説明的な演説はロン（*long*）といわれる。この動詞が他動詞的に使われる場合は、その目的語は常に神性や神霊、〈力〉である。それに対して演説によって構成される行為全体は、先に述べたとおり、供犠獣に向けられる。

誰でも「祈りを呼びかけ」（ロン・チョル *long col*）、自分の窮地と要求を述べることはできる。だが簎猎の長はほかの人々よりも大きな権威をもってそうする。彼らの主要な職務の一つは、夜、家畜囲いのなかで、人々と家畜の守護を求めて祈り、人間と家畜とに関する自分の意図を申し立てて、以下の歌のように祈ることにある。

マジョック・アコット（Majok Akot）という簎猎の長は、夜、祈った
牛を移動させてください、川を渡って牛を移動させてください
川は干上がり、深くないはずだ
私は［祈りによって］牛を解き放った

ある人は、今では簎猎の長はかつてのようにキャンプで人々のために祈る必要がそれほどなくなった、というのも、政府が人々を敵やライオンから守る仕事を引き継いだから、と言っていた。(47)

ロン・チョルの時にする嘆願の祈りや演説は、それ自体、供犠を必要とするものではない。簎猎の長

は個人的に、かつ必ずしも槍を振り回さずに祈ることができる。だがラム、つまり祈願の全体的な行為の場合は、槍あるいは槍を表すものが必要となり、それを持って右手で突き刺す動きに合わせて、参加する人々が断言の言葉を繰り返す。祭式における合唱は、ロンつまり演説を反復（*gam*）する。[48]ディンカ語では「ラムを繰り返す」と言っても意味をなさない。なぜなら、ラムとはロンを構成要素とする口頭および身振りの儀礼全体のことだからである。ボル・ディンカやアガールのようにもっと東の地方では、こうした演説をする役割はそれぞれの下位クランにある「ロンのリネージ」という特定のリネージに特に帰属するものとみなされている。しかし私は、ここでの資料のほとんどが収集された西ディンカでそういう例に出くわしたことはない。

演説と発言された祈りには、助けが祈り求められている〈力〉への讃美の行為が伴い、それに支えられている。こうした行為は、ディンカ語でロック（*rok*）といわれ、まずもって歌や讃歌で構成されている。この章ではその例を二つあげたが、前の章に示したほとんどのものは、ワック・ロック・ニアリッチ、ヤス（*wak rok nhialic, yath*）など、つまり神性や神霊を称える歌と呼ばれる。ここではさらに三つの歌をつけ加えよう。最初はクラン神霊〈亀〉を称える歌である。

〈亀〉はどこに行った
探しているが見つからない
タマリンドの樹の根方に腰をおろして
それ［〈亀〉］のために雌牛の乳を絞る
アブック・デンよ、〈亀〉よ、エエ

彼らは父の富を残して立ち去った

ここには、神霊が不在だ、彼らを呼び出さなければならない、という典型的な申し立てがみられる。雌牛の乳を絞って、〈亀〉に注いで捧げるために、瓢箪はタマリンドの樹の根方に置かれている。そして

彼らは父の富を残して立ち去った（*kek anyieng jiek wun wei*）

という表現は、家を出ていったきり相続を求めに帰ってこない人についていわれるものである。ここでは〈亀〉クランが「不在の」神霊のために捧げようとしている捧げ物のことが歌われている。次は〈ライオン〉を称える讃歌である。〈ライオン〉はここではパグオール・クランの神霊だが、ほかにも同じ神霊を持つ人々はいる。

白い去勢牛を殺して、私たちの祠イック（*yik*）を作ろう
私たちは明日、祠にキスしよう(49)
白いやつの牙を尖らせよう
白いやつ、アコルの息子よ、私を憎む者がいれば、その者はライオンの牙で貫かれよ
たくさんの「ライオン」が、雨季の草の背の高い茂みに隠れている

この歌では、供犠獣である白い去勢牛と、神霊である〈ライオン〉との同一視について説明が必要であ

る。「白い去勢牛」と「白いやつ」は、ディンカ語では同じマビオール（*mabyor*）という語で表されている。これはよく民話に出てくるライオンの名前でもあり、かつ共通祖先アコル（「黒いやつ」）から出たパグオール・クランの創始者と一緒に生まれた双子のライオン＝息子の名前だろうと思う。（供犠を準備して）ライオンの「歯を鋭くする」という句で、クランの者たちは、もちろん自分たちのためにライオンが「噛みついて」くれるようにしている。この讃歌には、普通のディンカ語でライオンを指すコール（*koor*）という語は出てこないし、ライオンを指すその他の語、例えば通常ライオンから連想される恐れや敵愾心に心情的に結びつく語も、コールと同様に出てこない。最後の行の「ライオン」は私の挿入で、ディンカ語では暗示のみである。

最後の例では、翻訳できない句を二行省略してある。

蟻の子らよ、私たちは乾燥に苦しんできた(50)
どうして私には家畜がないのか、どうして私には穀物がないのか――
それが私の質問だ、エエ。
私は自分を鼻にかけた男だった
私は自分の欲のためにマジョックの去勢牛を殺した(51)
アゴックの子らよ、父よ、蟻の子どもたちは勘当された（？）
［だが］父である創造者は人間たちを創造した
私たちは、私たちの世話をしてくれる主を誇りに思う（*banydan yeku rok*）
マヤン（Mayan）［神霊か預言者］は神性をたたえる（*rok*）

デンの息子であるマヤンは占う
私たちの牛を貪ったのは〈ゴロン〉[52]〈Golong〉だ

動詞「ロック（*rok*）」は、他動詞的に使われる場合、目的語として供犠における犠牲獣、神性、〈力〉、あるいは籥禮の長や預言者などを取る。ネーベル神父は「慰撫する」と訳しており[53]、確かにこの語には強い慰撫的な要素がある。だがその意味は単に、ロックが捧げられる相手が、人々の期待の実現を、消極的にだが可能にする、ということではない。通常の英語の用法では、「慰撫する（propitiate）」はディンカ語が示唆するよりも何かしら防御的な活動を意味する。むしろ「慈悲深くする（make propitious）」のほうがディンカ語の意味を保っている。ロックの対象は、歌が捧げる誉れによって慈悲深くされるのである。

世俗的な状況でも、ディンカは重要な人物を褒め称える手段として合唱を使う。だから西欧人の訪問者は、しばしば男女の合唱によって迎えられる。彼らはこうした表敬を払うことで寛大に報いられることを信じ期待しているのである。これはロックではない（ロックは宗教的な文脈でのみ使われると私は思う）。それは〈力〉に対して帰される栄誉の世俗的な類似物であり、それが向けられる人たちのうちに好意的な気分を作り出すのを期待してのことである。籥禮の長の神話のなかには、最初の籥禮の長が最終的に彼のために作られた歌によって機嫌をとられ、なだめられるという例がある（二七六―二七七頁）。

機能的には、供犠の演説を区切る合唱は、演説に単一のコントロールされたリズムを与えることで、その効果を高めている。合唱はまずもって即興ではないという点で、演説と異なっている。その結果、歌による合唱は先導者の言葉を単に繰り返しているのではない。合唱は演説を補完しているのである。

合唱は祭式が進行するにつれて明らかに良くなっていく。初めは、祭式を指導する者が歌に集中するようみなを叱らなければならないことも多い。やがて人々はだんだんに祭式のうちに「自分を解き放ち」、たいていは讃歌の後に最初の憑依の兆しが現れる。訪問者をたたえる世俗的な合唱でも、同じように合唱のリーダーは、乗り気のない、気の散ったやり方では気前のいいお返しが期待できないから、初めのうちみんなを励ます。歌は、力強く歌うとき、単に人の注意を請うだけでなく注意を要求し、たとえ世俗的な状況でも、歌は非常に激しく褒めたたえられる人物をめがけて（単にその人物のためにでなく）歌われるので、その人も積極的に関与せざるをえなくなる。(54) したがってディンカの口頭による儀礼には、三つの主要な要素がある。それは、申し立て、懇願、そして称賛である。これらは供犠儀礼の「式次第」ではなく、そのなかで混ざり合い、組み合わさっている。申し立ては、祭式を催す目的である苦境を言い表し、究極的に人間がそれを操作する手段を持つことを主張する。それは、演説という人間の確かな行為に内在する力と権威に関する断言を含んでいる。懇願は、人が社会や世界においてより上位の「種類のもの」に依存していることを承認し、したがって従属性と弱さを認めるものである。神性と神霊の称賛は、彼らが実際に好意的になってくれるに違いないという信頼に満ちた希望をこめてなされるもので、自由と依存を同時に含む行為である。それは依存と従属を意味するが、先にみたような意味で、上位の〈力〉を称える人間の行為はその能動的な助けをほとんど強制するに違いないと想定しているのである。

かつて人類学では、「呪術」と「宗教」は、「呪術」が強制し操作しようとする行為とみなされるのに対して、「宗教」は慰撫と懇願に関わる行為とみなされる点で区別されるはずだと考えられていた。そうした区別はおそらくもはや影響力も利点もないだろうが、われわれが記述してきた観点からすると、ディンカの供犠儀礼を理解するにあたって、それがいかに不適切な思い込みを与えてしまうか、注意しておく価値があるだろう。というのもディンカの供犠では、懇願と操作は単一の行為の補完的な部分だからである。あとでもっと十分に検討するが、そこでは人間の行為の自由と不確実性の経験が再現され、最終的に人間の行為が有効である可能性が強調されるのである。

口頭の儀礼の主要な要素に明らかな、人間による操作と人間の受動性との間の関係は、神話にも明白に示されている。人間と神性との分離の神話と、簎矠の長の神話は、今日のディンカの宗教的実践に関わる総体的なミュトス（*mythos*）として受け取られるべきである。

人間と神性との分離の神話では、覚えておられるだろうが、人間の最初の自由なふるまいが、結果として人間経験に苦しみと死を導入することになった。それに対して簎矠の長の神話は、人間の行為と人間の自由との間の逆の関係を示している。というのも、そこで人間は初めアイウェル・ロンガールによって殺されていたが、一人の男が殺害する力に対抗する計画を立てたからである。こうして人々は、最初の人間の自立的な行為が人間すべてに課した条件を、究極的に乗り越える力を身につけた。最初の分離の神話と簎矠の長の神話は、かくして、ともに口頭の儀礼の基礎をなしている従属の告白と強さの断言が相互補完的であるのと同じやり方で、お互いに補完しあっているわけである(55)。

厳密に宗教的な状況以外でも、神話と口頭での儀礼において認められた自由と不確実さの関係は、ディンカの生活のなかに、特に先に論じたディンカの家族内の関係構造に、類似したものがある。歌や会話に出てくるテーマの頻出度によって判断するなら、父親の権威は自分の家族を持って独立することを考え始めた若者を悩ませる。若者は自分の結婚を見据えて父親の財産処分に異議を申し立て、意思の衝突が起こりうる。だが最終的には、常に息子が和解の姿勢を示さなければならない。なぜなら伝統的なディンカ社会では、結局のところ息子は、父親や後見人の助力で自分自身の独立した屋敷地を持てるようになるまで、彼らに従属しているからである。

もっと視野を広げると、人間の強さと弱さという対になったテーマは、ディンカの詩の心象に広くみられる。人間は踏み潰されてしまう蟻のようなものだ、狩られ、追い散らされる「獲物のよう」だ、見棄てられた子どもだ、川の力に身をゆだねて否応なしに運ばれていく「ナイル・キャベツのよう」だ、などなど。去勢牛の歌で、作詞者はいつも制御を超えた条件によって課される不満のテーマを繰り返す。ところがその一方で、同じ歌のなかで男は雄牛であり、猛禽類の鳥であり、ライオンであり、バッファローであって、自信に満ち、自己決定力を持ち、自己主張の英雄的な行為によって思いどおりに状況を形作っていく。よく知られたディンカの物語は、一群のヘラクレス的な力技のテーマでできている。生きた豹を踊りの毛皮として身にまとい、コブラをビーズの紐とし、生きたバッファローの尻尾をベルトとするなどである。ところがファンタジーと歌のイメージのなかでは、ディンカは人間の強さと弱さの逆説に戻ってくる。それは神話と口頭儀礼の構造についてわれわれが論じたことだが、身振りによる儀礼においてもまた出会うのである。

次に、先に「申し立て」と呼んだ口頭の儀礼の構成要素についてもっと詳しく考察しよう。それは、本質的に経験には人間による操作の余地があるとする断言である。先に述べたことだが、ディンカは、宗教的文脈では個人的な行為は効力がないと、非常に明白に言明する。同席する者が一人もいなくても箍措の長が祈願をするということは、事実である。だが重要な供犠を、箍措の長が一人で行うことはありえない。さらに言えば、夜にキャンプで個人的に行う祈りでも、箍措の長は個人として祈願しているのではなく、生者と死者を含めた全共同体と男系集団の代表として祈願しているのである。「自分に呼びかけても、父に呼びかけるのでなければ、何もできない」。神秘的活動の分野では、個人的活動は妖術や邪術である。宗教的行為によって人間が経験に操作を加えると主張できる程度は、その宗教的意図の強固な共同的性質と緊密に結びついているのである。

このことは、すでに概略を描いた神性と〈力〉の解釈（第四章）にも、部分的にだが当てはまる。影響力の大きい〈力〉は（現実におけるその基盤が何であれ）さまざまな種類の共有された経験を喚起させるが、供犠儀礼でそのイメージを象徴的に操作するには、それに意味を与える共通の価値を共有する人々の同席が必要になる。だから、例えばクラン神霊が必然的にクラン関係の経験をイメージさせるなら、それを呼び起こすことは、現実であれ想像上であれ、どうしてもその経験を共有する人々の存在に依存する。それゆえ、故郷を離れた個々のディンカ人が不幸にあって苦しむとき、彼らは自分たちが非常に危険な状態にあると考えるのである。というのも彼らは、その苦しみに対処するのに必要な、経験を全面的に共有できる人々の共同的な行為と意図に由来する自信を欠いているからである。普通の世俗的な生活に関わる事柄でも〈力〉に関わる事柄でも、個々人は弱いが、社会集団は強いのである。

しかし効果的な操作には宗教的な行為における共同的な意図が必要だという信念は、もっと深い根を持っている。先に示したとおり、箍褶の長たちが先祖から継承してきたと考えられている中核的に重要な天賦の能力は、真実を見抜く能力、「真実の言葉」を話す能力、つまりある状況が現実に、かつ絶対的にそうであることを表現する能力である。この「真実」とは、虚偽の反対であるものを含むが、それ以上の何かである。理想的には箍褶の長によって語られ、その祖先によって保証される真実は、過ちの反対としての真実なのである。ディンカの思惟において、それは共同的な意図によって到達され、宣言されるようなものとしての真実である。そういうわけで通常の世俗的な論争では、論争者たちの間の意見の相違点やその他の多くの事柄は、その場に立ち会う人々の集まりの前で、長々と表明される。伝統的なディンカの「法」では、「決着をつける重要な人々（*koc dit de baai*）」の間で常にそのような集まりルック（*luk*）があり、その集まりが「ともに言葉を話し（*wet matic*）」、事案の正邪に関する真実の判定に到達したといわれる。この手続きは今日では政府の法廷に引き継がれており、集会が到達する結論は、外来の法理と証拠の妥当性によって部分的に管理され、論争者に課される決定として言明されるようになっている。

ディンカにおいては、ほかの多くの未開な民族と同様に、かつての伝統的なルックはそうした意味での「訴訟」ではなかった。ルックという語は今日では法律的な訴訟を意味しているが、非常に異なった種類の手続きを意味する用法を持っている。動詞として使う場合、「彼らはルックを切った、だがまだルックを持たない」という言い方が可能である。これは、政府の法廷は決定を出した、だが当事者たちはまだその結論で和解していない、という意味である。あまり話を脱線させないように言うなら、ルックの伝統的な目的は、論争者と共同体に状況の全体を表明することであり、そうやって、葛藤状況にある人々それぞれの立場からの真実を超えるようなやり方で、その正義と不義、真実（ディンカでは正義と同じ語）と不実を明白にすることであるといえるだろう。したがってルックという言葉は、状況の客観的な真実をみるために「ともに相談し」、意見の相違のある人々が、理想的には、その見解表明に照らして、それぞれの見方を相互に合致させる、というような意味だといえる。そういう意図で集まる人々は、ある程度まで、この種の真実に到達する能力があると考えられている。そうするために、彼らはしばしば西欧の法からみればきわめて不適切と思えるような証拠を持ち出す。しかしそれはディンカの目から見れば状況の全体的な真実に重要な関わりがあるのである。例えば、ある男が姦通をしようとしていたという事案で、姦通者が買った砂糖を自分には分けるのを拒んだという証人の証言が認められたことがある。砂糖は姦通に何も関係がない。だが両方ともその男の本性を表現しており、それゆえ、集会がその結論の基礎とする全体的状況に関係があるのである。

このようにディンカの考え方では、「相談に」集まっている男たちは、彼らが立ち向かっている状況の客観的な真実を見抜くための措置をとることができる。宣誓や神判に頼るのは、その事案において人間の判断が破綻したときの最後の手段で、その場合には〈力〉に直接判決を求めることになる。そこまで行くのをディンカは嫌がる。なぜなら、嘘をつけばその結果は、自分の立場は正しいと主張するためにつく嘘よりもはるかに重大なことになるのを知っているからである。

法廷での演説を指すロンという語は、供犠における演説を意味する語と同じである。そしてテキストの特徴を振り返ってみれば、先に言及した「宣言」は実際、現実にそうであるものとしての状況を、すなわち(われわれの観点からすれば)ディンカがそうであってほしいと望む状況を、完全に叙述するものになっている。そのことは以下のような宣言に明らかだろう。「私は[かつて]子どもが病気になればよいと言ったことはなかった。喧嘩は昔の話だ」(三三二頁)、「私はあなたの娘の家族と喧嘩をしたことはない。私は彼らと仲良くやってきたし、私は姉妹の子どもたちに悪意を抱いたことはない」(三三六頁)、「私の父である方よ、私はかつて父が死んだ時、あなたをないがしろにしなかった(軽く扱わなかった)。そうではない。私が父の出自集団の混乱をもたらしたというのは本当ではない」(三三五―三三六頁)。

明らかなことだが、もし歴史的な事実としてそうしたことが起こらなかったなら、それが起こらなかったなどと宣言する機会もなかっただろう。ということは、ディンカは神霊を騙すことができると考えているのだろうか。その解釈は、ディンカをそんなに単純だと想定する点で、単純だろう。こうした否認がまさに存在するということ自体が、過ちの告白なのである。こんなふうに、人があれこれのことをしたのは真実ではないと宣言する場合、彼は、自分はそんなことを決してしなかったという主張以外の何かをいわんとしているのである。われわれの観点からすると、彼は、自分はそれが真実であってほしくないと言っている、すなわち彼は、それが起こらなかったことを望んでおり、自分の意図は、公に表明するなら、それが究極的には真実でないことを望むことにある、ということになる。言い換えれば、何らかの機会に人がしたり言ったりしたことは、決して彼の永続的な性質を表しているのではなく、彼の永続的な性質と意図は、彼が描き出す状況の真実、すなわち実存的真実〔客観的な事実ではなく、自己意識を持つ人間存在にとっての真実〕を構成しているのである。同様にわれわれ自身の言い方で言うなら、われわれは一時の感情の爆発を理由に、ある人が怒りっぽい性質だというのは真実だと思わないだろう。

ここで論じた事例でディンカの宣言が断言していることは、神性や神霊が見る状況の絶対的で客観的な見方とは、過去の行為や態度に照らしたものではなく、今、病人に対して持っていると彼が宣言する真実で全般的な意図における見方である、ということである。彼の演説を繰り返し、それに同意することで、共同体は彼の宣言の真実性を是認する。彼と共同体は、祭式という世界において、そこで言及される出来事に付与したいと望む意味をともに創造する。こうして共同体によって宣言され是認されることで、話されたことは、定義によって、予期的に真実であることになる。それは、祭式の場で祈願する人々の行う宣言の正しさによって、そうなる。彼らは、変わることのない行為の正しさに基づいてではなく、時を超えた意図の正しさに基づいて、断言する。この同じ理由によって、供犠の状況において集会に集まった成員とグループの間にある不和や敵意も否定され、行動に現れるべきでないものになる。

もちろんディンカは、彼らの間の不一致は祭式の状況で一時的に停止しているだけであることを知っている。祭式が終わった時点で、個々の差異がもう一度あらわになってくることは指摘したとおりである。しかしその時点まで、祭式そのものはその効果的な執行に必要とみなされる条件を創り出している。共同体は、そのメンバーが理想的とみなす、一体化され意思の統一された形で、再‐創造される。最後の章でわれわれは、この一体性——共同性の自覚的感覚——の再‐創造が、一つの集団が同質の他の集団に対して持つ敵意をも必然的に含んでおり、かつ彼らの象徴的行為が操作しようとする〈力〉への人間の側からのある種の敵意をも含むのをみるだろう。

かくして口頭の儀礼が表現していることは、ディンカがある状況の真実とみなしていること——すなわち、時間、空間における特定の事実という真実ではなく、いうなれば実存的真実なのである。人間存在は口頭儀礼の情動的な動きに誘導されて、自分たち自身の「本当にそのようである状況」を創り出すことができるということを、われわれは指摘してきた。テキストはまた、祭式が困難な事態の操作に向かって動いていくにつれて、話されたことの内容がいかにしてその苦境を定義し、公的に認知するかを示している。祭式は宣言された状況の真実を再‐創造するとみなされているがゆえに、宣言において意図的な誤りが起こらないように注意を払うことは、きわめて重要なことになる。それゆえ簎猎の長は人々に、しばしば偽って話さないように——まずもって過去について、しかしそれだけでなくその言葉が虚偽であったことが明らかになることのないように——、求める。例えば引用した最後のテキストでは、罪のない子どもが妖術師のものかもしれない簎猎を置いていったという可能性に余地を残すよう、大きな配慮がなされている。彼らは祈願の持つ固有の力が無実の人に損害を与えるのを望まない。人々は祈り求めているものの実質を受け取ると信じているので、要求することを正確に宣言することに非常に深い注意をはらう。預言と同様に祭式では、共同体と共同体のために話す資格を持つ者が、共同で意図することを、すでに達成されたものとして最終的に表象する。だから箝褡の長は最終的に、自分たちは病人を苦しめている作用者から解放したと宣言する。理想的には、病人はただちに立ち上がって通常の健康状態と体力を回復するはずである。理想化された供犠の説明においては、そういうことが起こる。「病人」は、十全な語源的意味において、「回復期」にある。実際には、多少の遅れが見込まれるが、遅れは信念を少しも揺るがせない。なぜなら、供犠はそれ自体の目的を達成しているからである。それはすでに精神的な現実を創造しており、ゆくゆくは身体的な事実もそれに一致すると期待されているのである。

以上、われわれは主たる口頭による儀礼、具体的には供犠におけるそれが、操作の断言と弱さの承認を結びつけて、人間生活における自由と不確実性の関係を、最終的には自由がより強いものとして現れる関係として、断言することをみてきた。人間存在は、いつもは受動的に経験している状況に対して、能動的に行為する能力があると断言する。この観点からして特に重要なことは、供犠儀礼は何よりもまず生け贄をつくり出す行為だということである。強く能動的な動物が弱く受動的にされ、人間のパッシオネス（受苦）の重荷が動物に転嫁される。動物は供犠がなされる人物の身代わりとして苦しみ、そして人間たちは、その苦しみをイメージさせる作用者から象徴的に解放される。そしてまた彼らは互いに身体的に結びつき、かつ彼らの強さをイメージ化した作用者とも結びついて、自分たちが、考え抜かれた行為によって最初の箝褡の長に打ち勝ち、その「生命」の恵みを受け取った存在であることを、公に宣言するのである。

注

(1) ここで使われているジワイ（*jwai*）という語は、高熱の病人のさまざまな状態について用いられる。

(2) 牛が祈願の間に放尿することは、供犠が〈力〉に受け入れられるしると受け取られている。ここでは、牛が理想どおりのタイミングではないが、尿をしたことが確認されている。

(3) 名高い祖先の名。

(4) ディンカ語ではソン・ソーン・イン（*thon thoon yin*）。私はこの翻訳にまったく自信がない。「あなたにおく信頼」という意味かもしれない。

(5) ここで彼は、その場にいながら気を散らして関心を寄せていない人たちに注意を促している。

(6) 若者の病気の原因の一つの説明として、父親がかつて手に入れて放置していたマスィアン・ゴック（Mathiang Gok）という呪物が原因だという。

(7) これはすべてのディンカの祈りや会話で文を区切る特徴的な語である。私はこれまでその繰り返しを省いてきた。

(8) ディンカ語では、ニアリック・アラ・イッチ・ラン・ラ・イエン（*nhialik ala yic ran la yen*）。私はこの訳はかなり疑わしいと思う。

(9) 男系のラインが死に絶えていき、子どもたちは母方オジの家族に身を寄せることになるだろうという意味。

(10) アコル・アガニィには自分に婚資をもたらしてくれる姉妹がなく、したがって自分の妻を持つことができないので、〔自分の生物学的母以外の〕死んだ父親の妻の一人によって子を成したことを指している。

(11) 籍褙の長が個人的に祈るのは、トラブルが起こりつつあるというしるしである〔四一四頁も参照〕。

(12) クランの始祖であるアイウェル・ロンガールの母を身ごもらせた波。

(13) 学名が*Synodontis membranaceus*という魚。これは動きが遅く、鋭くぎざぎざとしたとげのある魚で、踏みつけてけがをする人が多い。

(14) 川のこの場所における漁労権を主張している男の部族と紛争状態にある、近隣の部族。

(15) この文の意味は、人々は彼らが人々に害を与えたから、彼を妖術師のようなものだと言っているが、自分たちは川との先祖伝来の結びつきによって、川に対して正当な力を持つと主張できる、ということ。
(16) ディンカ語でアア・ルック・テム (*aa luk tem*)、「彼らは言葉を切る（締めくくる）」。
(17) このように比喩を用いて話すことは、祈願の力が特に強い者の特徴とみなされている。簎矠を置いていったよそ者は、病人に襲いかかった鷹である。
(18) 槍を突くしぐさは、祈願の言葉に伴うふるまいの一部である。
(19) これは、槍が単に置き忘れただけであるなら、大人がそんな不思慮なことをすることはないので、子どもが置き忘れたのだろうという意味。
(20) これらは近隣の部族で、祭式は共通の境界線近くで行われた。当時、これら異なる部族の成員たちは平穏だった。
(21) 三五五頁を見よ。
(22) 尊敬のしるし、また機敏さのしるしでもある。
(23) ディンカ語でイッチ・ンゲール (*yic nger*)、ネーベル神父は op. cit., 1936, p. 126 でそれを「同情する」と訳している。私が思うに、この語の意味はより広く、内的に弱体化し、しり込みすること、その結果、能動的行為の源泉が麻痺することを意味する。
(24) このクラン神霊は足の麻痺を引き起こすといわれている。
(25) ディンカ語をそのまま訳すと、「もし人が自分の心をほかの人に与えそこなうなら」。これを「もし彼が憎しみを隠しているなら」と訳した。
(26) これは後で説明されたことだが、すべての神霊はそれぞれ独立して簎矠の長のために働くという意味で、ひとりで事をなすように求められる。妖術師を打ち負かす報復は妖術と同じ人間の行為の結果ではなく、神的な行為である。
(27) 祈願は罪のない者を傷つけることはない、という観念を示している。
(28) これは、供犠が通常の生命と健康のための所定の供犠ではなく、特定の悪を取り除くための供犠であり、敵に損害を与えることを意図しているということを意味している。

(29) ディンカ語でナ・アチュッチ・チョル・ケラッチ (*na acuk col kerac*)、「もし私たちが悪を祈らなかったなら」。
(30) 後者の例は、図版Ⅵの写真〔原書初版の口絵写真〕に祠が示されているレク・ディンカのマジャック・マドゥト (Majak Madut) が作ったものである。
(31) 図版Ⅲ〔原書初版の口絵写真〕に見るとおり。
(32) この語についてはあとで論じる。
(33) 彼のクランであるパゴルのクラン神霊。
(34) 彼のクランの始祖。
(35) 彼は特に穴についてだけ述べて、それを作った人間のことは言っていない。
(36) ディンカ語でナ・パル・イン (*na pal yin*)、許すという意味もある。
(37) この語は「セース (*theeth*)」で、呪文でライオンや〈力〉などを「呼び出す」ことを意味する。
(38) 西ディンカは一般に、家畜を横倒しにして喉を切る。だから、非常にまずくやらない限り、縁起のいい側である右脇を下にして倒れるようにできる。西ディンカが繰り返し右下に倒す(これは同時に、日の出の方向であり、したがって命の方向である東とも結びついている)と言うのは、彼ら自身はそう言っていないが、動物を槍で刺すときの古い慣習を示唆しているのかもしれない。この点でP・P・ハウエル博士のコメント(一五二頁)は興味深い。
(39) 第三章二〇五―二〇六頁。
(40) その効果は、卜占師に明らかな人格乖離を引き起こす歌による効果と似たものであろう。
(41) シルックのアネイ・クール王の即位式の記述を参照。「床几に座る代替わりの行為は、シルックではニィカンの霊によるレス〔王のこと〕の憑依を象徴している。そこでレスは決定的な瞬間にふさわしい震えにとらえられたとみえた。そのすぐ後から、確かに彼は呆然とした状態になったようにみえた……」。P. P. Howell and W. P. G. Thomson, 'The Death of a Reth of the Shilluk and the Installation of his Successor,' *S. N. & R.*, vol. xxvii, 1946, p. 62.
(42) 英語の他動詞的な用語法でいう「祈願する (to invoke)」は、多くの点でディンカ語のロング・チョル (*long*

col）「祈禱で呼びかける」に近い。ネーベル神父は op. cit., 1936 でラム（*lam*）に「神や精霊に祈願する……*lam kerac*、呪う」という訳語を充てている。

(43) ここで私が「理想的には」と言うのは、供犠獣が最後まで言うことを聞かない場合もあるからである。

(44) 猛禽類の鳥は、歌のなかではそういうたとえに使われる。例えば次の歌は、結婚に反対している家族のもとから少女を連れ去ろうとする男のことを歌っている。

俺が戦士のような鷲だったなら、彼女をかっさらうだろうに
俺が大鷹だったなら、彼女をかっさらうだろうに
俺が禿鷲だったなら、彼女をかっさらうだろうに

(45) キリスト教徒のディンカ人は、この語を「贖う」という意味で使う。キリスト教神学における贖いの教義は、他の教義よりも表現するのが難しくないようだ。というのも、ある種の贖いと痛々しい苦難の概念は、彼ら自身の思考のなかに埋めこまれているからである。

(46) ヌアーと比較して、政治的にははるかに一体的でないといわれているディンカが、宗教上ではこのように一体性と集合性を強調するというのは、興味深いことである。

(47) ライオンが特に危険なところでは、人々は今でもライオン狩りに協力するために警官を派遣するよう、政府を説得している。

(48) 政府が主催する正式の裁判では、訴訟関係者の演説は、その役目を行うために指名された者によって一文ごとに繰り返され、あるいは文の最後の語が繰り返される。これもガム・ロン（*gam long*）という。実際、これは整然とした手続きを生み出す。というのも、演説を中断させようとする者は二人の声を相手にしなければならず、またガム・ロンが彼の発言を取り上げない限り、自分の演説を聞かせることができないからである。

(49) 第七章で記述する称賛と敬意を表す行為。

(50) 「乾燥に苦しむ」はディンカ語では一語でヤル（*yal*）と表現される。これは英語の一語文に比較できるもので、

ディンカのこの経験の全体論的な性質を示唆している。

(51) ここで彼は過去のプライドと自己満足を現在の不運と関連づけている。

(52) 〈ゴロン (GOLONG)〉はマスィアン・ゴックと同じ種類の人に損害を与える〈力〉だが、西ディンカではそれほど知られていない。その欲望を満たすために多くの家畜が供犠されるので、家畜を貪るという。そこで神性の助けが求められている。

(53) P. A. Nebel, op. cit. 1936, p. 142. *Rok* (*nhialic, atim ran*)、「(神、死者の霊) を慰撫する、償う」。

(54) 讃歌を歌うことの重要性は、ディンカにおける歌と踊りの完全な研究の上で初めて十分に理解されるだろうが、それは本書の枠を超える。ただし言っておきたいことは、合唱は共有された共同的な経験を表現し、再 - 創造するということである。故郷を離れて生活するディンカ人が最も強く感じる欠乏感は、他所の土地の歌とダンスを共有することができないことにある。さまざまな種類の歌の社会的広がりに関する完全な研究は、ディンカの社会的集団行動の幅広い範囲の記述を含むことになるだろう。ある男の去勢牛の歌を知っており、その意味がわかるのは友人や親族だけだろう。クラン神霊をたたえるさまざまな歌は、広い地域のクラン成員が知っているが、自由神霊をたたえる歌のバリエーションはもっと広く知られている。

(55) もう一つ注意しておくべきことは、両方の神話で女性が補完的な役割で登場していることである。女性は、最初の人間と神性の分離を引き起こした契機であるのに対して、最初の簎矠の長の神話では、その殺す力に対抗する手段を女性が示唆する。

第七章　経験の操作——象徴的行為

ディンカの儀礼に用いられる物的な道具は洗練されたものではない。また供犠が行われる場所も、細かく言えばいろいろ違いがあるが、容易に分離できる原則に従っている。それゆえ、精神的、宗教的な目的に供される身振りや物理的世界の諸部分の操作を研究する準備としては、簡単な説明で足りるだろう。

最も重要な「聖なる物」は祈願に用いられる槍であるが、少なくとも西ディンカでは、簎矠の長という称号はそれに由来している。聖なる槍（たいていの著者はそう呼んでいるが、その形容詞には明らかに多少の留保が必要だろう）には、主に二つの種類がある。私の経験で最も一般的なのは、返しのない、あるいはぎざぎざした歯のない簎矠、ビス・ラル（*bith lal*）である。副次的に使われる柳葉状の穂先の槍、トン・ラル（*tong lal*）もあるが、これは通常狩猟や戦争に使われるような一般的なタイプの槍である。これらの槍に用いられるラル（*lal*）という語の意味ははっきりしないが、簎矠について使うときは（特に宗教祭式に用いるものでなくても）、今日漁労に使うより普通の、返しのついた簎矠、ビス・メッチ

(*bith mec*) から区別して、返しのない簎矠を指す。ラルの先端は単純に平滑な鉄の穂先で、断面は円形か四角形で三〇センチほどの長さがある。こういう簎矠のなかのあるものは、ほかのものより古くて特別な宗教的価値があるとみなされており、短い柄に長い穂先がついた長さ一・二メートルほどの金属製の尖った杖のようにみえる。これについては後で説明を加えることにする。明らかにこういう簎矠はめったに漁には使われないだろう。ディンカはラルというタイプの簎矠が古い形のものだと考えている。今日広く使われている返しのついた簎矠は、より大きな技術的な工夫がなされていて、それゆえ使用上もずっと実用的なのである。ある種の柳葉状の穂先の槍につけられたラルという語の意味ははっきりしないが、その簎矠が単に宗教的な使用法と最初の簎矠の長に結びついていることを示しているようにみえる。先に引用した讃歌（三二〇—三二一頁）は、簎矠の長がそれを最初に持ち込んだとしているからである。私はトン・ラルと、狩猟用や戦闘用の他の普通の柳葉状の槍とで、特に目立った形態上の違いを見つけられなかった。ただしトン・ラルは、聖なる簎矠と同じように、実用的な目的に使われるものよりも穂先が長いことがある。あるディンカが言うには、穂先の軸に取り付ける端の部分に二つの尖ったつばがついているのが、トン・ラルの典型的な形だという。北ディンカの説明によると、その地方では聖なる簎矠よりも柳葉状の槍のほうが典型的で、それはどこでもアイウェル・ロンガールから直接系譜を引くクランと特に結びついているという。

私が祈願で振りかざされるのを見た槍は、年代を経たものではなく、少しも目立ったところのないものだった。ディンカは槍の軸を銅やアルミニウムの針金で飾ることがあるが、これは強度とバランスを与えるのに役立つ。祈願で用いられる槍のなかにはそうやってかなり飾り立てられたものもあるが、軸がほとんど完全に金属で巻かれたものはあまり見たことがない。大昔のものだと考えられている比較的少数の槍は丁寧に扱われ、先に考察したような通常の祭式のなかでは持ち出されない。そういう槍は穂先を革の鞘におさめて、軸を下にして持ち主の小屋に保管されており、「敬意ゆえに」日に当てないようにに守っておかなければならないとされている。(1) そういう槍の持ち主に、部外者の好奇心を満足させるために槍を外に持ち出すよう説得するのは難しい。政府の行政官の威信をもってしても、この抵抗を乗り越えることは難しかった。外に持ち出すには、まず山羊を供犠しなければならないというのである。私は、かつて反乱の中心になりかねないとか、「魔術師（wizard）」が影響力を広げる手段になるとかいう思い込みのために、政府の管理下に置かれたその種の槍を見たことがある。政府がかつて槍に対してこのような関心を持ったことが知られているので、私は自分のために槍を持ち出すことに大きな関心を示すことを、望ましいとは決して考えなかった。政府の管理下にある槍は、過去において頻繁にバターを塗られていたことが明らかで、今も革の鞘におさめられているが、それ以外の点で特に目立ったところはない。

古い槍の本当の重要性は、どうやら戦争における勝利を祈願することにあったようだ。だが私がディンカの地にいた間には、それを使うような機会は起こらなかった。とはいえ、ディンカが古い槍に敬意を示し聖遺物のように崇敬しているとしても、それを使うことが本質的に不可欠なのではないということを、注意しておくことは大切である。聖なる槍の世評高い力は、それを用いて祈願をした何代もの祖先との結びつきに由来するのである。槍を聖化するのは祈願であって、槍が祈願の効力を保証するのではない。

したがってある供犠では、新しい簎猎が祭式の間供犠獣の死体の周りに半円形に置かれて聖別されることがある。さらに聖なる槍はその正当な所有権を持つ者の手にあるのでなければ、力を発揮しないとも考えられている。したがって槍に備わる力は、本当のところ、それを所有する出自集団に備わっている力の反映であり、その集団のメンバーはたとえ棒を使っても、効力ある祈願をすることができると考えられている。棒や新しい槍は、彼らの手にかかると、「頭を貫こうとする一撃」において、過去のすべての聖なる槍の効力を表象することになるのである。[2]

こういう理由で、祈願に用いられる聖なる槍は、それを用いる者の祖先とクラン神霊に緊密に結びついている。クラン神霊は「クラン成員であり、その槍である」といわれる。簎矠の長が神霊〈鮮肉〉について語るとき自分の右肩に触れる仕草は、力が体から立ちのぼってきて、腕を通って槍に流れていき、その槍が目指す目標に力を方向づける、という観念を示唆している。

この点はレク・ディンカのソニィ部族とアプック・ジュルウィール部族で収録された物語によってさらに補強される。今日、ソニィ部族では、パンゴック・クランの一分枝が非常に強力な槍を持っているという評判がある。この評判は、特定の物質的な槍を指しているのではなく、その部族におけるパンゴックの簎矠の長の祈願が強いとみなされていることを指している。隣接するアプック・ジュルウィール部族では、パンゴック・クランはソニィの簎矠の長との関係は記憶しているものの、普通の戦士クランとしかみなされていない。これは、かつてアプック・ジュルウィール部族でもパンゴックがどういう経緯で簎矠の長だったかを語る物語によって説明される。この部族のパンゴックのある簎矠の長がヌアーと敵対して助けを求める祈願をした。しかしヌアーの攻撃はおさまらず、その結果この簎矠の長は子孫に聖なる簎矠と神霊〈鮮肉〉を継承しなかった。「父のそれが約束を果たさなかった（*hene wun akec weiden tieng*）」からである。このように槍の力は、クラン神霊の力と同様、その所有者に帰属する能力の反映なのである。同じような理由で、ディンカの地のパジエンやパディアンバールの一部は、戦士クランでありながら、聖なる槍を「捏造した」、つまり籂褙の長としての権威を真似たのだといわれるのだろう。

自分の民に本当に腹を立てた籂褙の長は、彼らの面前で籂褙の軸を折り、家畜の炉の灰を撒き散らすといわれる。これは、反抗した部族あるいは下位部族に災いをもたらすと考えられている。槍を折ることは部族を支えてきた霊的力の破壊を表し、灰を撒き散らすことは民の離散を表す。この場合も、道徳的効果を引き起こすのは籂褙の長の意思あるいは意図である。祈願に用いられた籂褙がたまたま破損しても、そのような結果は起こらない。

以上、重要なのは籂褙の観念であって、籂褙そのものではないということを十分に示してきた。それは、クラン神霊が単なる象徴物以上のものであるのと同様である。籂褙の長は普通祈願に用いる籂褙を数本持っているが、多くは比較的新しい籂褙しか持っておらず、古い籂褙はなくしてしまったといわれる。しかしそれでも、「古い籂褙」は所有者が籂褙の長であることを主張する伝統的な正当性を表象しているので、すべての籂褙の長のクランは、かつてある時点では古い籂褙を持っていたと主張する。どの程度の広がりかはさておき地域に根ざした籂褙の長の出自集団ではいずれも、何本の「籂褙」を保有していたか、いつもわかっている。それは、物理的に何本の槍が存在したかわかっている、という意味ではない。何本の古い槍が継承されてきたか、あるいは、もしなくなってしまっていなければ何本継承されてきているはずか、という意味である。籂褙の長は死に際して、息子たちに槍を分配する。通常は最も重要な槍を長男に与えるが、年上の者より資質に恵まれていると父親が考えるなら、年下の息子が選ばれることもある。かくして最も重要な出自ラインは、最も重要な籂褙を持っているラインであり、マイナー・リネージつまりあまり重要でないリネージは籂褙を一つも持っていないということもある。

それでも彼らは、一緒に祈願を唱える資格を理論上持っている。その結果、簮䰖の長の系譜においては、受け継がれてきた「簮䰖」の継承とそれに伴う評判が、戦士クランにはないような数多くの系譜上の参照点を形成することになる。より重要な簮䰖を持つ者は、より重要な祠を持つ。だから疑いもなく簮䰖の長のクランでは、「簮䰖」と祠の分布に関する知識の継承を世代から世代へと受け継いでいく配慮が、大半の戦士クランよりもずっと詳しい出自集団の枝分かれの知識を生み出す要因となっているのである。

簮䰖に加えて、簮䰖の長のリネージの年長男性は屋敷地内に特別な瓢箪を持っている。それは「神霊の瓢箪」である。一つはミルクを入れる瓢箪で、供犠獣をつなぐ杭の上に、そして盛り土になった祠にミルクを注ぐための専用のものである。ほかに水専用の半割の瓢箪があって、これは供犠に参列する簮䰖の長たちが唾を吐いて祝福し、またしばしば参列者に振りかけられる供犠獣の糜粥や尿で祝福されたものである。こうした瓢箪は大切に手入れされ、縁を金属の輪で装飾してあることが多い。

槍と瓢箪は祭式に用いられる物品として最も重要なものである。しかしそれに加えて、たいていの簮䰖の長は、多かれ少なかれ何らかの宗教的力を付与された、いわば聖遺物の個人的コレクションのようなものを持っている。そうした聖遺物は、記憶すべき祭式で供犠された動物の角や頭蓋骨、そしてその革で作った紐や、過去の供犠で用いた古いつなぎ紐などの雑多なコレクションからなる。さらに、ある簮䰖の長やその先祖たちに、ある時宗教的な価値があると思わせたさまざまな種類のものもある。(3) そのなかには、古いビーズや小さい隕石、いつの時代かにディンカでない呪術師から手に入れた呪薬の入ったスィアン（*thiang*）やチョブ（*cob*）の角、一つ二つの金属片や、簮䰖の長かその祖先の祈りのおかげで子どもの病気が治ったお礼とか、子を身ごもったお礼とかで母親たちから贈られた金属の指輪のコレクションなどがある。こうした個人的なコレクションは、その形、大きさ、そして（ディンカにとっての）珍しさなどによって、その持ち主である籍猎の長の威信を示してはいるが、中心的な宗教的重要性からははるかに遠いものである。

これらの聖なる物やその他の小物については、以下の祭式の記述で必要になったときに述べることにするが、それらに加えて、ディンカの屋敷地はみな、後に記述する二股の枝に、一つ二つの小さい神聖な病気治療用の瓜クウォルジョック（*kouljok* 学名：*Cucumis prophetarum*）を掛けている。それに帰されている病気を癒やす力の説明根拠は、非常に苦い（*kec* ——力のある祈願と同じように）ということと、熟れるとディンカにとって嵐をもたらす雲、すなわち神性を示唆する緑がかった青色になるということである。供犠に供する家畜がいない場合には、ディンカはこの聖なる瓜を裂き、脇に投げ捨てる。それは動物の供犠の一時的な代用であり、可能になれば家畜を一頭提供するという真剣な意図の代わりになる。

ディンカが屋敷地に作る祠は、いろいろな形がある。それぞれの屋敷地は、一つあるいはそれ以上の眠るための小屋と牛舎からなり、[4] 中央の清潔で平坦に整地した泥の中庭を囲んでいる。中庭の適当な場所に、普通所有者は適当な種の、二股に枝分かれした木を立てる。黒檀やヘグリグの樹（学名：*Balanites aegyptiaca*）などである。ゴーロ（*ghoro*）というこの木の側で夜には火が焚かれ、家にいる男たちがこの火の周りに車座に座る。時には女性も加わるが、女性たちの通常の場所は寝る小屋の近くにあるそれぞれの炊事用のかまどのところである。こんなふうに二股の木は、屋敷地の男たちが戸外にいるときには一種の焦点をなしており、気候が雨季のときには同じように牛舎が焦点になる。訪問者はこういう木に槍を立てかけ、瓢箪やロープなど家事に使うちょっとしたものもこれに掛ける。家畜キャンプでも、主に近い男系の関係にある数家族の男たちからなる個別の放牧グループは、キャンプの自分たちの領域に同じような二股の木を立てる。これもまた、さまざまな持ち物を集めておくのに都合がいいように立てられる。

この二股の木の立っている場所は、屋敷地でもキャンプ地でも、「家畜の炉の頭」（ゴル・ニョム *gol nhom*）と呼ばれる。ゴル（*gol*）は男たちが集まり、家畜を害虫から守るために火を燻す炉である。それはまた家畜キャンプ内の放牧グループを指す西ディンカの普通の用語で、中核となる男系親族と、家族の家畜を世話するために合流するのを望んだその他の親族や友人たちからなる。この意味を拡張して、ゴルは「クラン」を指す語にもなる。そこでゴル・ニョム、「家畜の炉の頭」は放牧グループの男性たちの男系の結束が結びつく場所になる。男の子が生まれると、父親はディンカの慣習に従って、妻につきそう女性に子どもの性別を聞く。すると女は「男の子がその父親のゴルの頭にとどまる」と答える。つまり彼の家畜の炉に、ということである。女の子ならこのようなやり方で知らせることはない。ただ、男の主たる出自系統をつないでいく年長の妻が、時に「ゴルの頭の妻」と呼ばれるだけである。

また家畜の炉は、その側に繁殖用の雄牛や、放牧や婚資のために通常のやり方で解き放たれることのない家畜を、いつもつないでおく場所でもある。それゆえ家畜の炉は、神霊のために取り置かれた家畜と明白に結びついている。「〈デン〉は私たちの神霊だ。――私たちは家畜を〈デン〉の炉に取り分けておく（*Deng ee yahnda - ghok aa mac gol nhomi tene Deng*）」というような言葉が聞かれる。供犠をしなければならないと感じると、ディンカはまず、彼らの言い方によると、「家畜の炉に長いこととどまっている」家畜のことを考える。こうして家畜の炉とそこにある二股の木は、男系の価値の焦点を表象し、またディンカ特有の類比によって、家畜の群れで表される男性原理を象徴している。なぜなら雄牛は、それぞれの炉の周りで料理する女たちを従えて男たちが屋敷地の中心に集まっているように、雌牛たちの中心にいるからである。

西ディンカの屋敷地にある二股の木は、潜在的な意味で常に祠である。それは今描き出した結びつきを心に呼び起こすが、同時に、ディンカが神性とクラン神霊に捧げるために、祭式は伴わないが、必ず収穫物の初穂をくくりつけるところでもある。その上には、いつか家族に病気が起こった場合に使うように、聖なる癒やしの瓜がぶら下げられている。その足元には、供犠獣の肉の小片が投げられ、時に応じてビールやミルクが注がれ、タバコが捧げられるが、これは神性やクラン神霊や祖先にまとめて行われる捧げ物である。このようにしてゴーロは、もともと槍を立てかけたり器物をぶら下げたりという実用的な目的で立てられたとしても、時には祠として用いられる傾向があるのである。

二股の木は、ディンカがイック（*yik*）と呼ぶ正式の祠（これはより正確には供犠壇と呼ぶべきかもしれないが、ここでは普通の語を使う）に、付属している場合もいない場合もある。正式の祠にはいろいろな種類がある。しかしそれらを定義づけ、時に応じて捧げ物や初穂を捧げる単なる適当な場所から区別する点は、それらが動物供犠のための場所としてはっきりとしるしづけられていることである。したがってどんなつくりであれ、最も正式の祠は一つの、あるいは時には数個の、家畜をつなぐ杭を含んでいる。それは恒久的に地面に打ち込まれており、その側に補足の杭を立てられるようになっている。

ある場合には、ほかの建造物が何もなくても、一つの杭だけで祠になる。そういう場合、杭の根元のすぐ周りの地面は、塵がたまらないように清潔に保たれているが、それ以外は自然のままにされている。自然に種が落ちて生えてくる草は、適度に生えるのを許されているので、祠は周りの注意深く整地された中庭のなかで、ちょっとした茂みといった観を呈している。杭一本だけで祠を成している場合、その近くの適当な場所にある二股の木が、過去の供犠の証拠を示すところになっている。そこには山羊や羊の耳、供犠した動物の皮の切れ端、下顎の骨、頭蓋骨、角などがあり、時には供犠の前にその動物をつないでいたロープや杭もある。そういう場合ゴーロは、その目的で特別に立てられたのではないにしても、供犠の場と死んだ供犠獣の諸部分の展示場として、祠の一部に取り込まれている。

その他の場合には、二股の木は祠の一部として使うために特に立てられている。これは、屋敷地の所有者やその家族が病気で、卜占師が病気をある特定の〈力〉に帰したためであるかもしれない。卜占師自身が特別な種類の祠を建立することを勧め、神霊や祖先との一般的なつながりのゆえに、二股の木が祠の一部を構成するということになる。それでも、祠あるいは供犠の場所が二股の木をまったく含んでいないということもありうる。先に言及した〈ガラン〉に捧げられた祠のいくつかは、棘のある潅木で囲われた屋敷地のなかの単なる小さい草むらであって、その真ん中が棘のある小さい藪である場合もある。そこでは供犠獣の身体の小部分は棘のある藪に引っかけられていて、頭蓋骨や骨は祠の地面に投げ出され、あるいは半ば埋まっている。アガール・ディンカの自由神霊〈ロイ（Loi）〉の祠は、異常に大きいが間違いなく家畜の杭に由来する高さ一メートル前後の杭だけから成っている。この自由神霊のために供犠された動物の小部分を展示する場所は、屋敷地のなかにはない。こういう自由神霊や病気の〈力〉のために建てられた祠が、杭か二股の木かあるいはその両方から成るか、形はどうであれ、それが立っている足元のすぐ側の地面は、多かれ少なかれ、自然の状態に残されている。そこは人間の場所ではなく、〈力〉の場所であり、周りの屋敷地のよく整った生活空間とコントラストをなしている。〈力〉に捧げる供犠の場所を構成するのに使いうる物の種類と、したがって卜占師が示唆しうる範囲は限られている。例えばアニュアの地で、私は長い金属の棒が組み込まれた、ほかに例のない祠とみなされているものを見たことがあるが、ディンカでも、珍しいものが手に入れば、そして卜占師が想像力豊かであれば、同じような祠ができることは不可能ではない。ディンカが、見知らぬ屋敷地を訪れて、ある祠が神性と関連があること以外、何を表しているかわからないということもあるだろう。彼らにわかるのは、屋敷地のなかの二股の木が心のなかに思い起こさせるもの、つまりそれが男系祖先とクラン神霊の祠として扱われていることと、屋敷地の中庭に恒久的に設置してある家畜の杭がかつての供犠の証拠であり、そこで将来供犠が行われることのしるしであることだけである。

祠は、聖なる槍と祈願とともに、もともとアイウェル・ロンガールに帰属するものである。今日では卜占師の助言によっていくらか異なった形の祠が建てられているが、それらは正しくはイックと呼ばれている。あるディンカ人によると、もともとのイックは少し異なったつくりだったという。特別にアイウェル・ロンガールに結びつく祠は主として簎矠の長の屋敷地にあるもので、戦士クランの特に重要な家族の中庭にも同じものがあるが、それほど多くはない。

簎矠の長の伝統的な祠は（実際の歴史的証拠がないので、もし伝統的とみなすならば）、本質的に小さい盛り土である。バハル・アル・ゼラフ地域には、アイウェル・ロンガールのもともとの祠といわれる盛り土がある。ある人たちによると、彼はこの盛り土の上に立って、彼に続いて川を渡ろうとした人々の頭を突いたのだという。また、人工の丘である有名なデン・クール（Deng Kur）の「ピラミッド」も、ディンカによってイックと呼ばれている。その語は（ヌアー起源ではないが）、ヌアーがそれを指して用いているもののようである。というのも、ヌアーの預言者であるデン・クールはディンカ出身だったといわれ、盛り土やピラミッドを作るという発想はディンカ起源でヌアーの考えではないといわれてきているからである(5)。ここで私が記述する祠は、おそらくそうしたタイプの「ピラミッド」の縮小版である。

それぞれの祠は、いくつかの、なめらかな土でできたドーム型の盛り土のグループから成っている。そうしたグループのなかでいちばん大きい盛り土は、高さ一メートル前後あり、底辺の直径も同じくらいの幅がある。その足元にまとまっている小さい盛り土は、約三〇センチのものである。ある場合には、グループ全体がより低く、小さいこともある。この種の祠のあるものは、二つ大きな盛り土があり、三つか四つ、小さい盛り土があるものもある。ほかの屋敷地では、小さい盛り土が一つだけという場合もあるし、一つ大きいものがあって、あとは二つ小さいのがあるという場合もある。私が見たうちでいちばん規模の大きいグループは、全部で六つの盛り土からなっていた。

盛り土型の祠は、通常家の中庭の中心から少し偏って、年長の妻の小屋か、あるいは現在家に住んでいる人々の祖先の年上の妻の小屋の隣にある。盛り土の集まりはもちろん、卜占師の助言で建てられた祠のように偶然にできたでたらめの配列や組み合わせではない。祠にある一つひとつの盛り土は、家に住んでいる人々の特定の祖先や祖先の集合を意味している。その一つの具体的な記述として、レク・ディンカのアプック・パトゥアン部族のパン・アチエールの簪褙の長の家にあるそうした祠を示そう。それは、二つの大きい盛り土と三つの小さい盛り土から成っていて、側に二股の木がある。大きいほうの盛り土はこの村を含む下位部族の、パゴール下位クランのパリエッチングック（Paliecnguk）・リネージの祖先を表しているといわれる。小さいほうは最初の祖先の一人の妻を表し、ほかの二つはその息子の妻たちを表している。この妻たちから、現在の下位クランのリネージが出ている。したがってこの種のイックは、その所有者の主な系譜上の参照点を大まかに示しているわけである。だから、イックの分布の知識は、少なくとも簪褙の長のクランでは、一つの部族の地域全体を越えて広がり、それらの相互関係は系譜と地域的分布の対応関係を表象している。一つの部族の簪褙の長たちは、お互いの祭式に参列し、最も重要な祭式は最も重要な祠のある屋敷地で催される。主たる祠は部族内のクランにとって最も重要な祖先の祠であり、より小さい祠は系譜上より狭い範囲の祖先を表しているのである。

箸猎の長のクランの成員が何かの理由で他所の土地に移住すると、その地の主な住民と伝統的なつながりがない場合には、牛舎の内側か年上の妻の小屋の内側に祠を作る。ディンカが言うには、もし彼らが強い祈願の力を持っていることを証明し、その地域の重要人物として身を立てたなら、子孫たちは祠を屋敷地の中庭に移し、こうして祖先の重要性の主張が新しい家で誰の目にも見えるようにする。

以上記述した土の祠は、時に、表面的に一瞥しただけでは女の料理用の炉、ブオル（*buor*）と混同されてきた。そこにもやはり土で作ったもの——風よけ、丸底の鍋を支える土の盛り上がり——がある。この混同は、ブオルあるいは女の風よけが、ある西ディンカのクランのクラン神霊であることによっても増幅される。そのクランは、屋敷地のなかに祠として非常に大きなブオルを持つという。またブオルはヌアーでも祠でありうる。しかし西ディンカでは、イックとブオルという見かけ上類似したこの二種の構造物の重要性は、きわめて異なっている。

これまで記述してきたような祠のうち、特に洗練された土の祠は傑出した箸猎の長の屋敷地にある。だがより小さい祠で、箸猎の長たちが自分たちの祠の真似とみなすようなものが、戦士クランの重要な成員の屋敷にはある。そのクランの成員は自分たちの祠をクラン神霊や祖先の祠とみなしているが、箸猎の長たちは、戦士クランの祠は死者に捧げ物をする墓とたいして違わないと言うことが多い。私は、土の祠が意図的に雄牛の形を真似ていると思ったことはない。だがしばしばその基礎部分に供犠獣の角が突き刺されていると、全体の形としては雄牛に似てくる。セリグマン教授夫妻は、私よりも経験豊富なW・G・ティザリントン少佐やその他の人々に従って、そうした祠のうちあるものは、意図的に雄牛を象って作られていると言っている。(6)

盛り土の祠は墓の土を含んでいることはあるが、しかし私が思うに、墓の上に作られることはない。(7)

ディンカは死者を牛舎の床か、その近くのどこかに埋葬し、墓そのものにはそれほど注意を払わないように思われる。実際、私は墓を見せられたことが一度もない。死者は二股の木か、盛り土の祠で祈念される。そうした祠は、ディンカが生命と活力を願い求める神性やクラン神霊や祖先を、居住地において局在化したものなので、実際上、可死性を思い起こさせる墓の上にそれを置くのは不適切だろう。というのも、祠において死者はある意味でなお生きて現存し、そこでなされる捧げ物を受け取るのだから。

私は西ディンカで、ディンカの地の他の地方からは報告されている牛舎の祠を一つも見たことがない。しかし私はP・P・ハウエル博士の手になる第二章の付録は、その最も有名な例を記述したものである。しかし私は東ディンカのコンゴール（Kongor）部族の領域にある、大きな太鼓を象徴物とする重要なクラン神霊の牛舎の祠を訪れたことがある。それは普通の牛舎だが、中央には突き立てられた大きな杭があり、その足元には一部埋まった象の牙があった。土で作ったたくさんの雄牛が屋根から紐で吊るされており、囲いの外にはいくつかの土の祠があった。それらは太鼓の妻の祠であるといわれ、そこでは黒い家畜が屠殺された。太鼓自体は長さ四・六メートルほどで、ディンカの普通の太鼓よりずっと大きく、屋根を支える柱から吊るされており、房や雄牛の陰嚢でできた袋で飾られていた。この祠の管理者は、供犠を求める神霊に憑依されることがあり、そのため囲いの外にはたくさんの供犠の形跡があった。奇妙な偶然だが、私が車で村を通りぬけて牛舎を離れようとしたとき、車が再発進しなかった。何度も失敗したあげく、一緒に車に乗って旅していた一人のディンカ人が、私が太鼓の管理人に何か贈り物をするのを忘れたからだと言った。私はただちに贈り物を差し出し、それが祠の管理人の手に渡った瞬間に、車は難なく発進した。

アガール・ディンカでは、部族において重要な地位にある何人かの傑出した箝褙の長の牛舎がある。

部族全体の成員たちがそういう牛舎の維持、補修をしており、供犠に供する家畜と初穂の捧げ物も引き受けている。私が訪問しているときに、そうした牛舎（ルアク *luak* という、普通の牛舎を指す語で呼ばれる）がほったらかしにされているという苦情があった。レクと違ってアガール・ディンカは、普通は屋敷地のなかに牛舎を建てず、家畜は一年中、村の敷地から少し離れた開けた場所に置かれている。したがって、存在する牛舎は神性と傑出した重要性を持つ簎猎の長の神霊を祀る祠の牛舎だけということになる。

民族誌的および民族学的な観点からは、ディンカの各種の祠を分類したリストを作ることができれば、それで十分ということになるだろう。しかしそれでは、異なった種類の建造物を形の上で区別することになり、ディンカの実践をひどく曲げてしまうことになる。各種の祠の間の主な違いは、古代ローマの家族の守護神（*lars familiaris*）と司祭の守護神（*lares prestites*）の違いに似かよったものである。つまり、ある家族やごく小さいリネージの成員にとってだけ大切な家内的な祠と、それが立てられている屋敷地に住む特定の家族にとって大切でありながら、いくつかのリネージにとってより大きな重要性を持ち、さらにそれをとおして、それらのリネージが優先権を持っている地域全体にとっても重要な意味を持つ祠との違いである。簎猎の長の盛り土の祠と牛舎の祠が属するのは、後者の種類である。それに加えて、個人的な病気の際に卜占師の命令で作られるが最終的には放置され忘れられてしまう祠や、何か衝撃的な出来事があった場所、例えば雷に打たれた木の場所などに作られる祠もある。神性や神霊が何らかの形で局在化されて認識されうる場所は、ある種の祠である。だから何らかの理由で動物供犠が行われた場所はみな、ディンカが神霊を局在化する傾向のある場所で、そういう場所で神霊のための供犠が捧げられる。

次にディンカの儀礼の記述に移るにあたって、ここでその儀礼の中心となる重要なものは供犠獣であることを強調しておく。祠は、供犠との近接性からその重要性が出てくる。槍は、執行者がそれを用いて供犠獣に自分の意図を投げかけるからこそ価値がある。これらとそれ以外の聖なるものは、人々のより大きな生命力に向けた手段としての、供犠獣の死という単一のテーマに結びついているのである。

1

ディンカの宗教的実践の概要は右に記述したとおりだが、その形式性の基準はかなりの地域的偏差や変化、自由の可能性を許さないようなものではない。時にはディンカ自身が、どうやってやるか、あるいは以前はどうやっていたか、不確かな場合もある。こうした不確かさとか、厳密な「教義」や規定がないことの重要な点は、個々の卜占師や預言者がディンカの信仰の一般的なしきたりに自分独自のアイデアをつけ足しやすいということである。

言葉がほとんどわからなかったころのことだが、私が初めて祭式を記述した時、私はレク・ディンカのアグウォックとアプック（パトゥアン）の二つの部族の境界線に近い村に住んでいた。そこでは境界線が居住地をつらぬいて通っていて、村の一方の端の屋敷地はアグウォックの箍褶の長に属しているのに対して、村の主要部分はアプックの下位部族に属していた。アグウォックの下位部族の箍褶の長は、ときどき境界線上の亡くなった母親の家に住んでいた。そこは今では彼の年長の妻の家になり、そこに彼の盛り土の祠があった。彼の主要な屋敷地は、部族の領域に数マイル入ったところにあった。彼が境界線に住んでいることは、その両側に住む親族たちにとって、二つの部族の関係に都合がいいと考えられていた。両者は敵対関係の歴史を持ち、乾季の良い牧草地をめぐるライバルでもあったからである。

年取ったアグウォックの簎猎の長は、集落のアプックの側に住む相対的に下位のアプックの簎猎の長と比べて、宗教的な仕事における能力の評判が高かった。その結果彼は人々を引き寄せる傾向があり、アプック側の姻族やその他の人々は自分たちの簎猎の長よりも彼の祈願に信頼を寄せていた。アプックの簎猎の長は、簎猎の長のクランの系譜的構造からすればアプックの人々に優先的に結びついているが、アグウォックの簎猎の長は、彼らをより効果的に神性に結びつけてくれる。かくして彼の宗教的な評判は、政治的対立を部分的に乗り越えるものになっていたのである。

一月のある朝早く私は、アグウォックの簎猎の長の、アグウォックにある家で催されるヤイ（*yai*――祭り）に出席するというアプック側の人々と一緒に出かけて行った。そこは、まだ水浸しの土地を通ってアグウォック固有の領域を数時間行ったところだった。われわれが着いたときには、一頭の雄牛と一頭の去勢牛、そして二匹の山羊がすでに供犠されていた。これはおそらく重要なことで、われわれの訪問は供犠のクライマックスに間に合わないように設定してあったらしい。後にみるように、たとえ緊密なつながりが確立されていようと、異なる部族の成員の間では、お互いの供犠において社会的自己意識が最大のたかまりをみせる時を避け合う理由があるのである。

以下の記述の大部分は、家畜のどんな供犠においても起こることを表していると受け取ってよい。少女たちと女たちは、枝分かれした小枝と筋の入った踊りの杖を波打たせ、体は灰とオーカーで塗り、髪はバターをかけて赤くし、屋敷地の建物の内から外へと一列になってジグザグに歩いていた。女たちは高い声で歓迎と称賛の叫びルオル（*luor*）を上げ、ときどき小さいグループに分かれて図版Ⅲのように手を叩きジャンプして女性のダンス（ダニィ *dany*）を踊った。男たちは、それほど厳密ではないが大体年の順にグループをつくり、小屋の陰や、屋敷地に枝を広げる大きなソーセージの木の下に腰をおろしていた。彼らはビールを飲み、話し、笑っていた。その間箝褙の長とその長男は客人たちの間を歩き回っていた。ソーセージの木はパブオル・クランのクラン神霊の象徴物であり、そのクランに属する箝褙の長の家で供犠が行われたのである。

箝褙の長の年長の妻の小屋に入る入り口の右側に、なめらかな土でできた高さ九〇センチほどの大きな盛り土と、その下に接近した二つの小さい盛り土からなる祠があった。すでに供犠された雄牛と去勢牛は、屋敷地の中央、祠の側に、ただし特に祠の方向に向いているわけではなく、縦に並んでソーセージの木の西側に横たわっていた。それぞれの脚の間に、女たちの捧げ物である供犠された山羊が置かれていた。祭式の進行のこの段階では、供犠獣はあまり関心の対象ではなく、客と家族たちはビールと会話を楽しんでいた。

屠殺された去勢牛は黒と白の模様で、雄牛は赤みがかった茶色だった。それは早朝に殺されたということだった。ディンカがいつもするように、供犠獣は供犠のあと少しの間頭を東に向けて横たえられていた。それぞれの頭は木の枝の上に枕のようにして載せられていた。供犠獣は、部分的にドゥオット（*dhot*）という木（学名：*Gardenia lutea* か？）の枝葉で覆われて安置されていた。この木は通常供犠獣の死体の上に置かれるもので、〈マチャールディット〉以外の神霊に供犠された家畜はこうして「敬意」を表されるのである。ドゥオットの木は乾季と川岸の牧草地の木である。ディンカは、「敬意を表す」ためにそれを用いるという。またそれは特に甘い香りがし、棘がないからだともいう。彼らの住む土地では、たいていの木や草はとげとげして鋭い。だから柔らかくて繊細な植物は、穏やかな植生がもっと当たり前のところでは持たないような価値を持っているのである。

去勢牛と雄牛は両方とも、尻の部分に、少女の革のスカートをまとうようにかけられていた。私の同行者は、これはリン・アセック（*rim athek*）、つまり敬意から肛門を隠すためにしてあるのだと説明してくれた。[8] 供犠獣とソーセージの木の間には邪魔なもののない通り道があった。少し後で私がその木と供犠獣の間に立つと、移動するように求められた。なぜなら供犠獣は、その木において表象されているクラン神霊の前に陳列されているのだからである。何本もの新しい簎矠が、供犠獣の背後にほぼ半円状に、下向きにして地面に突き刺され、あたかもその周りを柵で囲って、東の方角とソーセージの木の方向に陳列できる場所を開けておくようになっていた。

人々は正午までおしゃべりをし、ビールを飲んでいたが、男たちの一団が動物に近づくと、女たちもやって来てその男たちの集まりの外側に位置を占めた。〈ガラン〉の預言者である豹の毛皮を着けた若い男が、供犠された動物の近くに集まった人々の中央に立って讃歌を歌い始めると、参列者たちのコーラスがそれに続いた。

この歌の間に、彼は簎矠を一本一本全部取って動物の反対側に移し、動物とソーセージの木の間に柵を作った。すべて移されると少しの間合いがあり、その間に簎矠の長の長男と何人かの若者が、動物に対して模擬的な戦闘行為のふりをした。彼らは槍を振りかざし、突き刺す槍と棍棒をよけ、ときどき片膝をついたりして、ディンカが戦闘や決闘の真似をするときの仕草をした。

他の歌のあと、解体するために山羊が取り除けられた。去勢牛と雄牛はともに、聖なる枝葉におおわれたまま、残されていた。結婚して人生の絶頂期にある簎矠の長の長男が、進行の次の段階に入る合図をした。彼は自分の去勢牛の名前（ミョッチ *myoc*）を叫びながら、両腕で広がった雄牛の角の形を作っていた。これは自負心と勝利の仕草である。戦闘に際しては、槍を投げるときに去勢牛の名前を叫ぶ。屋敷地の男たちと女たちは、私が一緒に行った訪問者を除いて動物に近づき、一つのグループは動物の腹側に、もう一つは背側に、四つのグループに分かれてしゃがみこんだ。

再び〈ガラン〉の預言者の先導でコーラスを歌いながら、彼らは死体を覆っていた枝葉を手に取り、死体の上を越えてゆっくりとお互いの間で手渡しながら、歌のリズムに合わせて次第に覆いを取り去っていった。動物がすっかりあらわになると、年取った簎猎の長の二人の妻を含む何人かの女たちと、彼のリネージのメンバーの妻たちが何人か、みな穀物を風選するための箕を持って前に進んだ。女たちは一団となって赤茶色の雄牛の後脚の側にしゃがんだ。それから槍の穂先を持った一人の男がきて、まだ動物の尻にかけてあった少女のスカートの下で、睾丸と陰茎を切り取った。その間女たちは、(多少口論しながら)切り取った部分を求めて箕を前に突き出していた。それから女たちはそれを盆の上に置いて少女のスカートで覆い、少し急いだ様子で、礼儀正しい前かがみの姿勢になって、年長の妻の小屋に持っていった。屋敷地の男たちは、簎猎の長とその息子の監督下で、動物を切り、分配し始めた。屋敷地の側ではダンスが始まった。私は少しそちらのほうを見に行って、それから戻ってみると、動物は二頭とも皮を剝がれて、客たちは家に持って帰る分け前を用意していた。〈ガラン〉の預言者は家に帰り、私が一緒に行った人たちと立ち去るころには、もう暗くなっていた。

その供犠は、神性と自由神霊〈デン〉のために(〈デン〉の色である)黒と白の去勢牛が捧げられ、クラン神霊(〈ソーセージの木〉と〈鮮肉〉)のためには赤茶色の雄牛が殺されたということだった。簎猎は、クラン神霊がそれを満たすように死体のそばに置かれていた。こうやって簎猎は祭式の過程で聖別され、あるいは再聖別された。〈ガラン〉の預言者を執行者にしたのは新機軸で、ある人々は、祭式の指導者は本来、伝統的に簎猎の長とその長男の役目だというい う理由で、彼がその役に招かれるべきではなかったと思っていた。睾丸と陰茎は離れ離れにならないように死体から注意深く切り取らなければならず、屋敷地の老年の女が受け取らなければならない。睾丸は彼女たちと供犠を行ったリネージの老人たちだけが夜、秘密のうちに食べ、陰茎は裂いて乾かして簎猎の長の首飾りにする。睾丸を食べるグループに老年の女たちがいるのは、リネージの人々に生殖力をもたらすためだといわれる。少なくとも老年の女は出産年齢をすっかり超えているのだから、この場合はディンカの儀礼のこうした側面をあまり文字どおりに解釈することがいかに間違っているかを示している。老人たちが雄牛の生殖力と力強さの象徴を食べることの効果は、リネージの若い成員たちに転送されるのである。

これは、クラン神霊と神性と自由神霊にまとめて捧げられた典型的な供犠だった。祭式の私が見ることのできなかった部分は、前の章ですでに記述した。すなわち、動物を取り置き（*mac*）、それに祈願し（*lam*）、横倒しにし（*wik piny*）、喉を切って殺し（*nok*）、間をおいて称賛の讃歌を歌う（*rok*）ことである。枝葉を転がしながら取り除くのはヌアン（*nuan*）といわれ、最後に肉の分かち合いテック（*tek*）が行われる。

この祭式には後日譚があった。供犠のあとじきに私は宿泊していた村を離れ、数週間戻らなかった。帰ってくると、供犠を行った老年の簎猎の長が急死したと聞かされた。彼の葬儀が、ちょうどその母の屋敷地、つまり村のアグウォック側の端で行われるところだった。二月になっていて、多くの若者は乾季の放牧に出ていた。午後の半ばごろで、たくさんの牛が老人の屋敷地の周りにまだつながれていた。集まった人が比較的少ないのは、老人が急死したからだということだった。もし長患いだったなら、もっとたくさんの人々がやって来ただろうという。

男たちのなかには、堅い革でできた大きい戦闘の盾（コット *kot*）を持ってきているものがいて、ときどき戦闘と防御の真似をしていた。私は明らかに歓迎されていなかった。そこで私は、村のアプック側からきた一人二人の弔問客と一緒に、黙って腰を下ろしていた。アプック側の客はことの進行に積極的に関わっていなかった。私は静かにしているように言われていた。老人の遺体は、妻の小屋に寝かされているということだった。それは彼の母親の小屋の跡に建てられていた。私は遺体を見ることも、小屋に近づくことも許されなかった。彼の妻たちと息子の妻たちは、小屋の側に黙って座り、悲しんでいた。とうとう一団の男たちが小屋に入り、遺体を盾に載せて出てきた。人々が取り囲んでいて、その様子は見えなかった（私は覗こうとするなと注意された）。老人の妻の一人がすすり泣き、泣き叫び始めた。するとすぐに彼女の側にいた人々がなだめ、一人の男が、ディンカが子どもを叱って脅すときの仕草で彼女に対して家畜のロープを振り回した。盾を運ぶ男たちの一団は、女たちと少数の弔問客を残して牛舎に入った。私は入ることを拒絶された。

私の連れの一人は、今、老人の長男が父の墓の側に座っているのだと言った。そのうち長男以外の全員が牛舎から出てきた。長男はずっとなかにとどまり、結局、彼が出てくるまでは何もなすべきことはなかった。その晩、村の牛は乳を搾られず、不快そうな牛の唸り声が朝まで続いた。

老人の死について、あれこれ憶測が流れていた。ある人は、自分独自の供犠を、母の家でなく自分の家で行ったのが悪かったのだと言った。もう一人の人は、祭式の主導を〈ガラン〉の預言者に頼んだのが間違いだったと言った。ほかの人々は、かつて老人がマスィアン・ゴックの呪物を買ったが、長く放置していたので、それが彼に向かってきて殺したのだと断言した。この推論は、ディンカの人々が生命と活力のための大規模な供犠のすぐあとで急死が起きたということに、矛盾を感じていたことを示している。議論はまさに、もし老人の側に何か弱点や過ちがなければ、供犠は効力を発揮しすべてはうまくいっていたはずだ、という点にあった。このような明らかな矛盾にもかかわらず、供犠という制度への信仰はこうして守られる。いずれにしろ、神霊の助けをいくら求めても、究極的には神霊は強制されない。ニアリッチ・アチ・クウェッチ（*nhialic aci kuec*）、「神性は拒んだ」というのが、祈りが聞き入れられなかったと思われるときのディンカの最終的な答えである。

この年老いた簎猎の長は、そうした司祭に許される祭式的な死の資格があるとされていた。つまり死なずに生き残るというフィクションを守るための、生きたままの埋葬である。(9) この生きたままの祭式的な埋葬は政府によって禁止されており、そのため特定の事例について調査することは困難である。初め私は、老人は死んで普通のやり方で埋葬されたと聞かされていた。だが一年後、密告の危険がなくなり、私のこともよく知られるようになると、老人は墓に置かれた時まだ生きていたのかもしれない、息子が墓の側で長い間とどまっていたのは、父親が彼に最後の言葉を話していたしるしだ、という話を聞かされた。

先に記述した供犠は、十一月か十二月に行われる収穫後の通常の供犠である。この季節はディンカ語でルット（*rut*）といい、涼しい北風が吹き、平原の牧草地が乾燥し始め、豊作の年には穀物とビールがたっぷりある時期である。大半の人々は、恒常的な村に集まって一緒に住んでおり、やがてその主要部分は乾季の牧草地に移動していく。祈禱が捧げられ、祈願がなされるのはその移動中の守護のためである。この時期の通常の供犠は、近づく分散と危険に備えるものであるが、また（ディンカは乾季のキャンプを楽しみにしているので）その時期に先立って、村での社会生活が最も集中して強烈になっている時期の気晴らしでもある。したがって人々は、社会生活の充足を最大限に経験し、収穫が一時的に豊かにあって身体的な健康が頂点にあるまさにその時期に、繁栄と壮健を求める供犠をするのである。

供犠は特定の目的のために行われることもある。以下に記述する供犠の理由は、聞くところによると、供犠の行われた屋敷地で、数年前、屋敷地の近くに落ちた落雷でパルミラ椰子の木が倒れたこと、そしてこの出来事の後いくつも病気が起こり、特に胸の病気が多く、また村の数人の女性に子どもが生まれない兆候が出ていたことにあった。供犠はこの胸の病気を癒やし、女性たちの妊娠を助けようとして行われた。

隣村からパイ・クランの猎猎の長の男が一人、儀礼を指導するために呼ばれた。この男は「創造者を体のなかに宿している（*lo gwop aciek*）」ともいわれていた。私が到着した時には、すでに白と黒の一頭の雄牛が殺されていた[10]。雄牛は先に記述したとおり香りのよいドゥオットの枝葉でおおわれて横たわっていた。もう一頭、大きい白い去勢牛が、木の側につながれていた。その間、前の例のようにみなは腰をおろしてビールを飲みながら雑談をしており、女たちはときどきちょっとしたダンスをして喜びの声をあげていた。女と男は、この祭式の間中、別々に座り、別々に動いていた。子どもたちは後ろに立っているか、遊んでいた。供犠の主要部分が終わると、子どもたちが集まりに加わってきた。讃歌の一節に歌われているように、緊張は終わった。

祭りは子どもたちのおかげで乱雑になり、地面は少し冷たくなる……

すでに供犠されていた雄牛はムオール・ヤス（*muor yath*）、つまりクラン神霊の雄牛だった。順番を待っている白い去勢牛はムオール・ニアリッチ（*muor nhialic*）、すなわち神性の去勢牛で、聞いたところでは、神性は人々に対して「心が静まって（*puou lony*）」、彼らが健康を保つように、女性たちに妊娠を可能にするように、この去勢牛を与えられたのだということだった。

背後では一匹の羊が、あとで放すように、つながれていた。これはディンカが「灰の去勢羊（*nyong arop*）」と呼んでいるもので、こういう祭式にいる場合もいない場合もある。この羊は、人々が誓いの言葉を投げかけた聖なる灰をこすりつけられ、それから洗い落とされる。この儀礼の目的は、先に述べたように、誤って立てたかも知れない誓いの結果から人々を解放することにある。その象徴的行為の本質は、ごくわかりやすい。

昼ごろ去勢牛は杭につながれたが、すでに死んだ動物の血の匂いがするので、これには多少てこずった。最終的には足先がゆるく縛られ、動きが抑えられた。供犠の杭につながれると、去勢牛は放尿した。すると誰かが「神性は同意した（*nhialic aci gam*）」とつぶやいた。この時は、何も祈願がなされなかった。それはもう済んだということだった。男たちと女たちが供犠獣の周りに半円形に並び、執行者に答えて合唱をした。ときどき彼は去勢牛を脅し、地面にしゃがんでから宙に跳び上がり、「われわれは父に挨拶した（*ok aci wa muoth*）」、「われわれは長（*beny*）に挨拶した」、「われわれは神性に挨拶した」と叫んだ。この挨拶は全員で繰り返された。

短い演説で執行者は、神性は男たち、女たち、子どもたちの命を支え（*muk wei*）、若者たちと老人たちの命を支えてくれると言った。それから別々の瓢箪に入れた水と穀物が持ってこられて四方の空中に撒かれ、祝福された水が家畜をつなぐ杭の上にふりかけられた。これは〈デン〉のためということだった。もともと〈デン〉がパルミラ椰子の木を雷で打ち、その後不幸が続いたのである。その後も歌と戦闘の真似があった。

ここで何人かの若い男が憑依され始め、屋敷地をあちこちよろめき歩き、ときどきつながれた去勢牛に走り寄って、叩いたり殴ったりした。去勢牛は苛立ち、一時つかまえておかなければならなかった。それから憑依された若者たちは少女たちの頭や背中を軽く叩き、すると何人かの少女たちも憑依状態になった。今や男たちと女たちはよろよろ歩き回り、唸り、悲鳴をあげていた。地面に倒れて転げ回る者もいた。その間、儀礼の指導者と憑依されていない者たちは、歌を続け、戦闘の真似を続けていた。とうとう人々は静かになり、去勢牛は横倒しにされて喉を横に切られて殺され、切り口から気管に簎猎が突き刺された。女たちは瓢箪に血を集め、残りは犬が舐めるのに任された。

去勢牛が断末魔の状態にあるとき、執行者はその喉袋を切り取って、水を入れた瓢箪につけて絞った。胸の痛みに苦しんでいる男や女が呼ばれ、彼はその水を口に含んで喉袋と病人たちの胸に吹きつけ、それから皮と肉片でぬぐった。背中もぬぐわれ、最後に喉袋の一片が順々に一人ひとりの口の前に出され、それに吹きつけるよう言われた。

同時に、結婚していて妊娠を望む女たちが雄牛の周りに集まった。なかの何人かは、断末魔の間から死体の周りにいた。女たちは一人ひとり、雄牛の胴体に自分の腹部が触れるように体をもたせかけた。それから一人ひとり指導者のところに行くと、彼は瓢箪の水をその体に吹きかけて洗った。妻たちは一人ひとり夫のところに戻った。すると執行者は順々にそれぞれの夫婦に近づき、その口と耳に息を吹きかけ、低い声で指示を与えた。夫婦は真剣な面持ちで、彼に続いて一言一言繰り返した。

それから全員が下の前歯のある人々の国に向かってウゥゥといって病気を送り出した。その後、何人かの人がこの去勢牛の体にドゥオットの枝葉をかぶせている間、みなはまたビールを飲みながら雑談していた。神性の白い去勢牛とクラン神霊と〈デン〉の白黒の雄牛は、今や先に記述したようなやり方で横たえられた[11]。少し間をおいて、雄牛の死体から転がしながら枝葉を取り除く式が行われた。あとから殺された去勢牛はそのまま残された。雄牛の睾丸と陰茎は、前出の供犠のときのように小屋に持って行かれたが、今回はついていけるだけの人々がついていったので、小屋の入り口は人でいっぱいになり、小屋のなかではぎゅうぎゅう詰めの人々が歌い、踊っていた。これもまた、多産をもたらすためということだった。また、生の肉を何切れか取っておいて、パイの箝褶の長がその神霊である〈鮮肉〉に与えるために、夜食べることになっているということだったが、それを取るところを私は見られなかった。説明によると、クラン神霊の雄牛は、供犠を催した屋敷地の所属するパイ・クランのリネージが食べ、一方神性の去勢牛は参加者全員のためのものということだった。参加者のなかには、評判の高い執行者の力にあやかって不妊を克服しようと、非常に遠くから来ている者もあった。そういう理由で、クラン神霊の雄牛は訪問者が到着する前に、朝早く殺され、「神性の去勢牛」のほうは、訪問客が全員集まるのを待ったのである。

第六章（三三九―三四六頁）で祈願のテキストを示した、病気の箝褶の長のために捧げられた供犠では、これまでに述べていないいくつかの特徴が現れている。祭式は、小さい明るい茶色の雄の仔牛を杭につなぐことから始まった。それから年の順で若いほうから、さまざまな箝褶の長による祈願が続いた。病気の箝褶の長はアイウェルのクランであるパゴンの男で、妻の一人の小屋のなかにいた。最も重要な祈願は、その地域でパゴン・クランのための供犠を執行する役目をおっているパイ・クランの成員によってなされた。供犠におけるこのような相互的な執行は、ディンカの地のいくつかの地方のクラン間でみられるが、私が考えるところでは、こうした伝統的な「祭司長」の助けを求めるところ（ヌアーも含めて）ではどこでもそうだというわけではなく、規則的でも一般的でもない。祈願の各段は供犠獣の背中に向けて、かつ「下の前歯のある人々」の住む南の方角に向かって、荒々しく槍を振りかざす仕草で終わった。すると人々は静まり、腰をおろして次の祈願を待った。数人の女――病人の妻だということだった――が人々の上に、特にその脚にミルクと水をふりかけながら集まっている人々の周りを歩いた。一人の男が、病人の長男の脚にミルクを注いだ。

それから参列者のなかで結婚している男性全員と何人かの年取った女性が、順々に仔牛がつながれている杭に跪いて大きな敬意を表す仕草で進み出た。一人ひとりが順に杭の側にあるミルクの瓢箪（クラン神霊の瓢箪）を手に取り、自分の手に三度キスしてから杭の上にミルクを振りかけ、[12] それからもう一度自分の手にキスをして次の人に場所を譲った。箍猎の長たちはミルクに息を吹きかけ、つばを吐きかけた。あとで教えられたことだが、実際にはパゴン・クランとパイ・クランのメンバーだけが、このように尊敬を表して手にキスをしたのだという（私はそれに気づかなかった）。ほかの箍猎の長たちはうやうやしくミルクを注いだだけだった。

祈願が進んでいった。ある祈願の最中に、仔牛が放尿した。一人の男が、その時に祈願をしていた箍猎の長を指して、「彼はとても『しびれる』」と言った。ある時点で、全員が手を上げて「ヨ、ヨ、ヨ、ヨ」という叫びをあげた。これは、「あなたの家畜がたくさんあるように」というためだという。人々は、先に記述したように憑依され始め、仔牛を叩き、殴った。

突然仔牛は横倒しにされ、一群の若者が飛びかかって叩き、蹴った。その後仔牛に何が起こっているか見ることはできなかった。最初は、仔牛をできるだけ素早く腹を上にして転がし、その生殖器の部分に触ろうとしているようだったが、その後すぐに仔牛は集団に隠れて見えなくなった。ほかの部族から来ているよそ者（この供犠は小さい行政の中心のすぐそばで行われたので、よそ者は一人二人だった）は、この進行に関わらなかった。牛の喉が切られたのか、それとも踏みつけられて殺されたのかすら、はっきりわからなかった。続く数時間の間に、ここでの説明には関係ないが、行政側からの介入があった。その後、午後も遅くなって、私は病人の屋敷地を訪れた。仔牛はまだそこにいて、部分的に皮を剝がれ、解体されていた。その肉の大部分は見たところ分配されず、人々は解散していた。

多くのディンカが否定したことだが、この祭式は生きたままの埋葬を準備するものではなかったという。しかし賛成、反対の両方の意見は、ディンカのこの慣習についてわかっていることを考察する次の章で示すことにする。ここでは、その主な行為者たちが断言したとおり、病気の箝褡の長を元気にするための祭式だったとしておく。

今ここで「元気にする」と訳した動詞は、ディンカ語でコッチ（*koc*）といい、目的語として助ける対象となる人間や動物をとる。だから、病気の人（まだ健康な人も含めて）をコッチすることもできるし、家畜をコッチすることもできる。この動詞は部分的に自動詞としても使える。ネーベル神父はその辞書で、「家畜は（供犠によって）元気を取り戻しつつある（*Koc ghok a lo koc*）」という用例を示している。私が理解している限りでは、大部分のコッチのための祭式は病気や不幸があったときに行われるが、その語の本質的な意味は、「癒やす」というよりも「強化する」という意味である。それゆえ、箝褡の長が自分に属する人々や家畜をコッチするとき、彼は実際には将来の危険に対して彼らを強めているのである。それは人間の行為であって、神霊の行為ではない。

この事例では、老人を生きたまま埋葬する意図はなかったと主張した人々は、老人が最初に病気になったのは数カ月前だったが、その時には彼を元気するために使える余分の家畜を誰も持っていなかったのだと言った。そして箝褡が屋敷地で発見されたときに、また病気がぶり返し（三三九頁を見よ）、人々は真剣に危険を感じた。そこで、この役目を果たす特別の義務をおっている彼の姉妹の息子が、自分の雄の仔牛を提供した。なぜなら、彼が言うには、その目的のためには山羊では十分大きくないからである。年取った箘猎の長は自分でも、これをやらないと彼のキャンプの家畜が死んでしまうだろうという考えをもらしていた。実際は、行政の介入の後すぐに彼は公的な治療と監視のもとで死去し、たいした祭式もなく埋葬された。この場合にもディンカは、自分たちの供犠がはっきりと目指していた成功を達成しなかった理由の説明を、政府の介入にみているのである。その他の特徴については次章にゆだねることにする。

次にそれほど重要でない祭式をいくつか記述しよう。前章で記述した、川に魚を戻す祈願には、ごく単純な行為が伴っていた。漁労キャンプの人々は川岸に集まり、女たちがジャンプし手を打つダンスをしている間に、執行者たちが川に入り、魚がやって来る方向である下流のほうから、祈願を唱えている人々のほうにゆっくり歩いた。彼らは後ろに水と割いた聖なる瓜の入った瓢簞をアパッチ草のロープで引っ張っていた。前に言ったとおり、ディンカは、アパッチ草を沼地の青々とした草のうち最良のものと考えており、祈願が示しているとおり、祭式はアパッチ草の沼地から魚を誘い出す目的で行われた。それは群衆が立っている川岸に執行者が近づいた時、なかの一人が、川底から少量の泥を放り投げた。それは明らかに、祭式が確保しようと目指している魚を取る仕草を示すものだった。それから群衆は気前よく瓢簞の水をふりかけられた。

この時の執行者は、その場所の箘猎の長の親族で、ベニィ・ウィール（*beny wir*）、つまり川の主という称号でも知られている者たちだった。ディンカの地で主な魚の追い込み漁に選ばれているところには、川の主がいる。彼らは箘猎の長のクランからも戦士クランからも出ていて、下位部族の領域内で役目を果たす有力な簎褙の長のリネージから出ていることもあるし、そうでないこともある。彼らはその称号が示すとおり伝統的に川の支配者で、その役目は、漁を始める前に、縛った家畜（通常は仔山羊）を水に沈めることである。これには、漁が豊漁であるようにという祈禱が伴う。これは重要でない、どちらかといえば非公式の祭式である。

その他の重要でない儀礼の専門家には、バニィ・ラップ（*bany rap*）、つまり穀物の主と呼ばれる者がいる。川の主と同様に、これは特定の政治集団のために働くのではなく、虫や鳥が穀物を食い尽くしそうなときに頼まれて、近隣の人々のために働く。彼らはどのクランにもいて、その土地で伝統的にこの役目を果たす。鳥や虫から穀物を守って欲しいと頼まれた穀物の主は、水、ミルク、油、唾を混ぜたものを瓢簞に入れ、この混合物を、その目的のために使うタマリンド（学名：*Tamarindus indicus*）の葉（さわやかな酸味のある葉）を使って畑にまきながら歩く。穀物にふりかけるとき、彼は自分の祖先、クラン神霊、神性、そして家族に自由神霊があるならその名を呼びながら、鳥や虫に穀物をそっとして去っていくように呼びかける。彼は穀物が実り、振りかけているミルクのように白くなるように祈る。それから屋敷地の子どもたちが被害を受けた穀物を少し取って、ブッシュに捨てに行く。後に、刈り入れの時、彼の奉仕を受けた家族はそれぞれに、ひと籠の穀物を贈る。

こうした専門家の仕事と奉仕する範囲は、厳密に限定されておらず、はっきり定義されてもいない。例えばある穀物の主は、病気を治すという評判もあった。彼は病人に祈りを唱え、簎褙の長が振りかざすように槍を振り回し、軸に唾を吐いて槍を何度か病人の体から引き出すように動かす。

N・ナン氏は、供犠を伴わない、しかしある程度の重要性を持つ明らかに宗教的な祭式で、ディンカに特徴的ないくつかの象徴的行為を示すものを記述している。氏はそれを上ナイル県のバンジャン

(Banjang) にある宣教施設に近い二つの村で見ている。私は彼が『スーダン・ノーツ・アンド・リコーズ (*Sudan Notes and Records*)』誌に「ディンカのある公共的な健康対策」という題で発表している報告を要約しよう。[13]

ナン氏は、この祭式は毎年行われるもので、十一月初旬に実見したという。その時、隣り合う二つの村の住民は、朝七時に川に行った。それぞれの人はドゥラ (*durra*——ソルガム) の穂を持ち、また参加できない家族のメンバーの分を表す同じ穀物の茎を携えていた。箍措の長 (ナン氏は「雨乞師」と言っているが、箍措の長だと思われる) が半円になった人々の中心に立っていた。彼は新しく作ったまだ青い瓢箪の器を手にしており、そこに子どもたちも含めて全員が穀物を入れ、彼が唾を吐きかけた。老人たちと「雨乞師」は歌いながら、手を水に何かを送るように動かしながら、川に向かって立った。それから「雨乞師」が川に飛び込み、潜った。人々は続いてみなわれ先に飛び込み、自分や子どもに水をかけ、欠席の親族を示すドゥラの茎を川に持ち込んだ。瓢箪は川のなかに残されたようである。全員が川から葦の根を取り、その日一日、首の回りに巻きつけていた。

この祭式の目的は、マラリアを治すことだった。ナン氏が指摘するように、実は雨は約ひと月前から止まっており、したがっていずれにしろマラリアはやがておさまるはずだった。彼は次のような啓発的な文章で報告を締めくくっている。

その日、家路につく人々は、以前にもしていたように、私たちのところに薬をもらいに来ることに何の矛盾も感じていなかったことをつけ加えておこう。私は共同体全体のなかで、年取った雨乞師以上に、病気や怪我のときに急いで私たちのところに助けを求めに来る人はいないだろうと思う。

こうして記録された状況は、先に示した考えに対する支持を補足するものである。つまりそれは、例えば収穫のあとに捧げられる供犠のように定期的に行われる象徴的行為は、祭式がもたらそうとしている結果の何がしかを、人々がすでに自然に（われわれならそういうだろう）経験し始めているか、少なくとも、いずれじきにそうなるタイミングで行われている、ということである。セリグマン教授夫妻も、春の日照りのときに行われた供犠について、このことをコメントで指摘している。

雨が待ち望まれるとき、つまり土地が最も乾燥しているときは、同時にまた、（白人の観点からすれば）雨季が近づき、雨乞師が特定の精霊に雨を願い求めるよう、依頼される時期であると思われる(14)……。

ディンカ自身、もちろん雨季が近づいていることを承知している。そしてセリグマン教授夫妻が暗示しているとおり、この点はディンカが定期的な祭式を行うときの精神を正しく評価する上で重要である。こうしたことにおいて、彼らの人間としての象徴的行為は彼らを取り囲む自然界のリズムとともに動いており、そのリズムを精神的なやり方で再‐創造するのであって、単に人間の願望に合わせて自然界を強制しようとしているのではない。彼らの儀礼に最も単純な解釈を与えようとして、儀礼には常に、出来事の純粋に自然な経過において意図される、あるいは期待される効果を生み出すちょうどよいタイミングがあるのだと言う人がいるかもしれない。だが一人の人間のうちにある宗教的権威の最も衝撃的な顕現は、出来事の「自然」の経過からは合理的に期待できないような効果、つまりわれわれの言う奇跡と同じような効果を、時には彼が生み出すことができるということに存する。

供犠は、あるいはたとえ血を流す供犠がなくても集合的な祭式は、ディンカ語でヤイ（*yay*）という。この訳語としては「祝宴」が適切でないわけではない。こういう祭式に参加し、参与することを「食べる（*cam*）」というが、これをあまり字義どおりに受け取る必要はない。というのは、供犠の儀礼に伴う食べ物や飲み物は全体としての祭式の楽しい機会の一部にすぎないからである。私が強調したい点は、供犠の機会は例えば親族の深刻な病気とか、女性の妊娠の失敗のように悲しいものではあっても、祭式そのものはディンカによって本質的に幸福なこととみなされており、彼らはそうした祭式で楽しむし、そして実際そうしようとして参加する、ということである。供犠にはいつも祝宴のような雰囲気がある。ディンカが言うとおり、人々は「心が和らいでいる」。彼らはしばしば、捧げ物の効果として神性や神霊の「心」も自分たちに対して和らいでいるだろうという考えを表明するが、それは、供犠に伴って生まれる経験を、彼らが神性や神霊においてどのようにイメージしているかを示している。

生命のための供犠は（究極的にはディンカはそれを求めているのだが）、生命に敵対するすべてのものに立ち向かう敵意と強さを証明するものでもある。それゆえ「供犠の祝宴を行う（*cam yai*）」という表現は、戦争を意味することもしばしばある。その種の大規模な祭式では、部族や下位部族の軍事的力が結集され、ある意味では意識的に参列者に対して表明され、先に記述したような他部族や他民族を相手にした小競り合いや模擬的な決闘が表現される。ディンカはしばしば誰かに敵対して「祝宴を行う」、それは以下の戦争の歌の抜粋からわかる。

男が野牛の角を尖らせたなら、(15) 誰が彼を止められよう
彼らは私の部族の角を尖らせた

われわれはクオット・ドゥックビル（Kuot Dukbil）とマガック（Magak）[16]の祝宴で日を過ごした
棍棒は打つ
ヤウェール・ディット（Yauer Dit）[17]よ、遅くなったがわれわれは復讐する
私はアビエム（Abiem）部族に侮辱された
毎日、彼らはわれわれに対して祝宴をした
わが部族アワン・ルップ（Awan Rup）よ、われらに祝宴をさせよ、祝宴をさせよ

そして

あの部族が私に対して祝宴をしても
私は恐れない
すべての人が私に対して祝宴をしても
私は恐れない
おおわが部族よ、私は角を尖らせた雄牛だ
私は荒れ狂う雄牛だ……

宗教的行為と戦争のこのような関連は、さらに最終章で記述される簎猎の長の葬儀の祭式でも考察する。動物供犠は、最も本質的であると同様に、ディンカの最も複雑な象徴的行為である。それが彼らの生活において何を意味するかの理解に達するためには、それをもっと単純なシンボリズムの例であるほか

の行為に照らして考察する必要がある。非常にバラエティーに富んでいるもののなかから、私は四つの例を選ぼう。第一はディンカがスイッチ（*thuic*）というもので、些細な疑似呪術的な実践である。これにははっきりした宗教的意味はない。第二は人々をインセストから浄化する儀礼、第三は通常の葬儀、そして第四は和平を結ぶ祭式である。これらの理解に照らして、先に記述した供犠の儀礼の分析に戻ることにしよう。

スイッチと呼ばれる実践は草の束で結び目を作る行為で、それをする人が何らかの束縛や遅延を期待し、引き起こそうとしていることを示す。例えば先に引用したテキスト（三三三頁）では、敵が「草にからめとられる」というのは、その精神的、身体的な自由な行為がさまたげられることが期待されている。時に聞かれることだが、箝稓の長は自分の民がライオンによる深刻な問題を受けると、石をライオンに見立てて、人々の見ているところで、その石を草で包み込むという。この行為は、ライオンを槍で殺そうとしている人々を助けると考えられている。さらに、ごく普通のこととして、ディンカは旅に出るとき、旅の終わりのとき食事の準備が到着まで遅れるようにという意図から、道端に生えている草を結ぶ(18)。

これは「類感呪術」と呼ばれてきたものの単純な例である。だがその呼び方は、行為が企てられる際の精神を適切に示していない。ディンカ人は誰も、こうした行為を行うことによって、自分が期待する結果を実際に確実なものにしたと考えはしない。こうした象徴的行為が意味を持つ期待の枠組みは、技術的、実際的な行為に即した枠組みではない。ディンカ人は自分より先に行く車の運転手にメッセージを伝えてもらえるなら、夕食が自分のためにとってあるようにと願って草を結んだりしない。さらに、ディンカは、そうした象徴的な行為をしたからといって、自分の目的を達成するための実際的な努力を疎かにしたりしない。ライオンに見立てた石を草で結ぶことは本当の狩りの前触れなのだし、旅の終わりに向かう旅人の精神が目的地に少しでも早く着こうと足を早めるときにこそ、道端にある草むらの草を結ぶのである。この「神秘的」行為は、実際的あるいは技術的な行為の代替物ではない。そうした結び目を作る人は、的確な精神的意図の表象物を作ったのである。彼は自分の願望や希望のモデルを作り、そのモデルの上に立って実際の努力を新たにするのである。

このスイッチという行為はそれ自体些細なもので、ディンカ自身の間でも決して重要な儀礼とはみなされていない。上に記述したような草の結び目を作るときにディンカの精神のなかにある目標は、状況はさまざまだが、純粋に技術的に達成される。だがそこに含まれる原理は、状況の本質自体からいって技術的あるいは実際的な行為の可能性が排除される状況において、それを完全に代替するものとしての象徴的行為に通用する原理と、類似している。これから記述する人々をインセストから浄化するための祭式や、死や和平のための祭式では、象徴的行為が操作しようとするものはまずもって一組の心理的、精神的な構えであって、したがってこれらの祭式では、行われる象徴的行為に対応する純粋に技術的な代替物はないのである。

理論上から言えば、ディンカ人は関係が非常に遠くなっていることが了解されていない限り、双系的関係をたどることのできる少女とは結婚しない。その場合でも、もう一度理論上から言えば、そうした結婚を許容するためにある祭式が行われる。クランが大きいためにディンカの地の各地に分かれ住んでいて、かつ一つの部族内でも、個々の主なリネージの関係が遠くなっている大きな男系の集団では、成員間の通婚は許容されうる。しかしそれは常に、関係が遠くなっていて、通婚を合法としインセストの結果から夫婦を解放するためのある祭式が行われていることを前提に、正当化されるのである。そういう場合、ディンカは皮肉っぽく「その男が家畜を持っていれば私の娘の夫だが、家畜がいなければクランの一員だ」ということがある。外婚制のルールは、パートナーの関係が非常にはっきりと無関係か、あるいは非常にはっきり関係があるために結婚の適切性が問題にならない限り、実際には操作されうるのである。

しかし婚姻関係外の性交渉においては、ディンカはインセストが実際に犯されたかどうかを結果によって判断する。インセスト（アケース *akeeth*）は、これもケース（*keeth*）という皮膚病を自動的に引き起こすと考えられている。だから違反はある意味で経験される結果と同一である。インセスト的な交渉はまた、不妊を引き起こす。だから女性が不妊であったり、子を産まずに死んだりした場合、あげられがちな理由は彼女が誰かとインセスト的な関係を持った可能性である。ディンカの慣習では、少女は出産するときに愛人たちの名前を列挙する。私が聞いたある事例では、少女はそれに従って「父方のクラン成員一〇人、母方のクラン成員一〇人をあげたが、子どもは出てこなかった。だが彼女は最後の一人の名前をいおうとしなかった。だから彼女は出産で死んだ」。この特異な事例の含意は、おそらく彼女はかつて父親に誘惑されたことがあって、ディンカにとってその名前を明かすのはあまりにも恐ろしいことなのだということである。またある男の息子にとって、父親の妻たち（実の母親はもちろんどんな場合にも除外して）との交渉も、父親が彼にそうするよう代行させたのでない限り、インセスト的なものである。

人々がインセストの結果を懸念したり、経験したりしたとき、彼らはインセストに関わったパートナーたちを「分離」し、そうやって遡及的にインセストを無効化する祭式を行う。私はそうした事例を一つしか見たことがなく、しかもそれは、男が父親の年少の妻と同衾して、その事実を一時隠していたという、比較的重大でないインセストの事例だった。[19] 重大な事例の場合には、パートナーたちを罪の結果から解放するために雄牛、あるいは雌の仔牛さえ使わなければならないこともある。このケースでは雄羊だけが使われた。祭式は単純だった。あまり重要でない籍猎の長が、雨水の溜まった池の側で、罪のある二人を前に立たせていくつか短い祈願をし、親族はその周りに集まっていた。雄羊は近くにいた。それから全員が池に行き、多少の冗談と馬鹿騒ぎのうちに、インセストに関わったパートナーは親族たちによって水のなかに引き込まれ、頭を水に沈められて洗われた。それが進んでいる間に、雄羊も無理やり池に入れられ、何度か水中に沈められた。このことの意図は、見て明らかなとおり罪のある二人を洗い、その状態を雄羊に転嫁することにあった。これが意図的なシンボリズムであって、罪が何らかの形で実際に水に移るというような物質主義的な迷信でないことは、親族も全員水に入っていたという事実に示されている。罪は、ディンカの象徴的意図によれば、雄羊にだけ転嫁されたのである。

雄羊は、洗ったあと池から引き出され、少し離れたところに連れて行かれて、生きたまま縦半分に、切り裂かれた。おそらく雄羊は最初に槍で喉を切られた時に死んだのだろうが、その様子を私は近くで見ることができなかった。しかしあとで聞かされたところによると、何よりも重要なのは、供犠獣が雄でも雌でも、性器をはっきりと縦二つに切り離さなければならないということだった。この場合には肉は全部持ち帰られおそらく食べられたのだろうが、こうして殺された動物は食べないこともあり、半分だけ使われることも多いということだった。

しかしながら象徴的行為の重要部分は明らかに性器の分離であって、性器がインセストのパートナーたちの起源が単一であることを明白に表象している。このことは、性器を切り離したり切り分けたりしてはならないことが特に必要な供犠によって、逆に確証される。すなわち祭式を行う男系集団の結束が強調される供犠の場合である（三九五―三九六頁を見よ）。一つのクランの二つの分枝が安全に通婚できるほど遠くなっていると考えられている場合、供犠獣は記述したように縦に切り分けられる。インセストの罪とその結果は、こうして象徴的に操作される。それ以外のやり方ではなされえない。なぜならインセストは物的な領域ではなく精神的な領域における事実だからである。

和平の祭式を私は実見していないので、G・W・T（G・W・ティザリントン少佐）が実際に見た祭式の報告と、[20]私自身が再録したテキストを使う。ティザリントン少佐は、和平を結ぶためにやって来た二つの集団が、涸れた川筋の両側に二〇メートルほど離れて座った様子を記述している。殺人者はいなかったが、その親族が代わりに出席していた。殺人の賠償として支払われる家畜（プック *puk*）は、殺人者の家族から提供された小さい雄牛とともに両者の集団の間に引いてこられていた。ティザリントンによると、祭式を指導していたのは「首長かクジュール」だった。これはつまり籍猎の長か卜占師ないしは預言者ということで、どちらの当事者の関係者でもないということである。祭式の指導者が命じると、殺人者の側の人々が雄牛の前足をつかみ、殺害された側の人々が後ろ足をつかんだ。彼らは雄牛を背中を下にして倒し、両側からそれぞれ槍を胸に刺した。それから祭式の指導者は、一気に供犠獣を腹を横に半分に切った。内臓が引き出されて両者の集団の上に撒き散らされ、両集団はそれぞれに分かれて肉を分配した。その後指導者は雄牛が殺された場所に行って、残っている肉片の間に槍を突き立て、それから残りの肉片を取って、この時までにそれぞれの場所に戻っていた両集団の上に投げた。そして両集団からそれぞれ三人ずつ六人が進み出て、両者の中間でそこに突き立てた槍を両手でつかみ、続いて左に右に唾を吐き、下に向かって自分の胸に唾を吐いた。彼らは互いに対しても唾を吐いたといわれる。それから灰が両集団の人々の膝に振りかけられ、これで祭式は終了となった。唱えごとは一切なかった。

この祭式が終了したあとは、復讐を再開する者は必ず死ぬと信じられていた。

ここでもまた、供犠獣の分割は明白に両集団間の血讐関係の分離を表すためになされている。そしてこの場合は動物の分割が、インセストの儀礼のときとは違って性器の縦方向の分割ではないことも重要である。この状況では、縦方向の分割は象徴的に意味をなさないのである。槍を突き立てることは、ほぼ確実に調停を守るという誓約の一形式であり、（暗に意味されていることだが）かつては（血讐関係のように）彼らを隔てていた川筋を両者に越えさせている。唾を吐くこと、内臓を撒き散らすこと、そして灰を振りかけることはすべて浄化と祝福の形式である。このケースでは、演説を伴わない身ぶりだけで、外的な物的領域において、内的に認識される精神的領域を確立するのに十分であるようにみえる。(21)

以下のテキストは、和平の祭式で起こることに関するあるディンカ人の説明である。


戦闘で人が殺されると、非常に力のある［ケッチ kec――祈願が有力である］箝褶の長たちが会合を開き、クラン神霊のリネージも出席するだろう。殺人者の［下位部族の］家畜キャンプの人々と、彼が殺した家畜キャンプの人々がやって来て、分かれて座る。そして一人の箝褶の長が人々の中央に［両者の集団の間に］動物をつなぐだろう。

それから箝褶の長が祈願をし、「遠い昔の私たちの先祖のキャンプよ、男たちの間の償い（*puk*）をつくった先祖よ、それは私たちの古いしきたりだ。それは父であるあなた［神霊］だ。あなたは呼びかけられれば、上のかた［神性］とともに私たちを助けにきてくださる。だから、キャンプはもう争わない。あなたが私たちのために血讐を止めてくれるなら、もう混乱が起こらないように［確実にしてくれるのは］あなただ」。

簎猎の長全員がこうして、両方のキャンプから男を呼び出す。一人の男が、血讐を止める男がそこに立って(22)、簎猎の長の言葉が終わると、彼は両方の集団の間で去勢牛とともに立つ。彼らは戦いの盾と槍を携えてきている。なかにはアンバッチ（*ambatch*）の盾(23)を持っている者もいる。そしてもともとの戦闘に関わっていなかった人々が雄牛を捕まえ、血讐を止める者が去勢牛の右足を切り開き、肉が一方の側ともう一方の側に半分ずつ落ちるようにする。それから彼は腰の関節のところを切り、かかとまで切り裂いて骨を箕(24)の上に置く。彼は骨にバターを塗り、木で叩いて二つに割る。彼はその片割れを、人を殺した人々の側に置き、もう半分を、人を殺されたほうの人々の側に置く。去勢牛はまだ足が三本あり、一本は骨を切り取られている。骨を分けた簎猎の長は骨の片割れに祈願して、それを、人を殺したキャンプの人々に投げ、もう半分を取って人を殺されたほうの人々に投げる。

人を殺されたほうのキャンプの人々は傷ついていて、人を殺したキャンプと戦い、簎猎の長を脅す振りをみせるだろう。そこで簎猎の長たちは両方のキャンプの間に座って、地面に身を投げ、叫び、戦争の槍の柄を折り、穂先を曲げ、簎猎すらそうするだろう。

戦いは終わり、両方のキャンプは家に帰る。戦いに参加していなかった人々は紛争を止めた去勢牛の皮を剝ぎ、食べる。戦いをしたキャンプは、去勢牛には手を出さずに放っておくだろう。三一頭の雌牛が選ばれ、そのうちの一頭を、血讐を止める男が血讐を止めるために取る。そして償いの三〇頭の雌牛が死んだ男のために支払われる。なぜなら戦ったのは、一つのキャンプ（部族ないしは下位部族）の人々だからだ。

ここでもまた象徴的行為は、終わらされるべき関係（血讐関係）にあるパートナー同士の分離を表象している。そこに含まれているのは集団間の敵対関係の認識であり、その厳しさは籍殆の長のさらなる象徴的行為（槍の柄を折り、穂先を曲げる）によって克服される。実際象徴的行為は、血讐関係にある集団が現状認識している全体的状況、つまり敵対関係と祭式を行うのに不可欠な和平への姿勢との両方を含む状況を模倣している。自分たちの状況をこのように象徴的に表象することにおいて、ディンカにとって殺人の状況から起こってくるただ一つのタイプの実際的行為（つまり長引く敵対関係）を、和平への意思にそって象徴的行為において乗り越えることによって、彼らはその状況を操作するのである。

象徴的行為の最後の例は普通の人の死に際して行われるもので、最終章で記述する葬送儀礼の特別な重要性を浮き彫りにするものである。ディンカは死についてあまり語らず、葬儀に関心を向ける傾向も弱い。だから私はディンカの埋葬を二例しか見ておらず、どちらも通常の手順を妨げるような事情のもとで行われたので、ディンカを説得して通常の手順を話してもらった。したがって以下の説明は、少数のディンカ人のインフォーマントに大きく依存している。

男が死ぬと、飾りや装身具を取り去られる。浅い墓穴が掘られ（実際墓穴は約一・二〜一・五メートルの卵型の穴である）、そのあと頭を剃って、初めに水で体を洗ってから油を塗る。皮か、できれば革の盾が死者のために墓のなかに敷かれ、その上に横たえられる。それから頭が西（日没に結びつく死の方角）に向くように、墓のなかに横向きに置かれる。膝は曲げられ、両手を頭の下にして、寝るときの姿勢をとらせる。むき出しになったほうの耳は、土が入らないように皮でおおう。埋葬する人々は墓の周りにしゃがみ、顔をそむけて後ろのほうに、墓のなかに土を押す。それから彼らは墓の上で膝についた土を洗い落とし、近い親族が墓に敷物をかぶせる。

三日後に、死者の家族は、双子の片割れの小さい雄山羊を墓の側に連れて行く。彼らは死者の小屋の屋根からわらを取り、墓の側に投げて火をつける。煙が人々の上に流れ、人々は、なかでも家族の年上の成員か、簎猎の長が呼ばれている場合は長が、生きている仔山羊を打ちながら人々の周りを歩く。それから彼は鳴き声をあげている仔山羊を少し火の上にかざしたあと、その腹に切れ目を入れて内蔵を取り出す。その内容物が人々の上に振りかけられ、死体は禿鷲のために捨て置かれる。この人々の「燻蒸」はアトル（*atol*（*tol*——煙））と呼ばれ、仔山羊はニョン・アトル（*nyong atol*）と呼ばれる。ディンカは捧げ物は死者を喜ばせるためで、双子の片割れが選ばれるのは、双子が神性と特別な関係を持つからであると言う(25)。

もう一日たってから、羊か山羊が供犠される。これはアロック（*alok*「洗う（*lok, lak*）」から来ている？）と呼ばれ、これによって死者の家族のミルクを飲む禁忌が解除される。少しあとで、完全な雄牛が供犠される。祈禱が捧げられ、祈願が簎猎の長によって唱えられる。この最後の供犠はアペック（*apek*）と呼ばれ、死者を慰撫するもので、そうしないと死者は一族の者に祟り、家畜を殺すかもしれない。

この祭式と女の死のための祭式の間には多少の差異があるが、大きなものではない。女のスカートが死体にまとわされ、両足の間にくくりつけられる。というのも、女のスカートは飾りではないからである。それは彼女の社会的パーソナリティの本質的な部分である。「煙の仔山羊」が連れて行かれるまでの期間は、女の場合四日であるといわれる。四は女に結びついた数だが、ディンカはこれについて何も説明を持っておらず、時には3＝男、4＝女の結びつきが逆転することもある。アロックの供犠は、女性のために行われる場合は、彼女の調理用具の使用が解禁される。アペックの供犠は完全な雄牛の代わりに雌の山羊である。いずれの場合も、この最後の供犠を食べることが、遺族を最終的に「浄める」。それまでの間、彼らは周りにいる死者の穢れを受けている。

以上記述してきたこれらの葬儀の背後にある主な原則は、容易に理解できる。服喪者は墓を見ないようにして埋める。それは彼らが最終的な埋葬を経験したくないからである。「煙の仔山羊」の苦しみ（仔山羊は鳴き声をあげなければならないことが特に強調される）は、服喪者の苦しみを表象している。この場合もまた、苦しみは供犠の動物に転嫁され、こうして服喪者から分離されて、彼らの「外部」にあるものとして表現される。その他の儀礼は「分離の儀礼」を含んでおり、最後のアペックを食べることは「統合の儀礼」である。これらの儀礼がディンカの死の経験を表象し、調整していると示唆することにおいて、われわれはディンカ自身とまったく違ったやり方で解釈しているのではない。というのも彼らは葬儀を行わない者は死者にまつわりつかれるだろうと言うからである。祭式はかくして死者を生者から分離し、あるいは（われわれの観点からすれば）死者の二つの異なった記憶――生きていた時の記憶と、死者としての記憶――を形式的に分離する。したがって、戦いで殺された者が埋葬されずに残され地面の上に現存することは、彼らが今なお復讐を要求していることを思い出させるしるしだといわれるのである。

2

先に記述した象徴的行為は、かくして操作の目標とする状況を再‐創造しさらには劇的に表現しさえして、その状況の経験を効果的に操作する。象徴的行為は実際の歴史的あるいは物理的出来事を変えはしないが、そうした出来事に関するディンカの経験を変化させ、調整するのである。そこで、今や象徴的行為の中心である動物供犠のもっと一般的な考察に移ることにするが、まず気づくのは、供犠が、ディンカの望んでいる特定の外的状況に何らかの変化をすぐに引き起こさず、あるいはまったく引き起こさないかもしれないにしても、供犠の目的はそれ自体で達成されているということである。ディンカにとっても、供犠はそれを生じさせた条件が期待どおりに良くなるのを「待つ」ことを含んでいる。彼らは供犠が自動的に、よく検証された技術的手続きによって特定の結果を確かに達成するなどと期待していない。だから彼らは病気の回復を願う供犠を行い、同時に医療の手助けも受け入れる。薬は供犠と祈禱の代替物になるのではなく、それを補完するのである。

　象徴的行為、なかんずくそれを確証し、その他すべての象徴的行為を伴っている供犠の考察を終えるにあたって、象徴的行為と技術的行為が両方とも同じように必要であることを確認しておきたい。ディンカにとって、技術的な行為には達成できず、動物供犠が達成すると認められるものは何だろうか。なぜ彼らは供犠を行い、かつ、可能であれば現代医学の助けに頼るという、その両方を行うのだろうか。そしてもし、例えば病気の男の回復のために供犠をして男が死んでも、なぜ供犠は、技術的行為が期待する結果を生まない場合と同じように役に立たないとみなされないのだろうか。

　ある供犠が、供犠の直接の理由になった期待どおりの結果を生まないときにディンカが与える答えは、「神性が拒んだ」とか、それともたいていは、その男の病気の本当の原因である〈力〉が正しく同定されていなかった、ということである。だから求められるのはさらなる供犠であり、供犠に代わる行為ではない。

　だが、供犠によって人々が達成しようとした意図のうち、特定の目的の達成がたとえ明白に失敗した場合でも、まったく効果がなかったということにはならない。というのも、どんな供犠も複数の目的を含んでいて、それらは供犠の直接の理由となったある特定の目的をはるかに越えているからである。供犠は、一人の病気の男、その人だけのために行われるのではなく、(この例を続けるなら) 彼の一つの病気のために行われるのでもない。それは、供犠を行う共同体全体のために、共同体全体の名で行われるのである。なぜならわれわれが指摘したとおり、ディンカは個人的に、自分のために供犠をすることはないからである。病気の男は、自分自身の回復のために供犠を行うのではない。彼の親族と共同体もその成員として一緒に供犠に呼ばれる。人々はお互いに供犠獣を提供し合う。収穫時の定期的な供犠の祭式では、異なるリネージの成員が簎79の長に持ち回りで供犠獣を提供し、簎79の長が全員に成り代わって、全員の福利のために供犠するのである。

したがって、行為がまずもって社会的であることを無視する供犠理論は、ディンカの供犠の解釈にまったく役立たない。もし供犠が、単に、かつ本質的に、動物の命と人間の命を、超自然的人格との間で擬似商業的取り引きのように取り替えることであるなら、なぜ病人は自分の家畜を使ってはならず、自分のために自分の家畜を殺して神霊に自分の命の代わりに受け入れるよう求めてはならないのか、まったく理由がわからない。そんな行為はディンカからみればまったく無効だろう。それは私がすでに明らかにしたように、故郷と親族を遠く離れて不幸に苦しむときに個人としてのディンカの感じる恐れの理由が、共同体による、共同的な行為の持つ重要性にあるのと同様である。個人は実際にかつ伝統的に共同体の成員なのである。(病気のための供犠の場合) 個人の病気が供犠の特定の理由となっていても、個人は彼が供犠を行う共同体の成員であることからある種の利益を引き出すのであり、その共同体の供犠の意図は、部分的に、しかも部分的にのみ、病人個人に焦点を当てているのである。

いくつかの供犠の説明においてわれわれがすでに記述した行為は、主な要素に還元してみるなら、前の章で分離して考察した口頭の儀礼の主な要素と首尾一貫してまとまりをなしている。供犠獣は特別に取り分けてつなぎ、使用を限定（*mac*）することによって、また祈願と身振りによって群れのほかの家畜から区別され、その死を企図する人間の集団と特別な関係に入る。群れから家畜を一頭取ってすぐに殺すことは、供犠ではありえないのである。祈願において力強く槍を振りかざすこと、そしてまず人間の力で家畜を一種の拘束状態に置き、それから叩いたり殴ったり、いくつかの祭式ではもっと過酷な扱いに服させることで生け贄とすること、これらの身ぶりは、口頭の儀礼を記述した箇所で、優位に立つ人間の力の宣言として言及したことと対になって補い合っている。供犠獣そのものは好戦的な敵意の誇示の対象とされる。この誇示はまたその身ぶりにおいて、供犠獣が人間のパッシオネス（受苦）の運び手とされるときの口頭儀礼による生け贄化を補足している。したがってこの身ぶりは、祭式の口頭儀礼の部分が意図している供犠獣の弱体化と相関している。人間は、供犠獣の弱さとの関係で自分たちの強さを表明する。このことと関連して、ディンカが理論上は強い供犠獣への好みを示しながら、たいていは供出してもかまわないと思う家畜を供犠獣とすることは興味深いことである。供犠獣が強ければ強いだけ、彼ら自身のより大きい強さが、供犠獣を操り最終的に殺す能力によって強調される。若い戦士にとって、強さとはまずもって敵との戦闘における強さである。だから供犠における彼らの敵対の身ぶりは、敵に対する断固とした拒絶であると同時に、彼らが供犠獣に転嫁した彼ら自身の苦しみ、不幸、罪に対する断固とした拒絶でもある。ひと連なりをなす祈願でみたとおり、供犠獣は「去り」、さまざまな病気や危険を取り除くのである（三四〇頁）。

こうした人間の強さの表現と並んで、弱さを承認し、集まった人々からそれを取り除く身ぶりも存在する。実際供犠が有効であるためには、供犠が達成すべく意図されている目的の一部に、参列者がすでに同意する用意があることが必要である。彼らは供犠の結果として強くなることを意図している。先祖たちが人生に打ち勝ち彼らを生み出すことを可能にした力を使えると主張することで、かつまた、彼らがよくするように、参列者のまとまりと平和を断言することによって、彼らは自分たちが強いことを断言する。反目は共同体を弱め、引き裂く。だから、過去の反目はさかのぼって否認される。事実に反して立てられた誓いはディンカがアリアブ（*aliab*）と呼ぶ混乱を生み出し、なかでも共同体そのものを破壊するとみなされている。だからいくつかの祭式では、「灰の去勢山羊」がこうした不正な誓いの効果を取り除くために象徴的に洗われる。より一般的な意図を持つ潅水では、それほどはっきり特定されない弱さの条件が洗い流され（ディンカ語で *wac wei*）、供犠獣に由来する強さが、糜粥や尿という形で、人間に充当される。こうした身ぶりは、先に口頭儀礼において人間の弱さの承認とみなしたことと相関関係にある。だがその承認と同様に、その身ぶりの機能は、儀礼の状況と参加者の意識の内にある強化する要素から、弱化する要因を切り離すことにある。ディンカは自分の弱さを認めることによって、象徴的にそれに働きかけることができる。それは病人の苦痛の原因となっている〈力〉を認知し、その〈力〉を個人から切り離そうとする彼らの試みと並行しているのである。

人間の強さの断言と弱さの告白は、〈マチャールディット〉への供犠を除いて、供犠獣を称える身ぶりを伴っている。時には家畜の角に油を塗り、口にビールを注ぐこともある。称賛は最終的に供犠獣に、そして先に記述したように死体が枝葉でおおわれ少しの間横たえられるときには、神性と神霊に帰せられる。老女による陰茎と睾丸の除去は敬意をこめてなされ、尻を少女のスカートで隠すのも、ディンカは「崇敬のため」であるという。こうして供犠獣と、それが捧げられる神霊はともに称えられる。供犠獣は、もともとは神霊に献上する目的だったが、祭式の終わりにはそれらの神霊と同一視される。雄牛や去勢牛を生け贄にするにあたって、ディンカは自分たち自身より肉体的に強いものを用い、操っていることを自覚している。そして供犠獣と神霊の同一視を通して、彼らは霊的に自分たちより強いものをも操作する。このことから、身ぶりによる儀礼と口頭の儀礼に表明される、懇願と命令との混合が出てくるのである。

供犠獣に対して示される称賛と敬意は、供犠のより広い社会的文脈から理解しなければならない。供犠は祭礼であり、客が招かれ、礼儀と寛大さをもって遇さなければならない機会である。供犠が催される屋敷地に客が到着すると、女たちの歌とダンスで迎えられる。客に敬意を表するこのもてなしはルオール（*luor*）と呼ばれるが、私は、この語は供犠において断末魔にある供犠獣に向かって彼女たちが行う動きのときにも使われる言葉であると考える。供犠を行う共同体の成員相互の敬意と、神霊とその供犠獣に示される崇敬とは、したがって関連している。この相互的な配慮は、共同的生活の条件であり、供犠に際しては強力に強調され、増強される。このことを念頭に置くことで、われわれはなぜ、ディンカの伝統では新しい共同体――新しい家畜キャンプやセクション――の設立が供犠によって達成されるのか、理解できる。そしてまた、今日のディンカの下位部族の名前のいくつかは、その設立のために供犠された家畜の色名称が起源になっていると説明されるのである。同様に、クラン神霊とその供犠獣を称えて歌われる讃歌は、クランの共同的な強さの概念を喚起する。クラン神霊〈瓢箪〉を称えて歌われる次の讃歌は、その好例である。

……それは［敵のために］腹から血を流す
それは胸で咳をする

これらを［敵の上に］もたらせ
来て、賢くふるまえ
種の容器［瓢箪］から命を願い求めよ
父の偉大な〈瓢箪〉は私を助けてくれるだろう
たとえ私が一人で残されても
私を憎む者、その者を私から立ち去らせよ
私を愛する者、その者を私のもとに来させよ
父の偉大な〈瓢箪〉は私を助けてくれるだろう
偉大な〈瓢箪〉は大地を満たし
〈デン〉の雌牛は奉納のためにミルクを絞られる
私の父の雌牛はミルクを絞られる
巨大なミルクの瓢箪
父の偉大な〈瓢箪〉は大地を満たした

このような讃歌でクラン神霊を称えることは、クランの人々の集合的な強さの表現でもある。神霊は、敵が立ち去り、互いの配慮で結びつき、互いに助け合い、互いを滅ぼし合わない者たちだけを残すようにと求められる。

供犠の状況とそれにおける簎猎の長の役割が、簎猎の長の神話に一般的な形で予示されていることはもはや明らかだろう。だからここで神話と儀礼の一般的な対応関係に注意を引く必要はない。それは先

に記述した神話を瞥見すればすぐに了解できるだろう。しかしながら、供犠の儀礼において上演される生と死のドラマの本質を、神話において表現されたドラマとの関係で明白にする仕事が残っている。

思い出していただきたいが、いくつかの神話では、簎矠の長の元祖の持つ簎矠が、渡河の状況にある男たちの頭を突き刺した。アイウェル・ロンガールの槍が彼らから逸れるまで、男たちは殺されていた。それからアイウェルはクランの創始者たちと生命を与える力を分かち合い、それが現在の簎矠の長になった。またいくつかのバージョンの表現では祭礼や供犠が行われ、それによって神霊〈鮮肉〉が簎矠の長の間で分かち合われる。つまりアイウェル・ロンガールは、それ以前には人々に対して自分のエネルギーをぶつけていたのに、動物供犠という手段を用いることで、人々に生命の恵みを手渡したのである。

槍で突くということは、神話ではもともと人間存在に死をもたらしていたが、供犠の儀礼では供犠獣に対して再 - 上演される。この動物が人間の代わりに死ぬことは十分に明らかであり、それが人間を代理する適切さについては本書の前のほうで示されている。思い切って言ってしまえば、神話も儀礼も死の状況を生の状況に転換することを表しているのである。神話では、簎矠は人間から逸らされ、生命の源泉として人間に引き渡される。儀礼では供犠獣の死は人々にとって明白に生命の源泉である。死を生に変えるこの転換は、われわれが先に記述した儀礼の詳細において、なかでも特に女が供犠獣の性器を取り去り、リネージの多産性の源泉として食べることにも明らかである。

したがって明らかに供犠の重要な特徴は、供犠から福利を受ける人々が供犠獣の死を乗り越えて生き延びるためにその死を演じるということであり、供犠獣は重要な点で彼ら自身を代理しているということにある。これに関連して、ある神話におけるアイウェルの行動の、ディンカにも説明のつかない奇妙な特徴（二七二頁）に注目してみよう。そこでアイウェルは去勢牛の死体をアデェオウの上に置き、彼を箝猎で地面に釘づけにし、彼が死ぬように祈る。だが体にまつわりついた死体が腐っても、アデェオウは生きていた。ここに表されている描写は、去勢牛の死体のなかで生きている人間である。その死体は彼の周りで腐敗し、しかも彼を生きたままに残すのである。

かくしてすべての供犠は、ディンカが予期し恐れる死（それに結びつく不妊と滅びとともに）を先取りし、そうすることで彼ら自身の生き延びる力を顕示する。だから供犠が逸らすよう意図された特定の病気がすぐに治癒しなくても、あるいはまったく治らなくても、供犠の信仰が正しいことを証明する必要はない。なぜなら、供犠が行われるとき、供犠獣は死ぬのに病人はまだ生きており、その生命は、たとえ弱々しくとも、供犠獣の死との関係では生にとどまっているからである。ディンカの供犠は、したがっていわば人間が生き延びるドラマなのである。

いくつかの神話のバージョンでは、アイウェル・ロンガールが箝猎を人間の頭に打ちこむのは、渡河という舞台設定で行われる。そしてわれわれは先に、「川を渡る」ことが「生き延びる」ことを意味することを指摘した。こうした細部にも、秋に行われる定期的な供犠との類似点がある。なぜならその儀礼は、やがて来る乾季の牧草地への移動を見越して行われるからである。ディンカは秋の供犠に簡単な一般的説明を与えて、よく次のように言う。「さてそうして、箝猎の長は神性のために何か殺して、それから人々は乾季の牧草地に行くだろう」。神話の細部と同様に、ただし動物供犠という形で、死は永続する生を保証する渡河の前触れなのである。

私が先に指摘したとおり、いくつかの神話のバージョンでアイウェル・ロンガールの箝猎を人間から逸す手段が女性的な象徴であるという事実は、政治的な重要性を持っている。供犠の儀礼においては、死は供犠獣の供出によって人間から逸らされる。家畜はさまざまなやり方で人間の代理をするが、より限定して言えば、家畜は女を代替する。女は、婚資としての家畜の贈与によって夫の家族にもたらされ、そこに子どもをもたらすことで新しい命を生み出すのである。それゆえ、神話におけるアイウェルの致死的な簎措が女性的象徴によって逸らされるように、供犠において人々から死を逸らす供犠獣は、特別な意味で女の代理者である。また少女のスカートが供犠獣の尻にかけられることも思い出すべきだろう。ここでもまた、通常ディンカは雌牛を供犠することはないとはいえ、雌牛の供犠、そしてさらには雌の仔牛の供犠は大きな厄災を逸らすために必要だと考えられている。神話と供犠における女性の役割の間には一貫性がある。それについては、ここで試みているのとは別のディンカ人についての報告において、もっと綿密な説明がなされるべきだろう。

注

（1）聖なるものは、普通、直射日光にさらしてはならないとされている。前に説明した「預言者の山羊」を日陰に隠すというのも、その例である（第一章七九―八〇頁〔当該箇所では「創造主山羊」〕）。第二章一一五―一一六頁の文中に引用した、C・GおよびB・Z・セリグマンの記述で、ボル・ディンカの簎措の長と預言者が日陰に隠されることにも注意。

（2）J. M. Stubbs. op. cit., 1934, p. 247.「『ビス（Bith）』すなわち簎措（時に「ラル（Lal）」と呼ばれる）は、『バン（Bang）』の行う祭儀において重要な役割を果たす。そうした槍のあるものはきわめて古く、父から息子へ継承されてきた。何人かの『バン』は新しい槍を持っているが、それもやはり大きな敬意を受けていて、ある時一人の『バン』が、明らかに新しい五本の『ビス』で祭儀を執り行っているのが見られた」。

（3）Ibrahim Eff. Bedri op. cit., 1948 によれば、北ディンカはここで述べた聖なる物に加えて、司祭職の聖なるビーズ、聖なる床几、簎措の長と結びついた政治的集団のメンバーたちから贈られた（ビーズ、鉄や真鍮の輪など）贈り物で飾ったロープ、小さい（聖なる）戦闘用の槍、聖なる斧の束、などをあげている。北ディンカでは、

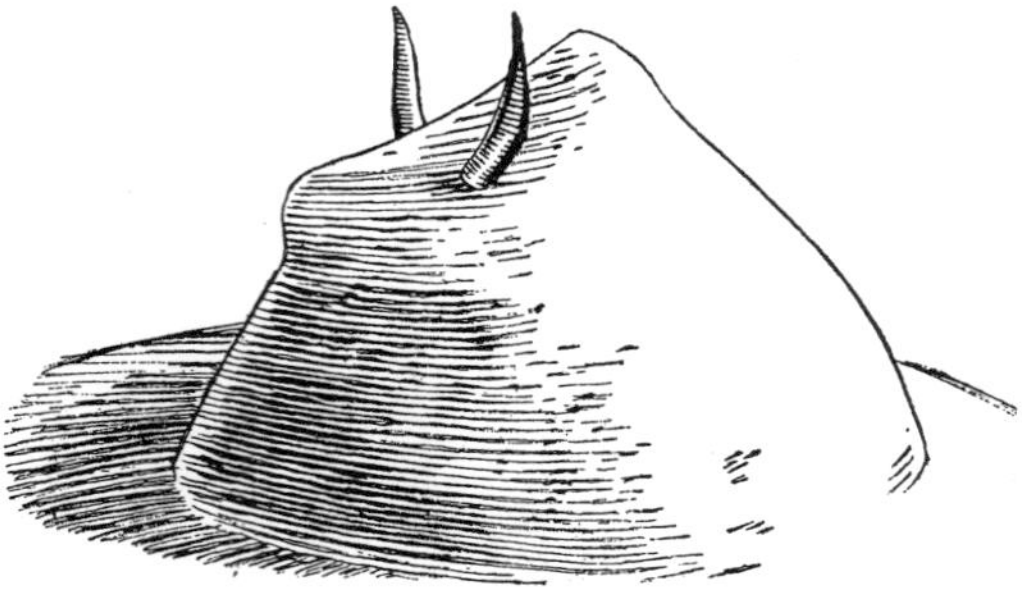

西ディンカよりも祭司－首長制の形式的な側面がより発達していたようで、そのレガリアと祭式は、隣接するシルックを思い起こさせる。

(4) ここで言及しているのはレク・ディンカと、その西および北の地域に関してである。牛舎は、ほとんどのアガール・ディンカの屋敷地にはみられない。

(5) 例えばCoriat, "Gwek the Witchdoctor and the Pyramid of Dengkur", *S. N. & R.* vol. xxii, 1939, part 2, p. 223, P. P. Howell, op. cit., 1948, pp. 52, 53を見よ〔一六一頁注41も参照〕。

(6) C. G. and B. Z. Seligman, op. cit., 1932, p. 201には、その図〔上の図〕がある。白ナイル地方のディンカのトーテミズムと宗教に関する個人的な回覧レポートで、セリグマン教授はこう書いている。「全体の構造は、土に沈んで背中だけ出している去勢牛に似た外見になっている。だが私はこの類似が意図的なものかどうか、知りえなかった。もっともオムドゥルマンで会った一人のディンカ人は、そこに長く住んでいる人だが、自分の出身地では強力な男の墓の上に土で牛の姿が作られていると言った。上に書いたことからすると、A・B・クック（A. B. Cook）氏はかつて私に、明らかに牛を表すようかたどったブオル（*buor*）の写真を見せてくれたことがあるので、土の盛り上がりには特別の注意が必要である」。

(7) セリグマン教授夫妻も、同様の意見である。Op. cit., 1932, p. 203.

(8) ディンカにとって、肛門は最も秘密の部分である。男たちは前かがみになって焼畑の作業をするとき、肛門を隠すために女性のスカートを身につける。

(9) この主題は次の章で論じる。

(10) ディンカは、知っている人物なら、彼らの祭式に同席するのを黙認するが、それでも彼らはその人物に、祭式のことをわざわざ知らせたりはしない。

(11) 三九三―三九五頁。
(12) 〔原書初版の〕図版Ⅳaを見よ。
(13) *S. N. & R.*, vol. xxv, part 1, 1942.
(14) C. G. and B. Z. Seligman, op. cit., 1932, p. 198.
(15) 歌い手の強烈な勇気と、戦争準備の考えを同時に表現するイメージ。
(16) 簎猎の長たちの名前。
(17) 現在の敵によって過去に殺害された親族。
(18) これはナイル系の諸民族に共通する実践である。アニュアはディンカ以上に頻繁にこれをする。彼らのこれに対する態度は、次の発言が示しているように、アニュアらしいユーモアのある期待と懐疑に満ちたものである。あるアニュア人は、うまくいくかどうか自信がないなら、結び目を二つ作ればいい、一つはお粥のため、もう一つはソースのため、と言った。
(19) 年取った父親が、息子の一人に若い妻を恒久的に割り当てるということはある。だがその了解がない場合には、息子と父親が同じ妻と寝て、それからさらに父親が息子の母親と寝るということが起こりうる。
(20) G. W. T., "Peace-Making Ceremony of Raik Dinka, Bahr-el-Ghazal Province", *S. N. & R.*, vol. vii, part 2, 1924, pp. 127–128.
(21) もっともティザリントン少佐は単に、祭式を終了するために何もフォーマルな発言がなかった、と言っているだけかもしれない。そのほうがありそうなことである。
(22) 血讐を止める男とは、両者の集団と等距離の関係にある簎猎の長のことだろう。
(23) これはおそらく、血讐関係にそれほど深く巻きこまれていない人々がこの軽い木でできた盾(実際には、防護用の杖、枕、床几、その他の小物入れ)を持ってきているということだろう。
(24) 箕は女性のしるしであり、アイウェル・ロンガールに関係するクランで調停者として名高い集団ウェン・ディオールのしるしである。
(25) 双子は分離された一体性を表象しており、神性との緊密な結びつきに特に適している。

第八章　生きたままの埋葬

1

たとえ読み書きのできる外国人で篇稽の長の葬式を完全に見た人がいたとしても、私の知る限り、誰も記録に残していない。だから、この中枢的で重要な祭式についてのわれわれの知識は、伝聞証拠によらざるをえない。(1) もっとも、これらの伝聞証拠はこの主題についてじかに見聞きしたと主張するディンカに基づくのではあるが。しかし今ここにわれわれが記述する祭式がかつて実際に行われていていまもおそらく行われていることは疑いない。なぜなら、その意味について表面的な知識しかない外国人には忌々しく違法な慣習に関係したことを認めても不謹慎ではないと思ったとき、祭式が公には禁止されていることをわかっていてもディンカは祭式を見たり聞いたりしたことがあると認めているからである。

私がディンカの地に滞在していたころ、生きたままの埋葬に成功したある事例が、高級官僚のレベルで耳目を引いた。しかしそれは私がいたのとは別の場所においてだった。そしてすでに述べた不首尾に終わった祭式に続く議論のなかで（四〇二–四〇五頁）、参列者の意図を突き止めようとした人々は、箝猎の長の祭式的埋葬に付随しなくてはならない一般的手順というものに、ある程度までは明らかに気づいていた。こうした議論のなかで、私は、比較的近年に、生きながら埋葬された幾人かの箝猎の長の名前を耳にした。その慣習をめぐる謎がディンカにとって不利になる多くの誤解を生じさせているので、関係者が特定できる名前や場所だけを省略して、述べられたままに生きたままの埋葬が行われた状況を再現することは、彼らの信頼を裏切って秘密を明るみに出すことにはならないと思う。祭式の民族誌的理論的関心という点から、この習わしが公に禁止されていることで部分的に引き起こされている沈黙に直面しながら、私が集めることのできたわずかな証拠に、ほかの人たちの報告を加えることにした。

威信のきわめて高い箝猎の長の埋葬は、ドール・ベニィ・ケ・ピル（*dhor beny ke pir*）とかシオク（・ベニィ・）ケ・ピル（*thiok beny ke pir*）、時にはベニィ・アチ・ロ・ソッチ（*beny aci lo thoc*）と呼ばれる。最初の言い回しのドール[2]はディンカの宗教用語で、英語の対応語を私は見つけることができなかった。その目的語はクラン神霊か（オク・アロ・ヤン・ワ・ドール *ok alo yanh wa dhor* とは「私たちは私の父のクラン神霊をドールする」という意味である）箝猎の長であり、この文脈以外でこの語が使われているとは思われない。クラン神霊に使われるときは、われわれがこれまで述べてきた供犠や賛歌を伴う「饗宴」において神性に奉仕するとか崇敬を捧げるという意味である。人々はクラン神霊にドールし自らの強さを高めようとし、そうすることで神霊の要求を満足させようとするのである。いずれ明らかになるが、同じように、箝猎の長をまだ生きているうちに墓に入れることについて、人々は自らの活力を高め、また箝猎の長の欲求を満足させるためだと考える。ドールの意味のなかにあるこれらの要素を念頭に置くと、ドール・ベニィ・ケ・ピルをおそらく「長を生きている間に埋めること」とわれわれは訳すことができるだろう。ディンカがこの語を日常的に使用する際に事実上持つ意味がこれである。またそれは、祭式について第二の表現であるシオク・ケ・ピルを使うときにこの語句が持つ文字どおりの意味である。第三のベニィ・アチ・ロ・ソッチ[3]は字義的には「長がきちんと座るために行ってしまった」とか「長は自らの席へと行ってしまった」である。トォックとは居住まいを正して座ることであり、鞍のようにその上に直座することができるものでもある。ここでは、普通の人の死体のようにうつぶせになって死ぬのではなく、何かに寄りかかって死ぬという意味である。篝猎の長が生きたまま墓に据えられる際には彼が何かにもたれかかるというのは実際にありえることである。しかしこの表現は普通のどの死体もじっと横たわっているものという印象を否定している。横臥する死体にはトッチ（*toc*）というありふれたディンカ語が使われ、この語は死体を横たえることと同様に生きている人間が横になって寝ることを言う場合にも使われる。同じように、今記述される祭式は普通の男女の死にまつわる観念の慣習的な形象を否定するものなのである。

以下のテキストは、篝猎の長の死に際して生じたことをディンカの友人が語ってくれるとしたらこうなるだろうという典型的な説明である。語り手は、自分がそうした祭式を目撃したことがないと主張している。とはいえ自分の隣の部族で行われた祭式について彼は知っているという。私は固有名詞を変更したが、実際に言及されたリネージは私が知っているものである。

篝猎の長が病気になって衰弱したら彼は身内を呼んで、彼が生きているうちに自分を埋葬するように、キャンプの者全員（全部族あるいは全下位部族）を連れてくるようにと言うだろう。彼の身内は彼に従い素早くやって来る。もし彼らがぐずぐずしていたら彼らが着く前に箝褶の長は死んでしまい、彼らはとても惨めになるからである。

彼らは到着すると、生きながら埋葬される箝褶の長の家の傍らの地面に家畜をつなぐ杭を打ち込む。人々がやって来たら、箝褶の長は彼らに話しかけ、彼らが自分をどう扱うべきかを語り出す。年配の者への話が終わったら彼はアコッチ（*akoc* 学名：*Cordia rothii*）の枝を若者に取りに行かせるよう告げ、若者たちはすみやかにアコッチを取りにやられる。

若者たちが戻ってくると彼らは地面を掃き清めて危険なものが残っていないようにする。[4] そして地面が整ったら墓穴を掘りアコッチの枝をそのなかにおいて台をしつらえる。そのあと、以前供犠した雄牛の皮を細長く切り取り、用意した枠でアンガレーブ（*angareeb*）[5] のような形にする。そして生きている雄羊を連れてきて穴（墓）の底の台の横につなぎとめる。それから彼らは箝褶の長を持ち上げ、彼がまだ生きている間に地面の下に彼を置くのだ。

彼は死を怖がらないだろう。歌を歌っている間に彼は地面の下に置かれる。彼の身内の誰も彼が死んだからと言ってすすり泣いたり、泣き叫んだりはしないだろう。彼らの箝褶の長が彼らに生命（*wei*）を与え、そのおかげで彼らはいかなる邪悪なものにも悩まされることがないのだから、彼らは嬉しそうだ。

彼らが箝褶の長を地面の下の台に置いたら、その上に置くやはり皮の切れ端でできた台を作り、地面の下にいる箝褶の長の傍らにミルクの入った瓢箪を置く。すべてが終わったら、老若男女みな牛の糞を手に取り墓に放り投げ、糞の山で墓が完全に覆い尽くされるようにする。箝褶の長の墓は土で覆い尽くされてはならないからである。そのあと彼らは別の雄牛と雌の仔牛を供犠する。

これが終わったら糞を燃やした灰で墓のてっぺんを覆い籍猎の長のために宴会を催す。一カ月後人々はビールと粥を作り、二頭の雄牛を殺して、埋葬の後籍猎の長の住居を取り囲んでいたアワール草（*awar*）でできた柵を取り外す。それから彼らは、すべての神霊が人間に満足してくれるよう、踊りと供犠を行うのだ。

次の二つのテキストは、〔ディンカの〕友人が書き取ったものである。彼は自らが記述した儀式に若い時立ち会ったと主張している。彼の証言は、固有名も含めて最も詳細なものであるが、どこの地域かを特定できるような名前を私は変更した。そこは、すでに引用したテキストを提供してくれた男性の地域からは遠く離れている。

私が最初に生きたまま埋葬されるのを見たのは、川の向こうのマジョック部族の地で、籍猎の長はデン・デン（Deng Deng）だった。その時私はまだほんの子どもだった。長自身の住居はマレクと呼ばれ、マゴル下位部族の地にあった。彼はその下位部族の籍猎の長だった。彼のクランはパケダン（Pakedang）だった。彼らは今では数が少なくなっているがそれでもその祈禱力はとても強力で、そのため私の土地では彼らを「籍猎の妖術師[6]」と呼んでいる。その下位部族にはほかにも籍猎の長がいるが、彼らに匹敵する者はいない。

デン・デンという籍猎の長はとても高齢になっていた。彼は今にも死期が迫りそうなほどに高齢で目もよく見えなくなり歯も全部抜け落ちたので、生きたまま埋葬してほしいから国中にこのことを伝えみなが同意するか調べてくるようにと告げた。

人々はマルワルという非常に古い牛の野営地で、彼の埋葬用に地面をしつらえた。マルワルはデン・デンの屋敷地からすぐ近くで彼の牛舎からも近い(7)。そこはまさに彼のもともとの家だったのだ［*panden nhom*――字義的には「彼の家の頭」］。地面を清掃して掘ったのはパディアンバール（Padiangbar）というクランだった。それは私の地域の箸措の長の生きたままの埋葬を行ったクランである(8)。

牛の野営地のなかでいちばん高いところ、牛たちがいる場所の真ん中に、彼らは大きな穴を掘った。穴の傍らには二頭の雄牛がいた。一頭は大きくて白く、もう一頭は赤かった。それらは、クラン神霊である〈モン（*Mon*）の草〉と〈鮮肉〉のための完全な獣だった。穴が掘られて、アコッチの木で台［枠組み］を人々は二つ作った。アコッチはパディアンバールの若者たちが歩いて一日かかるほど遠くの森から取ってきたものだ。

人々は三日間作業をしたが、老人〔箸措の長〕はまだ地面の上にいた。人々は二日間歌で牛を讃え、朝夕に祈願を行った。そしてパケダンの箸措の長が朝一〇時ごろパケトイとパゴン(9)の箸措の長たちとともに雄牛たちののどを切り裂いた。デン・デンの母はパケトイの女性の娘で、彼の母の父はパゴン・クランの者だった。それで彼ら三人が一緒になり、彼の父の家族と彼の母方オジの家族に協力したのである（*bi panerden mat kek pan e wun*）。

デン・デンは雄牛たちの頭上で祈願をして、最初の雄牛つまり白い牛が前のめりに崩れ落ちた。雄牛を殺すと人々はその皮を剝いで細長く切って、木枠にはりつけて寝台を作った。毎日祝宴が行われ、昼間は牛舎のなかで夜は外で踊りが繰り広げられた。男たちは牛舎のなかでほかの男たちの妻と寝た。誰もそれは承知していた［字義どおりには「悪い言葉は語られなかった」］。

それから人々は、過去に殺されたクラン神霊の雄牛の皮でできた戦い用の楯を台の上に置いた。それは牛舎に長く置いてあった戦い用の楯で、春と秋という「分け目の月（dividing months）[10]」ごとに油が塗られていた。人々はデン・デンを楯の上に乗せ地面の下の墓へと下ろした。

赤い（茶色の）雄牛がまだ残っている。デン・デンが穴のなかに下ろされたら、人々は彼の頭上に台を作って、地面と台の上の部分が水平になるようにした。彼らは讃歌を歌い、歌が終わったら墓の周りにドットの木の垣根を作った。垣根は墓の表面の広さのおおよそ倍で、人がかろうじてなかを覗けるくらいの高さである。そして人々は牛の糞を手にして、籍猎の長の声が聞こえるように一部を残して墓の上を糞で覆う。墓のなかからデン・デンは垣根の外にいる年配者たちを呼び、それ以外のすべての女と子どもは、彼の妻も含めて追い払われた。

テキストの著者も、それゆえ〔当時子どもだったので〕追い払われた。しかし彼によれば、年老いた籍猎の長が年配の男たちに話し終わってから、彼らはほかの人たちの所に戻り彼が話したことを伝えた。テキストは続く。

デン・デンは収穫時に死んだ。続く乾季に、アカニシィ（Akanythii）の月[11]に、彼の部族は隣の部族と戦争をするだろう、戦いの時彼の部族の人たちはさほど勇敢ではないので彼は悲嘆にくれていると、デン・デンは言った。

二月《ふたつき》後、この戦いが起こり、彼の部族の八人が殺され、隣の部族は二人死んだ。隣の部族は彼の部族をさんざんに打ち負かしアガール・ディンカの土地まで彼らをけちらした。その結果政府軍がやって来て牛の盗難を阻止した。しかしその時でさえ、その隣の部族は、彼〔デン・デン〕の部族の乾季用放牧地のすぐそばの川の近くで、祝宴を開いていた。彼の部族はたいそう困り果ててなすすべがなかった。

テキストの著者は続けた。

箭猪の長が話している間は糞で墓を塞ぐようなことはしない。しかし彼に呼びかけてももう返事がないときは、人々は彼の上に糞を積み重ねていく。糞が全部穴を埋めてしまったら人々は祠を建てる。[12]「箭猪の長が死んでしまった」と言う人もいるかもしれないが、普通は「箭猪の長は地面のなかに連れて行かれた」と言うものだ。そして誰も「あわれ、彼は絶命した」とは言わない。「とてもいいことだ」だと言うだろう。

同じ情報提供者は、次のような事例を私に話してくれた。それはもっと最近に起きたことなので、明らかに彼は事細かに話したがらなかった。以下のように彼は話した。

現在あなたも知っている二人の箭猪の長は、私がその埋葬を見たあの箭猪の長の息子たちだ。彼はクウェクの部族全部のなかで卓越した箭猪の長で、その部族の主要な箭猪の長たちであるパゴン・クランの一人だった。

次に続く記述も以前に述べられたものと大差なく、そこでもまた箭猪の長が病んではいないがとても

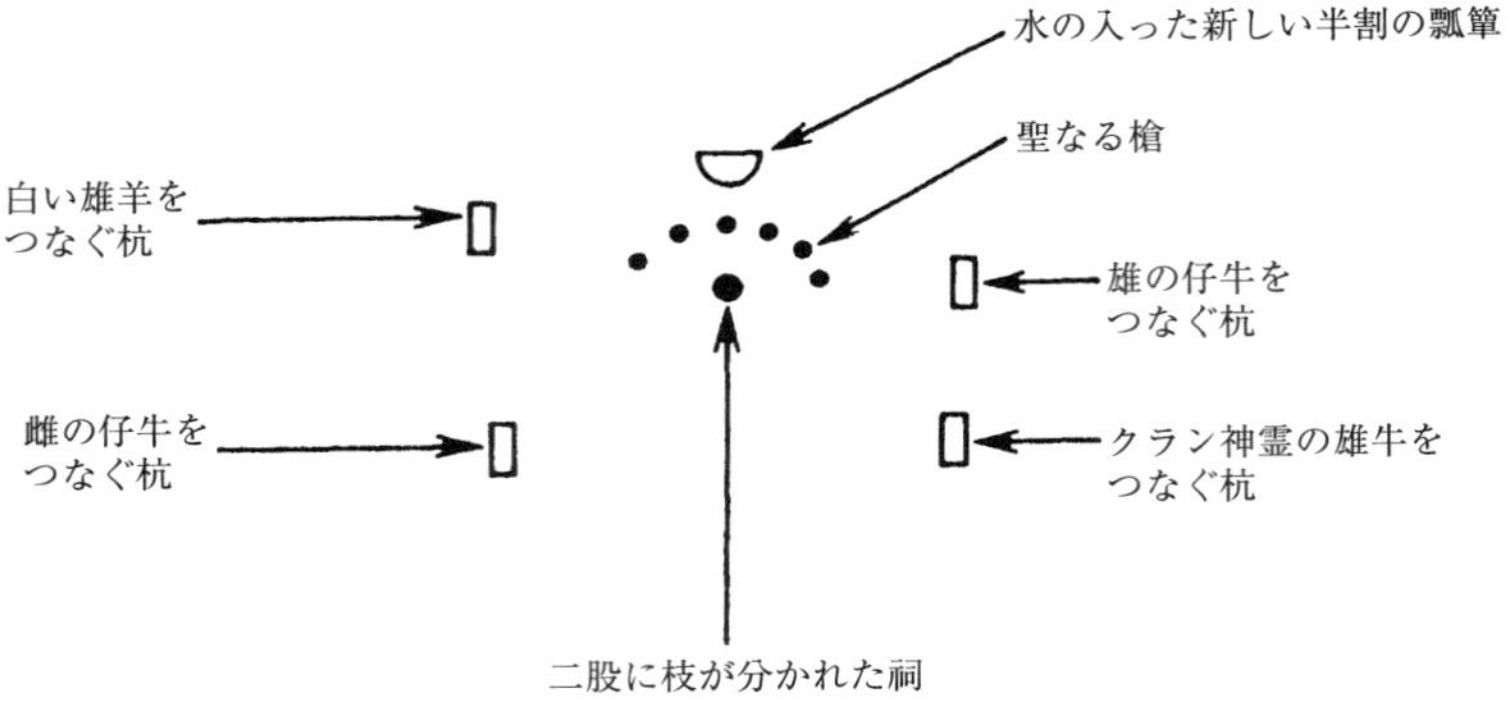

図4

年老いていて、埋められたいかと問われたことが明らかにされている。選ばれた土地はまたしても屋敷地の近くにある古い牛の野営地である。このテキストの次の部分はすでに記述したことにつけ加えるべきものがある。

彼の部族の人みんながやって来て牛が杭につながれた。人々は囲いを作ったが今回踊りはなかった。若者たちは、簎猎の長が墓にいるときはその場から追い払われた。年配の男たちはのちに彼がこのように話したと報告した。「私は地面のなかで人々や家畜を殺す病気の〈力〉に会うつもりだ（対処するつもりだ）。私は息子のモロル（Moror）とけんかしたのでまだ彼のことを怒っている。ほかの人たちに悪い気持ちは抱いていない」。三カ月後牛の疫病はおさまり、三カ月後彼の息子のモロルも死んだ。彼の父親が彼を連れて行ったのだ（*aci wun lo dhiec*）。

そうした祭式について上のような平面図（図4）が示された。

私がこの簡単な図を挿入するのは、そうした祭式を説明するためにディンカ自身が地面に描いたからであり、そこには何が本質的なのかについてのディンカの見解が含まれていると想定してよいであろう。新しい瓢箪が図のなかにとてもはっきりと記されていたが、これは灌水用の水と、病人の背中と胸の上に模様を描くのに使うために切り裂いた聖なるキュウリを入れておくものである。聖別と再聖別のための神聖な槍が、祠の周りに置かれている。少なくとも四頭の獣が必要である。雄の仔牛は、祈願の間はつながれていて、それから群れのなかに戻され、そのなかで仔牛は新しい「クラン神霊の雄牛」となる。クラン神霊の雄牛は供犠され、その皮を細長く切ったものが埋葬の台に使われる。雌の仔牛は祈願の間杭につながれ、それから群れのもとに戻され、先ほどの雄牛が種を授けて、やがて新たな「クラン神霊の雄牛」の母獣になる。クラン神霊の供犠用の獣は、聖別された系統の牛でなくてはならないが、少なくとも通常の供犠では、いつも可能であるわけではない。白い雄羊は女たちが捧げるととりわけいわれており、地面に図を描いた者たちは、供犠の生け贄の角と睾丸に塗るバターも瓢箪に入れて持ってくるものだと述べていた。

以上の記述は、西ディンカの地に住む簎猎の長の埋葬について聞くことのできる典型的なものである。すでに言及した生きたままの埋葬ではないかと疑われる事例を調べて私がえたいくつかの結論をつけ加えよう。それらの事例は（本当に実行しようと意図していたとしても）政府の介入により不首尾に終わったものである。この調査の過程で、その場にいた者たちの心のなかでは、ある諸活動が埋葬の祭式と結びついていたことが明らかになった。何ら不思議なことではないのだが、（すでに述べた）仔牛を踏みつけるという準備段階に参加した大抵の者たちが、彼らの首長を生きたまま埋葬しようとしたという告発に連座していたので、彼らは、自分たちの祭式が老人に活力を与えることを意図したのであり、政府の法律の観点からも罪にはならないことを証明しようと切望していた。しかし、彼らの陳述は、生きたままの埋葬が意図されたものである場合に彼らにとって重要なことを、明るみに出している。あの老いた簎猎の長は「重要な簎猎の長ではない」と強調して彼の地位を軽視する者もいた。職分が簎猎の長であるからといって、誰もがそんなふうに処遇されるにふさわしい立場にいるとは限らないことはよく知られていたからである。祭式とその準備段階で、老人を埋めるのではなく「強くするのだ」と人々が頻繁に語るのを強調する者もいた。その簎猎の長の息子は、父は自らを埋めてほしいと告げたことはなかったと言った。この場合には、形跡やその場にいた人の反応から、簎猎の長の願いが祭式の捉え方を決定づけるとみなされていたことは明白であった。誰もが、このような埋葬は当事者である簎猎の長の意に反してではなく、彼が最初にそれを教唆したとき初めて行われるのが普通だと当然のように受け止めていた。年老いた簎猎の長自身、自分を埋めるためではなく強くするために人々を呼んだのだと言っていた。祭式を強く催促した意図が無垢なものであることを示す証拠の一つは、簎猎の長の申し出以前に、墓に置く台を作るアコッチの木を切りに野営地の若者たちが行かされていたことはなく、供犠を実際にとり行おうとするときに屋敷地にアコッチがなかったからということである。さらに牛は病んだ老人の家の外につながれてはおらず、彼の息子が言うように、牛数頭は牛舎にいたのである。このことからわかるように、埋葬地の近くで屋外に牛をつないでおくのは、祭式の重要な特徴だとみなされている。仔牛を殺すやり方は、数人の若者がミルクの入った瓢箪を供犠に際して献乳用に持ってくるのと同じように、簎猎の長の回復のため供犠される動物のきわめて普通の死に方だといわれていた。しかし、若者は瓢箪のミルクを飲んでいたが、簎猎の長が生きたまま埋葬されるときミルクは飲まれず「崇敬される（*thek*）」のだとも指摘された。またその供犠は生きたままの埋葬用にしては盛大ではなく、老いた病人のクランメンバー全員が事前に事情をわきまえて祭式に来られるようにするのに、十分論議が尽くされなかったのではないかとも、ほのめかされた。ほんの二日しか準備期間がなかったのだ。ある男は次のように言った。もし簎矠の長の埋葬が行われようとするなら、下位部族の全リネージは供犠用の動物を調達するだろうし、若者たちは森へ行き雄牛と山羊を殺して、鳥の餌食になるよう、そして病の〈力〉たち用に放置しておくものだと。さらによそ者たちは祭式に迎え入れられたが、生きたままの埋葬には近づかないよう強く言われたものだった。また敵の槍を持ってきて埋葬場で折り曲げておくことが期待されていた。

この事件を調べたディンカの長老たちは、この証拠のうちのいくつかに疑問を呈した。全下位部族の若い戦士たちと女たちが屋敷地の周りや牛の野営地のそばにいたこと、そしてもし活力を与える祭式のみが意図されていたとしたら簎矠の長の近親者だけが関与したはずだったことを、見逃せない眼目として指摘した。仔牛を踏みつけて死なすのは、普通の供犠以上の行為であることをほのめかす特徴であり、さらに最も重要なのは、何人かの戦士たちが戦いの盾を持ってきていたことだと主張した。生け贄を踏みつけて死なす（カチッチ *kacic*）のが期待される状況については意見の不一致があった。ゆゆしき疫病から人々を解放するために、本当は森のなかで行われるものだと言う者もいた。あるいは戦いの準備としてするのだという意見もあった。われわれはすでに、ディンカでは宗教と戦いの間に密なるつながりがあることを指摘した。こうした諸背景や、例えば牛は屋敷地で杭につながれていなかったけれど近くの野営地に連れてこられていたというような、告発された人たちの証言に信頼がおけないことから、調査者たちは、祭式に関与した者たちが真相を隠していると結論づけた。

西ディンカの地からの報告の内容と他の地域についてこれまで報告されてきたものとでは、いくつか違いがある。情報が乏しいのはいかんともしがたいので、私は生きたままの埋葬での出来事について完壁に記述している報告から長めに引用することにした。それらはセリグマン教授夫妻、G・W・ティザリントン少佐、イブラヒム・エフ・ベドリの報告である。以下の引用はセリグマン教授夫妻が採集した情報で、彼らは一九〇九年から一九一〇年、一九一一年から一九一二年とディンカを訪れている。彼らは記している。(13)

私たちは一九二二年〔セリグマン夫妻は、一九二一年から二二年にかけても、主にディンカの南と東の民族（バリとロトゥホ）の調査を行っているので、これはその時得た情報であろう（Seligman and Seligman, op. cit., xiii）〕にビョルディト（Byordit）〔ボル・ディンカの一セクション〔下位部族を構成する地域的にまとまった政治的単位〕に属する雨乞い師すなわち簎猎の長〕が死んでいるのを知った。政府への恐れから彼の死に際を誰も語りたがらなかった。しかし、死なせてくれと何度か彼が要求したあとで、牛の囲炉裏の真ん中つまり干して燃やした牛糞のかたまりの上に彼用の寝台がついに置かれ、彼の身内の人たちが埃のたつほど踊ったので、数時間の内に慢性気管支炎を患っていた老人は死んでしまったのだとわかった。

ニーエル（Niel）部族の雨乞い師はわれわれの情報提供者の一人でもあった。彼は彼の父と父方オジともに伝統的作法で殺されたのだと語った。ニーエルの慣習では、墓を準備してからバニ（*bañ*）を家のなかで絞殺するのである。それから人々は死体を洗い、家の前で雄の仔牛を殺してただちにその皮を剝ぐ。皮を使って寝台（*angareeb*）を作ると墓のなかに置き、その上に死体を横たえるのである。そして土が死体に直接触れないように寝台の上に仕切りを作らなくてはならない。ニーエルはバニを不慮の死から守るためにあらゆる注意を怠らない。というのは不測の出来事の結果突然彼が死んだら、たとえ彼の息子もしくは近親の血縁者がただちに彼の跡を継いだとしても、病が必ず生じるからである。もしバニが重病だとみなされたら、たとえ彼がまだとても若くても彼は殺されるだろう。彼が病死するのは危険なことになり、われわれの情報提供者が指摘したように、彼の息子のうち誰もが（おそらくは親戚は誰も）順番にバニになることを妨げられるからである。現実にはそのようなことは生じたことはなかった。

アガール・ディンカ（Agar Dinka）の一人が彼らの雨乞い師の殺害について以下のように説明してくれた。広い墓穴を掘ってそのなかに寝台を入れると、そこに右を下にして雨乞い師を横たえる。頭の下には皮を敷く。彼の友人と彼の幼い子どもたちを含めた親戚が彼をとり囲むが、彼の年長の子どもたちは墓の側に、とりわけその端に近づくことが許されない。さもないと悲嘆のあまり彼らは自傷行為に及ぶからである。普通一日以上食べ物も飲み物もなしでバニは寝台の上に横たわっている。ときおり彼は、身内の人たちに、部族の過去の歴史を思い出させながら、彼が人々をどのように統治しどう助言してきたかを語りかけ、今後どうふるまうべきかを教示する。とうとう彼はすべきことは終わったと告げ、自分を隠すように命じる。土が墓のなかに投げ入れられ、彼はすぐ窒息した。

レイク・ディンカについて記述しているJ・M・スタッブズ大尉は、私たちに、バニビト（*bañ bith*）が墓穴に作られた屋根のある仕切りのなかの棺に横たえられ、彼の首、肘、膝の骨が折られ、また時にはまず牛用の縄でその首が絞められると教えてくれた。別の報告によると、バニは稗を食べミルクを飲み、残りを東に向けて投げ、祈りながら、自分も父親たちのもとに行くが食物は子どもたちに残していくことを確約するのである。牛をつなぐ縄が彼の首に巻かれ、肘と膝が折られる。彼の聖なる槍の一つが手のなかに置かれる。彼は手伝ってもらってその槍を持ち上げる。彼の息子が槍を取り上げ、そしてバニの首が絞められる。これはなかば内々に執り行われるかにみえる。それからドラムの音がして人々が集まり、墓穴を埋める。その上に覆いが作られるが、それがばらばらに崩れてしまっても作り直すことはない。もっとも周りの地面はきれいに掃かれ、野火が墓を焼き尽くすことがないようにする。墓の近くで特定の種の木が生育すると予想されていて、このことと墓での供犠の開始との間にはなんらかのつながりがあるかもしれない。ボル・ディンカに関してショウ助祭長は、雨乞い師はルワッチ（*luwac* 牛舎）に埋葬されるがそれはずっと利用され、そこは小さな棒で囲いがされると教えてくださった。雨乞い師は共同体の食物を墓のなかに持っていくといわれているので、次の季節になると食物が出てくるようにと牛舎の端に穴を掘る。これが穀物の豊作と大量のシロアリやそのほかの食物の収穫を確かなものにする。シッチ部族では、バニビトを埋葬するときミルクを右手に注ぎ稗を左手において両手は胸の上で組む。これが次のバニビトが即位するまで豊饒を確実にすると、タッカー博士は記述している。

すべての部族で雨乞い師の墓にミルクを降り注ぐものとわれわれは信じており、全部族でなんらかの財を墓に入れる一方、雨乞い師とともに若い雄牛や雌牛を埋めるところもあるというのはありうることである。

私は、箍禍の長が墓に共同体の食物を持って入るという観念があることを確められなかった。しかし彼はミルクを持って、そして時には去勢牛、時には雄羊などおそらくは家畜とともに埋葬されると、多くの人たちがはっきりと言っている。西ディンカでは、共同体の災いを病気の箍禍の長が自らとともに墓のなかへ持ち去ってくれると思われている。手にしっかりとツェツェバエを握り墓に入った、それゆえに人々から悩みの種を取り除いた誉れ高い簎猎の長についての有名な事例が西ディンカの地にある。簎猎の長の代わりに家畜が生きたまま埋葬されるということも起こりうる。すでに述べた不首尾に終わった祭式のすぐ後で、同じ地区のある村で生きたままの埋葬を企てているという報告があった。警察が村に不意打ちをかけ雄羊しかいない新しい墓穴を見つけた。私自身の説明とセリグマン教授夫妻の他のディンカの地の説明にみられるその他の不一致については、他の報告を検討し終わるまで注釈を控えておく。しかしそれらすべてに最低限の折り合いをつけることはできるだろう。

一九二五年に当時バハル・アル・ガザル地方でスーダン政府の行政官であったG・W・T（G・W・ティザリントン少佐）が公刊した報告[14]は、私自身が聞いたことと大体において一致する。しかし彼は、この慣習がもともとはパゴンとパルムのクランに限られていて、それをパイが模倣したのだと言っている。簎猎の長の統治する人々を代表するさまざまなリネージが、簎猎の長の埋葬の際の宴で屠るために動物を連れてくるといわれている。ティザリントン少佐はまた次のように述べている。埋葬は牛舎で行われ、牛舎はその後も変わりなく使われ続けるが、朽ち果てるとその土が土まんじゅうの祠に用いられる。ティザリントンの覚え書きには、簎猎の長の絞殺とか彼へのそのほかの暴力についての言及はなく、どう死ぬかを簎猎の長が自由に選ぶことができたのはあきらかである。墓のなかから彼は槍を突き出して墓を埋めてほしいことを示す。ここでも、台が彼の上に作られ、この台の下で「枕」に頭をのせ彼は横たわる。そして台は草で覆われる。この広大な墓穴のもう一方の端に彼とともに埋められた去勢牛は八日間で死ぬといわれており、簎猎の長自身も、もっと早めにしてくれという合図をしない限り、一〇日間で土をかぶせられる。ティザリントン少佐は、簎猎の長がひとたび墓に入ると普通出てくることはないが、心変わりの成功例を聞いたことがあると述べている。

最後に、この本では私が訪れることのなかった北ディンカ人についてこれまであまり注意を払ってこなかったが、彼らの簎矠の長の死に関するイブラヒム・エフ・ベドリの報告をわれわれは無視するわけにはいかない。北ディンカでは複雑になっているようにみえる簎矠の長の即位式との関連で、埋葬を考えなくてはならない。このディンカ人たちはわれわれがこれまで論じてきたほかの誰よりもシルックと密なる関係にあり、シルックの王権儀礼をモデルにしたとはいえないにせよ、それに影響を受け祭式を発達させたといえるかもしれない。ある論文でイブラヒム・エフ・ベドリは、「有名な」雨乞い師が年老いたり病気になると、一般的には何らかの方法で殺されなければならないと、簡潔に述べている。窒息させるのが最も普通の方法であると彼は言っている。(15) 彼は以下のように続けている。

ダンジョルの有名な雨乞い師であるアイヨンディットは、彼の第一夫人とお気に入りの雄牛とともに、専用の小屋のなかに入れ込まれ、餓死するまで放置された。

ベニィリエムを殺す別の方法は、彼を立たせたまま体全体を牛のバターで厚く覆い、脚、指、腕、陰部を力強く伸ばし広げて、睾丸をつぶし、それから全関節の骨を折るというものである。骨を折るのは死ぬ前だという者もいれば後だという者もいる。

なぜ陰部が押し広げられ睾丸がつぶされるのかという質問はいつも彼らを悩ませ、肩をすくめて手短に「わからない」という答えが返ってくるばかりである。

もっと長い報告で、(16) ベドリは「セクションの長老たちが彼らのベニィレムを殺害することを決めたら、あるいは彼自身がその要求をしたら、彼に戦士への加入儀礼を執り行ってもらった者たちが召喚される」[17]と書いている。戦士たちは彼を讃えて踊り歌い、そして最後に彼を窒息死させるといわれている。このあと直前の引用文で描かれた処置が述べられ、報告は以下のように続いている。

彼は、普通涸川の底か森のなかに、夜の闇に紛れて密かに埋葬されるので誰も彼の墓がどこにあるか知らない。[18] インデラブ[19]（*inderab*）の棒で作られた寝台に座りながら深い墓穴のなかに埋められる。そして彼の背筋を直立の姿勢に保つため獣皮で背中に棒が縛りつけられる。部族の敵の方角を示しながら彼のメンディオール[20]（*mendyor*）の槍が、彼の手のなかに置かれる。それから体を川の土手にあるレイエ（*Leyie*）という草で覆い、そして墓が埋められる。

もし敵が墓や体が置かれている場所に手だしをしたら、彼はセクションに災いをもたらす。

さらに、子どもを除くすべての者が、長の死から埋葬までの間断食するといわれている。また、彼が死んだあと日の出前に、人々は村や牛の野営地を離れ昼ごろまで炎天下にいて、火にかけられた食べ物は捨てられ村のすべての火が消され、村や牛の野営地の周りの草は燃やされ煙のなかを人々は村に戻ってくるなどともいわれている。羊が供犠され、肉は鳥の餌食になる。三日目に別の羊が殺され、その半分はゆでて埋葬の手伝いをした人たちが食する。残りの半分は死者用として森に投げ捨てられる。肉、水、そして調理道具の炭も墓に投げ入れられるが、それは「死んだベニィレム（*Beny Rem*）が即位した時、彼の首にダチョウの卵でできたビーズのネックレスをかけることによって象徴的に彼の傘下に入った人々を、彼の霊的管理下から解放するためである」。長の死んだあとの最初の収穫の時、彼のセクションのすべてが参加する盛大な供犠が催され、参加者は踊りビールを飲む。

最終日ベニィレムの息子たちの頭髪が剃られる。これは喪明けを意味する。彼の家族だけが喪に服し、セクション全部がすることはない。何らかの理由でベニィレムが別の死に方をしたら、例えばたまたま溺死したなら、羊を絞め殺し、彼と一緒に同じ墓に埋め、同じように祭式が執り行われる。

ベニィレムを殺害するのはいつも必須とは限らない。もし羊が殺され彼と一緒に埋葬されたら普通は十分である。しかしこの儀式的殺害は、ベニィニアル（*Beny Nial*）については本質的なものであり、この目的のために彼に随伴する人たちがいつもいる。

ベニィレムとベニィニアルの違いはイブラヒム・エフ・ベドリによれば、われわれがすでに区別した二流の籍措の長と主要な籍措の長との間の違いである。しかしディンカの地の北部では、この違いは祭式的行動によって形式的に区別されているようにみえる。それは西ディンカで私がついに出くわさなかったものである。普通のベニィレムは部族の精神的指導者といわれるが、ベニィニアルは傑出したベニィレムで、より多くの従者がいるようにみえる。通常のベニィレムは供犠の後即位する。供犠獣の骨で祠が作られ、供犠獣の肉を焼いた火は、新しい長の家の特別な聖なる火をおこすのに使われる。ほかにも以下のようにまとめてみることのできる祭式がある。ベニィレムがアムバッチ（*ambatch* ——とても軽い木材で、近隣のシルックでは祭式上かなり重要なもの）のベッドに座る。彼の体を長老たちが洗う。長老はそれからダチョウの卵の殻でできたビーズを彼の首に掛け、その頭には糟毛《かすげ》のレイヨウの皮でできた飾り輪をかぶせる。そしてバターを彼に塗る。それからベニィレムは、裁断されず形が整っていない雄牛の皮の上に座り、彼の職につく権限があったすべての者がその皮を切り取る。そうすることで自分たちの権利を手放すのである。そして皮は小さくなり、普通の、手入れのされた長円型の大きさになる。

忠誠の誓いを表す別の祭式も執り行われる。そして最後にはそのクラン神霊と結びついた聖なる槍が長の手に持たせられる。戦士たちが彼の前を行進し、血と水が彼に振りかけられる。そのあと彼は少数の長老とともに、彼の部族の村々を旅する。その際バターの塗られた木の切れ端を携えていく。それは彼の民にとって生命と繁殖力を表す。どの村でも女たちが出てきてベニィレムに挨拶する。「そして子どものいない女たちは木の切れ端を手でさわり腹にあてる。そして妊娠の前兆として自分たちの手にキスをする」。これもまた私がディンカのほかの場所で見たのよりも豊かでより意味もはっきりしている祭式である。とはいえ西ディンカでは潜在的に見いだすことのできる、箍措の長のディンカにとっての意味を、この祭式はかなりあからさまに示しているだけともいえる。

自動的に生きたままの埋葬が宿命とされているベニィニアルの即位式は以下のように述べられている。(21)

例外的な資質を持つとみなされていて、自分の傘下にいる人たちのことを慮っているディンディオールの一員であるベニィニアルは、彼とともに四方に向かって歌を歌いながら走る長老たちが担ぐ（彼らの感情を示すため）アムバッチのベッドに載って運ばれる。一方合唱は「首長が運ばれている、首長はものを壊す（*beny aci jaj, beny aci riak kany*）」と繰り返す。ものというのが自分たち自身のか敵のものを言っているのかはわからない。そんなベニィリエム（*Beny Riem*）を自然死するまで放っておいてはいけない。さもないと飢饉のような邪悪なものが国に降りかかる。

別の箇所でベドリは「人々はアムバッチの寝台を穴のなかに下ろし、寝台が地面に着く前にベニィレムは、あたかもまたふたたびよみがえったかのようにそこから飛び降りる」と述べている。

2

これまでまとめてきた情報は、ディンカの地のさまざまな場所で記述された慣行が一様ではないこと、しかし私が他所で見いだすことのできなかったくらい精緻な北ディンカの祭式を除くと、こうした多様性が地域による違いだとはほとんどいえないことを、示している。ある地域において記述された祭式の詳細は別の場所においても繰り返される一方、同じ一つの地域で執り行われる祭式についてのさまざまな記述のなかにはかなりの違いをみることができると言ってよい。すでに述べた説明はいずこの地のディンカをも驚かせるものではないと、ディンカを知る者なら安心して言うことができる。たとえそれが彼らの実際の慣行ではないとしても。いかにもディンカらしいシンボリズムが、欠くことのできないものとしてすべてに備わっているのである。

すべての説明のなかに明らかにみられる根本原理とは、ある箝禍の長たちは、普通の人間や家畜のように自然に死ぬのを、そしてそれに先立って衰弱するのを見られてはいけない、あるいは見られるべきではないということである。箝禍の長たちの死は意図したものであるべきである、あるいはそう見えるべきであり、彼らの死は、ある形式を持った公的祭典を執り行う機会であるべきなのである。この点からわれわれはこれまで述べてきたデータの考察を始めてもよいだろう。

第一に、箝禍の長のために行われる祭式は、彼らの高齢や肉体上の死を人々が最終的に了解するのを妨げるものではないことを、明らかにしておかなくてはならない。この死は受け入れられるのである。しかし、遺された者たちにとって、これら祭式の遂行が故意に改変するのは死の公的な経験である。儀礼を遂行する際これがディンカの意図であることは同様に明白である。死体になる前に埋葬することによって、いくつかの説明では儀礼的殺害によって死の機先を制することによって、彼らは自分たちが簎猎の長を不死にしたなどとは考えない。簎猎の長の死を表現するとき使われるのは、十分に受け入れられている出来事を婉曲に言う語法である。私の経験ではそれらは必ず使われなければならないというほどではないが、特に死の場面で「長が死んだ」と口にするよりも、ディンカは「長が大地に去ってしまった」とか「長は去ってじっとしている」と穏やかに言うのを好むものである。不本意で受動的意味合いを持つ普通の動詞「死ぬ（*thou*）」を、能動的行為を示唆する表現でこれらの婉曲語法は置き換えるのである。同じように（もっともこの点はこれまでの説明のどれにおいてもはっきり特定されていないが）、人々が「簎猎の長を埋葬する」と言うのをわれわれが耳にするとき、それは「彼を死なせる」の言い換えである。つまり、意図的にもくろまれた死は、死であると認められているものの、普通の人畜の宿命である非意図的な死の受け入れを避けることを可能にするのである。さらに自らを「殺す」のは簎猎の長ではない。とはいえ彼は特別な形式の死を要求したり受け入れたりするのだが。普通のディンカ人にとって死が表象する生命のまったくの剝奪を彼のために回避する能動的行為が、彼の周りの人々のする行いなのである。そしてすでに述べたほとんどの説明でわれわれがみたように、彼らの意図とは何よりもまず、「彼」のためにではなく「自分たち」のために特別な祭式を企てることなのである。

これまで記述してきた祭式をわれわれがこのように考えるなら、祭式において簎猎の長自身の決断が果たす役割という点で、互いに矛盾するようにみえるバリエーションを、われわれは重視する必要はない。簎猎の長の生きたままの埋葬を彼自身の意志に反するものとディンカが考えるのはありうることである。もっとも西ディンカでは、実際の歴史的伝統とみなせる事柄の範囲内では、長の意思に反する生き埋めが行われたと私は一度も聞いたことがないことを言っておかなくてはならない。慣習についてこれらディンカ人たちによる説明は、ほとんど決まって年老いた簎猎の長自身からの懇願で始まり、彼は周りの人々の同意を得る。しかし簎猎の長の意志に反した埋葬を伝える物語もあり、それがディンカ人を驚かせるかは疑問である。アガール・ディンカでは次のように語られている。

ジョコム（Jokom）はずっと昔の人だった。ずっと昔彼は人間を建材に使って牛舎を建てようと思った。建材として普通に立っている者もいれば、逆立ちしている者もおり仰向けになっている者もいた。彼は二日かかって建てたが、牛舎は崩れ去った。そこでマチョット（Macot）という彼の息子は思案して、巧妙に立ち回り、父のキャンプにいた人々と話して言った。「父のキャンプはもう終わりだ［殺された］。私の父を生きたまま埋めたほうがよい」。キャンプの人たちは同意した。

パブオンというクランが、自分たちの簎猎の長であるジョコムを埋葬するためにマンゴク色（*mangok* 青灰色）の雄牛を連れ出した。ジョコムは、彼らが地面を掘り出しているときでさえ、彼らが自分を生きたまま埋葬しようとしていることを知らなかった。掘り終わると彼らは雄牛を連れてきて、簎猎の長を墓穴の側におびき寄せた。彼が来ると人々は彼を捕まえ墓穴に向かって彼を落とし、彼とともに雄牛も落とした。そして木材で墓に覆いをして土をかけ、そして周りの地面をならした。

およそ五日間人々は墓の傍らにとどまった。簎猎の長と雄牛はその後死んだ。まだ彼と牛が生きている時、雄牛が大声で鳴くと、長がそれに応えた。

彼の息子のマチョットの力は変わらぬままだった。人々が槍で争っていると、彼は杖を手にして人々の間に分け入り、戦いは終わるべきだと話した。人々は続けるのが怖くなった。もし男が殺されたなら［報復するより］賠償が支払われるべきだとマチョットは語った。人々は彼の言うことに耳を傾けた。彼の言葉が怖かったのだ。

「牛舎を建てるのに生きた人たちを材料として使おうとした」篰褙の長の非道はディンカの多くの伝承に登場するが、右の物語で彼の意に反した死が彼の残虐さから計画されたものであることは明らかである。しかしながらそこにおいても、彼自身はしなかったが彼の息子は人々に相談しなければならなかったのである。こうした祭式で篰褙の長の周りの人々の意志がディンカにとって重要であると結論づけるためには、そこにみられる共働を考えさえすればよい。その場での篰褙の長の企みが何であれ、長を生きたまま埋めることで彼らの目的はかなったのである。もっとも普通は彼から事を切り出すものと想定されておりそれを彼に期待するのであるけれど。

われわれは以前に篰褙の長がその民の「生命を担っている」というディンカの信仰について議論した。イブラヒム・エフ・べドリの報告によれば、北ディンカでは、この信仰はダチョウの卵でできたビーズによって表象されているようである。ビーズは長の民を表し、それを篰褙の長は所有し続けるのである。少なくとも、西ディンカでは、篰褙の長を生きたまま埋葬するのに必要な理由を尋ねるとき喚起されるのがこの信仰である。普通の人のように彼が「死ねば」、彼が保持している彼の人々の「生命」も彼とともに去ってしまうのである。別の報告にわれわれが見いだした絞殺や窒息死への度重なる言及もこの信仰に関係しているかもしれない。というのは、すでにわれわれが示したように、ディンカにとって「生命（*wei*）」はとりわけ息のなかにあると理解されており、殺害のこうした形式は、なかんずく、長の息を彼のなかにとどめておこうとするものなのである。西欧人の慣用表現で言う「息を引き取る

(breathe his last, expire)」ことが箝猎の長には許されないのである。この状況をあまり即物的にあるいは字義的に解釈すべきではない。われわれが述べてきたように、箝猎の長が死ぬことをディンカも知っている。彼のためにしかるべき死を彼らが企てるとき表象されているのは、彼から自分たちが受け取っていると彼ら自身が考えている「生命」の保存であり、彼個人の生命の保存ではない。後者は実際に人々が彼から最終的に取り上げられるのであり、ディンカたちは箝猎の長が保管している公的「生命」からそれを切り離しているようにみえる。公的「生命」のほうは彼の死とともに人々の元から去ってはならないのである。

この分離を達成する行いは、われわれが述べてきた報告のなかのいくつかに明らかにみてとれる。西ディンカ人と私との議論においても、箝猎の長の死に対する彼らの反応は際だった特徴を示している。人々は哀悼の意を表すべきではなくむしろ喜ぶべきなのである。箝猎の長の近親者にとっては個人としての長の存在が最も重要だったので、彼らだけは失意にくれることも認められた。しかしそれも慣習が要求する拘束下においてだった。すなわち、実際に感じている悲しみを表に出すのを自制しなくてはならないという重圧である。それでも、近親者にはある程度哀悼の意を表すことが認められているともいえる。これは明らかに死別という個人的な不幸を配慮してのことだと受け取られている。これがきわどい手管であることをディンカは実際に認めている。周りが集合的に意思を働かせ感情を抑制するなかで、個人の死という避けられない出来事が表す経験における矛盾〔人の死は悲痛なのに、生きたままの埋葬ではそれを表してはいけないという矛盾〕を、彼らはこの手管によって認めないですむのである。長の民の人たちにとって（彼の庇護下にあるという点では近親者さえも）「人為的な」埋葬にみられる人間の象徴的行為は、指導者の死という経験を、活力とディンカの言葉で言えば攻撃性に満ちた濃密な公の経験に、変容させるものとみなせるに違いない。だから、彼の民の牛が乳搾りをされないので鳴き声をあげると、牛だけが彼の死を悼んで泣いているのだと、ときどき言われることがある。しかし、乳ではちきれんばかりの牛の鳴き声はディンカが聞きたいと望む最も喜ばしい音の一つなので、その鳴き声は同時に簎猎の長が生前にいつも理念上結びつけられていた豊かさ、すなわち牛の多産性と牛の生きる糧となる水辺の牧草を思い出させる。この印象を確証するかのように、また前の章（二九一―二九四頁）でわれわれがみたとおり簎猎の長に結びつけられる経験の全形象を再‐創造するかのように、埋葬に必要な材料が川を連想させたり、乾季の牧草地と結びついていることが、報告のなかにいくつも見つかる。乾季の牧草地は、ディンカが確実なものにしようと願う「生命」の大半を彼らに表象するのである。いくつかの報告では、墓の周りの柵はアワール草でできている。それは、すでにわれわれが述べたように、長引く乾季に何にもまして牛に栄養を与えるようにみえる川岸の牧草地の草である。また覚えておいでだろうが、簎猎の長の元祖であるアイウェル・ロンガールが飢饉と日照りの時に、牛に飲ませた水はその草の下から得たものである。別の報告では（四三八頁）、ドット（*dhot*）の木が求められるといわれている。これもまた乾季の牧草地と結びついている。そして覚えておいでかもしれないが、供犠の生け贄が死んだ直後に安置されるときその木の枝で覆われるのである。最後に、次のことはもろもろの報告のなかでかなり一貫して述べられている。簎猎の長が横になる台の枠組みとなる木はアコッチ（*akoc* 学名：*Cordia rothii*）であり、それは樹液が多く分泌することで知られている。ほかの木に先駆けて葉を出すその木は、乾季の最も乾ききって厳しい時期を通じて湿気と耐久力に結びつく。

もし埋葬がこのように広範な連関によって、死とディンカの土地に死をもたらす諸要因に対する社会の勝利と結びつくなら、この連関は祭式に含まれる戦闘的な表現によって強化される。戦いはディンカにとってしばしば生き残るための条件だったのである。そしてかつて彼らが完全に自立していた時代に、戦いをぜひとも必要だとしたに違いない価値のいくばくかを、戦いは今でも有しているのである。箒猎の長の役割の一つは年齢組を開始しそして終わらせることだったのである。年齢組はそれ自体戦闘部隊としての特定の役割を持っているようにはみえないが、彼らの誇りと名声は彼らの戦いにおける武勇に結びついていたし、いまなおそうである。したがって、名高い箒猎の長は、彼自身その民による戦闘組織の中心にいて、最も活動的な戦士たちを鼓舞する存在だったのである。それゆえたいていの公的供犠では好戦性が誇示されるが、人々の戦闘力がとりわけ強調されるのは、箒猎の長の埋葬に際してなのである。祭式に集結した人々以外の集団のメンバーは、埋葬に近づくと危険な状態に陥る。若者は完全武装する。牛は一日つなぎとめられ、襲撃されると無防備なので別々に群れをなして放牧に出してはならない。

参加者のまとまりと平等を別のやり方でも祭式は強調している。共同体で発言権を持つリネージはみな祝宴用に生け贄を提供しなくてはならない。そしてきわめてディンカ的な思考なのだが、あるテキストでは長の母方親族が父方親族と「一つになる」とはっきりと言われている。箒猎の長の娘たちと彼女の嫁ぎ先の家族もまた、彼が埋葬された墓に供え物を持ってくる。彼は、指導者たちがしばしばそう呼ばれているように「キャンプの母方オジだ（*nar wut*）」と認識されている。こうした祭式がつくり出す理想的な連帯感は、テキストの一つにあるのだが、埋葬の後男女は乱交するように寝るという一文にほのめかされている。実際にそういうことが起こるのか私にはわからない。しかし、乱交して寝るのは、他処の社会で重大な局面にみられる狂乱（オルギー）的行動に似ているだけでなく、普段であれば強く主張される個人の権利〔夫が妻に対して持つような性的権利〕の放棄が共同の利益や共同体のメンバー同士の対等を示しているという点においても、意味深いと考えるべきであろう。
かくしてその死において、ディンカの簎猎の長は、神話と今日の儀礼において簎猎の長たちが結びつく存続をその民に表象するよう定められている。年老いた簎猎の長の死が人々の生命を更新させると主張するとき、ある意味で、ディンカは自らを偽っているのではない。長の埋葬は、われわれがみてきたように、好戦的な自己意識を実際につくり出しているのである。部族そして下位部族の伝統を保存する最重要な器としての簎猎の長は、墓に横たわるときこれらの伝統を呼び起こすといわれている。彼らは普通の人のように死ぬことができない。彼らが体現する伝統や信仰はアイウェルの神話までさかのぼるのだが、それらは今もこれからも生き続けるからである。個人の不死という観念はキリスト教徒ではないディンカにはほとんど意味がない。しかし集合的不死の意味は重大であり、彼らの宗教的指導者の葬儀において彼らがなすのは、まさにそれなのである。

注

（1）似たような疑いが、シルックの王の死に関する慣習につきまとっている。簎猎の長の死についてわれわれが報告をする際考慮に入れた「神聖王権」の諸理論に、シルック王の死は、大きな影響を与えている。
（2）「うんざりする」を意味する類似した語があるが、意味につながりがあると私は思っていない。
（3）もっともトッチは「休む」を意味する。
（4）つまり、彼らは地面を掃いてとげのある灌木を取り除くのである。
（5）これは北部スーダンにみられる寝台であり、木の枠組みに皮の切れ端やロープを張って作るものである。
（6）以前にわれわれが示唆したこと、つまり宗教的名声と政治的影響力とは全体として対応し簎猎の長のクランの規模に幾分かは左右されるということを考慮すれば、その宗教的名声に比して彼らは少数であるという事実が、ただちに不自然だという観念――つまり妖術を喚起するのを、ここで目のあたりにするのは興味深い。

（7）これは雨季の野営地を指す。その多くは定住地からとても近い。

（8）パディアンバール・クランが箝褯の長のクランのように強力だというのは特にこの地においてである（二一七頁参照）。それゆえ構造的には、箝褯の長の死に際して彼らが果たす役割は、シルック王の死に際してシルックの王族クランから降格された人々であるオロロ（*ororo*）が果たすといわれる役割と共通するものがあるようにみえる（例えば C. G. and B. Z. Seligman, op. cit., 1932, pp. 49–50）。

（9）この場合とパディアンバール事例に際して私はクランを実際の名前のままにしておいた。

（10）つまり季節と季節の境目であり、その時ディンカは乾季の牧草地へそしてそこから移動するのである。

（11）これは乾季の極みの時である。

（12）これが埋葬地の上に実際に建てられるのか、その傍らに建てるのかはっきりしない。私は、屋敷地から離れたこの形式の祠（泥でできた祠）を見たことも聞いたこともない。

（13）C. G. and B. Z. Seligman, op. cit., 1932, pp. 196–198.

（14）G. W. T., 'Burial Alive among Dinka of the Bahr-al-Ghazal Province', *S. N. & R.*, vol. viii, 1925, p. 196.

（15）Ibrahim Eff. Bedri, op. cit., 1939.

（16）Ibrahim Eff. Berdi, op. cit., 1948.

（17）ベニィレム（*beny rem*）あるいはベニィリエム（*beny riem*）は、彼の部族あるいは下位部族の指導者として正式に祭式を行って即位する箝褯の長として描かれている。私は、私の訪れたディンカたちの間でそうした正式な即位式のことを聞いたことがなかった。

（18）エヴァンズ＝プリチャード教授は、あるディンカから箝褯の長は密かに埋葬されるので墓は見つけられないと告げられた。しかし私はこれに関して何も聞いたことがない。

（19）これはすでに述べたアコッチの樹である。

（20）北ディンカでは、アイウェル・ロンガールの出自だと主張する者たちはメンディオール（*mendyor*――複数形は *dindyor*）と呼ばれる。これは、西ディンカのウェン・ディオールと関係があるが（一六九頁）、明らかに、西ディンカより北ディンカのほうでずっと重要な言葉である。

(21) Ibrahim Eff. Bedri, op. cit., 1939, p. 130.

〈解説〉ディンカとともに考える人類学

出口 顯

I

著者について

本書の著者ゴドフリー・リーンハート（Ronald Godfrey Lienhardt）は、一九二一年、織物商をしていたスイス人の父とイギリス人の母の間に、イギリスのヨークシャーで生まれた。一九三九年から、ケンブリッジ大学で、当時影響力のあったF・R・リーヴィスのもとで英文学を学ぶが、第二次世界大戦のため東アフリカで軍役に従事することになり、勉学は中断された。一九四五年に除隊しケンブリッジに戻るが、そこで一年間だけ社会人類学を教えに来ていたE・E・エヴァンズ＝プリチャード（以下E＝P）に出会い、人類学・考古学に転専攻する。ケンブリッジを卒業後一九四七年から南スーダンでディンカの調査を開始する。本書の序文にあるようにディンカの調査は一九五〇年まで続いた。

一九四八年、E＝Pに誘われてオックスフォード大学の大学院に移ると、四九年には社会人類学研究所（Institute of Social Anthropology. 現在はInstitute of Social and Cultural Anthropology）のアフリカ社会学の講師に任命される。一九五二年から五四年にかけて、やはり南スーダンのアニュアを調査。一九七二年に教授（Reader）。一九八八年にオックスフォード大学を退職。本書のペーパーバック版刊行はこの退職を記念してのものだった。オックスフォード在職中は、バグダッド大学やガーナ大学の客員教授も務める。アメリカのノースウェスタン大学からは名誉博士号を授与されている。マリノフスキー記念講演(1)やフレイザー記念講演(2)などの講師にも選出された。一九九三年に死去。著書には、本書のほかに『社会人類学』（増田義郎・長島信弘訳、岩波書店）がある(3)。

本書の評価

経験(4)と宗教という言葉が並ぶと、ただちに思い浮かぶのが、アメリカの哲学者ウィリアム・ジェイムズによる古典『宗教的経験の諸相』である。リーンハートが『神性と経験』を執筆する際どの程度ジェイムズを念頭に置いたのかは定かでない。本書より五年前に刊行された宗教についての概説論文のなかで、ジェイムズのこの著作への言及はあるが(5)、本書にはまったくないからである。とはいえ、リーンハートはジェイムズの考えには批判的なようにみえる。

意識的人格は救いの経験をもたらしてくれるより広大な自己と連続している、という事実こそ、宗教的経験に関するかぎり、文字どおり客観的に真であると私には思われる宗教的経験の積極的内容をなすものである(6)。

このように述べるジェイムズにとって宗教経験で強調されるべきは個人の内面であり、社会的次元は宗教経験にとって本質とはみなされていない。しかしディンカ人の宗教を理解するのに欠かせないのは、環境との関わりも含めた意味での社会的公的な経験であるというのが、リーンハートの本書での主張である。

　またジェイムズの場合、「意識的人格」という、内面を持つ外からまずは切り離された個が自明の前提となっている。

> 潜在意識的自己は今日では公認された心理学的実在物である。……私たちが宗教的経験において結ばれていると感ずる「より以上のもの」は、向こう側では何であろうとも、そのこちら側では、私たちの意識的生活の潜在意識的な連続である、……。このように承認されている心理学的事実を私たちの基礎として出発するならば、私たちは普通の神学の欠いている「科学」との繋がりを保つことができるように思われる。(7)

しかし、本書第四章にあるように、こうした「精神の理論」はディンカの人格の観念を大きくゆがめることになりかねない。ディンカの人々には、私たちにはなじみのある近代的な「精神（mind）」という概念、すなわちそれ自体が思考し、自己の経験を蓄積していく精神に相当する概念はなく、意識・無意識という考え方もないからである。ジェイムズが言うようなこちら側と向こう側という区別も彼らはしていないのである。

　このように考えるならば、リーンハートはジェイムズを批判し、彼があまり顧みなかった宗教の側面を本書で提示してみせたといえるだろう。

本書でリーンハートが論じているのは、南スーダンの牧畜民であるディンカ人の宗教である。神観念、神性や神霊などの〈力〉の性質や特徴、人間と〈力〉を媒介する司祭「簎猎《やす》の長《おさ》」の神話の記述とその解釈、神性や神霊への供犠や祈願が彼らの望む現実や経験を再-創造する行為であること、衰弱してきた簎猎の長を生きたまま埋葬する行為が決して野蛮な奇習ではなく彼らの世界観の根幹に関わるものであることなどを扱ったこの著作は、言語的にも文化的にも類似した特徴を有する同じ地域の牧畜民ヌアーについて同様の主題を取り上げたE＝Pの『ヌアー族の宗教』と並んで、先住民の宗教研究の古典的著作として不動の位置を占めており、一九六〇年代後半以降のコスモロジー研究の先駆けとして受け止められてきた。その影響力は、人類学以外にも及んでいる(8)。後述するように、序論からディンカ人の思考の襞に分け入って、その一つひとつを詳らかにしていく叙述は洗練され、文学的香りさえする域に達しており、余人の追随を許さない。本書は今なお読むに値する数少ない社会人類学の著書の一つであり、最近でも、人類学や民族誌の理論的研究を取り上げる学術誌の論文で、再評価に値する注目すべき書として取り上げられている(9)。

とはいえ、本書もその一翼を担っているとみなされるコスモロジー研究が文化人類学の世界を席巻するなかで、一九八〇年代終わり頃から、文化人類学的著作（民族誌）における他者表象のあり方について批判が巻き起こり、その政治性が問題にされた。それまで「未開社会」と呼ばれてきた世界は、ダイナミックな変化に乏しく、その宗教やコスモロジーもあたかも不変のまま持続しているかのように、その記述は「現在形」で語られてきた。しかしそれは歪曲であり、「未開社会」の人々自身の声を彼らから奪って文化人類学者が知の権威として彼らを一方的に代弁してきたと批判されるようになったのである。それには著名な文芸批評家であるエドワード・サイードの『オリエンタリズム』（今沢紀子訳、平凡社、一九八六年）やジェイムズ・クリフォードとジョージ・マーカスが編んだ『文化を書く』（春日直樹ほか訳、紀伊國屋書店、一九九六年）などの影響によるところが大きい。その後しばらく文化人類学はいささか極端なまでの自己批判・自己反省を続けることになる。例えばマリオ・シュミットが愛着を持っている本書第四章をケルン大学の学生に読ませたところ、「ディンカには精神がない」という記述がオリエンタリスト的であり、リーンハートは植民地主義者だと学生たちは批判したらしい。そこにはまだ一九九〇年代からの影響がみられるとシュミットは述べている(10)。

しかしケルン大学の学生の批判は、第四章しか読んでいない、しかも西欧人の価値観から抜け出せていない浅薄で独善的な読み方のなせるわざだといわざるをえないだろう。本書全体を丹念に読めば、それはすぐ理解できることである。例えば第八章で野蛮とみなされた簎猎の長の生きたままの埋葬に関わった人たちが誰なのか、スーダン政府からの弾圧を回避するために、特定できないようにする配慮もなされているし、「精神がない」というのはディンカが何も考えないで行動する自動人形だと言いたいのではないことも、第六章以下を読めばわかることである。

またリーンハートは、新たな神霊の登場と定着などの記述を通じて、彼が調査した一九四〇年代後半の状況とそれ以前のヨーロッパやアラブ世界とディンカの関わりにも目配りし、歴史的文脈のなかでディンカの神性や神霊観念を位置づけることにも配慮している(11)。この点でも世界観の不変の体系性や規則性を抽出しようとするヴィクター・ターナーやエドマンド・リーチらのコスモロジー研究とは一線を画するものとなっている。

確かにかなりの部分は、現在形で書かれている。しかしそれは、一般的な「説明」をしたり西欧人の立場から「解釈」する場合であり、自分が目撃してディンカと話し合ったり、自分が何らかの形で関わった出来事を再現したり回想する場合は、過去形で記述しており、リーンハートは実は現在形と過去形を意識的にかつ巧妙に使い分けていたのである。

文化人類学者の浜本満は本書を評して次のように述べている。

今日の野心的な民族誌に見られる諸特徴を欠いた、当時の水準からみてもいささか古典的なスタイルで書かれたこの民族誌は、にもかかわらず、そこに提示された異文化との出会いの「確かさ」とでも言えるものと、随所に散りばめられた深い洞察によって、今日なお多くの読者の想像力をかき立てるすぐれた書物の一つとなっている。[12]

ヌアー（ヌエル）とディンカ、E＝Pとリーンハート

すでに述べたように、本書はE＝Pの『ヌアー族の宗教』とセットで取り上げられることが多い。本書を理解するために、まず簡単に二つの著書で叙述されたヌアーとディンカの神霊観念の違いをまとめておく。

E＝Pによれば、クウォス（*Kwoth*）というヌアー語は創造者・審判者という点で神（God）と訳すことができるものに対応するが、クウォスと呼ばれるさまざまな精霊も存在し、それは二つのカテゴリーに分けることができる。一つは上界の精霊で、空気の精霊とチョルウィッチの精霊に分かれる。空気の精霊は、憑依や病気をもたらすことによって個人と関係を持つ。チョルウィッチの精霊は、落雷で死んだ人間の魂が神によって空に連れて行かれ精霊になり、リネージの守護霊となったものをいう。もう

一つの下界の精霊は、地上の事物や被造物に上界にいる霊が宿る、もしくは上界から下降して宿ったものである。下界の精霊はトーテム霊、トーテミスティック霊、自然の精霊、呪物に分けられる。空気の精霊も下界の精霊も神とは別の存在だが、神の形態でもある。神は「一にして多」である。

リーンハートは、神（God）や精霊（spirit）というキリスト教的な訳語が、ディンカの霊観念に誤解を生じさせることを避けるため、ディンカの霊（*Jok*）を「力」と訳し、その超越的・唯一神的表れを神性（Divinity）、個々人に直接関与する場合を自由神霊（free divinities）、男系クランという集団と関与する場合をクラン神霊（clan divinities）と訳している。上界と下界という区別をリーンハートはしていないが、ディンカの神性も「一にして多」である。ディンカでは、ヌアーのように一人ひとりが神に祈りを捧げることはまれである。この違いをディンカは、ヌアーに簎猎の長（*beny bith,* master of fishing spear）ほどの強い司祭がいないためと考えている。簎猎の長に対応するヌアーの司祭は豹皮首長であるが、ヌアーの地域集団の中心的存在とはいえない。

簎猎の長は地域集団である下位部族ごとにいて、神性・神霊と地域集団の人々を仲介する存在である。彼らのクラン神霊である〈鮮肉〉（*ring*）は簎猎の長のなかで目覚め具現し、その本質的一部となる。それによって簎猎の長は、人々を平穏や真実に導く勧告・預言ができる。しかし精霊や神霊は人間に、憑依などにより病気や禍をもたらすやっかいな存在でもあるゆえに、ヌアーやディンカは供犠を行い、精霊や神霊を慰撫し、それらとほどよい距離を保とうとする[13]。

憑霊は、ヌアーにとって危険な現象であるが、周縁的な信仰である。それが一時的な場合精霊を慰撫するために供犠を行うが、一過性でない場合憑かれた人間は預言者となり、他の供犠に立ち会うことになる。しかし預言者はヌアーの社会構造の周縁部に位置し、男系出自体系の価値観とは異なる倫理基準を持ち、貪欲で扱いにくい。彼らに憑依する精霊も、ヌアーにとっては厄介者である。

これに対してディンカでは、神霊〈鮮肉〉が憑依する箬褙の長は社会構造の圏外ではなくその中心的存在である。祭式の際、神霊に身をゆだねればよい結果が得られると期待されるし、すべての成人男性が憑依を体験する可能性がある。(14)

ヌアーとディンカの観念や慣習の特徴とその違いをまとめると以上のようになるが、二つの民族誌には、それぞれの著者の叙述のスタイルという点でもかなりの違いがみられる。この違いは調査によるものにとどまらない。(15)

本書刊行の後にリーンハートは、E＝Pと自分の叙述の違いについて以下のように述べている。

エヴァンズ＝プリチャード教授は、ほとんど分化していない概念クウォス——ここでは字義的には「精霊」だが、厳密には一柱の精霊ではない——から始めて、ほかのより特殊化して明確な「諸精霊」を、この概念の屈折あるいは顕示として解釈した。ついでそれらは人間の経験のきわだって多様な諸側面との関係のなかで捉えられている。私はさまざまな形の人間の経験から出発した。例えばクランでの経験とか病気の経験である。そしてこうした経験とディンカの〈力〉と諸神霊との照応を示そうとした。その際私は、初期の人類学者が「精霊」と呼んでいたものを、その客観的存在を信じていないものの観点からではなく、概念——私は「イメージ」と呼んだのだが——とみなすことで、それらをよりよく理解できると提案したのだ。(16)

しかし違いはそれだけではない。第二次世界大戦中の一九四四年にカトリックに改宗したE＝Pが神や精霊の実在を前提とする立場で、旧約聖書的な世界観と比較（というより類似を強調）しながら『ヌアー族の宗教』を著したことはつとに指摘されている。[17] 一九五九年のアキナス講演でE＝Pは、今日たいていの人類学者は無神論か不可知論であると述べている。[18] そのため無神論者が宗教を論じるのは「聴く耳」を持たない者が美しい音楽を論じるようなもので危険だと揶揄したのだが、[19]『ヌアー族の宗教』は、キリスト教と同様に他者の宗教経験に耳を傾けることを求めたことの産物だったといえる。

一方、同じカトリックであり「聴く耳」の持ち主でもあるリーンハートは、神性や神霊を信じない者の観点はとらず、それらがディンカの経験を組織づける存在として受け入れて理解しようとした。聖書に言及することがまったくないともいえない（例えば第五章注51）。しかし、神霊との関係は外国人には立ち入ることができない経験であるとも述べている。

ディンカの男系クランはクラン神霊を有していて、下位クランやリネージのメンバー同士は、共通の神霊を介して結びつき一体となる。また箭猎の長のクラン神霊である〈鮮肉〉は、長の血と肉のなかに埋め込まれ、そこから「目覚め」湧き上がってくる。その時箭猎の長はトランスに陥る。こうした経験は、出自をよそに持つ外国人には生じえないものである。[20] それゆえ、

> ナイロートが言うのと違って客観的に諸精霊は存在しないと証明する手立てはないが、外国人に直接作用する諸存在として、それらが外国人に影響を及ぼし動揺させることはないという点で、外国人にとって精霊は存在しない[21]

と述べるリーンハートは、幾分不可知論への傾斜も示しており（しかしそれが彼のすべてではないことは

後述する）、Ｅ＝Ｐとは異なる立場をとっている。おそらくそこには、Ｅ＝Ｐの代表作である『アザンデ人の世界』の影響が強くあると思われる[22]。

Ｅ＝Ｐは、『アザンデ人の世界』で、ヌアーの調査では十分でなかった彼らとの対話や彼ら自身によるテキストの翻訳を引用して、妖術や呪術についてのアザンデ人の思考のパターンを明らかにしてみせた。例えば以下のような箇所がある。

少年がブッシュの小道で小さな切り株を踏みつけ、怪我をして不自由な思いをしなければならなかった。アフリカではよくあることである。足の指という場所の悪さのために、傷口を清潔にしておくことができず、化膿しはじめた。彼は、妖術師が自分の足を切り株にぶっつけさせたのだと断言した。私はいつもアザンデ人と議論をして、彼らに反論していたのだが、この時もそうであった。私はその少年に、切り株を踏みつけたのは彼が不注意だったからであり、そして切り株はもともとそこにあったのものだから妖術師が置いたものではない、と言った。すると、少年は切り株が自分の通り道にあったことは妖術師と関係がないことを認めたが、自分はいつも切り株には十分注意しており――実際アザンデ人は皆、切り株には非常に注意して歩く――、もし自分が妖術をかけられていなかったならば、切り株に足をとられるようなことはなかっただろうと言うのであった。そして次のように結論づけたのだった。切り傷というのはあまり日数がかからず治るものだし、それどころか、短時間で傷口は閉じるものだ、なぜかというと、それが切り傷の性質だからだ、とすると妖術がその背後になければ自分の傷はどうして化膿し開いたままになっているのか。そのうち私は知ったのだが、これが身体の不調についてのアザンデ人の説明だった[23]。

本書でも、例えば第二章でアジャックという若者に憑依している神霊は何かについてディンカが意見を交わす場面が描かれ、ディンカの思考様式の一端が垣間見える箇所がある。

何かが彼を殺そうとしているということに誰もが同意し、では、一体それは何なのかということについて議論がかわされた。とうとうアジャックも、自分が危険であったということを認め、これは彼の兄が結婚の際に〈デン〉に捧げられた雌牛（*weng atiem deng*）とともに出ていったからだと思うと語った。何人かはこれに同意しなかった。彼らが指摘するところによれば、何らかの〈力〉がアジャックが故郷を離れている時に彼に危害を加えようとしたのだろうが、〈デン〉であればむしろ彼を故郷で病気にしたはずだ、確かに〈デン〉は人々を森に誘導するかもしれないが、とのことだった。憑依の原因は、彼の父親の幽霊でもクラン神霊でもないだろう、なぜなら、これらは尋ねられれば自分の要求を明らかにするはずだし、そもそもこれらは異郷にいる者を悩ますようなことはしないはずだから、との意見もあった（第二章九八頁）。

このほかにも牛の色の模様の名づけ方や、ものや動物が神霊になる説明に表れているように、ディンカの連想的思考の流れをリーンハートは丹念に追っている。例えば、パジエン・クランは、〈黒コブラ〉をクラン神霊としているが、周囲は〈糞便〉が彼らのクラン神霊だと言う。なぜか。毒を持つ黒コブラは、人間にとって噛まれたら命取りになる危険な蛇であり、その血と毒を使って他人を傷つける妖術師と結びつけられる。妖術師の習慣と考えられているのが他人の屋敷地に糞便をすることである。このように妖術を介して黒コブラと糞便は結びつき、それゆえパジエン・クランの神霊は〈糞便〉だと、パジエン・クランの成員でない者は言うのである（第三章一七二―一七三頁）。こうした思考様式の流れの丁寧な叙述は、『アザンデ人の世界』のE＝Pからリーンハートが学びとったものといえよう。『アザンデ人の世界』を著した時、E＝Pはまだカトリックに改宗していなかったが、『ヌアー族の宗教』の時はすでにカトリックであった。しかし、神の実在を信じるE＝Pが『ヌアー族の宗教』において、キリスト教の聖書の用語でどこまでヌアーの宗教を語ることができるかを明らかにするだけでなく自らの信仰心も吐露しようとしたのと異なり、ケンブリッジ大学の学生になる以前にすでにカトリックに改宗していたらしいリーンハートは、『神性と経験』で、キリスト教的な観念を連想させる言葉はできるだけ少なくして、むしろ改宗以前の『アザンデ人の世界』のE＝Pのように、彼らの言葉遣いに即して彼らの思考を解釈しようと心がけたのである。

文芸的技巧

『アザンデ人の世界』でE＝Pはしばしば自分を記述のなかに登場させている。一例をあげよう。

私がアザンデの土地に着いてまもなく、居留地を歩いていると、その前夜に焼け落ちた小屋が目にとまった。その小屋の主人は悲嘆に暮れていた。というのもその小屋には彼が喪明けの宴のために用意していたビールが貯蔵されていたからである。彼は前夜ビールを調べるために小屋に入ったのである。その時彼は一束の藁に火をつけ、それをかざして入っていった。調べているうちに火が小屋の屋根に燃え移ったというのである。彼は、そして私と同行したアザンデ人も、その災難は妖術によって引き起こされたのだと確信した。(24)

「私」の登場は本書のリーンハートにも当てはまる。しかしケンブリッジ大学で英文学を学んだリーンハートは、自分の存在を巻き込んだ出来事の記述に、文学的な描写を施している。例えば第七章のアグウォックの簎矠の長の祭りの後日譚の記述をみてみよう[25]。供犠を行った簎矠の長が急死し葬儀が行われることになったという場面で以下のように書かれている。

私の連れの一人は、今、老人の長男が父の墓の側に座っているのだと言った。そのうち長男以外の全員が牛舎から出てきた。長男はずっとなかにとどまり、結局、彼が出てくるまでは何もなすべきことはなかった。その晩、村の牛は乳を搾られず、不快そうな牛の唸り声が朝まで続いた（第七章三九七頁）。

これはあたかも小説を読んでいるかのような一節である。牛の乳が搾られなかったことや不快な唸り声の記述が民族誌的に必要かは意見の分かれるところだろうが、この情景描写によって、ディンカの人たちがその日は長の埋葬に気をとられていたことや、その日がいかに日常とは違って重苦しい雰囲気であったのかが伝わってくる。その数ページ後にも次のような描写がある。

女たちは瓢箪に血を集め、残りは犬が舐めるのに任された（第七章四〇一頁）。

「残りは犬が舐めるのに任された」というのも民族誌的にはさして必要のない余分な記述ということになろうが、これによって、生け贄を屠ることで血が流れたこととそのあとの生々しい情景が浮かぶ。右の引用部分とともに、あたかも読者はそこに立ち会っているような気分になるのである。

アメリカの著名な人類学者クリフォード・ギアーツは、E＝Pに代表されるイギリス社会人類学の民族誌的記述（ギアーツはリーンハートもここに含めている）がスライドショーを見ているかのような、つまり、その場面を読者も映像として目撃している気分にさせるようなスタイルだと述べたことがある。(26)しかしギアーツのこの評価は必ずしも正鵠を射ていない。読者は、スライドの映像を席に座って眺めているというよりも、リーンハートの目と耳になって直接その様子を体験しているような感覚を味わっているのである。

こうした叙述だけならあざといかもしれない。しかし先の引用部分は、老いた簎猎の長の遺体のそばに近づくことを許されず、参与観察できなかったことを正直に述べた箇所の後に続いているのである。

私は遺体を見ることも、小屋に近づくことも許されなかった。……（私は覗こうとするなと注意された）。……私は入ることを拒絶された（三九七頁）。

また本書では自ら調査できなかった地域については、P・P・ハウエルに寄稿を依頼するなど、民族誌学者として誠実な態度を読者に対して示している。こうした記述があるからこそ、文学的な描写がより生き生きしたものになるといえよう。

リーンハートが自分をさりげなく登場させている箇所はほかにもあり、そこにも別の技巧が凝らされている。第二章で結婚適齢期の娘が麻痺にかかり立つこともできず常に茫然自失という様だったエピソードがある。卜占師は、病気の原因が、昔腕輪を奪うために敵の腕を切り落としたことのある彼女の祖父だと診断した。彼女の祖父は、死んだその敵の幽霊（*atiep*）を立腹させたのだということだった。この場合、幽霊は償いの供犠をしてもらうことで納得すると言い、事実供犠が行われてから数週間後、その娘は、杖の助けを借りながら歩いていた。しかしリーンハートは「私は供犠が行われる前にその娘を見たことがあるが、おそらく眠り病に悩まされているのだと思った」と述べている（第二章一一二頁）。また同じく第二章で、彼が旅に出た時荷物運びをしていた一人が突然嘔吐し始めたため、リーンハートはその男を帰宅させた。翌日回復して戻ってきた彼は〈ガラン〉のせいだと言ったが、リーンハートの「見立てでは、おそらく軽い日射病ではなかったか」とここでもコメントを加えている（第二章一三〇頁）。

これらの見立てはなぜ必要だったのだろうか。

マイケル・カリサースは、リーンハートが彼以前の人類学者や社会学者の「超自然」や「信仰」といった概念がディンカに当てはまらないことを批判しているだけでなく、宗教や神など、ヨーロッパ人一般にもなじみのある常識的観念のほうが特殊ではないかと疑義を呈し、読者にディンカのように思考してみることを求めていると述べている[27]。ディンカの考え方は本当に奇妙か。われわれにもディンカ的なところがあるのではないか[28]。ディンカの目を通して「われわれ」の日常の経験世界を見つめてみること。リーンハートはそこで、神や精霊という言葉を使わず「超人間的な力」という概念を提案する。

日射病も眠り病も、人間の外部にある、「超人間的な力」といえなくもない。しかしそれはディンカの言う〈力〉とは大きく異なる。第二章での彼の「見立て」は、まだ西欧人的である。また第三章では、「私自身は自分のクラン神霊として何に祈願すればよいだろうかと尋ねたところ、彼らは、あなたは〈タイプライター〉、〈紙〉、〈ローリー〉〔トラックのこと〕などに呼びかけたらいいんじゃないか、だって、それらはいつもあなたを助けているし、西欧人たちが祖先から受け継いできたものなんじゃないのか？　と、半ば冗談めいてではあるが、示唆してくれた」というエピソードを紹介している（第三章一七二頁）。クラン神霊についてのディンカの思考に理解を示しながらも、しかし自分のうちに〈タイプライター〉、〈紙〉、〈ローリー〉がなく、それらに憑依されないことも彼自身わかっている。ディンカとの間にはまだ隔たりがある。

しかし第七章では、リーンハート自身が巻き込まれたアクシデントで、ディンカとヨーロッパの隔たりはかなり縮まったかにみえる。

東ディンカのコンゴール部族の地に、太鼓を象徴物とするクラン神霊の牛舎にある祠をリーンハートが訪ねた時のことである。牛舎を離れようとした時自動車が動かなくなった。この祠の管理者は供犠を求める神霊に憑依されることがあるというので、リーンハートに同行していたディンカ人は車が再発進しないのは、管理人に贈り物を忘れたからだと言うので、ただちに贈り物をすると、車は難なく発進したというのだ（第七章三八九頁）。車が再発進しないのを「奇妙な偶然」とは言いながら、ディンカの忠告どおりリーンハートは贈り物をして、事態は好転する。

このエピソードは、眠り病とリーンハートが見立てた娘が供犠の後歩けるようになったのと類似しており、「奇妙な偶然」とも言っているので彼の態度は「眠り病」の時と変わっていないようにもみえるが、「奇妙な偶然」は車が動かなくなったことであり、動き出したことに対してではない。そしてディンカの提案を受け入れたリーンハートによる贈与という「象徴的」行為は、車が動き出し旅行が続けられるという経験の再－創造のためになされ、それはディンカと彼自身を巻き込んだものになっている。リーンハートはもはや「眠り病」や「日射病」の時のように傍観者的に見ているのではなく、ディンカの経験の宗教的操作とそれを支える思考様式に沿って行動しているかのようだ。

祠の管理人に贈り物をするという象徴的行為の後に車の発進という出来事が続く。こうした自身の体験を踏まえたかのように、その後のページで、人間の精神的リズムと自然のリズムを合わせる供犠を行う箝褃の長のもたらす効果について以下のように述べるのである。奇妙な偶然は単なる偶然ではもはやなくなる。

儀礼には常に、出来事の純粋に自然な経過において意図される、あるいは期待される効果を生み出すちょうどよいタイミングがあるのだと言う人がいるかもしれない。だが一人の人間のうちにある宗教的権威の最も衝撃的な顕現は、出来事の「自然」の経過からは合理的に期待できないような効果、つまりわれわれの言う奇跡と同じような効果を、時には彼が生み出すことができるということに存する（第七章四〇八頁）。

ここにはシュミットが述べるような懐疑主義的不可知論者という面だけではないリーンハートが垣間見える。

今まで紹介したエピソードが、リーンハートのフィールドワーク期間中に、この時間的系列に沿って起きたのかはわからない。実際はまったく異なり、第二章1節で卜占師のペテンを見抜くエピソードもフィールドワークの後半にあった出来事かもしれない。しかし、ディンカの精神世界への関与が深まり、リーンハートがディンカの思考で彼らの経験世界を考えている姿が伝わるような構成が施されている。それは葬儀についての次のような自信ある発言にもつながっていく。

これらの儀礼がディンカの死の経験を表象し、調整していると示唆することにおいて、われわれはディンカ自身とまったく違ったやり方で解釈しているのではない（第七章四二〇頁）。

そしてディンカとの距離を一気に縮めるための方向に舵を切った本の構成上の転回点が、第四章である。

Ⅱ

イメージとパッシオネス

メアリー・ダグラスは、リーンハートの追悼記のなかで、「知的に気難しく人を寄せつけないような自尊心の強い人間以外に誰がこの尋常ならざる本を構想できたであろうか」と言い、『神性と経験』を、緻密に構成が練られた本だと評価している。しかし「構成の仕組みが大変注意深く隠されているので、とりあげた諸々の主題について一貫した進展があるのにもかかわらず、議論は捉えどころがない」と続けている。(29) だとしたら本書の適切な理解のために、その章の配列にも十分気を配らなくてはならない。

第四章は、本書と同じ題名を持つゆえに、あたかも結論であるかのように論じられることがある。(30) ヨーロッパとディンカとでは自己認識に違いがあり、ディンカには内面的な実体である精神（mind）がないとリーンハートはそこで述べており、そのためディンカには自己意識がないというのが本書の結論であるかのように受け取られてきたと、リーンハートの弟子であり同僚だったウェンディ・ジェームズは指摘している。(31)

ここで論じられるのはイメージである神霊によって規定されるパッシオネスとしての人間のあり方、受苦的・受動的な存在としての自己のあり方であるが、それで本書が終わるわけではなく、そこから反転するかのように能動的（より厳密には中動態的）に経験を制御しようとするディンカの姿が第二部で描かれることになるのを見落としてはならないだろう。受動から能動へとディンカの経験の異なる位相へ向かうための転回点が第四章なのである。

では神霊がパッシオネスのイメージであるとはどういうことか。そもそも神性や神霊のように、形がなく非物質的で不可視の存在がイメージになりうるのだろうか、あるいはイメージと呼びうるのだろうか。

私たちは普通洞窟の壁画やイコンが神のイメージだと言うのではないだろうか。つまり物質的で可視的なものが、非物質的で不可視のものの表象やイメージになるというのは理解しやすいが、非物質的で不可視のものが具体的なもののイメージであると言うのは、イメージという語あるいは概念の慣用表現からはずれているように思われる。

イメージ（image）は日本語にもすっかり定着しており、「心に思い浮かべる像や情景、ある物事についていだく全体的な感じ」と辞書の定義にもあるように（『大辞泉』）、概念として厳密に定義できるものではなく、やや漠然とした視覚的な像として存在するものを指す言葉として私たちは受けとめている。英語辞典の定義も「彫刻や絵画などにおける人や物の外的形態の表象」（a representation of the external form of a person or thing in sculpture, painting etc.）とあり、「カメラ、望遠鏡、顕微鏡やその他の装置によって得られるあるいはビデオスクリーンに投影される視覚的印象（a visible impression obtained by a camera, telescope, microscope or other device, or displayed on a video screen）」と注釈が添えられている

（以上 *Oxford English Dictionary*）。視覚的像として説明されている点で、日本語の定義と大差ない。しかしリーンハートが言いたいのは、イメージをそのように視覚的に理解してはならないということではないだろうか。

唐突にみえるかもしれないが、例として私たちの社会でいう厄年を取り上げてみたい。さしたる重さもない宅配の荷物を持ち上げてぎっくり腰になったり、頭痛や貧血に悩まされ気分がすぐれなくなることがある。不調の原因に特に思い当たることもないときに、ふと年齢が四二歳で「そういえば厄年だ」と気づく。そこで、ディンカが人に憑依した霊を祓うように、神社に出かけ厄を祓ってもらい、以後後厄がすむまで睡眠を十分とり仕事も無理をせず体調管理に心がけて日々を過ごすというのは、よくあることである。ひとたび厄年であることが突きとめられると、それまでの、そしてこれからの経験や出来事が星座のようなまとまりを持った配置をなして把握されるようになる。厄年といえばぎっくり腰や大病というように、厄年という観念がぎっくり腰や心身の不調を想起させる、つまりイメージ化させるのではないだろうか。厄年が、ぎっくり腰という経験や出来事のイメージあるいは出来事の概念化なのである。

特定の状況下における神性とディンカの直接的関わりもこれと同様である。病気になったり、憑依を思わせる状態に陥って奇行や衝動的な行動を繰り返すようになると、何らかの〈力〉が原因ではないかと疑われ、籍褙の長や占い師らが憑依している〈力〉とその要求を突きとめようとする（具体例としては、第二章九二―九八頁）。憑依では、被憑依者の身体にその人の人格以外の何かが存在し、身体はこの別の存在の依り代になる（第二章九九頁）。人は（病いになる＝病いを自ら引き起こす）主体ではなく客体であり、〈力〉が活動主体である。そのような〈力〉の名前がわかり正体が特定されることとは、〈力〉

が何であるか、イメージである〈力〉が、連続的な生の流れのなかから、特に焦点化しようとするのは受苦者の経験のどのような位相なのかを明らかにしようとすることである。

ディンカはいつも〈力〉に憑依されているわけではない。しかしどのディンカのクランにもクラン神霊があり、特定の自然・歴史的出来事、色、病いと結びついている。例えば〈デン〉は、雨―冷たさ―牧草―牛―乳―生殖―豊かさ―生命―光を、そしてそれとは反対に雨―雲―雷―稲妻―突然死などの観念を表象ないしイメージさせる（第四章二四三頁）。〈デン〉は、特定の自然環境におけるディンカ人の生の連続から、雨から生、雨から死という二つの相反する経験についての観念の連鎖を切り取って前景化し喚起するのである。〈デン〉は経験そのものではなく、経験についての観念と結びつくのである。

ディンカにとって〈力〉は、特定の社会的環境や自然環境のなかで彼らが生を営む基盤なのであり、自由神霊の憑依は、それが劇的に表出したものといえる。認識の対象や行動の働きかけの対象として客観的物理的実体である周囲の世界が存在し、それに対置する形で人が認識や行為の主体として存在するという構図の上に、自然や社会におけるディンカの経験は成り立っているのではない。もちろん、第四章冒頭で述べられているように、〈力〉について言及することなく自然現象や収穫の見込み、悪寒や頭痛をディンカは論じることができるし、〈力〉は経験の直接的予見とはいえないかもしれないが（第四章二二六頁）、彼らの日常生活と神性や神霊などの〈力〉は切り離しがたく結びついており、とりわけ両義的・カオス的な事態に対する意味や反応・指針を与えているのが〈力〉なのである。ディンカにとって彼らと世界の関わりはまず〈力〉を介してであり、〈力〉を基盤とする。人はイメージとしての〈力〉によって自らの経験を把握する。これがパッシオネスということであり、その把握しようとする経験や出来事が過去のものである場合には、それらと結びつく〈力〉がそれらをイメージさせ喚起させるのであれば、〈力〉が経験や出来事の保管庫のようなものであるから、その「記憶」は、人の心の内側に保存されているのではなく、〈力〉を介して外から人に働きかけてくるということになる。経験の「記憶」は記憶する人に固有のもので、その人の内面に属し、修正をそこでこうむることがあると西欧人は考えているが、ディンカにはそれは外部から到来するものと映るのである。

したがって、リーンハートによれば、精神という内側あるいは内面といった実体などディンカにはないのである。強い印象を残す夢もただの夢で、覚醒時にはさしたる意味を持たないとか、憑依は個人の心理に根ざしたものにすぎないと言ってディンカを説得するのは、不可能である。わが子をハルツームと名づけた男の例のように、異境の地に長らく滞在した者は、その土地がずっと自分についてまわり影響を及ぼすと考えるのであり、異境の地での経験の記憶が内面において彼の心理に作用しているとは思わないのである。世界と人を媒介し経験を蓄積する「精神」は、神性や〈力〉に先だって実体として存在しているものではなく、むしろ神性や〈力〉の介入をまって初めて成立するものなのである（第四章二二八―二三〇頁）。それはクロード・レヴィ＝ストロースの言い方をもじるなら、「主体を原因ではなく一つの結果にする」ことである。(34)

こうした考え方は西欧人には（そして明治以降西欧を一つの模範としてきたわれわれにも）とても奇妙に映る。しかし、これは、西欧人に本当になじみのないものであろうか。ハルツームで刑務所に入れられた男性が自分の息子をハルツームと名づけたのは、一種の厄祓い的行為である。ハルツームという「土地」が、そこを離れた後も彼を苦しめ禍を及ぼすことのないように「土地の名」によって災厄を避けようとする行為である。(35) 西欧人であれば、外部の「土地」が、人に影響を及ぼし続けるとは思わない。むしろ、ある場所での出来事を記憶していて何かの折りにそれがよみがえるというのが普通である。しかしアメリカの文豪アーネスト・ヘミングウェイは知人の編集者に以下のように語ったという。

もし幸運にも、若者の頃、パリで暮らすことができたなら、その後の人生をどこで過ごそうとも、パリはついてくる。パリは移動祝祭日だからだ。(36)

ヘミングウェイにとってのパリは、ディンカの男にとってのハルツームのポジティヴな裏返しであるが、パッシオネスという思考の様式は同じである。

リーンハート自身も、別の論文でアイルランドの詩人W・B・イェーツの、次のような言葉を引用している。(37)

我々の最も磨き抜かれた思想、磨き抜かれた志向、そして的確な反応を示す感情というものは、思うに、ほんとうは私たち自身の中にそなわっていることは稀であって、いわば突然に地獄から上ってきたか、天国から降りてきたものである。(38)

この論文は一九五一年に行った現代芸術研究所の講演原稿である。この時すでにリーンハートはディンカの調査を終了している。もともと英文学批評を専攻にしていたからイェーツの詩にはなじみがあったのだろうが、ディンカでの体験から、西欧人にもパッシオネス的思考様式があることを見いだしたのではないだろうか。この引用部分の直後にイェーツは、

（詩人の）ブレイクが信じたように、「神自体は働きかけをするだけの力、あるいは、この世のものや人間のなかに宿る力」であっても、よいではないか。[39]

と述べているが、これはまさに、神性や神霊を外部から作用する〈力〉と捉える第四章のリーンハートの解釈（翻訳）そのものではないだろうか。

人に憑依していた神霊が特定されて初めて、ディンカでは神霊をなだめ、とりついた人から離れさせるための供犠が執り行われるようになる。この供犠によって憑依された人の今後の身の処し方が定められるという形で、ディンカは自分たちの経験を制御しようとする。ちょうど厄年であることがわかった人が、これからの日々の過ごし方つまり経験に一定の枠組みを課すことになるように。パッシオネスの結果として生成した「主体」は、その時制御するという能動的「主体」へと転換するのである。パリがいつもついて回っていたヘミングウェイが、ほかならぬパリでの日々を作品として残そうと、能動的に執筆したように、リーンハート自身も、ディンカの経験の能動的な制御を叙述するなかで、自身の能動的行為をそこに書き込んだ。それがすでに述べた〈太鼓〉の管理人への贈与なのである。

一見すると奇妙で不可解な経験の捉え方とそこから転回する行為が、われわれ（西欧人）にもなじみのないものではなく、われわれといえどもいつも「精神」から出発するわけではない。ディンカの経験の捉え方を翻訳するとともに、自らが自明としていた経験の捉え方を見つめ直そうとしているリーンハートの姿が本書にはあるのだ。[40]

経験の能動的な制御

第四章の掉尾で述べられているように、イメージである〈力〉によってディンカの受苦（パッシオネス）の本質を理知的に把握し、そのような知識を通じて、彼らは苦難を克服し自分たちが望む経験の新しい形をつくり出し、受動的に耐えなくてはならない苦難から解放される。

その苦難からの解放と経験の創造を述べたのが、後続の章、特に第六章と第七章である。そこでは、能動的な語りの行為によって、ディンカは強さと結びつく人間の自由を獲得しようとするのだと説かれる。

能動性の例として、年老いた簎猎の長に病をもたらした敵である妖術師の力を弱めようと、別の簎猎の長が祈願する語りが、第六章に紹介されている。敵は鳶であり、鳶が簎猎の長に舞い降りるなら鳶は後悔し震え上がると語られる。この猛禽類の鳥の比喩をとおして、「ディンカは力強い、自ら決定する行為を表現する。だから、犠牲獣に向けられ、かつ敵や危険にも向けられる祈願それ自体が、『状況』を能動的に制御しようとすることなのであり、その結果、参加者たちの望むことが成し遂げられるのである」（第六章三五四頁）。

「祈願する」は、ディンカ語ではラムである。ラムの行為において、ディンカは自分が祈願の対象に実際に何かをなしていると考えている。また彼らは、さまざまな〈力〉に対して、自分たちのために動いてくれるよう呼びかけている（第六章三五二頁）。リーンハートによれば祈願とは、能動的な行為（action）なのである。「人間存在は、いつもは受動的に経験している状況に対して、能動的に行為する能力があると断言する」のが慰撫も含めた祈願である（第六章三七〇頁）。反対に供犠獣あるいは敵は、完全に受動的に「される」のである。

供犠において、ディンカは犠牲獣の生命を、その人のために供犠がなされる人間の命と交換（*war*）する。パッシオネス（受動的・受苦的経験）の重荷が供犠獣に転嫁される。〈力〉は去勢牛を取り、人間は命が助かる。パッシオネスは、その人間の犠牲者から「分離され」「解き放たれる」（第六章三五五頁）。しかしそこにとどまらない。さらに供犠獣は、祭式の終わりには、神霊と同一視される。雄牛や去勢牛を生け贄にすることで、ディンカは自分たち自身より肉体的に強いものを用い、操っていることを自覚している。そして供犠獣と神霊の同一視をとおして、彼らは霊的にも自分たちより強いものをも操作する（すなわち能動的行為をする）のである（第七章四二五頁）。

篩猎の長の生きたままの埋葬においても、篩猎の長は自ら決断を周囲の者に伝えて彼の生きたままの埋葬が執行される。それは意図的に目論まれた、すなわち能動的な死であり、通常の人畜の宿命である、生命の剝奪という受動的な死の回避である。篩猎の長の死の場面で「長が死んだ」と口にするよりも、ディンカは「長が大地に去ってしまった」とか「長は去ってじっとしている」と穏やかに言うのを好む。不本意で受動的意味合いを持つ普通の動詞「死ぬ（*thou*）」を、能動的行為を示唆する表現で置き換えるのである（第八章四五三頁）。

しかし、厳密に言うと、パッシオネスの対概念はアクチオネスやアクションだというのは、文法的な比喩としては必ずしも正しくない。ラムの行為において祈願の対象（犠牲獣になる牛やさまざまな〈力〉や敵である人間に呼びかけ働きかけているにせよ、求められているのは、関与する人々が一体と化し意思の統一された共同体の再‐創造なのであり（第六章三六九頁）、それはラムがその人のために行われる病人や呼びかける当人（篩猎の長）をも巻き込むもの、つまり再帰的なものだからである。篩猎の長の生きながらの埋葬も、彼自身の決断によって彼自身の身体に関して行われるという点で、再帰的である。

言語学者のエミール・バンヴェニストは、印欧諸語では能動態と受動態の区別に先立って能動と中動という二つの態の対立があったと述べている。動詞が主辞（主語）に発して主辞の外で行われる過程を示す場合が能動態、主辞を過程のなかにあるものとして規定する役割を果たすのが中動態である。能動態の場合、主辞が過程の外に置かれ、行為者としてそれを支配し、過程は主辞の目的辞として目標となる。これに対して中動態の場合、主辞はその過程の「座」であり（内部にあり）、自らもその影響をこうむりつつ事を行うことになる。つまり、動作主が自らを巻き込みつつ行う再帰的な行為が中動態的なのである。(41) だとしたら、「ラム」や「ロック」が他動詞的であるにせよ、ディンカの祈願や供犠は単なる能動性とは呼べなくなる。中動態とは、集合的である。これは簎猎の長の生きたままの埋葬にはっきりとみてとれる。それは、個人の死を集合的不死に変えるための祭式であり、「彼」のためだけではなく、彼らのために行われているのである。それらはむしろ中動態的なのである。したがって、本書は第四章をはさんで受動から能動へではなく、受動から中動へと展開しているとみなすべきだろう。そしてこのディンカの集合性のなかにリーンハートも巻き込まれていったように描かれているのは、すでに述べたとおりだ。

ではこれらの中動態的言葉や行為は何をしているのだろうか。

行為遂行的

第六章でリーンハートは、言葉で述べられる祈願において、人は祈願の対象に実際に何かをなしていると考えている、〈力〉に対してなされる供犠は、去勢牛の喉を切るという行為の前に、言葉によってすでになされていると述べている（三五二頁）。例えば「傷は治る、……神性が私たちを助け、傷の両側はくっついて治るだろう」（三四六頁）のように祈りの演説という言葉が望むべき現実をつくり出し、言葉のなかで、供犠への参加者が望むことが成し遂げられるわけだが、言葉が行為であること、言葉によって何ごとかをなしとげるということ、ここには、「行為遂行的発言」について論じた哲学者ジョン・オースティンの考え方との類似性（共通性）が見いだされるのではないだろうか(42)。

「私は誓う」「私は約束します」「私はこの船をクイーン・エリザベス二世号と命名する」という発話が、まさに「誓う」「約束する」「命名する」という行為をすることだというのがオースティンの「行為遂行的発言」である。オースティンが著書の前半（厳密には講義の前半）であげている例に照らし合わせるなら、対象を神霊とする祈禱は行為遂行的発言ではないかもしれない。しかし、（神霊に対する共同体的な人間の側からの）宣言であること、宣言すべきしかるべき資格ある権威者（籍稓の長）によって発せられるものであることが了解されていること、その都度新しい一回きりの出来事であること、そして単なる記述文ではなく言葉を発することが何か行為をすること（参加者に対して祝福や激励や呪詛などの行為を遂行している）であり、自己指向的（sui-référentiel self-referential──それ自らが構成する現実を指向すること）で語っている内容をそこに出現させるという点(43)で、祈禱は行為遂行的なのである。

オースティンの本の出版はリーンハートの本より後だということを考えると、両者の思考の同時代性は興味深いが、一九五〇年代後半にオックスフォードの教授だったオースティンは講義で行為遂行的発言を繰り返し取り上げていたので、狭いオックスフォードのサークルのなかでリーンハートも、オースティンの言語哲学を知っていたのではないだろうか(44)。

祈禱がそのほとんどの目的や意図を達成するという供犠をリーンハートは「象徴的」行為と呼んでいる。しかしそれは、単に何かを表象したり、願望を表現するものではない。例えば、第七章で述べられているように、目的地に少しでも早く着こうと道端にある草むらの草を結ぶスイッチは、早く着きたいという精神的意図を目に見える形にして（表象物）をつくるが、そうすることでディンカは心理的・精神的な構えを操作しようとするのである。それは、実際的あるいは技術的な行為の代替物ではない（第七章四一二頁）。むしろ象徴的行為とは、表象している当のものをつくり出し行っている行為を指す。そのわかりやすい例は、インセストを無効化する祭式であろう。

ディンカでは、父方母方双方に関係をたどることのできる異性との性関係や婚姻はインセストになる。インセストを犯すとケースと呼ばれる皮膚病を自動的に引き起こすという。しかし関係が遠くなっている場合婚姻は許容されうるので、インセストの結果を懸念したり、経験したりしたとき、ディンカはインセストに関わったパートナーたちの関係を「分離」する（断ち切る）祭式を行う。

インセストのパートナーが池の水のなかに沈められ洗われた後、供犠獣も何度か水に沈められる。供犠獣は池から引き出されると生きたまま体を縦半分に切り裂かれるが、その際必ず性器もはっきりと縦二つに切り放されなくてはならない。性器がパートナーたちの起源が単一であることを表象している。したがって、その切り裂きはパートナーの間にある共通の関係が断ち切られたことを表象する（第七章四一四頁）。

しかし注意しなくてはならないが、出自の断絶という物理的生物学的な事実があって、それを供犠獣の性器の切り裂きが「象徴している」のではないということだ。そうではなく、むしろ供犠獣の切断が、関係の切断という現実をつくり出し、かつ宣言しているのである。これ以降、パートナーたちは、親族としてではなく婚姻可能な者同士として認められ、彼らを含めた周囲の人々のあらたな経験が組み立てられていくことになる。(45) 同様に水に沈めるという「浄化」が、インセストの罪も「浄化」されたという現実を「宣告」することになる。かくしてインセストによる皮膚病は回避される。リーンハートが言う「象徴的操作」とは、そのように理解しなくてはならない。[46] 不可視の観念や、行為者の願望の表明だけが象徴的行為の役割ではない。彼の「象徴」とは何かについて言う（expressive）ものではなく、現実や経験を創出するもの（performative）なのである。ヴィクター・ターナーやエドマンド・リーチ、ダグラスに触発されたその後の儀礼やコスモロジー研究の隆盛のなかで、リーンハートの研究も同様なものとみなされ、この点が、当時のそして現在の人類学でも見落とされていたのではないだろうか。[47]

再‐創造されるもの

神霊に憑依されて病にかかるなどパッシオネスに見舞われると、ディンカは祈禱や供犠を能動的というより中動態的に行うことで、神性や神霊に働きかけ、共同体としての自分たちの経験を創り直し整える。これを論じたのが第六章以下だというのはすでに述べた。では第五章はどうなるのだろうか。第一章で天地分離の起源神話が紹介され解釈されているから、アイウェル・ロンガールの起源神話もそこでとりあげられてもよかったはずである。なぜ転回点である第四章の後なのか。

天地分離すなわち人間と神性との分離の神話と簎猎の長の神話には、人間の行為と自由という点で相補性がみられると第六章で指摘されている（三六三頁）。自由なふるまいの結果が苦しみと死を神性からもたらされたという受動性の神話が分離神話であるのに対して、殺害する力に対抗する計画を立てて、それを乗り越えた強さという能動性を語るのが簎猎の長の神話であり、それゆえ後者は第四章よりあとに配置されなくてはならなかったのである。しかし、本の構成に配慮し、適切にディンカの思考と行動様式を「翻訳」しようとするリーンハートの姿勢はそれにとどまらない。

祈禱や供犠、生きたままの埋葬が行うのは、経験の再‐創造（創り直し）であるとリーンハートは述べているが、再‐創造のもともとの語は re-create である。〝re-〟が使われていることで原初的な生の経験が想定されているかのような印象を与えるからこの語は不適切だと浜本は述べている(48)。確かに象徴的行為がその都度行われ新たな経験が創り出されるのだから、create でもよいように思われる。

しかし経験が整えられるとき、それにより祈禱や供犠、生きたままの埋葬がイメージ化すなわち喚起しているのは、アイウェル・ロンガールと簎猎の長の元祖がいたと想定される始原の「時代」なのである。

始原の時を再び創り出し、今この場に再び喚起出現させようとする行為であるゆえに、動詞は re-create なのである。だとしたら、簎猎の長の始原の「時代」を語る神話は、第六章より前に配置されなくてはならない。そして、再‐創造されることで、現在と過去を隔てている時間も、祭式において乗り越えられることになる。ディンカの独特の時間観念を、この構成によってリーンハートは述べようとしたのである。

簎猎の長の神話を簡単にまとめると以下のようになるだろう。

川の神霊であるマレンギットによって川の波で妊娠した女が息子を生む。彼女は息子をアイウェルと呼んだ。アイウェルの言葉は真実となる力があった。

旱魃の時でも水を湧き出させ牛を太らせる力を持っていたアイウェルは、その秘密を知った村人たちを殺そうと、人々を限りない牧草と水のある希望の地へ連れて行くことを約束し、先回りして人々の行く先に山や川を置き、渡らなければならない川には葦の簗を仕掛けた。アイウェルは、人々が川を渡ろうとするのを待ち受け、次々と簎猎で突いて殺した。
しかしアゴスャティックという男が牛の肩甲骨を棒の先に着け簗に触れ、人が来たと思わせアイウェルに簎猎で突かせた。その間にアゴスャティックは川を渡るのに成功した。アイウェルはアゴスャティックと対岸で戦った後譲歩して他の人々を呼ぶようにとアゴスャティックに言う。すぐやって来た人に聖なる簎猎と祝福と呪詛の能力そして守護霊〈鮮肉〉を与えた。それらを与えられた人たちが、簎猎の長のクランの祖先である。

祭式（祈願と供犠）は、この簎猎の長の起源神話と結びつき、それらを喚起するというのが、第七章の終わりに述べられている。

例えば、パゴン・クランの年老いた病気の簎猎の長の回復を願う祭式では、屋敷地から見つかった持ち主不明の簎猎が、この簎猎の長を傷つけようと妖術師が置いていったのだとみなされ、複数の簎猎の長が祈願を行った。その第一の祈願には次のような言葉が発せられている。「もしその槍を持ってきて忘れていったのが……妖術を仕掛けに来た男であるなら、私たちは今年その男と一緒に川を渡ることはないでしょう」（第六章三四〇頁）。また別の祈願では「お前は私たちの簎猎の穂先を逃れられない。……父の簎猎よ、あなたはその頭に命中するだろう」と述べられた（第六章三四四―三四五頁）。

最初の引用の祈願は、川を渡ってともに生き延びるというアイウェル・ロンガール神話の渡河と結びつく。また簎猎が敵の頭に狙いを定めるのは、神話のなかでアイウェル・ロンガールが川を渡る人々の頭に簎猎を突き刺すのを彷彿させる。そして「その頭に命中するだろう」と命じられるその時、「簎猎はつながれた仔牛に向けて特に激しく突き出され、振り回された」（第六章三四五頁）。祈願の後供犠獣である牛は屠られるが、牛が生け贄として人間の身代わりになることによって、人間に生を与えるのは、死んだ牛の骨によってアイウェル・ロンガールの簎猎を免れて人々が生を得るという神話の場面の「再－創造」なのである。「誰であれ簎猎の長が、（中略）槍を掲げて祈願をするとき、彼は神話的な原型と同じように働いているのであり」（第五章三一〇頁）、現在の簎猎の長は、元祖であるアイウェル・ロンガールを繰り返し演じている＝出現させているといえよう。

簎猎の長の生きながらの埋葬も、この「死を生に変える転換」という神話の反復である。衰えた簎猎の長が自ら命ずる生き埋め用の墓の周りの柵は、アワール草でできているが、（第五章で最初に紹介される神話において）干ばつの時アイウェル・ロンガールが牛に飲ませた水がその草の下から得られたものだといわれている。このように、神話とのつながりを明示しながら、生きたままの埋葬も、衰弱や病気などによる自然の死を選ばず、死を予期したもの・意図したものに変え、簎猎の長個人の死を部族集団全体の生に転換することで、死を乗り越えて生をもたらすという簎猎の長の起源神話の主題を再－創造しているのである。

したがって、簎猎の長の元祖の神話で描かれる始原の時は、二度と近づけない時の彼方にあるのではなく、十何代も続く男系出自の系譜的時間の流れとは別に、今（現在）の傍らにあり、いつでも喚び起こし可能なのである。

簎猎の長（アイウェル・ロンガールに簎猎を与えられた人たちの末裔）のいるクランは複数存在し、この系統の神話は、地域ごと、クランごとに、またアイウェルの系統の簎猎の長のクランか、アゴスヤティックの系統の簎猎の長のクランかによって、伝承に変化がみられる（例えば、パゴール・クランの首長ギルキロによるヴァージョン）。しかし、始祖から現在までの系譜的時間の深度にもかかわらず、語り手は、物語の内容が今起きているかのように生き生きと語る。神話が現在のディンカのクラン間の関係を決定しているだけでなく、それ以上にクランの現在の政治的力関係が物語の内容にも作用する（登場人物の力関係など）。神話が語られている現場で過去と現在が混合しているとリーンハートは述べている（第五章二六五頁）。それゆえ、西郷信綱が日本の神話について述べていることは、ディンカにも当てはまるだろう。

神話が語ろうとするのは、「今」と一体であるところの、あるいは「今」がそこにいわれを持つところの、そういう神的な過去であって、歴史的な過去ではない。神話の世界は無時間的（timeless）である。[49]

神話の語り手が発する言葉は、時を飛び越えるが、それを可能にするのは、ナイル川流域で生活するディンカが共有する経験である。

神話における時間の観念は、自然の周期とそれを表現する祭式に基礎づけられており、したがって暦法というものがそこには介在しない。[50]

旱魃と暑さ、渡河、簎猎で漁をする営み、おそらくはディンカがこの地に移住してきてから変わらず続く出来事や営みを感覚的に経験し記憶することが、神話的過去の現在への召喚を可能にする。感覚について（例えば川を渡るときに脚に感じる水の流れや乾季のときの肌に突き刺さるような日の光など）リーンハートはほとんど述べていないので、「感覚的に」と言うのは唐突な感が否めないかもしれない。しかし、〈鮮肉〉の神霊への祈願について以下のように述べられていたことを思い出しておこう。

ディンカの人々は、しばしば祈願中に、彼らの身体が涼やかになり、快適で涼しいそよ風が身体に流れてくるように要請する。なぜなら、涼しさは平和、静けさ、健康、満足、平静を表しており、激情や争いがないことを表しているからである。讃歌のなかでも、神霊は人々と地上に「涼しさをもたらす」ように依頼される。春季の涼しさの到来によって、男性が再び妻と一緒に眠るようになり、生まれてくる子どもの夢を見るようになると語られる……（第三章二〇八頁）。

平和や、川を渡ることにより死から生の状態へ移行することは、涼しさや風の感覚と結びついているのだ。

こうした感覚的経験に支えられて、神話の語り手の言葉は「過去」を現在へ引き寄せる。その過去でアイウェルの発する言葉は現実化する。これと響き合うように、神霊に憑依され病気になった人の回復を願い行われる供犠で神霊に向けて簎猎の長によって発せられる祈願の言葉にも、神霊が慰撫され病人が回復する未来の姿を描き出すだけでなく、そのような未来を生み出し出現させる力が備わっていると想定されているのである（第六章三五二―三五六頁）。そこでは過去と現在だけでなく、未来も融合するのだが、「暦法」的時間あるいは系譜的時間の廃棄[51]をもたらす力は、簎猎の長の「冷たい舌」から発せられる（第三章二〇八頁）。涼しさと冷たさへの言及だけとはいえ[52]、経験の記憶と想起に際して感覚が果たす役割にリーンハートが注意を払っていなかったと想像するのがむしろ困難ではないだろうか[53]。

反映論ではなく

とはいえ、神話の分析において、川や雨季・乾季などの季節との結びつきや、クラン同士の政治的関係への言及を読むと、レヴィ＝ストロースや彼に影響されたイギリスのリーチらの構造分析に比べ、機能主義的なイギリス社会人類学に伝統的な、社会制度や環境を神話のなかに読み解く反映論ではないかという疑問を持つ読者もいるだろう。(54) 例えば以下のような箇所である。

先に示したいくつかのバージョンでは、家畜は渇きで死んでいく、牧草は食い尽くされた、だが無尽蔵の牧草地には行きたくても行けないということや、他の草より日照りを生き延びるアワール草、雨をもたらす空の色をしたロンガールの牛、魚を追い込む葦の囲い、川の水位が上がったり下がったりする季節に使われる簎《やす》などが出てくる。つまりこれは、ディンカの生態学的なサイクルのうち、危機的な変化の時期なのである。この時期に、魚は川から沼地に移動して繁殖し、あるいは水の引いていく牧草地からより深い水路へと戻っていく。どちらの場合も、ディンカは自分たちの捕まえる魚が、季節の要求に従って生きるために移動していること、槍と堰を逃れた魚が生き延びることを知っている（第五章二九三頁）。

しかし反映論だという批判はいささか皮相である。リーンハート自身そうした立場に批判的にみえるからだ。

ディンカの最大の幸福の源は牛であり、求愛、婚姻、子孫の存続等、生活のすべての場面に牛は深く関わっている。しかし日常生活でそれほど大切な牛でも、天地分離の神話で重要な役割を果たしてはいないことをリーンハートはある論文で述べている[55]。神話を現実の反映と考えるなら、そのようなことはないはずであろう。

では環境や政治史への言及はどういうことなのだろうか。リーンハートの意図を的確に理解するために、再び西郷信綱をとりあげてみよう。

西郷は『古事記の世界』のなかで、古事記を、進化論的な視点からそれを幼稚で非合理な迷信として考えるのではなく、古代人の生きられた経験の表れとして読みときたいと述べている。そこに語られる「葦原」「母」「産屋」などの言葉も、現代では失われた古代固有の生活的・社会的・宗教的範疇を背負っているのであり、古事記の理解にはそれらを仲立ちにしなくてはならないのである[56]。つまり、「あらゆる言葉には方位があり、特定の世界、特定の文脈のなかで発せられた表現として、身ぶりとしてそれは生きる[57]」のであり、

私の目ざすのは、古事記のなかに住むこと、そしてその本質をその本文のふところにおいて読み解くことである[58]。

「古代人」を「ディンカ人」に、「古事記」を「ディンカ神話」に置き換えれば、西郷の主張は、そのままリーンハートの言わんとすることになる。リーンハートも、ディンカ神話を彼らによって生きられた経験として、彼らの言葉遣いやその言葉が置かれた状況のなかで理解しようとしているのである。ディンカの神話は、その自然環境や政治史に位置づけないと、ゆがめられてしまうのだ。ディンカでは、そしてヌアーでもそうだが、男系出自は、一〇世代までさかのぼれるほど系譜的深度

が深い。しかし出自の時間、部族の時間といういわば歴史的時間の流れを廃棄する時間の捉え方がディンカにはある。籍猎の長の起源神話と、それを再‐創造する祈願と供犠も、そのような時間の観念のなかに捉えられなくてはならない。

同じことは、本書でも数多く紹介されている（讃）歌にも当てはまるようだ。ディンカ出身の研究者でありリーンハートとも深い親交のあったフランシス・デンは、ディンカの歌について次のように述べている。

ディンカは歌のなかで過去の状況を再構築しようとするので、過去・現在・未来の時制を絶えず融合して使う。そうすることで彼らは過去と現在を生き生きと結びつけ、それらを演劇化して未来に対するその意義を高めるのである。時制の融合はまたディンカの時間の概念に関連するようにもみえる。その観念においては、過去は現在と連続した関係にあって未来に影響を及ぼすものとみなされている。それは死者を意義深い存在にする現象である。この時制の融合は通常の会話における時制の使用には当てはまらない。(59)

歌における時制の融合を本書の例で読み取ることができるかは読者にゆだねるが、しかしこうした時間の融合あるいは廃棄は、ディンカなど非西欧だけにしかみられない特徴なのではない。

パリ在住で、マルセル・プルーストやモンテーニュに関する著書で著名な仏文学者の保刈瑞穂は、散歩している場所がプルーストの『失われた時を求めて』の一場面ゆかりの地であり、小説の舞台である十九世紀末の庭園と古びた小屋がそこに変わらずあることに深い感慨を覚え、「風俗や外観が変わっても、パリはそれぞれの時代の歴史を次々吸収して、町自体は変わることがないのだ」と思い、以下のように述べている[60]。

だからこの二千年もつづいている町に住んでいて感じるのは、いまでは流れ去って歴史のなかに固定されたさまざまな時代の時間ではなく、過去が現在に流れ込んで、いまでもそれがそこに生きている分厚い時間なのである。だからまたプルーストが歩いた砂地の小道を歩いていると、想像のなかで、そのかつてのベル・エポックの時代に連れて行かれるというよりも、その時代が現在と混ざり合って、この小道に漂っているのをわたしは感じずにはいられなかった[61]。

「われわれ」のなかでも時間の廃棄や融合は生じているのである。

おわりに

歴史学者のダグラス・ジョンソンは、ディンカ人で「北の黒人福音伝道者」と呼ばれたサリム・ウィルソン（ハタシル・マシャ・カティシュ）について調べた論文のなかで、本書の記述（第三章一六二―一六四頁、二一九頁注1）がウィルソンについて関心を持ったきっかけだったと言っている[62]。ジョンソンのこの論文は、もともとはリーンハートがフェローをしていたオックスフォードのウルフソン・カレッジを定年退官する時に、リーンハートの功績をたたえるために行った講演をもとにしているが、論文の冒頭でジョンソンは次のように述べている。

古典的な民族誌の一つの特徴は、それが何か新しいものをいつも含んでいるということだ。その時代の流行に決して完全に拘束されることなく、後に流行となる話題やアプローチへの道を、それは指し示している。そのような本が、ゴドフリー・リーンハートの『神性と経験——ディンカ人の宗教』であり、一九六一年に初版が出て、ペーパーバック版として再刊された。多くの学者が、他の分野における実り豊かな研究に彼らを導いた示唆を、そこに見いだしてきた。人類学における今日の流行のいくつかを、ゴドフリー特有の教育スタイルであるほのめかしや余談でカムフラージされているものの、萌芽状態でそこに見つけることができる(63)。

ジョンソンのこの発言は一九八〇年代末のものであるが、それは今日でも当てはまる。

今日影響力のある人類学者の一人であるイギリスのティム・インゴルドは、民族誌と人類学を対立的に捉え、人類学とは、(調査対象となる)誰かについて(about)考える学問ではなく(それは民族誌の役目である)、誰かとともに(with)考える学問であると主張している(64)。リーンハートの本書でのパッシオネスと能動態についての議論は、誰か(ディンカ)とともに考えることがどういうことであるかを、すでに示している。本書は、すぐれた民族誌であることによってすぐれた人類学になりえた希有な書物であるといえよう。

インゴルドは、誰かとともに考える学問とは、「教育」と深く関わっていくと述べ、近著ではアメリカのプラグマティストであるジョン・デューイを援用している(65)。デューイは、今後インゴルドを通して人類学者たちの間で再発見され読まれていくことになるかもしれない。

しかしリーンハートのパッシオネスの議論は、デューイ評価に慎重であるように注意を与えてくれるようにも思われる。なぜなら経験について、例えばデューイは次のように、能動から受動へと議論を展開しているからだ。

先ず、経験は、能動的行為の仕事になる。（中略）有機体は、自分の構造——単純であれ複雑であれ——に応じた方法で環境に働きかけるものである。その結果、環境に生じた変化が、有機体とその活動に反作用する。こうして、生物は、自分の行動が生んだ結果に出会い、その結果を受ける。この能動と受動との密接な結合が、経験と呼ばれるものを形づくっているのである。（中略）子どもは熱いものに出会い、痛みを感じる。能動と受動とが、手を伸ばすことと火傷とが結びつく。(66)

能動から受動へという展開が、ディンカだけでなく「西欧人」の経験のすべてではないことは、パッシオネスという言葉の由来である歴史学者コリングウッドの自伝（リーンハートは、書名と頁数しか注記していない）からもわかる。そしてその能動態的（アクチオネス）は、再帰的であり（中動態的）、個体としての有機体のみに関わることなのではない。

歴史家が興味を抱く「出来事」には行為ではなくて、その反対のものがあり、それに当たる英語は皆無です。それは、アクチオネスではなくて、パッシオネスであり、アクチオネスを受けている場合のことなのです。したがって紀元七九年のベスビアスの噴火は、歴史家にとっては、その影響を受けた人びとの側でのパッシオネスなのです。それが「歴史的出来事」になるのは、人びとがその影響を受けただけでなく、この影響に対しさまざまな行為で反作用した場合に限ります。(67)

新たな研究の萌芽が含まれているだけでなく、新たな流行に安易に乗ることへの戒めも本書には含まれているとはいえないだろうか。

注

（1）Godfrey Lienhardt, "On the Concept of Objectivity in Social Anthropology", *JRAI (Journal of the Royal Anthropological Institute)* 94, 1964, pp: 1-10.

（2）Godfrey Lienhardt, "Frazer's Anthropology: Science and Sensibility", *JASO (Journal of The Anthropological Society of Oxford)* 24(1), 1993, pp. 1-12.

（3）以上の記述は Ahmed Al-Shahi, "Ronald Godfrey Lienhardt, 1921-1993: Biographical Note and Bibliography", *JASO*, 28(1), 1997, pp. 7-24 等を参照した。

（4）さしあたってここでは、経験を、「われわれと、われわれを取り巻く現実との間の相互関係を、われわれが直接的に知る過程」のことを指し、そこには「現実に働きかける自発的姿勢と、現実がわれわれに対して及ぼす圧力の実際を認識するという受動的姿勢の二つの姿勢が含まれる」ものと定義しておく（雨宮民雄「経験」永井均ほか編『事典　哲学の木』講談社、二〇〇二年、二九一―二九二頁）。

（5）Godfrey Lienhardt, "Religion" in Harry L. Shapiro (ed.), *Man, Culture and Society*, Oxford University Press, 1956, p. 311.

（6）W・ジェイムズ『宗教的経験の諸相　下』枡田啓三郎訳、岩波文庫（岩波書店）、一九七〇年、三八二頁、強調は原文。

（7）同上書、三七六、三七八頁。

（8）例えば、イギリスの古代ギリシア研究の泰斗ジョン・グールドは、本書第二章のアジャックの例を引用しながら、ギリシア宗教の「即興性」について論じている（ジョン・グールド「ギリシア宗教の意味をつかむことについて」葛西康徳訳、『思想』九〇一号、一九九九年、五九―六一頁）。

（9） Mario Schmidt, "Godfrey Lienhardt as a Skeptic: or, Anthropology as Conceptual Puzzle-Solving", *HAU: Journal of Ethnographic Theory*, 7(2), 2017, pp. 351-375, Michael Carrithers, "Anthropology as Irony and Philosophy, or the Knots in Simple Ethnographic Projects", *HAU: Journal of Ethnographic Theory*, 4(3), 2014, pp. 117-142

（10） Schmidt, op. cit.

（11） この点については、拙論「過去をないがしろにしない――ゴドフリー・リーンハートの社会人類学覚え書き」『アリーナ』（中部大学国際人間学研究所編）一四号、二〇一二年、を参照されたい。

（12） 浜本満「異文化理解の戦略(1)(2)――ディンカ族の『神的なるもの』と『自己』の観念について」『福岡大学人文論叢』一八巻二号、三号、一九八六年、三八七頁。

（13） 以上のまとめは、拙論「エヴァンズ＝プリチャードとリーンハートの考え方」『文化人類学』八〇巻二号、二〇一五年、による。

（14） メアリー・ダグラス『象徴としての身体――コスモロジーの探究』江河徹・塚本利明・木下卓訳、紀伊國屋書店、一九八三年、一六七―一七二頁。

（15） 一九三〇年、当時イギリスとエジプトの共同統治下にあったスーダンの内務長官ハロルド・マクマイケルに懇願され、E＝Pはヌアーの調査を開始する。ヌアーは好戦的な民族として知られ、政府にたびたび反抗していたので、彼らを統治するために彼らの社会についての情報を求めてE＝Pに調査をマクマイケルは依頼した。非協力的なヌアーの態度と病気に悩まされ困難を極めたというなかば伝説と化したヌアー調査は、それ以前に行われたアザンデに比べると一回の滞在期間（一カ月半から五カ月）も、通算の調査期間も（約一年）短かった（cf. Douglas Johnson, "Evans-Pritchard, the Nuer, and the Sudan Political Service," *African Affairs*, vol. 81, 1982）。そのため、ヌアーの語りを書き記し復刻したり、彼らにテキストを書かせるという、アザンデで行った記録の取り方はできなかった。これに対して比較的平穏な時期に行われたリーンハートの調査は通算すると二年であり、本書にみられるように神話や歌など多くの口承文芸を採集し、ディンカとの間にも友好関係を築くことができた。

（16） Godfrey Lienhardt, "'High Gods' among Some Nilotic Peoples", *JASO*, 28(1), 1997, p. 45. この論文は、もとも

とナイジェリアのイバダンで一九六四年に開かれたシンポジウムの発表原稿が没後刊行されたものである。

(17) Timothy Larsen, *The Slain God: Anthropologists and the Christian Faith*, Oxford University Press, 2014, ch. 3.

(18) E. E. Evans-Pritchard, "Religion and Anthropologists", *Social Anthropology and Other Essays*, Free Press, 1962（初出は一九五九年）. ここではおそらく同時代のファースやリーチらの「神や精霊は実在しない、人々がその存在を前提として儀式を行ったり神話を語るから、神や精霊が人々の生活にどういう意味や役割を果たすかを考えるのだ」という人間主義的アプローチを批判していると思われる（cf. Raymond Firth, *Religion: A Humanist Interpretation*, Routledge, 1996）。

(19) E. E. Evans-Pritchard, *Theories of Primitive Religion*, Oxford at the Clarendon Press, 1965, p. 121, cf. Wendy James, *The Ceremonial Animal: New Portrait of Anthropology*, Oxford University Press, 2005, p. 126.

(20) Godfrey Lienhardt, "Self: Public, Private. Some African Representations", *JASO*, 11 (2), 1980, pp. 81-82.

(21) Lienhardt, "'High Gods' among Some Nilotic Peoples", p. 45.

(22) E・E・エヴァンズ＝プリチャード『アザンデ人の世界 妖術・託宣・呪術』向井元子訳、みすず書房、二〇〇一年。ゴドフリー・リーンハート「未開人の思考様式」エヴァンス＝プリチャード、レイモンド・ファースほか『人類学入門』吉田禎吾訳、弘文堂、一九七〇年、一六九—一七五頁、参照。

(23) 同上書、七八—七九頁。

(24) エヴァンズ＝プリチャード前掲書、七九頁。同書四一頁以下には、妖術が夜間に炎のように輝きながら飛んでいくという説明の後、「私は一度だけ妖術が移動するのを見たことがある」という驚くべき目撃談が続いている。

(25) 以下の考察は、名古屋大学人文学研究科大学院生の池畑早穂さんとの対話によるところが大きい。記して深謝したい。

(26) クリフォード・ギアーツ『文化の読み方／書き方』森泉弘次訳、岩波書店、一九九六年、第三章。

(27) Carrithers, op. cit., p. 137.

(28) 浜本前掲論文、四〇五—四〇七頁。

(29) Mary Douglas, "Obituary: Godfrey Lienhardt", *Anthropology Today*, 10 (1), 1994, p. 16. 同時に本書はディン

カという友人たちへの愛情と彼らの微妙な天地の分かれに対する独自の感受性にも裏打ちされてもいた。

（30）Schmidt, op. cit. 浜本は、第四章が本書の前半部の議論を締め括り後半部に結びつける役割をもつ」と述べながらも（浜本前掲論文、三八七頁）、「後半部」の議論についてはまったく言及していない。

（31）Wendy James, "Typecasting: Anthropology's Dramatis Personae," in Jeremy MacClancy and Chris McDonough (eds.), *Poularizing Anthropology*, Routledge, 1997, p. 90.

（32）グールド前掲論文。

（33）デュルケーム学派のロベール・エルツが言うように「われわれの行動を支配している世俗化されている理念」は「信仰や宗教的感情の領域において生まれ発達した」のであり（ロベール・エルツ『右手の優越』吉田禎吾・内藤莞爾ほか訳、垣内出版、一九八〇年、一三九頁）、現世の活動は聖なるものという基盤やそれが提供するセッティングのなかで初めて成り立つのである（N. J. Allen, "Durkheim's Sacred/ Profane Opposition: What Should We Make of It ?", S. Hausner (ed.), *Dukheim in Dialogue: A Centenary Celebration of* The Elementary Forms of Religious Life, Berghahn, 2013, p. 112）。逆に言えば、〈力〉に言及することで、現実との関わり方を殊更に解釈する必要のないとき、ディンカは「われわれ」西欧人と変わるところがなくなるのではないだろうか。

（34）クロード・レヴィ＝ストロース『月の裏側』川田順造訳、中央公論新社、二〇一四年、三八頁。

（35）日本の民俗社会でもこれに似た例がある。民俗学者の宮田登は次のような事例を紹介している。干支でいう庚申や甲子の夜は忌み籠りしてすごさなくてはならない。さもないと、庚申や甲子との組み合わせから金気が強くなり災厄（刃物などでの怪我）が生じるという。しかしこの禁忌を破って子どもを孕んだ場合、生まれた子には、厄負けしないように「かね」と名づけた。禁忌を破った際の対抗手段として、金気の強い災厄に対して、逆に金気に縁のある名前をつけて災難を免れる姿勢をみることができると宮田は語っている（宮田登「名前のフォークロア」『宮田登日本を語る　4　俗信の世界』吉川弘文館、二〇〇六年、一二九−一三〇頁）。

（36）アーネスト・ヘミングウェイ『移動祝祭日』高見浩訳、新潮文庫（新潮社）、二〇〇九年、巻頭のエピグラフ。

（37）Godfrey Lienhardt, "Anthropology and Contemporary Literature", *JASO*, IV (2), 1973, p. 65.

（38）W・B・イェイツ「呪法」『善悪の概念』鈴木弘訳、北星堂、一九七四年（原著は一九〇三年）、四〇頁。

(39) 同上書、四一頁。リーンハートは、この箇所は引用していない。

(40) 浜本前掲論文、五二三―五二四頁。

(41) エミール・バンヴェニスト「動詞の能動態と中動態」河村正夫訳、『一般言語学の諸問題』岸本通夫監訳、みすず書房、一九八三年、一七〇―一七一頁。中動態の詳しい議論とその哲学的射程については國分功一郎『中動態の世界――意志と責任の考古学』医学書院、二〇一七年、を参照されたい。イギリスの社会人類学者ティム・インゴルドも中動態の可能性に言及している（Tim Ingold, "On human correspondence", *JRAI* (N. S.), 23, 2016, p. 17）。

(42) John Austin, *How to Do Things with Words*, Oxford University Press, 1962（邦訳『言葉と行為』坂本百大訳、大修館書店、一九七八年、『言語と行為――いかにして言葉でものごとを行うか』飯野勝己訳、講談社学術文庫、二〇一九年）。

(43) 行為遂行的発言のこれらの特徴は、オースティンではなく、バンヴェニストに基づく（エミール・バンヴェニスト「分析哲学とことば」高塚洋太郎訳、前掲『一般言語学の諸問題』所収）。発話内行為や発話媒介行為までも行為遂行的発言に含めるオースティンに従うなら祈禱は行為遂行的発言と言ってよいが、ここはバンヴェニストのオースティン批判（命令文も行為遂行的発言に含めることへの批判）を是とした。

(44) オースティンを手がかりにした行為遂行的発言の研究は、その後社会人類学の分野でも現れてきたが（例えばRuth Finnegan, "How to Do Things with Words: Performative Utterances among the Limba of Sierra Leone", *Man* (n. s.), 4, 1969, pp. 537-552, Stanley J. Tambiah, *Culture, Thought, and Social Action*, Harvard University Press, 1985, ch. 1（初出は一九六九年）, ch. 2（初出は一九七三年）, Grace G. Harris, *Casting out Anger*, Cambridge University Press, 1978）、リーンハートを先駆的研究として言及しているものはない。

(45) それは教会の結婚式で新郎新婦が夫婦になったことを認めると神父が宣言することが、夫婦関係の始まりという新たな現実をつくり出し、（たとえ二人がすでに同棲していたにしても）以後の二人とその周囲の人々の経験を組み替えていくことに、あるいは「離婚届」の役所での受理が、夫婦関係の終了を宣告し、以後の二人とその周囲の人々の経験を組み替えていくことに等しいといえるかもしれない。しかしわれわれの事例と決定的に異なるのは、ディンカの祈禱や供犠が神性や神霊に呼びかけるものでそれらとの関係の再編成も伴うものであるということだ。

(46) 発せられた言葉が、語られている内容の経験をつくり出し、言葉が「発せられれば」病人は回復する、あるいは象徴的行為が望ましき経験をつくり出し、病人(憑依された者)の回復をもたらすというのは、イギリス社会人類学のなかでは、その後ブルース・カッフェラーによるスリランカの悪鬼祓い儀礼の分析に見いだすことができる(Bruce Kapferer, *A Celebration of Demons: Exorcism and the Aesthetics of Healing in Sri Lanka*, Indiana University Press, 1983)。カッフェラーはその著書の第二版の序文で、先行研究としてE=Pとリーンハートに言及している(Bruce Kapferer, Preface to Second Edition, in *A Celebration of Demons*, Berg, 1991, p. xviii)。

(47) とはいえ、ダグラスは以下のように述べるとき、リーンハートの儀礼の「象徴論」を理解していたようにみえる。「解釈が展開するに従って、儀礼は生きた経験という顔にかぶさった仮面やカサカサの瘡蓋などではなく、経験を創り出し、生気づけるものとして提示される。確かにそれは形式だが、内容と切り離せない。あるいはむしろ、それなしでは内容などありえないだろう」(Mary Douglas, *In the Active Voice*, Routledge and Kegan Paul, 1982, p. 36)。

(48) 浜本前掲論文、三九五頁。

(49) 西郷信綱「神話と昔話」『神話と国家――古代論集』平凡社、一九七七年、一八三頁。

(50) 同上。

(51) 時間の廃棄、あるいは歴史的時間の飛び越えについては、Roy Dilley, "Time-shapes and Cultural Agency among West African Craft Specialists", in Wendy James and David Mills (eds.), *The Qualities of Time: Anthropological Approaches*, Berg, 2005 などを参照されたい。

(52) 箍猎の長の能力を言うときケッチ(*kec*)という語が使われるが(第五章三〇九頁)、ケッチとは、熱いものや苦いものが舌をひりひりさせたりしびれさせるような感覚を指す言葉でもある。

(53) 感覚と記憶の想起は、フランスの作家マルセル・プルーストの『失われた時を求めて』の重要な主題の一つである。そしてあとで指摘するように、リーンハートはプルーストを読んでいた。

(54) 反映論としてリーンハートを批判したのは例えば、Valerio Valeri, *Kingship and Sacrifice: Ritual and Society in Ancient Hawaii*, University of Chicago Press, 1985 , pp. 346-347 など。

(55) Godfrey Lienhardt, "Morality and Happiness among the Dinka", in Gene Outka and P Reeder Jr. (eds.), *Religion and Morality: A Collection of Essays*, Doubleday, 1973 , p. 111.

(56) 西郷信綱『古事記の世界』岩波新書(岩波書店)、一九六七年、一一―一二頁。西郷は『古事記の世界』を書くにあたり、E=Pに代表されるイギリスの社会人類学に影響を受けたと述べている(同書、二一四頁)。リーンハートへの言及はないが、「経験」という語、さらには「イメージ」を彷彿させる「神話的映像」(同書、三一頁)という語などから、西郷はリーンハートにも触発されていたのではないだろうか。私家版の蔵書目録には本書の原著が記載されている。

(57) 同上書、一八頁。

(58) 同上書、一四頁。

(59) Francis Deng, *The Dinka and Their Songs*, Oxford at the Clarendon Press, 1973, p. 88.

(60) 過去と現在の融合について、リーンハートがプルーストから影響を受けたかは定かでないが、『社会人類学』にはプルーストの引用があり(リーンハート『社会人類学』増田義郎・長島信弘訳、岩波書店、一九六七年、二一八頁)、リーンハートがプルーストを読んでいたことは確かである。

(61) 保刈瑞穂『プルースト――読書の喜び』筑摩書房、二〇一〇年、一九二―一九三頁。

(62) Douglas Johnson, "Salim Wilson: The Black Evangelist of the North", *Journal of Religion in Africa*, 21(1), 1991, pp. 26-41.

(63) Ibid., p. 26.

(64) 例えば Tim Ingold, "That's Enough about Ethnography!", *HAU: Journal of Ethnographic Theory*, 4(1), 2014, pp. 383-395, "Anthropology contra Ethnography", *HAU: Journal of Ethnographic Theory*, 7(1), 2017, pp. 21-26 など。

(65) Tim Ingold, *Anthropology and/as Education*, Routledge, 2018.

(66) ジョン・デューイ『哲学の改造』清水幾太郎・禮子訳、岩波文庫(岩波書店)、一九六八年、七八―七九頁。

(67) R・G・コリングウッド『思索への旅――自伝』玉井治訳、未來社、一九八一年、一八二―一八三頁。訳文は一部変えてある。

監訳者あとがき

本書は、Godfrey Lienhardt, *Divinity and Experience: Religion of the Dinka*, Oxford at the Clarendon Press, 1961 の全訳である。翻訳の分担は以下の通りである。

はじめに　出口顯
序論～第四章　佐々木重洋
第五章～第七章　坂井信三
第八章　出口顯

翻訳にあたっては、佐々木と坂井による訳稿に出口が朱を入れたものをもとに二人が新たな訳稿を作成するという作業を幾度か繰り返し、最終稿を完成した。出口による第八章は、逆に佐々木と坂井によって朱入れされたものを検討し直して最終稿を作成した。その過程のなかで、三人で相談して訳語の統一を図り、その上で、可能な限り文体の統一を出口が行った。「可能な限り」というのは、訳者三人のそれぞれのリーンハートのへの向き合い方があり、それは日本語の文体の違いにも表れており、それを尊重したいと考えたからである。

リーンハートの文章は、必ずしも読みやすいものではなく、三人ともかなり悪戦苦闘した。思わぬ誤訳も多々あるに違いない。その責めはひとえに監訳者が追うべきものであり、読者からの叱正を俟って訂正していきたい。また解説は、監訳者独自の見解であり、共訳者はなんら責めを負うべきではないことも申し添えておく。

現地語のカタカナ表記に関しては、二〇〇八年から二〇一三年にかけて通算して一九カ月間南スーダンのヌエル（本書ではヌアーと表記）社会で調査された立教大学の橋本栄莉氏に校閲していただいた。橋本氏の『エ・クウォス——南スーダン・ヌエル社会における預言と受難の民族誌』（九州大学出版会、二〇一八年）は、本書で描かれたナイロートの宗教的世界の現在の姿を伝えてくれる貴重な労作であり、一読をお薦めする。

法政大学出版局の方々には、本書の出版を快く引き受けてくださって以来ひとかたならぬお世話になった。また編集・校正の中村孝子さんにもお世話になった。心よりお礼申し上げる。

二〇一九年五月

出口　顯

著者

ゴドフリー・リーンハート（Ronald Godfrey Lienhardt）
1921年イギリスのヨークシャーに生まれる．はじめケンブリッジ大学で英文学を学ぶが，後に社会人類学に転ずる．1949–1972年オックスフォード大学社会人類学研究所講師，1972–1988年同教授（Reader）．南スーダンのディンカとアニュアで調査に従事．特にアフリカの神話や宗教，世界観に関する研究だけでなく，社会人類学の歴史についても令名を馳せた．オックスフォード・アフリカ文芸叢書（The Oxford Library of African Literature）の編集委員も務めた．1993年に死去．著書には，本書のほかに『社会人類学』（増田義郎・長島信弘訳，岩波書店）がある．

《叢書・ウニベルシタス　1095》
神性と経験
ディンカ人の宗教

2019年 7 月16日　初版第 1 刷発行

ゴドフリー・リーンハート
出口顯 監訳
坂井信三・佐々木重洋 訳
発行所　一般財団法人 法政大学出版局
〒102-0071 東京都千代田区富士見2-17-1
電話03(5214)5540 振替00160-6-95814
印刷：平文社　製本：誠製本

ISBN978-4-588-01095-8

監訳者

出口　顯（でぐち　あきら）
1957年，島根県生まれ．筑波大学卒業，東京都立大学大学院博士課程中退．1996年博士（文学）．島根大学教授．著書に『名前のアルケオロジー』（紀伊國屋書店，1995年），『レヴィ＝ストロース斜め読み』青弓社，2003年），『神話論理の思想——レヴィ＝ストロースとその双子たち』（みすず書房，2011年），『レヴィ＝ストロース——まなざしの構造主義』（河出ブックス，2012年），『ほんとうの構造主義——言語・権力・主体』（NHKブックス，2013年），編著に『読解レヴィ＝ストロース』（青弓社，2011年），共著に『新書アフリカ史——改訂新版』（宮本正興・松田素二編，講談社新書，2018年．「ナイル川流域世界」の章を執筆）などがある．

訳者

坂井信三（さかい　しんぞう）
1951年，東京都生まれ．南山大学卒業．東京都立大学大学院博士課程満期退学．2001年博士（社会人類学）．南山大学教授．著書：『イスラームと商業の歴史人類学——西アフリカの交易と知識のネットワーク』（世界思想社，2003年）．論文：「口頭伝承から見たジャ——異教王権下のイスラーム都市の歴史と構造」（川田順造編『ニジェール川大湾曲部の自然と文化』東京大学出版会，1997年），「北部ナイジェリアのムスリム・コミュニティーとイスラーム改革運動」（私市正年，貫井万里編『サハラ地域におけるイスラーム急進派の活動と資源紛争の研究——中東諸国とグローバルアクターとの相互関係の視座から』日本国際問題研究所，2015年）．訳書：マルセル・グリオール著『水の神——ドゴン族の神話的世界』（竹沢尚一郎との共訳，せりか書房，1981年），マルセル・グリオール，ジェルメーヌ・ディテルラン著『青い狐——ドゴンの宇宙哲学』（せりか書房，1986年）．

佐々木重洋（ささき　しげひろ）
1966年，大阪市生まれ．京都大学大学院博士後期課程修了．博士（人間・環境学）．名古屋大学教授．著書に『仮面パフォーマンスの人類学——アフリカ，豹の森の仮面文化と近代』（世界思想社，2000年），共編著に『「物質性」の人類学——世界は物質の流れの中にある』（古谷嘉章，関雄二，同成社，2017年），共著に『現代アフリカの民族関係』（和田正平，明石書店，2001年），『アフリカのいまを知ろう』（山田肖子，岩波ジュニア新書，2008年），『森棲みの社会誌——アフリカ熱帯林の人・自然・歴史Ⅱ』（木村大治，北西功一編，京都大学学術出版会，2010年），『アフリカ学事典』（日本アフリカ学会編，昭和堂，2014年），『甦る民俗映像——渋沢敬三と宮本繁太郎が撮った1930年代の日本・アジア』（宮本瑞夫ほか編，岩波書店，2016年）などがある．